TITE-LIVE

HISTOIRE ROMAINE

LIVRE XXXI

COLLECTION DES UNIVERSITÉS DE FRANCE
publiée sous le patronage de l'ASSOCIATION GUILLAUME BUDÉ

TITE-LIVE

HISTOIRE ROMAINE

TOME XXI

LIVRE XXXI

TEXTE ÉTABLI ET TRADUIT
PAR
ALAIN HUS
Professeur à l'Université de Paris - Sorbonne

Troisième tirage

PARIS
LES BELLES LETTRES
2003

Conformément aux statuts de l'Association Guillaume Budé, ce volume a été soumis à l'approbation de la commission technique, qui a chargé M. Paul Jal d'en faire la révision et d'en surveiller la correction en collaboration avec M. Alain Hus.

95 boulevard Raspail, 75006 Paris
www.lesbelleslettres.com

Première édition 1977

ISBN : 2-251-01289-3
ISSN : 0184-7155

INTRODUCTION

A LA IVe DÉCADE ET AU LIVRE XXXI

La « IVe décade » Les livres 31-40 de l'*Ab Vrbe condita* sont consacrés pour l'essentiel au récit des activités de Rome dans le bassin Méditerranéen pendant les années 201-179[1]. Ils sont intégralement conservés, ce qui constitue un avantage certain si l'on considère l'état fragmentaire des livres 41-45. Le récit couvre un laps de temps légèrement supérieur à celui de la IIIe décade (221-201 : 20 ans), mais inférieur à celui de la Ve (178-148 : 30 ans).

A première vue, ils constituent un ensemble satisfaisant. Tite-Live lui-même, conscient d'en avoir terminé, au livre 30, avec le fardeau de la seconde guerre punique, s'accorde en 31, 1-5, la pause d'une préface, et souligne en 6 qu'après une période dominée par la lutte contre Carthage, il en aborde une nouvelle, celle de la seconde guerre de Macédoine[2], qui sera dominée, du côté grec, par la personne de Philippe V. C'est précisément au livre 40, largement occupé par les affaires familiales de Philippe, qu'est rapportée la mort de ce roi (chap. 54-56), trois chapitres seulement avant la fin du livre. Fait peu fréquent chez Tite-Live, il se termine à la fin de l'année 179 ; le livre 41 commence avec le début de 178[3].

1. Nous avons suivi pour cette introduction, en l'adaptant aux nécessités de la IVe décade, le plan adopté par M. P. Jal dans son excellente édition des livres 41-42, parus aux Belles Lettres, Paris, 1971.

2. *Pacem Punicam bellum Macedonicum excepit...*

3. H. Nissen, *Das Geschichtswerk des Titus Livius* in *Rh. Mus.*, 27, 1872, p. 551, remarque que les livres qui ouvrent ou closent une partie homogène comportent des années entières.

L'existence d'une quatrième décade serait donc assurée si un examen plus attentif ne suggérait d'autres dispositions possibles. Ces dix livres, en effet, se laissent répartir en deux parties égales, les livres 31-35 traitant de la guerre de Macédoine et de ses suites, 36-40 de la guerre de Syrie et de ses suites. A l'intérieur de l'ensemble formé par la quatrième décade, voire indépendamment de cet ensemble, on peut donc admettre l'existence de deux pentades, d'autant plus que 35 se termine avec la fin de 192 et que 36 commence avec 191, bien qu'il ne comporte aucun préambule.

Mais on peut aussi bien sortir du cadre de la décade et, considérant le sujet traité, admettre comme un tout l'ensemble des livres 31-45 (et même 46, 47 ou 48, voir plus bas), consacré aux deux guerres de Macédoine livrées successivement contre Philippe V et son fils Persée. La lecture de ces livres montre, en effet, que Tite-Live, non seulement considère Persée comme le continuateur de l'œuvre paternelle, mais est très attentif, dès la première pentade, à annoncer la guerre de Syrie, comme il l'est dès la seconde à annoncer la guerre contre Persée[1].

Nous devons donc poser la question : a-t-il existé une quatrième décade? Nous le ferons après bien d'autres qui, sans toujours distinguer les problèmes de *composition* de ceux de l'*édition*, ont émis diverses hypothèses qui peuvent se ramener aux trois positions qu'a suggérées l'analyse superficielle du texte.

Le mot « décade » appliqué aux divisions de l'*Ab Vrbe condita* n'apparaît que dans une lettre du pape Gélase, en 496. Tous les manuscrits de quelque étendue com-

1. Les prodromes de la guerre de Syrie, des premières rumeurs aux causes directes, sont à mainte reprise exposés en 33 (13, 15 ; 19, 6 ; 27, 6 ; 31, 6 et 10 ; 34, 1-4 ; 38, entier ; 49, 7) 34 (25, 2 ; 43, 4 sq. ; 57-60 ; 61, 6), 35 (12-20 ; 23-40). Ceux de la troisième guerre de Macédoine sont évoqués notamment en 39 (23-29 : la guerre de Persée n'est qu'un héritage de la politique de Philippe) ; 40 (3, 5 ; 16 ; 20-21 ; 57-58).

portent cette division, qui paraît avoir été traditionnelle depuis le ve siècle, voire le IVe[1]. Mais il ne s'agit là que d'une tradition tardive d'*édition* qui n'a peut-être rien à voir avec la composition de l'œuvre par Tite-Live, non plus qu'avec les procédés d'édition de cette œuvre, tant à son époque que dans les trois ou quatre siècles suivants.

De fait, le principe de répartition en décades a provoqué le scepticisme quasi général des modernes, en premier lieu de Pétrarque[2]. Dès le milieu du XIXe siècle, les philologues, partant du principe de la continuité du récit livien, ont nié la répartition totale de l'œuvre en décades, certains la répudiant intégralement, d'autres ne l'admettant que pour la troisième (parfois, la quatrième), d'autres enfin l'admettant pour les cinq premières, mais la rejetant pour la suite[3]. J. Bayet, tout en soulignant le caractère artificiel d'une telle division, l'admettait en 1940 pour les livres 6-15, 21-30 et 31-40, c'est-à-dire pour la quatrième décade, mais non pour la cinquième[4]. La quasi unanimité s'est donc réalisée pour écarter l'hypothèse d'un principe décadaire rigoureux, mais on peut encore soutenir que deux ou trois groupes de livres ont été composés selon ce principe. Le fait est incontestable pour la troisième décade ; il l'est moins pour 31-40 et surtout pour 6-15.

Plus récemment, M. R. Syme s'est avancé plus loin

1. J. Bayet, Tite-Live, *Histoire romaine*, I, Paris, Les Belles Lettres, 1940, p. XV ; cf. déjà H. Nissen, *op. cit.*, p. 541.

2. Pétrarque, *Epist. variae*, 22 (cité par W. Soltau, *Livius Geschichtswerk, seine Komposition und seine Quellen*, Leipzig, 1897, p. 17, n. 2.

3. H. Nissen, *op. cit.*, p. 540 sq. ; E. Wölfflin, *Die Dekaden des Livius*, in *Philologus*, 33, 1874, p. 140 sq. ; W. Soltau, *op. cit.*, p. 160 ; M. Schanz, in Schanz-Hosius, *Geschichte der römischen Litteratur*, Münich, 1927, p. 420 sq. ; W. Weissenborn, *Einleitung* à la 6e édition, Berlin, 1883, p. 5 sq.

4. J. Bayet, *op. cit.*, p. XIII, cf. XV.

dans la négation[1]. Admettant une « tendance » de Tite-Live à composer par groupes de cinq et dix livres, il ne reconnaît celle-ci que jusqu'au livre 30, met fortement en doute l'unité des livres 31-45 et déclare que, pour la période 201-91, « decades appear undiscoverable ». Si donc Tite-Live a commencé par répartir son œuvre en décades, « elles ont craqué sous la pression de la matière » à partir de 31.

Radicalement différente est la position de M. P. G. Walsh[2]. Généralisant certaines remarques de Nissen, Wölfflin, Soltau et Syme, il tente de montrer que Tite-Live a réparti toute son œuvre en pentades. Tout en reconnaissant l'unité des livres 31 à 45, il affirme que ceux-ci se répartissent en trois groupes : 31-35, 36-40 et 41-45. Tite-Live aurait non seulement édité, mais composé tout l'*Ab Vrbe condita* par pentades.

Ce principe, on le voit, n'exclut pas celui de regroupements plus larges. Que l'on accepte ou non l'hypothèse d'un plan préétabli dès le début par Tite-Live, on peut admettre que celui-ci a conçu son œuvre non seulement comme des *Annales* (1-108) suivies d'*Historiae* (109-142), mais encore comme un ensemble de « monographies », dont la structure possible a été analysée par Nissen[3]. Certains, avec Wölfflin[4], ont cru pouvoir parler pour

1. *Livy and Augustus*, in *Harvard Studies in Classical Philology*, 64, 1959, p. 28 sq.

2. *Livy, His Historical Aims and Methods*, Cambridge, 1961, p. 5 sq. Position reprise par P. A. Stadter, *The Structure of Livy's History*, in *Historia*, 21, 1972, p. 287-307 : Tite-Live aurait divisé toute son œuvre en décades et pentades jusqu'au livre 120, conçu à l'origine comme terme de l'ouvrage.

3. H. Nissen, *op. cit.*, p. 544 sq. Le mot monographie, que nous emploierons plus loin pour désigner les grandes divisions de Tite-Live, est impropre en ce sens que ces parties ne traitent pas chacune d'un sujet unique ; leur unité provient du thème dominant et de l'homogénéité de la période. Il a paru toutefois assez commode pour être utilisé.

4. E. Wölfflin, *op. cit.*, p. 141 sq. Récemment S. R. Sindel, *A literary Analysis of Books XXXI through XLV of T. Livius Ab Vrbe*

les livres 31 à 45, de *pentékaidécades*, quittes à assouplir cette position pour la troisième ; d'autres, avec Nissen[1], ont nié une organisation aussi rigide. Quoi qu'il en soit, nombre de philologues, adeptes ou non de la pentade ou de la pentékaidécade, ont lié la IVe décade et la Ve, considérées comme une monographie traitant des Guerres de Macédoine, de même que d'autres traitaient des « Guerres samnites », des « Guerres puniques » ou de la « Guerre civile »[2].

A l'intérieur de ce cadre, plusieurs positions ont été prises, qui ne concernent pas le début de la monographie (unanimement placé, et par Tite-Live lui-même, en 31) mais sa fin.

M. P. G. Walsh, tenu par son principe pentadaire, admet le regroupement des seuls livres 31-45 (voir plus haut), le dernier mentionnant le triomphe de Paul-Émile sur Persée. Mais la plupart des critiques refusent cette solution. Nissen[3], tout en admettant l'existence d'une IVe décade autonome, mais non indépendante, place la fin de la monographie au livre 46, qui contient la mort de Persée et de Paul-Émile. J. Bayet, dont la position est proche, groupe les livres 41-47 parce que c'est seulement en 47 que se trouvent réglées les affaires d'Orient et que 48 commencerait par un préambule (?)[4]. R. Syme[5] clôt la monographie au plus tôt en 48, 49 comportant sans doute un préambule et relatant les débuts de la troisième guerre punique ; il suggère même

condita, Thèse New York Univ. 1969 (microfilms) et G. Wille, *Der Aufbau des livianischen Geschichtswerks*, Amsterdam, 1973.

1. *Op. cit.*, p. 551 sq.

2. Ainsi Nissen, Wölfflin, Syme. Cf. aussi H. Bornecque, *Tite-Live*, Paris, 1933, p. 14, et P. Zancan, *Tito-Livio*, Milan, 1940, p. 17. On sait que les livres 109-116 semblent avoir été regroupés dès l'Antiquité sous le titre : *ciuilis belli libri octo*.

3. *Op. cit.*, p. 545 et 553. L'ensemble 31-46 est ainsi divisé par lui : 31, 32-35, 36, 37-39, 40, 41, 42-45, 46.

4. *Op. cit.*, p. XIII.

5. *Op. cit.*, p. 30.

un prolongement jusqu'à 52 qui, selon lui, marque la fin d'une époque (146-145). Mentionnons pour mémoire, puisqu'il maintient fermement l'existence d'une quatrième décade, l'opinion de M. Schanz[1], qui regroupe l'ensemble des livres 41-70.

Au vu de ce bilan, nous ne pouvons qu'adhérer à la conclusion provisoire exposée par M. P. Jal[2] : « Cette leçon de relativisme nous semble devoir être aussi une leçon de prudence et nous inviter à nous tenir à l'écart de tout dogmatisme, aussi bien dans la négation et le scepticisme systématiques que dans l'adhésion passive — et commode — à la théorie traditionnelle des décades. » Toutefois, M. Jal croit pouvoir, au terme d'une brillante démonstration, maintenir l'existence d'une Ve décade, à laquelle ne s'oppose « aucun argument décisif » et à condition de prendre le mot « dans un sens large ». Cette prise de position implique *ipso facto* l'existence d'une IVe décade. Nous pensons quant à nous qu'il convient de distinguer le problème de la *composition* de celui de l'*édition*, ainsi que nous l'avons exposé dans un article récent dont nous résumons ici la teneur[3].

La composition ne paraît pas obéir aux principes de la décade, de la pentade ou de la pentékaidécade. Comme le pense M. Syme, les livres 31-52 forment une unité qui traite à la fois des progrès de Rome dans le bassin oriental de la Méditerranée de 201 à 145, et du progrès du luxe et de la mollesse à Rome pendant la même période. C'est donc à l'intérieur de ce cadre qu'il convient d'examiner le problème.

Tite-Live lui-même, en 31, 1, 1-5, a conscience d'aborder

1. Dans Schanz-Hosius, *Geschichte der römischen Litteratur*, Munich, 1927, p. 421.

2. *Op. cit.*, p. XIII, cf. XI et XVIII.

3. A. Hus, *La composition des IVe et Ve décades de Tite-Live*, in *Revue de Philologie*, 47, 1973, 2, p. 225-250. Critique partielle de ces vues, par P. Jal, *Sur la composition de la Ve décade de Tite-Live*, in *Revue de Philologie*, 49, 1975, 2, p. 281-285.

une nouvelle partie de son œuvre, qu'il distingue clairement des *deux* parties précédentes, composées de 1-15 et de 16-30. Bien qu'il ait, dans ses *Préfaces* antérieures, donné d'autres limites à ces mêmes parties, il faut penser que, lorsqu'il commence 31, il a l'intention de traiter comme un tout une période assez longue, 201-168 ou 201-146 selon toute vraisemblance. Toutefois, rendu prudent par ses fluctuations antérieures et par l'accablement qu'il ressent, il se contente d'annoncer la seule deuxième guerre de Macédoine (31, 6) ; de même, on constate un net raccourcissement des livres 31 à 36 par rapport aux précédents : Tite-Live s'est certainement décidé à faire court et ne se laissera entraîner de nouveau à son abondance habituelle qu'à partir de 37.

Si, de 31 à 52, il suit Polybe en ce qui concerne la matière, il ne tient aucun compte du découpage polybien, distribuant ses livres selon ses règles propres et du point de vue romain. Il n'y a donc rien à tirer de la comparaison entre les deux auteurs relativement à la composition de nos livres. En revanche, l'analyse de Florus, de la partie militaire du texte livien et du rôle joué par les protagonistes étrangers décèlent cinq temps forts constitués par les livres 31-33, 36-37, 42-45, 49-51 et 52, qui couvrent chacun une durée courte, n'excédant que très rarement deux années ; 31-33 et 36-37 sont étroitement liés entre eux, ainsi que 49-51 et 52 ; le tout peut donc être ramené à trois parties : 31-37, 42-45 et 49-52. Les temps faibles (pauvres en événements militaires importants) correspondent aux livres 34-35, 38-41, 46-48, qui couvrent chacun une longue durée, variant de quatre à près de sept ans.

D'autres critères suggèrent une composition différente, qui prend pour objet les progrès du luxe à Rome. L'analyse des *periochae* 31 à 52, celle du texte livien envisagée de ce point de vue, ainsi que celle des protagonistes romains, montre une répartition en trois groupes de livres : 31-39, 39-47 (ou 48) et 49-52, 39 étant la charnière de l'ensemble.

Ces constatations montrent que Tite-Live, s'il avait au départ une conception globale de la « monographie » qu'il allait traiter, n'en avait pas établi les subdivisions. *Dans sa pensée*, la première coupure consciente dans la période apparaît au livre 39, où sont traitées l'affaire des Bacchanales, les causes de la guerre contre Persée, la mort des trois grands généraux de l'époque. Une seconde coupure, de moindre importance, est discernable au début de 41, une troisième, plus nette, en 49. Une modification, peut-être inconsciente, se produit en 37, à partir duquel la longueur des livres s'accroît.

Il faut donc poser le problème en termes, non de composition statique et préétablie, mais de prise de conscience dynamique et progressive. Dans cette optique, nous discernons une composition qui prend pour cadre les livres 31-52, ou 31-48 + 49-52, avec, pour pivot, le livre 39. Elle se développe suivant deux thèmes distincts, mais étroitement entrecroisés[1], le premier suivant les progrès de Rome en Méditerranée orientale, le second ceux du luxe et de la corruption à Rome. D'où, en réalité, deux compositions coexistantes :

1. Trois sections composées de 31-33 + 36-37 ; 42-45 ; 49-51 + 52.

2. Deux ou trois sections composées de 31-39 et 39-47 (ou 48), et de 49-52 ou de 31-39 et 39-52.

Les deux niveaux de composition s'harmonisent, les temps forts du premier correspondant généralement aux temps faibles du second et vice-versa. Mais aucun des deux n'obéit à un principe fixe, qu'il soit décadaire ou pentadaire.

1. Le troisième, constitué par les campagnes d'Occident, est presque négligeable.

Il n'en est peut-être pas de même en ce qui concerne l'*édition*. Nous en ignorons certes tout, sinon qu'elle fut progressive[1], mais Tite-Live lui-même nous fournit quelques indications. Travaillant à un rythme *moyen* de trois livres par an (voir plus bas), il est peu probable qu'il ait consenti à attendre six à huit ans pour publier sa « monographie ». A moins qu'il n'ait choisi d'éditer ses livres un par un (hypothèse qui se heurte à des remaniements constatés çà et là), il a pu opter pour un rythme de publication plus rapide et plus régulier que celle de la « monographie ». M. P. Jal a bien discerné cette possibilité lorsqu'il écrivait, à propos de Tite-Live : « il n'est pas sûr qu'auteur et moins encore éditeur, aient vu tant d'inconvénients à ce qu'à la fin des deux décades (IVe et Ve), le lecteur soit ainsi appâté par les débuts d'un récit dont il attend impatiemment la suite... et l'essentiel »[2]. Ajoutons que cette suite lui était déjà connue...

Sans bouleverser en rien sa méthode de composition, Tite-Live a pu utiliser certains « trucs d'éditeur » dans le cadre de la pentade, qui lui permettait de publier ses groupes de livres tous les dix-huit à vingt-quatre mois. Certains indices parlent en ce sens : 35 se termine par le premier événement sanglant de la guerre de Syrie, avant que celle-ci ne fût effective ; 40 met longuement en scène la tragédie et la mort de Philippe ; 45 se termine sur le triomphe et l'éloge de Paul-Émile, contrastant avec la conduite lamentable de Prusias... tous événements secondaires du point de vue de la composition, mais propres à clore dignement un « chapitre » que l'on va publier.

Ces « trucs » montrent tout au plus que Tite-Live, s'il publie par pentades, sait utiliser les occasions offertes

1. Arguments — inlassablement repris depuis — dans W. Weissenborn, *op. cit.*, *Einleitung*, p. 11.

2. *Op. cit.*, p. XVIII.

par ces livres *en vue de l'édition*. Mais le doute subsiste, car il est impossible de rien *démontrer* en la matière.

On ne peut *dater* qu'approximativement la rédaction de la IVe décade. Si l'on admet les prémisses exposées par J. Bayet, *op. cit.*, p. XVI sq. (rédaction des quatre premiers livres avant 31, *rédaction* de 121-142 après + 14), on la situera entre — 21 et — 15. Un autre mode de calcul permet d'aboutir raisonnablement à un résultat voisin. En effet, si l'on admet que Tite-Live a attendu la mort d'Auguste pour *publier* (mais non pour composer) les livres 121-142[1], il a écrit en quelque 40 à 45 ans (de — 31/25 à + 12/17) 142 livres, soit une moyenne de trois par an[2]. Certes, ce rythme moyen a subi des interruptions, des pauses que nous ne pouvons apprécier. D'autre part, on remarque à partir de 31 une certaine hâte dans l'écriture, qui se traduit par des négligences, mais ne signifie pas une accélération du rythme de la rédaction, la matière devenant de plus en plus abondante. On peut donc admettre que Tite-Live commence le livre 31 neuf ans au plus tôt et douze ans au plus tard après avoir commencé son œuvre, soit entre — 22 et — 13, limites extrêmes. Nous savons d'autre part que 28 a sans doute été composé après — 19, mais les bases de cette impression sont si faibles que J. Bayet n'hésite pas à suggérer, pour la fin de la IIIe décade, une date antérieure[3]. Le même auteur remarque finement[4] que « lorsque Tite-Live écrivait la préface particulière du livre 31, il pensait encore à coup sûr à cette Préface

1. P. G. Walsh, *op. cit.*, p. 8.
2. Si l'on admet, avec M. R. Syme (*op. cit.*, p. 40 et 38) que Tite-Live est mort en 12 et qu'il n'a peut-être pas écrit jusqu'à son dernier jour, nous obtenons trente-huit ans d'activité, soit une moyenne de trois livres et demi à quatre livres par an, ce qui ne modifie guère le problème. La moyenne de quatre livres est atteinte si l'on pense, avec J. Bayet (*op. cit.*, p. XVII) que les premiers livres ont été écrits avant 29. Il ne s'agit ici que de moyennes.
3. J. Bayet, *op. cit.*, p. XXI, avec bibliographie.
4. *Ibid.*

générale si saisissante même pour le lecteur d'aujourd'hui : ce qui suppose que la date de composition n'en était pas extrêmement éloignée ». En fixant la rédaction de la « IVe décade » entre — 20 et — 15, nous obtenons une approximation satisfaisante.

La rédaction fut terminée trois ans ou trois ans et demi plus tard, puisque c'est le temps moyen qu'employait Tite-Live pour rédiger dix livres. Il faut certes tenir compte de la brièveté exceptionnelle des livres 31-36, mais cet élément est sans importance étant donnée l'imprécision où nous sommes. Quoi qu'il en soit, la IVe décade a pu être écrite entre — 20 /— 15 et — 15 /— 12.

LE LIVRE 31

Contenu

Le livre 31 nous est parvenu complet et sa composition ne présente aucune difficulté. Il traite des événements qui se sont produits à Rome, en Italie, en Cisalpine, en Ligurie et en Afrique entre la fin de 201 et celle de 200. Les événements de Grèce — à l'exception d'un retour en arrière aux chapitres 14-18 — couvrent l'année 200 et presque toute l'année 199. Sans doute en raison de sa place dans le déroulement chronologique des événements et dans la rédaction de Tite-Live, il est précédé d'un préambule.

Préambule : 1, 1-5.

Annonce du sujet et causes de la guerre : 1, 6-10.

Mesures prises à Rome à la fin de 201 : 2-4.

Réception d'ambassades envoyées par Attale et les Rhodiens et envoi d'ambassadeurs à Ptolémée : 2, 1-4.

Expédition malheureuse contre les Boiens : 2, 5-11.

Préparatifs de la guerre contre Philippe : 3.

Dispositions législatives et administratives, élections : 4.

Déclaration de guerre à Philippe : 5-9.

Entrée en matière solennelle et datation : 5, 1.

Préliminaires religieux et diplomatiques : 5, 2-9.

Tirage au sort des provinces : 6, 1-2.

Les comices repoussent la déclaration de guerre, puis l'acceptent après un discours du consul P. Sulpicius Galba : 6, 3-7, 15.

La guerre est déclarée solennellement : 8.

Envoi d'une ambassade à Ptolémée et rites religieux : 9.

Événements d'Occident au début de 200 : 10-13.

Soulèvements en Ligurie et en Cisalpine. Gaulois et Ligures, conduits par Hamilcar, prennent Plaisance et marchent sur Crémone : 10, 1-11, 3.

Rapports avec Carthage, Massinissa et Vermina : 11, 4-17.

Vol du trésor de Proserpine dans le Bruttium : 12, 1-4.

Prodiges et expiations : 12, 5-10.

Transactions entre l'état et les particuliers : 13.

Les débuts de la seconde guerre de Macédoine et leurs origines attiques : 14-18.

Départ des troupes romaines pour la Macédoine et causes du siège d'Athènes par Philippe : 14, 1-2.

Athènes, Attale, Rhodes et la plupart des îles en guerre contre Philippe. Les Étoliens restent neutres. Critique de l'attitude d'Attale et des Rhodiens : 14, 3-15, 11.

Premières opérations de Philippe en Grèce. Siège et prise d'Abydos. Philippe retourne en Macédoine : 16-18.

Suite des affaires d'Occident en 200 : 19, 1-22, 3.

Résultats des ambassades en Afrique : 19.

Retour d'Espagne de Cornélius Lentulus : 20.

Victoire de Crémone et réactions à cette victoire : 21-22, 3.

Retour aux événements de Grèce (200-199) jusqu'au concilium des Étoliens : 22, 4-28, 6.

Hivernage de Cotta et arrivée de la flotte romaine à Athènes : 22, 4-8.

Prise de Chalcis : 23.

Échec de Philippe devant Athènes : 24-25, 2.

Philippe, ayant échoué devant les Achéens, n'ayant pu prendre Eleusis et le Pirée, pille la campagne athénienne : 25, 3-26, 13.

La prise par Sulpicius d'Antipatréia, de Codrion et de Cnide rallie à Rome les roitelets locaux : 27-28.

Concilium des Étoliens : 29-32.

Après deux longs discours du délégué macédonien et de l'ambassadeur romain, le *concilium* se sépare sans prendre de décision.

Campagne des Romains contre Philippe (printemps-été 199) : 33-40, 6.

Préliminaires et premier choc : 33.

Philippe effrayé devant la puissance romaine : 34.

Bataille dite de Lyncus : 35-37.

Jugement de Tite-Live sur les tactiques adoptées : 38.

Philippe s'efforce d'entraver la marche de Sulpicius : 39.

Actions de terreur des Romains en Eordée et retour à Apollonie : 40, 1-6.

Opérations de Philippe contre divers peuples grecs : 40, 7-43, 6.

Contre les Dardaniens et les Étoliens[1] : 40, 7-10.

Actions des Dardaniens et des Étoliens : ils sont défaits par Philippe près de Pharcadon. L'Égypte prélève des mercenaires en Étolie : 41-43.

Opérations navales de l'année 199 : 44-47, 3.

Les Athéniens maudissent Philippe : 44.

Prise d'Andros et d'Oréos par Attale et les Romains : 45-46.

Équinoxe d'automne ; retour au Pirée : 47, 1-3.

Situation à Rome et en Italie à la fin de l'année 200 : 47, 4-50.

Lucius Furius Purpurio demande et obtient le triomphe en l'absence du consul C. Aurélius, qui proteste : 47, 4-49.

Jeux, divers, élections : 50.

1. C'est en 40, 9-10 que Tite-Live nous apprend, incidemment, l'entrée en guerre des Étoliens.

Le livre possède donc une incontestable unité. Du point de vue chronologique, il embrasse apparemment un peu plus d'une année (en réalité deux pour les affaires grecques). Les sujets traités sont dominés par la guerre de Macédoine, à laquelle trente-six chapitres sur cinquante sont directement consacrés. La méthode d'exposition annalistique ne nuit pas trop à la clarté de l'exposé, puisque deux parties assez courtes seulement (ch. 10-13 et 19-22, 3) interrompent le récit des événements de Grèce. Le livre tire son originalité la plus certaine du début, qui comporte non seulement un préambule (1, 1-5) et une réflexion sur les causes de la guerre (1, 6-10 ; Tite-Live y reviendra incidemment en 3, 6 et en 11, 9-10), mais est empreint d'une grande solennité, notamment aux chapitres 5-9 à plusieurs reprises. Il est dominé par la personnalité de Philippe, déjà présenté dans la IIIe décade, et dont le portrait ira se développant par la suite, notamment aux livres 32, 33 et 40. Du côté romain, le consul P. Sulpicius Galba ne manque pas de relief, mais est loin d'avoir l'envergure que prendra, aux livres 32 et suivants, T. Quinctius Flamininus.

Ce livre contient les éléments habituels dont se compose un livre livien, notamment dans les IIIe, IVe et V^{e} décades : réceptions et envois d'ambassades, séances du Sénat, prodiges, élections, triomphes, assemblées, etc., et, particulièrement, des récits de batailles et de sièges, des discours et quelques jugements. Mais, il ne comporte pas l'aboutissement de l'action entreprise, qui ne se produira qu'au livre 33 (ch. 35). C'est pourquoi il ne donne pas l'impression d'une progression continue, mais plutôt d'une suite d'événements tantôt heureux, tantôt malheureux, sujets à l'action de la *fortuna*, bien que sous-tendus par la ténacité romaine opposée au caractère rageur et maladroit de Philippe. Tous ces points seront développés ci-après.

Les sources du livre 31

L'étude de ces sources a été entreprise depuis plus d'un siècle, soit dans le cadre de l'œuvre en général, soit dans celui de la IVe décade[1]. Ainsi que le souligne M. Jal dans son *Introduction aux livres 41 et 42*[2], un accord a été acquis pour l'essentiel et l'on ne doute plus aujourd'hui que Tite-Live ait utilisé Polybe pour la partie grecque, Valérius Antias et Claudius Quadrigarius pour la partie romaine et occidentale. Il admirait le premier, qu'il qualifie en 30, 45, 5 d'*haudquaquam spernendus auctor*, qu'il loue en 33, 10, 10[3], et qu'il cite nommément comme sa source dans la IVe décade en 34, 50, 6 ; 36, 19, 11 et 39, 52, 1. Il cite Valérius Antias vingt fois dans la même décade : c'est qu'il l'utilise beaucoup, malgré le jugement défavorable qu'il porte sur lui en 26, 49, 3 et 33, 10, 8 (*immodice omnium rerum numerum augenti*). Claudius Quadrigarius — dont le *cognomen* n'est jamais mentionné — est cité quatre fois seulement, dont trois en opposition à Valérius Antias. Une seule autre source est mentionnée dans la

1. Bibliographie dans J. Bayet, édition du tome I de l'*Histoire romaine*, Les Belles Lettres, Paris, 1940, p. XXVI-XXXIII ; P. Jal, édition des livres 41-42, Les Belles Lettres, Paris, 1971, p. XXV XXXVIII ; G. Mezzar-Zerbi, voir plus loin, p. XXXII, n. 1 ; J. Briscoe, *A Commentary on Livy, Books XXXI-XXXIII*, Oxford, 1973, p. 6-12 : P. G. Walsh, *Livy*, etc... Cambridge, 1961, p. 110-137, notamment p. 133-137 ; F. W. Walbank in *Livy*, ed. by T. A. Dorey, Londres-Toronto, 1971, p. 49-60.

2. P. Jal, *op. cit.*, p. XXV et XXVII, avec de pertinentes considérations sur les causes de changements de sources dans la Ve décade, valables pour la IVe. J. Briscoe, *op. cit.*, p. 10-11, adopte une position plus nuancée, mais se borne à dire que l'on n'a pas la *preuve* que Tite-Live n'ait pas utilisé d'autres annalistes.

3. Sur les raisons qu'avait Tite-Live d'apprécier Polybe, P. Jal, *op. cit.*, p. XXXI-XXXII. L'affirmation de 33, 10, 10 est particulièrement claire : *Nos... Polybium secuti sumus, non incertum auctorem cum omnium Romanorum rerum, tum praecipue in Graecia gestarum.* Mais le problème de l'utilisation de Polybe dans un contexte annalistique est très délicat. J. Briscoe, *op. cit.*, p. 11, le résout par la négative.

IVe décade : Rutilius[1], en 39, 52, 1. Aucune de ces mentions ne figure au livre 31.

Les difficultés commencent lorsque l'on procède à une étude détaillée : il n'est pas certain, par exemple, que Tite-Live ait utilisé exclusivement Polybe pour les événements de Grèce[2], ni que, pour tel ou tel point de détail, il n'ait pas eu recours à d'autres annalistes, en dépit de sa méthode de travail bien connue. C'est pourquoi il nous paraît utile de rappeler les opinions émises par les chercheurs, à partir de quelques données d'évidence.

Au livre 31, l'unanimité s'est faite pour reconnaître la main de Tite-Live dans 1, 1-5 et probablement, 1, 6-10 (même s'il en prend les éléments dans l'annalistique, ou, plus probablement, chez Polybe) ainsi que dans les discours de 7, 2-15, 29, 4-16 et 31, 1-20. La part de l'annalistique s'étend à 2, 1-14, 2 ; 19, 1-22, 3 et 47, 4-50, 11. Celle de Polybe comprend les chapitres 14, 3-18, 9 et 22, 4-47, 3 : elle est prédominante. Les divergences ne portent que sur les parts respectives des divers annalistes (voir plus bas) ou sur quelques points particuliers. P. Pédech[3], J. Briscoe et nous-même sommes enclins à admettre la présence d'éléments annalistiques dans les parties polybiennes, mais en petit nombre ; Soltau ne retient pas l'hypothèse pourtant solide d'H. Nissen et A. Klotz[4] selon laquelle 14, 1-2 (jusqu'à *altero die*)

1. Il s'agit sans doute de Rutilius Rufus, consul en 105, qui écrivit à la fin de sa vie un *De uita sua* et, en grec, une œuvre historique importante.

2. En dernier lieu, P. Pédech, *La méthode historique de Polybe*, Paris, 1964, p. 113, pense que Tite-Live, dans son livre XXXI, « en mélangeant les données d'origine annalistiques aux renseignements tirés de Polybe a encore obscurci cette histoire ». Cf. P. Jal, *op. cit.*, p. XXVIII, et J. Briscoe, *op. cit.*, p. 8 (présence — rare — d'éléments annalistiques dans les sections polybiennes).

3. Cf. P. Pédech, *op. cit.*, p. 121-123.

4. H. Nissen, *Kritische Untersuchungen über die Quelle der vierten und funften Dekade des Livius*, Berlin, 1863, p. 121 ; A. Klotz, *Livius und seine Vorgänger*, p. 3, cf. p. 40.

sont d'origine annalistique. Ce sont là de minces détails.

Nous aimerions pouvoir suivre Tite-Live « traducteur de Polybe »[1] tout au long du livre 31, adapté de l'historien grec depuis son livre 16, 24 jusqu'au début de 17. Malheureusement, le livre 16 de Polybe n'est conservé (avec de nombreuses lacunes) que jusqu'au chapitre 37[2], et 17 est entièrement perdu. D'autre part, Tite-Live l'abandonne en 36-37, dans lesquels Polybe relate l'expédition de Philopoemen contre Nabis : c'est là une affaire purement grecque, *res Romanis rebus non cohaerens*, qu'il ne juge pas utile d'insérer dans son histoire de Rome : il se contente de faire une allusion à ses suites en 31, 25, 3-4. Nous ne pouvons donc comparer directement que Tite-Live 31, 14, 11-18, 9 et Polybe 16, 25, 1-35, 2, qui traitent de la présence d'Attale et des Rhodiens à Athènes et du siège d'Abydos.

Ces deux épisodes ont fait, notamment, l'objet de trois études, dont nous rappellerons les conclusions[3]. Tite-Live les traite de façon différente, parce que le premier a une portée politique et le second une fonction sur-

1. La littérature sur le sujet est abondante. Citons seulement K. Witte, *Ueber die Form der Darstellung in Livius Geschichtswerk*, in *Rhein. Museum*, 65, 1910, p. 270-305 et 359-419 ; A. Klotz, *Die Benutzung des Polybios bei römischen Schriftstellern*, in *Studi italici di filologia classica*, 25, 1951, p. 243-265 ; E. Pianezzola, *Traduzione e ideologia*, Bologne, 1969 ; J. Briscoe, *op. cit.*, p. 6-8 ; A. Hus, *Une version livienne d'un récit polybien : Tite-Live XXXI, 14, 11-16, 8 ; Polybe, XVI, 25-29*, in *Mélanges Boyancé*, Rome, 1975, p. 419-434.

2. Le chapitre 38 ne comporte que trois lignes et il n'est pas sûr qu'il faille le situer à cette place : emprunté à Suidas, ce fragment peut aussi bien s'appliquer aux années 199-198 (cf. Tite-Live, 32, 5) ou à l'automne 198 (cf. Tite-Live 32, 19) : F. W. Walbank, *A Commentary on Polybius*, II, Oxford, 1967, p. 545. Le chapitre 39, très fragmentaire, ne concerne pas Tite-Live (*op. cit.*, p. 546).

3. Pour Tite-Live 14-16 (= Pol. 25-29) : A. Hus, *op. cit.* ; pour Tite-Live 17-18 (= Pol. 30-35) : K. Witte, *op. cit.*, p. 293-295 et 304 sqq. ; E. Pianezzola, *op. cit.*, p. 30-32. Cf. récemment, J. Briscoe, *op. cit.*, p. 7-8 et 41-47, qui pense que Tite-Live a utilisé pour ce passage deux sources : Polybe et une version de Polybe déjà altérée par un annaliste.

tout littéraire. Dans aucun des deux cas, il ne suit aveuglément son modèle. Le premier épisode (14, 11-16, 8 = Polybe 16, 25, 1-29, fin) est fortement condensé et dominé par le désir qu'a Tite-Live de ne pas mentionner la présence d'ambassadeurs romains à Athènes (voir plus bas, p. 92, n. 13). Tite-Live y procède par omissions, adjonctions, transpositions et déplacements entremêlés qui prouvent qu'il a lu et assimilé son modèle avant de composer lui-même, avec des intentions précises, des récits largement originaux. Du point de vue littéraire, il écarte tout ce qui, chez Polybe, constitue une réflexion générale, un exposé d'intentions, une recherche psychologique ou morale ; il écarte également les longues descriptions et les ornements qu'il trouve dans le texte grec pour ramasser le récit en une sèche chronique ; il romanise les détails trop spécifiquement grecs et insère sporadiquement dans le texte polybien des éléments annalistiques ou (plus probablement) personnels. Sa méthode de composition est plus logique que chronologique, contrairement à celle de Polybe.

Ces procédés l'amènent à obscurcir les événements, parfois volontairement, car ils sont au service d'un propos délibéré de déformation historique : il ne veut pas admettre la présence à Athènes de l'ambassade romaine, qui menait un double jeu à l'égard de Ptolémée et d'Antiochus ; il cherche à rabaisser Attale au profit des Athéniens et de Philippe. En dépit d'une apparente objectivité, il se fait moins historien que propagandiste de Rome.

Le second épisode (TL 17-18 = Polybe, 30-35) traite du siège d'Abydos et n'est pas moins condensé. On y retrouve les mêmes procédés, les mêmes silences et les mêmes arrière-pensées politiques que dans le précédent, mais les intentions sont beaucoup plus littéraires. K. Witte y voit un bon exemple de la capacité de Tite-Live à tirer d'un texte grec un récit serré et dramatique et à utiliser le dialogue de façon percutante. Il ne suit pas servilement l'ordre polybien, mais cueille ici et là les seuls éléments qui l'intéressent, dans le dessein de construire un récit cohérent, avec introduction et conclusion : ce qui, chez Polybe, est déployé dans un long exposé objectif, entrecoupé d'excursus, devient chez lui un récit ramassé, structuré, apparemment plus clair et plus sobre, qui met en valeur les éléments propres à susciter le *mouere*. En même temps, il romanise l'épisode, substituant aux comparaisons polybiennes avec les Phocéens et les Acarnaniens la comparaison rapide avec les Sagontins (17, 5), mieux adaptée à l'émotivité romaine, et introduisant une note de solennité religieuse exprimée en langage spécifiquement romain (17, 6-10). Des quelques pages polybiennes qui nous ont été conservées, Tite-Live offre donc une « traduction » qui n'est qu'une « belle infidèle ».

Les événements narrés par Tite-Live en 31 sont également rapportés, beaucoup plus brièvement, par d'autres auteurs contemporains ou postérieurs qui ont pu utiliser soit les mêmes sources, soit d'autres sources que celles de notre historien : il s'agit de Diodore de Sicile (légèrement antérieur à Tite-Live), de Justin, d'Appien et de Dion Cassius qui, tous quatre, ont utilisé largement Polybe directement ou indirectement[1].

Diodore, comme Polybe, est favorable à Rome et, plus que lui, hostile à Philippe, mais aucun renseignement précis ne peut être tiré des trois moments de son livre 28 qui correspondent à des passages liviens.

En 6, il résume Polybe, 16, 34, 1-7, que reprend Tite-Live en 31, 18, 1-4. En 7, il est question du pillage de la campagne athénienne par Philippe, qui parvient à brûler l'Académie (ce dernier détail figure, chez Polybe, à propos de l'action de Nicanor) ; ce chapitre correspond

1. Sur les rapports de ces quatre auteurs avec Polybe et Tite-Live : B. Ferro, *Le origini della seconda guerra macedonica*, in *Atti d. Accad. di Scienze, Lettere e Arti di Palermo*, s. 4, 19, 1960, p. 137-153 (limité aux textes concernant les causes de la guerre).

à Tite-Live 31, 26, où il est question d'une double action menée par Philoclès *et* Philippe.

En 8, il s'agit d'un encouragement de Philippe à ses troupes abattues, qui peut correspondre à Tite-Live 31, 34.

La comparaison avec Justin, qui suit indirectement Polybe, mais aussi une ou plusieurs autres sources, notamment Timagène et (ou) un ou plusieurs annalistes romains[1], est plus instructive. La distribution de la matière n'est pas la même ; surtout, le point de vue est très différent, Justin s'étendant longuement sur les causes et les préliminaires de la guerre (de 30, 2, 8 à 30, 3, 6) pour résumer brièvement (de 30, 3, 7 à 30, 4, 18) toute la matière traitée par Tite-Live de 31, 14 à la fin du livre 33. Pour ne pas surcharger cet exposé, nous concentrerons notre attention sur Justin 30, 2, 8-30, 3, 7, correspondant à Tite-Live 1, 6-2, 4 ; 6-8 et 14, 1-2, selon les concordances suivantes.

J. 30, 2, 8 : les Alexandrins envoient une ambassade à Rome pour prier les Romains de défendre le jeune Ptolémée.	**TL.** omis.
J. 30, 3, 1 : *Grata legatio Romanis fuit causas belli aduersus Philippum quaerentibus, qui insidiatus temporibus belli Punici fuerat.*	**TL.** 1, 9-10 : Aucune mention du désir de guerre des Romains ; l'irritation romaine est due à l'attitude de Philippe à l'égard des Étoliens et à son attitude durant la seconde guerre punique. Ce sont les Athéniens qui les poussent à reprendre la guerre.
J. 30, 3, 2 : Depuis la chute d'Hannibal, Philippe est le plus à craindre, (*Romanis*)	**TL.** 1, 6-7 : La valeur de Philippe n'est nullement comparable à celle d'Hannibal ;

1. Sur ce « venimeux ennemi de Rome » et l'existence possible à Rome, au temps d'Auguste, de cercles d'historiographes hostiles à Rome, voir P. Jal, *op. cit.*, p. LXXIII, n. 3.

reputantibus quantum motum Pyrrhus parua Macedonum manu in Italia fecisset, quantasque res Macedones in Oriente gessissent.	mention de la grandeur des Macédoniens qui *multa quondam Europae, maiorem partem Asiae obtinuerant armis.* Aucune mention de Pyrrhus. La comparaison avec celui-ci est mise dans la bouche de M. Aurélius en 3, 6, et dans celle de P. Sulpicius en 7, 8.
J. 30, 3, 3 : Les Romains envoient une ambassade à Antiochus et à Philippe pour qu'ils s'abstiennent d'attaquer l'Égypte.	**TL.** omis.
J. 30, 3, 4 : Ils envoient une seconde ambassade en Égypte, conduite par M. Lépidus, *qui tutorio nomine regnum pupilli administraret.*	**TL.** 2, 3-4 : M. Lépidus est nommé, le second parmi trois noms ; il s'agit seulement d'annoncer à Ptolémée la victoire sur Carthage et de solliciter la poursuite de son appui.
J. 30, 3, 5 : Ambassade d'Attale et des Rhodiens à Rome.	**TL.** 2, 1.
J. 30, 3, 6 : Le Sénat décrète la guerre contre Philippe et envoie en Macédoine un consul et des légions.	**TL.** 6-8, cf. 14, 1-2.
J. 30, 3, 7 : *Nec multo post tempore, fiducia Romanorum, tota Graecia aduersus Philippum spe pristinae libertatis erecta, bellum ei intulit...*	**TL.** *passim.*

Si l'on excepte la mention de J. 30, 3, 1 selon laquelle les Romains recherchaient, par esprit de vengeance, des *causas belli* contre Philippe, on ne trouve guère ici — bien au contraire : 30, 3, 7 — de sentiments antiromains. Les silences de Tite-Live proviennent de sa source annalistique, mais se retrouvent également chez Polybe. La version selon laquelle M. Aemilius Lépidus se serait fait le tuteur du petit Ptolémée est très invraisemblable, car cette tutelle allait à l'encontre des intérêts romains du moment[1].

Le résumé d'Appien, en *Mac.*, 4, correspond assez bien à divers passages du livre 31.

App. *Mac.*, 4 : Philippe ravage Samos et Chios, le territoire d'Attale et les possessions continentales de Rhodes : cf. Polybe, 16, 2, 3 et 8.	**TL.** 14, 4 : Omission de Samos et de Chios ; le reste est rappelé en 2, 1, voir plus bas.
Il ravage l'Attique et assiège Athènes, « ὡς οὐδὲν τῶνδε Ῥωμαίους προσηκόντων ».	**TL.** 16 et 26 : Omission du prétexte de Philippe.
Le bruit court d'une alliance entre Philippe et Antiochus. Le premier, notamment, aiderait le second à conquérir l'Égypte et Chypre.	**TL.** : Omis, cf. 14, 5.
Les ambassades d'Attale et des Rhodiens annoncent la nouvelle à Rome.	**TL.** 2, 1. Mais il n'est pas question de ce « bruit ».
Ambassade athénienne.	**TL.** 5, 6.
Les Étoliens rentrent dans l'alliance romaine.	**TL.** 29-32 (assemblée des Étoliens). 40, 7-43 (entrée dans la guerre).
Les Romains déclarent la guerre à Philippe.	**TL.** 8.

Ici encore, on ne trouve pas trace d'une autre source que Polybe (utilisé indirectement), malgré la thèse de

1. Sur ces points : E. Will, *Histoire politique du monde hellénistique*, II, Nancy, 1967, p. 102-103, avec bibliographie.

P. Meloni[1], car on ne saurait sérieusement attribuer à cette seconde source les mots ὡς οὐδὲν τῶνδε Ῥωμαίους προσηκόντων qui excusent Philippe. Le texte d'Appien concorde bien avec celui de Justin 30, 3, 3 et trouve confirmation dans Polybe 27, 5. L'omission par Tite-Live de l'alliance entre Antiochus et Philippe provient certainement de Valérius Antias. En ce cas particulier, Tite-Live avait pourtant tout intérêt, par simple patriotisme, à s'emparer de l'événement et à compléter Antias par Polybe. S'agit-il seulement de paresse? Peut-être, mais aussi d'un prudent silence, puisque l'ambassade mentionnée par Justin en 30, 3, 3 essaiera de négocier avec Antiochus, même aux dépens de Ptolémée. Tite-Live ne mentionnera — incidemment — l'alliance qu'en 14, 5, alors qu'il venait tout juste de reprendre Polybe comme source principale.

La concordance de Tite-Live 31 avec Dion Cassius (18, frgt 58, 1-6 et 57, 81 = TL 33-40, 6) et son abréviateur Zonaras (9, 15 = TL, livre 31) est étroite, tant en ce qui concerne les affaires de Grèce que celles de Gaule cisalpine et de Ligurie. Le fait est normal, car les deux historiens puisent directement dans Polybe et l'annalistique (et, pour Dion, dans Tite-Live lui-même) et qu'ils envisagent l'histoire du même point de vue romain et sénatorial. Aussi ne relèverons-nous que les principales divergences.

S'interrogeant sur les causes de la guerre, Dion souligne, comme Justin, le désir de vengeance des Romains, qui auraient ménagé Philippe tant que Carthage était debout, mais qui, ensuite, le « chargèrent de beaucoup d'injures » (πολλὰ ἐγκαλοῦντες αὐτῷ). Si les attaques de Philippe contre les Grecs furent les prétextes de la guerre, la vraie raison en était la crainte qu'il ne soumît la Grèce et n'attaquât l'Italie comme l'avait fait Pyrrhus (cf.

1. P. Meloni, *Il valore storico e le fonti del libro macedonico di Appiano*, Rome, 1955. Voir P. Jal, *op. cit.*, p. XXXVI.

plus haut, Justin 30, 3, 2 et Tite-Live 31, 3, 6 et 31, 7, 8) : ici encore, on ne peut douter que Dion et Justin n'aient eu la même source (probablement Polybe, peut-être à travers un texte annalistique) et que Tite-Live n'ait présenté les faits à sa manière, encore qu'il exprime implicitement la même opinion que Dion en 29, 12, 16 ; 31, 31, 19 et 32, 21, 18. Le désaccord le plus important porte toutefois sur la maladie qui, selon Dion (Zonaras), aurait frappé le consul Sulpicius dès son débarquement en Illyrie, et dont il ne se serait relevé que pour marcher à la bataille de Lyncus : en conséquence, tout le corps expéditionnaire (τὴν δύναμιν πᾶσαν) aurait été pendant ce temps confié à Claudius Cento et à L. Apustius, ce dernier nommé récemment amiral (στρατηγὸν ἐπὶ τοῦ ναυτικοῦ). Tite-Live ignore tout de la maladie de Sulpicius et donne l'impression que toutes les opérations dépendent directement de lui. C'est lui qui, en 14, 3, envoie C. Claudius Cento à Athènes avec vingt navires et mille soldats ; c'est sur ses ordres qu'Apustius[1] remplit des missions terrestres en 27, 1 sqq., puis maritimes en 47, 2. Il est possible, malgré Holleaux, que la version de Dion soit la bonne, et qu'il l'ait trouvée dans Polybe. La raison du silence livien peut être la suivante : il convenait que toute la campagne, et ses succès, fussent attribués au consul, chef de l'armée et autorité supérieure (voir plus bas, p. LVIII, n. 2 et ch. 22, 4, n. 2).

Le récit des événements en Italie du nord concorde chez les deux auteurs, à un seul détail près : Dion mentionne une victoire d'Hamilcar sur les Ligures qu'ignore Tite-Live. On peut seulement en déduire que Dion n'avait pas pris ici Tite-Live pour seule source, mais celles dont

1. Tite-Live ne mentionne pas la nomination d'Apustius comme amiral. Celui-ci apparaît d'abord en 4, 7 comme édile de la plèbe, puis comme légat de Sulpicius en 27, 1. En 3, 3, c'est M. Valérius Laevinus qui reçoit mission de faire passer la flotte en Macédoine. C'est seulement en 27, 8 que Tite-Live admet implicitement la qualité d'amiral d'Apustius : celui-ci, après ses opérations terrestres, *remittitur inde extemplo ad classem*.

il disposait étaient-elles ignorées de Tite-Live? Il peut s'agir, entre autres, de Claudius Quadrigarius (que Tite-Live n'utilisait alors qu'en complément à Valérius Antias) ou d'un auteur ayant utilisé celui-ci.

Lorsque Tite-Live ne suit pas Polybe, c'est-à-dire lorsqu'il traite des affaires d'Occident ou lorsqu'il veut apporter à Polybe une correction, il s'adresse à des annalistes, ainsi que l'a définitivement démontré N. Nissen[1]. A la suite de ce dernier, de nombreuses tentatives ont été faites pour préciser leur identité dans la IVe décade. Dès 1878, G. F. Unger[2] les identifiait avec Valérius Antias et Claudius Quadrigarius. En 1894 et 1897, W. Soltau leur adjoignait Pison[3]. En 1913, U. Kahrstedt[4] reconnaissait, sans entrer dans le détail, trois sources annalistiques : Valérius Antias à coup sûr (désigné d'abord par le sigle LCG², qui fournit l'armature chronologique, désigne les généraux d'Espagne sous le titre de proconsuls et fait longtemps combattre en Italie du nord la Ire et la IIIe légions), une seconde source, qui est peut-être Claudius Quadrigarius (reconnu d'abord sous le sigle HPG¹, dont les données chronologiques sont souvent aberrantes, qui appelle *praetores* les généraux envoyés en Espagne et qui fait combattre en Gaule cisalpine les Ire et IIIe légions) et une troisième, qui peut être Claudius Quadrigarius si celui-ci n'est pas la seconde, ou bien une « unverteile Masse », mais qui n'est certainement pas Pison. En 1915, puis en 1941[5], A. Klotz montre

1. H. Nissen, *Kritische Untersuchungen über die Quellen der vierten und fünften Dekade des Livius*, Berlin, 1863.

2. G. F. Unger, *Die römische Quellen des Livius in der vierten und fünften Dekade*, in *Philologus*, Supplementband, III, Heft 6, 1878 (pour 31 : p. 21-37).

3. W. Soltau, *Die annalistichen Quellen in Livius' IV und V Dekade*, in *Philologus*, 52, 1894, p. 664-701 ; *Livius' Geschichtswerk, seine Komposition und seine Quellen*, Leipzig, 1897, p. 27-46.

4. U. Kahrstedt, *Die Annalistik von Livius, Bücher XXXI-XLV*, Berlin, 1953, p. 1-102. Critique de sa position sur la titulature des généraux envoyés en Espagne : J. Briscoe, *op. cit.*, p. 5.

5. A. Klotz, *Zu den Quellen der vierten und fünften Dekade des*

que Tite-Live s'est servi de Valérius Antias comme annaliste principal en le contrôlant au moyen de Claudius jusqu'en 39, 47, 1, mais que, se défiant désormais par trop du premier, il inverse leurs rôles respectifs à partir de ce passage. Mme Mezzar-Zerbi récemment, limitant son étude aux textes traitant des Ligures [1], ne retient que Valérius Antias et Claudius Quadrigarius, mais admet l'existence, pour certains brefs passages des livres 36 et 37, d'un annaliste « incertain ». M. J. Briscoe, enfin, traitant globalement de la question (*op. cit.*, p. 6-9) pense que Tite-Live a pu utiliser plus de deux annalistes — y compris de mémoire ou par l'intermédiaire de notes — mais que l'on ne peut trancher ni dans un sens ni dans l'autre. Quant à l'utilisation directe de Caton, elle est généralement niée [2].

Ainsi, à l'exception de Soltau, tous les chercheurs admettent l'utilisation presque exclusive de Valérius Antias et de Claudius Quadrigarius dans la IVe décade, et notamment dans le livre 31 [3]. Le tableau ci-joint expose la répartition proposée par les savants précé-

Livius, in *Hermes*, 50, 1915, p. 481-536 ; *Livius und seine Vorgänger*, Leipzig-Berlin, 1940-1941, p. 24-100. Voir la critique de M. Gelzer dans *Gnomon*, 18, 1941, p. 220-231.

1. Séries d'articles intitulés *Le fonti di Livio nelle guerre combattute contro i Liguri*, in *Riv. di Studi classici*, 6, 1958, p. 3-15 (années 201 à 196) ; 7, 1959, p. 152-165 ; 8, 1960, p. 329-340 ; 13, 1965, p. 66-70 et 287-299 ; 14, 1966, p. 211-224 et 359-368.

2. Ce point n'intéresse pas le livre 31. En dernier lieu, H. Tränkle, *Cato in der vierten und fünften Dekade des Livius*, Wiesbaden, 1971, a montré que, dans les livres 34 et 39, Tite-Live n'utilisait pas les discours originaux de Caton. F. W. Walbank, in *Livy*, ed. by T. A. Dorey, Londres-Toronto, 1971, pense que Tite-Live a pu l'utiliser (*peut-être à travers les annalistes*) pour le récit de sa campagne d'Espagne, car il est plus détaillé et plus concret que ses autres récits espagnols, et comporte l'emploi de *castra hiberna* au sens de « camp fixe », propre à Caton.

3. Sur les caractères de ces deux annalistes, voir la bibliographie donnée par M. P. Jal, *op. cit.*, p. XXXVII, n. 3. On y adjoindra le long article de Volkmann sur Valérius Antias, et celui, plus bref et plus ancien, de Niese sur Claudius Quadrigarius, parus respectivement dans *R. E.*, 7, 1 (1948), c. 2313-2340 et 3 (1899), c. 2858-2861.

demment nommés pour les sources annalistiques et polybienne du livre 31.

Aspects historiques. Le livre 31 traite des origines et des débuts de la seconde guerre de Macédoine. « L'on touche ici à l'un des points les plus délicats et les plus controversés de cette période cruciale de l'histoire hellénistique — et même, peut-on ajouter sans exagération, de toute l'histoire de l'Antiquité », écrit E. Will[1]. Le problème des causes et des origines de la seconde guerre de Macédoine est, en effet, l'un des plus débattus de l'érudition moderne : Holleaux, Passerini, Larsen, Bickermann, Walbank, MacDonald, Briscoe et d'autres se sont penchés sur lui tour à tour, et les divergences de leurs conclusions attestent la difficulté de la question. La mutilation du texte de Polybe la complique encore : du livre 16, où il racontait les événements de l'olympiade 144, 3-4 (202-200), il ne reste qu'un petit nombre de fragments relatifs à ce sujet (16, 23-35, 8). « Tite-Live, dans son livre 31, en mélangeant les données d'origine annalistique aux renseignements tirés de Polybe, a encore obscurci cette histoire... Appien, *Mac*, 4, ne donne qu'un sommaire très confus ». Ce dernier propos est de P. Pédech[2], et bien d'autres chercheurs se sont exprimés de façon analogue.

Il est donc indispensable d'exposer le contexte historique dans lequel celui-ci se situe. Ce faisant, nous ne prétendons pas faire œuvre d'historien ni apporter, après tant d'autres, des vues personnelles sur la question, mais seulement présenter les faits et les hypothèses utiles à la compréhension du texte livien. C'est pourquoi nous n'encombrerons pas cet exposé d'inutiles références aux controverses de détail, que l'on trouvera exposées dans deux ouvrages fondamentaux : le *Philip V of*

1. *Histoire politique du monde hellénistique*, II, Nancy, 1967, p. 113.
2. *La méthode historique de Polybe*, Paris, 1964, p. 113.

Macedon de F. W. Walbank, Cambridge, 1940, légèrement vieilli et partisan, mais remarquable encore de clarté et d'information, et l'*Histoire politique du monde hellénistique* d'E. Will, II, Nancy, 1967, dans lesquels on trouvera toute la bibliographie antérieure. On recourra également avec profit aux pages peu nombreuses mais denses de J. Briscoe, *A commentary on Livy, Books XXXI-XXXIII*, Oxford, 1973, p. 36-47, et à l'exposé rapide, mais dense de L. Raditsa, *Bella Macedonica*, in *Aufstieg und Niedergang...* (*Mélanges Vogt*), Berlin-New York, I, 1, 1971, p. 564-589.

Nous envisagerons successivement :

I. *Les événements de Grèce* :

1. La paix de Phoinikè et ses conséquences.
2. De la paix de Phoinikè au blocus de Philippe dans Bargylia (205-hiver 201).
3. De l'arrivée des ambassades pergaménienne et rhodienne à Rome au débarquement de P. Sulpicius Galba à Apollonie (automne 201-septembre 200).
4. Les causes de la seconde guerre de Macédoine.
5. Les forces en présence à l'automne 200.
6. La campagne de 199.

Les quatre derniers points sont traités par Tite-Live dans son livre 31. Les deux premiers sont indispensables à la compréhension du livre en raison des références constantes — implicites ou explicites — qui y sont faites.

II. *Les événements d'Occident* (Rome, Gaule cisalpine, Ligurie, Espagne et Afrique du nord).

III. *Les problèmes de chronologie* qui se posent pour le livre 31.

Les événements de Grèce.

La paix de Phoinikè et ses conséquences.

La première guerre de Macédoine avait pris fin en 205 sur une paix de compromis, conclue entre Philippe V et les Romains à Phoinikè, en Épire, grâce à l'entremise des Épirotes[1]. Rome, abandonnée par ses alliés et tout entière occupée par la lutte contre Hannibal, ne voulait pas poursuivre la guerre ; Philippe, incapable de prendre Apollonie, affaibli, regardant déjà vers l'Égée, accepta la paix que les Romains lui offraient. Les clauses territoriales du traité sont bien connues : Rome recouvrait le territoire des Parthiniens et conservait quelques places autour d'Apollonie, dont Dinalè ; elle ne s'y installa pas matériellement. Philippe conservait la passe de l'Aoos et l'Atintanie, qui lui donnaient accès à l'Adriatique. Le sort de l'Illyrie du nord, territoire de Scerdilaïdas, n'est pas clair.

Moins claire encore est la question des *adscripti*, c'est-à-dire des alliés de l'un et l'autre camp qui furent inclus dans le traité. Tite-Live[2] en donne la liste : du côté de Philippe, on trouve Prusias de Bithynie et les membres de la Symmachie (Achéens, Béotiens, Thessaliens, Acarnaniens, Épirotes) ; du côté de Rome, figurent Attale Ier de Pergame, Pleuratos d'Illyrie (fils et successeur de Scerdilaïdas), Sparte (avec Nabis), les Éléens, les Messéniens, les Athéniens et les habitants d'Ilion. Mais cette liste a été critiquée : l'accord est général sur les *adscripti* de Philippe et sur l'exclusion d'Athènes et d'Ilion du côté romain ; les désaccords sont complets en ce qui concerne les autres : Holleaux et Carcopino[3] les excluent tous de la liste, sauf Attale, chacun des autres faisant l'objet de discussions. La tendance actuelle est de repousser l'hypercriticisme et d'admettre au nombre des *adscripti* romains non seulement Attale, mais Pleuratos, Nabis, les Éléens et les Messéniens.

Il semble bien que l'*adscriptio* ait entraîné pour Rome l'obligation théorique de secourir ses *adscripti* en cas

1. Liu. 29, 12 ; Appian., *Mac.*, 3.
2. 29, 12, 14.
3. M. Holleaux, *Rome, la Grèce et les monarchies hellénistiques*, Paris, 1921, p. 258-271 ; J. Carcopino, *Points de vue sur l'impérialisme romain*, Paris, 1934, p. 40-69.

de guerre. Mais elle ne conclut avec eux aucun traité et sa garantie paraît surtout morale, gage seulement d'*amicitia*, « notion vague, imprécise, élastique, qui laissait au Sénat une large marge d'appréciation »[1].

Rome ne s'était engagée que timidement dans la première guerre de Macédoine : le danger était ailleurs, et ses intérêts lui commandaient d'en finir d'abord avec Hannibal ; d'autre part, elle manquait d'expérience dans les affaires compliquées de la Grèce hellénistique. Aussi les modernes sont-ils très divisés sur ses intentions réelles lorsqu'elle propose et conclut la paix de Phoinikè : quitte-t-elle la Grèce sans espoir de retour ou considère-t-elle la paix comme une trêve dont les clauses, vagues ou ambiguës, lui ménagent la possibilité d'un retour offensif? Il n'est guère douteux que le peuple, qui rejettera d'abord la déclaration de guerre à Philippe en 200, et une partie du Sénat, qui ne fera rien pour occuper sérieusement la partie romaine de l'Illyrie, n'ont ni politique orientale ni visées impérialistes. Mais il est aujourd'hui certain qu'il existait au sein du Sénat des groupes et des hommes — au premier rang desquels le futur consul de 200, P. Sulpicius Galba — que leurs ambitions poussaient à concevoir une politique d'expansion militaire vers l'est : groupes financiers en quête de terres à conquérir, alliés à des ambitieux qui deviendront les premiers « généraux de métier »[2].

De son côté, Philippe V, débarrassé du front romain, acquiert en Grèce une position prééminente. Sous l'influence grandissante d'Héraclidès de Tarente et de son caractère de plus en plus impatient et tyrannique, il sent venue l'heure de passer à l'action en Grèce. Considérant les Romains comme hors du jeu, il s'apprête à agir efficacement dans le monde hellénistique. Celui-ci compte alors trois grandes monarchies : la sienne, celle d'An-

1. E. Will, *op. cit.*, p. 82.
2. Voir E. Will, *op. cit.*, p. 84.

tiochus III de Syrie (Séleucides), celle de Ptolémée IV Philopator d'Égypte (Lagides) ; deux grandes ligues : achéenne et étolienne, la ligue crétoise n'étant guère que commerciale et présidée par Philippe lui-même ; deux monarchies mineures : celles de Prusias Ier de Bithynie et d'Attale Ier de Pergame ; une grande puissance maritime (Rhodes) et un grand nombre de villes « libres », plus ou moins « protégées » par les plus puissants ou cherchant à mener une politique prudente qui n'indispose personne (par exemple Athènes). Or, Antiochus, au retour d'une brillante campagne en Perse, en Bactriane et en Inde, vient de consolider son royaume et se pose désormais en restaurateur de l'empire de Séleucus Ier. Ptolémée au contraire, roi faible et entouré d'une clique d'intrigants, mais ayant encore de nombreuses possessions en Grèce (notamment en Thrace), paraît une proie facile. Achéens, Étoliens, Athéniens, nombre de villes libres pratiquent une politique d'attentisme. Prusias, parent de Philippe, lui est acquis ; Attale, inquiet et hostile à Philippe, voit son alliance avec Rome devenir théorique. Rhodes est prête à défendre son empire maritime, garant de sa puissance et de sa prospérité, en continuant d'assurer la police de l'Égée et en veillant jalousement à la liberté des détroits conduisant à la mer Noire.

Les buts de Philippe, au lendemain de Phoinikè, sont donc d'empêcher Antiochus de s'agrandir aux dépens de la Macédoine, de profiter de la faiblesse des Égyptiens pour s'emparer d'une partie de leurs possessions, d'accroître son territoire et son influence partout où cela lui sera possible. Il agira vraisemblablement sans plan arrêté, obéissant le plus souvent aux circonstances et aux impulsions de son caractère, qui le poussait, entre autres, à mépriser alliés comme adversaires et à soutenir les démocrates contre les possédants.

De la paix de Phoinikè au blocus de Philippe dans Bargylia (205-automne 201).

Philippe ne tarda pas à agir, en masquant d'abord son

jeu. Il a en effet compris qu'il devait reconstituer sa flotte ; manquant d'argent, il chargea l'Étolien Dicéarque de pratiquer pour son compte la piraterie en Égée. Cette entreprise commençait alors que les Rhodiens étaient en pleine guerre contre les Crétois (205-204), dont Philippe était nominalement le président, mais qui s'étaient en fait émancipés. A l'automne 204, il conclut avec les Crétois un pacte secret contre les Rhodiens, fait écumer la Troade et les Cyclades par Dicéarque, envoie Héraclidès incendier les docks de Rhodes, accueille Nabis aux côtés de Dicéarque et des Crétois. Pour détourner l'attention, il entreprend des actions de diversion en Illyrie et en Thrace, qui resteront tranquilles jusqu'à l'hiver 200-199. Mais les Rhodiens ne sont pas dupes.

Précisément à l'automne 204, Ptolémée Philopator était mort, laissant pour héritier le petit Ptolémée V Épiphane, âgé de cinq ans. Le pouvoir était exercé par le favori du roi défunt, Sosibios. Celui-ci réussit à cacher la mort du roi et envoie son propre fils, Ptolémée, auprès de Philippe V. Sosibios meurt à l'automne 203 et son successeur, Agathoclès, presse Philippe d'attaquer Antiochus qui envahit la Coélè-Syrie, possession égyptienne. Philippe tergiverse, ne promet rien, retient l'ambassadeur et, au cours de l'hiver 203-202, conclut avec Antiochus III un pacte secret dirigé contre l'Égypte[1].

1. L'existence de ce pacte est à peu près unanimement admise, en dépit de la thèse de D. Magie, exposée dans *J. R. S.*, 29, 1939, p. 32-44, et reprise par R. M. Errington, *The alleged syro-macedonian pact and the origins of the second Macedonian War*, in *Athenaeum*, *n. s.*, 49, 1971, p. 336-354. Magie, tout en récusant l'existence du pacte, en attribuait l'invention aux Rhodiens et admettait, avec Holleaux, qu'il y avait eu là le motif principal de la déclaration de guerre par le Sénat. M. Errington va plus loin, car il nie que les Rhodiens aient « inventé » le pacte ; il affirme donc que les Romains n'en ont pas eu connaissance et par conséquent qu'il n'a pas été un motif d'entrée en guerre pour Rome ; Polybe — qui croyait au pacte — aurait été induit en erreur par un simple arrangement conclu à la fin de 201 entre Philippe et Zeuxis, général d'Antiochus alors en Asie Mineure. Ses arguments ne manquent pas de poids, mais sa reconstitution des événements, qualifiée par lui-même de « quite speculative », demeure très hypothétique.

Les clauses n'en sont pas connues, mais elles prévoyaient en gros un partage général des possessions lagides (à l'exception de l'Égypte) entre les deux parties : la Coélè-Syrie et la Phénicie retournaient à Antiochus, les possessions de Thrace et d'Égée, probablement la Carie et Samos allaient à Philippe. Toutefois, alors qu'Antiochus pénètre en Coélè-Syrie dès le printemps 202, Philippe conserve une attitude bienveillante à l'égard de l'Égypte qui demeure sans méfiance. La situation est mûre pour que Philippe entreprenne désormais de s'attaquer à des possessions non égyptiennes en Grèce : Rhodes est installée dans la guerre contre les Crétois et harcelée par leurs alliés ; Antiochus observe une neutralité bienveillante ; l'Égypte attend tout de Philippe ; quant à Attale, toujours hostile, il est lié par son alliance avec Antiochus et par la crainte que lui inspire Prusias.

C'est alors, au printemps et pendant l'été 202, *la première campagne de Philippe, dirigée contre la Propontide*, qui commande la route du blé en provenance de la mer Noire. Il contraint Lysimachéia, Chalcédoine et Périnthe, liées aux Étoliens par l'isopolitie, à entrer dans l'orbite macédonienne en leur donnant des gouverneurs macédoniens. Avec une brutalité inouïe, il s'empare de Cios, qu'il donne à Prusias. A l'automne, c'est le tour de Thasos, qui couvre les côtes thraces. Son comportement lui attire la haine des Grecs : des Athéniens, inquiets pour leur approvisionnement en blé ; des Étoliens dont il vient d'annexer trois villes alliées ; des Rhodiens surtout qui, dès lors, se considèrent virtuellement en guerre avec lui.

Un premier appel à Rome est alors effectué à l'automne 202 par les Étoliens. Il est rejeté en termes brutaux[1] par le Sénat, qui ne leur pardonnait pas leur « désertion » de 206 et qui se désintéressait alors de Philippe. Ce refus

1. Liu. 31, 29, 4.

rejettera les Étoliens dans l'attentisme jusqu'en 199 et renforcera Philippe dans ses desseins.

C'est pourquoi, dès le printemps 201, il se lance dans *une seconde campagne*, navale cette fois, *contre les Cyclades* (dont la confédération dépend de Rhodes) *et contre l'Asie Mineure*, avec une flotte complètement restaurée. Au printemps, il s'empare de la plupart des Cyclades, mais nous ne connaissons que trois d'entre elles : Andros, Cythnos et Paros. En avril, il occupe Samos, qui demeure administrativement égyptienne, mais où il établit une garnison. Les Rhodiens tentent alors de s'opposer à ses progrès vers l'Ionie et la Carie, mais ils sont vaincus lors de la bataille navale de Ladè : en mai, Philippe entre triomphalement à Milet, qui lui vote une couronne d'or et entre dans son alliance avec les villes de son territoire. La situation ainsi créée inquiète les villes libres commerçantes : Byzance, Cyzique et Chios se coalisent contre Philippe et s'allient aux Rhodiens.

En mai, ceux-ci réussissent, grâce à l'habileté de leur amiral Théophiliscos, à entraîner Attale dans la coalition : Attale, il est vrai, avait toutes les raisons de craindre les progrès de Philippe, qui tendaient à l'encerclement de son royaume. Philippe réagit immédiatement : en mai-juin, il marche sur Pergame et en ravage les abords avec sa cruauté et son impiété coutumières. Ne pouvant assiéger la ville, il entreprend une campagne stérile à l'est et au nord, puis regagne Milet en juillet.

Entre temps (mai-juillet), sa flotte opère avec succès dans les Sporades, mais subit à la fin de juillet une lourde défaite au large de Chios devant les flottes coalisées de Rhodes, d'Attale et de leurs alliés. Les coalisés, toutefois, se séparent et Philippe peut regagner Samos. Malgré ses succès, il doit donc interrompre sa campagne en Asie Mineure et sa position s'est encore détériorée en Grèce : si les Étoliens ne bougent pas, les Achéens ont réussi à repousser Nabis et commencent à se dégager de son influence. Quant aux Athéniens, ils abolissent à l'automne

201 les deux tribus « macédoniennes » qu'ils avaient créées en 307-306 : l'occupation de la Propontide, la divulgation du traité syro-macédonien et l'incident des deux Acarnaniens rapporté par Tite-Live en 31, 14, 6 sqq. avaient provoqué chez eux une violente réaction anti-macédonienne.

Athènes, il est vrai, comptait peu et ne pouvait détourner Philippe d'entreprendre *une troisième campagne, dirigée contre la Pérée* (région méridionale de la Carie), qui était possession rhodienne, en août 201-hiver 201-200. C'était là un vieil objectif de la politique macédonienne. Parti de Samos, il subit d'abord un échec devant Cnide, mais s'empare en septembre de toute la Pérée rhodienne, puis d'un certain nombre de places de Carie septentrionale : Stratonicée, Panamara, Iasos, Bargylia, dont sa flotte occupe le golfe. Mais en septembre 201, il est bloqué dans Bargylia par les flottes d'Attale et de Rhodes qui le contraignent à passer l'hiver sur place.

De l'arrivée des ambassades pergaménienne et rhodienne à Rome au débarquement de P. Sulpicius à Apollonie (automne 201-septembre 200).

Nous entrons ici directement dans le champ d'exposition du livre 31, et plus particulièrement dans les chapitres 2-3 et 5-9, l'arrivée de Sulpicius en Illyrie étant brièvement mentionnée en 14, 1-2. Le récit de ces événements est intégralement emprunté par Tite-Live à sa source annalistique, puisque l'utilisation de Polybe ne commence qu'en 14, 3.

A en croire Tite-Live et sa source, qui ne présentent que l'aspect romain des choses, celles-ci se seraient passées de la façon suivante. A la fin de l'année 201, aussitôt après *une première ambassade athénienne* venue se plaindre des exactions de Philippe, se présentent au Sénat, *sub idem fere tempus*, les ambassadeurs d'Attale et de Rhodes (2, 1-2), annonçant que les villes d'Asie Mineure étaient, elles aussi, en butte à ses attaques ;

le Sénat renvoie l'examen du problème en raison de l'absence des consuls. Entre temps (*interim*), le Sénat envoie à Ptolémée V trois ambassadeurs, parmi lesquels le jeune M. Aemilius Lépidus, pour lui annoncer la défaite de Carthage, le remercier et solliciter sa fidélité en cas de guerre contre Philippe. Immédiatement avant les élections (3, 1-3), le Sénat examine les plaintes de ses « alliés » et commence les préparatifs de guerre.

Viennent ensuite les élections (4, 4, voir plus bas, p. XLIV) qui portent au consulat P. Sulpicius Galba (il obtiendra la province de Macédoine) et C. Aurélius Cotta, à qui échoit l'Italie (6, 1). A peine élu, Sulpicius fait procéder aux rites requis pour la déclaration de guerre, alors qu'*une seconde ambassade athénienne* venait de se plaindre au Sénat de nouvelles exactions de Philippe. Le Sénat, ayant remercié « ces alliés » de leur fidélité, diffère néanmoins l'envoi de secours jusqu'au tirage au sort des provinces (5, 5-9). Sulpicius, à peine titulaire de la Macédoine, présente aux comices le projet de loi relatif à la guerre. Celui-ci est repoussé à la quasi unanimité des centuries, car le peuple est las. Le Sénat s'en irrite et, dans un laps de temps que Tite-Live ne précise pas, mais qui paraît très court (voir plus bas, p. LXXXIX), Sulpicius convoque à nouveau les comices, au cours des quels il prononce un violent discours en faveur de la guerre (7, 1-15) : celle-ci est décidée (8, 1). On prend alors toutes les mesures nécessaires (8, 2-11).

Au milieu de ces préparatifs (*in ipso apparatu belli*), arrive à Rome *une ambassade égyptienne* qui informe le Sénat que les Athéniens ont demandé contre Philippe le secours de Ptolémée : celui-ci laissait le Sénat libre de secourir lui-même ses « alliés » ou de confier ce soin à l'Égypte. Les sénateurs décident de secourir Athènes, leur « alliée », quitte à demander plus tard des fournitures à Ptolémée (9, 1-5). On accomplit alors les rites religieux légaux (9, 5-10). Après une longue parenthèse consacrée aux affaires d'Occident (10, 1-13, 9), nous retrouvons

P. Sulpicius s'embarquant à Brindes et débarquant en « Macédoine » (c'est-à-dire en Illyrie, 14, 1-2) au moment même où un lieutenant de Philippe ravage pour la troisième fois l'Attique et où Philippe lui-même assiège Abydos (14, 3-4).

Le récit de Tite-Live, apparemment cohérent, soulève maintes difficultés qui n'ont pas toutes été aplanies, bien qu'on puisse ici le compléter par Polybe, accessoirement par Appien et Justin. Ce récit est en effet partiel, parce qu'il ne traite pas des événements de Grèce en eux-mêmes et parce qu'il est lacunaire quant aux faits romains. La chronologie (voir p. LXXXII sqq.) en est très floue ; les Athéniens y jouent un rôle *a priori* suspect ; se pose enfin le problème des ambassades, tant grecques que romaines, qui a fait couler beaucoup d'encre.

Sans anticiper sur le pourquoi et le comment des erreurs et du vague chronologique de Tite-Live (voir plus bas, p. LXXXII sqq.), il est loisible de dresser, d'après les travaux modernes[1], un calendrier à peu près complet des événements pour la période intéressée qui s'étend, d'après Tite-Live lui-même, de l'automne 201 au début du siège d'Abydos, c'est-à-dire à la fin d'août 200.

Il est exact qu'Attale et les Rhodiens envoyèrent au Sénat des ambassades à l'*automne 201* : les conquêtes de Philippe, son entente désormais connue avec Antiochus, la faiblesse de l'Égypte, l'attentisme des ligues menaçaient par trop de rompre l'équilibre politique du monde hellénistique. Quelle autre puissance que Rome pouvait rétablir cet équilibre ? Aussi Attale et les Rhodiens n'hésitèrent-ils pas à solliciter le Sénat (nous ignorons en quels termes et quelles furent leurs demandes) en lui révélant certainement l'existence du pacte conclu entre Philippe et Antiochus et en montrant quels dangers une

1. On en trouvera l'exposé et la discussion dans F. W. Walbank, *Philip V of Macedon*, Cambridge, 1940, p. 127 sqq. ; E. Will, *op. cit.*, p. 110-111 ; P. Pédech, *op. cit.*, p. 113-121 ; J. Briscoe, *op. cit.*, p. 39-47.

telle politique présentait pour Rome. Une partie du Sénat les accueillit tièdement, mais le « parti de la guerre » sut tirer profit de cette révélation et de la situation nouvelle.

Ce parti triompha aux élections de *novembre-décembre 201* (voir plus bas, p. XCI sq.), qui portaient au consulat P. Sulpicius Galba. Il n'est pas douteux que, dès *janvier* du calendrier julien, celui-ci présenta aux comices un projet de loi sur la guerre. Mais tout donne à penser (et le ton même du discours de Sulpicius tel qu'il est recomposé par Tite-Live au chapitre 7) qu'il rencontra une forte opposition populaire qui lui interdit de convoquer à nouveau les comices dans le court laps de temps suggéré par Tite-Live. Il fallait au Sénat, et surtout au clan interventionniste, le temps de préparer les esprits, de s'informer et d'attendre le prétexte que leur fournirait Philippe.

C'est donc dans un double souci d'information et de propagande (voir plus bas, p. XLVI sq.) que le Sénat, *vers la fin de l'hiver ou au début du printemps*, envoya une mission diplomatique, non pas seulement, comme le dit Tite-Live, à Ptolémée, mais dans la plupart des états grecs intéressés au conflit. Ce sera seulement *en juillet 200* que la guerre sera déclarée, Philippe ayant fourni le prétexte recherché.

Il n'était, en effet, pas resté inactif. Bloqué tout l'hiver dans Bargylia, il s'en échappe au printemps et trouve à son arrivée en Macédoine des envoyés acarnaniens, ses fidèles alliés, qui se plaignent du meurtre commis par les Athéniens sur deux des leurs aux grands Mystères d'Eleusis pendant l'automne précédent. Bien qu'au courant des ambassades pergaménienne et rhodienne à Rome, mais connaissant la tiédeur de l'accueil du Sénat et persuadé de ne pas offenser Rome, il décide d'agir immédiatement contre Athènes : *en avril 200* par les Acarnaniens et des mercenaires macédoniens, puis en *mai* par Philoclès, l'Attique est ravagée, cependant que la flotte macédonienne s'empare au Pirée de quatre vaisseaux athéniens, malgré un ultimatum romain dont Philippe ne tient pas compte. *Dans le cours de l'été*, Athènes complètement isolée (elle payait alors son attitude perpétuellement fluctuante) envoie Céphisodore en Égypte, à Rhodes, à Pergame, en Crète et en Étolie après avoir déclaré la guerre à Philippe (avril ou mai). Attale et les Rhodiens, reçus magnifiquement en avril en présence d'une ambassade romaine, avaient apporté aux Athéniens un modeste secours, mais ne sont plus en mesure de le faire. Partout ailleurs, on fait la sourde oreille. Seule, peut-être (voir plus bas, p. XLVIII) l'Égypte fit-elle plaider à Rome la cause des Athéniens par l'ambassade que Tite-Live mentionne en 9, 1-5. Athènes, enfin, s'adresse directement à Rome *en juillet 200*, mais l'on ne sait pas si son appel fut ou non déterminant dans la guerre que Rome déclare alors à Philippe.

Celui-ci, *au cours de l'été 200*, entreprend *une nouvelle campagne contre la Thrace et la Propontide*, s'emparant de nombreuses villes sur les deux rives du détroit, dont la plupart sont des possessions égyptiennes : Ainos, Maronée, Cypsélos, Doriscos, Serrhéion, Éléos, Alopeconnésos, Callipolis, Madytos, Sestos et autres lieux tombent entre ses mains en juillet-août. A la fin du même mois, il met le siège devant Abydos, alors que Sulpicius, précisément, vient de débarquer en Illyrie, C'est alors que M. Aemilius Lépidus présente à Philippe un ultimatum qui équivaut à une déclaration de guerre (voir plus bas, p. CXXV sq.).

Dans le cadre de ces événements se posent deux problèmes en partie liés : celui des ambassades et celui du rôle exact joué par les Athéniens. Tite-Live mentionne en effet successivement :

1. Une ambassade athénienne à l'automne 201 (1, 10).
2. Des ambassades pergaménienne et rhodienne *sub idem fere tempus* (2, 1).

3. Une seconde ambassade athénienne juste avant les élections (5, 7).

4. Une ambassade égyptienne *in ipso apparatu belli* (9, 1-4).

5. Une ambassade romaine envoyée en Égypte, après l'audition à Rome des ambassades pergaménienne et rhodienne (2, 3-4 : *interim*...).

Nous commencerons par l'examen de cette dernière, qui présente un cas flagrant de déformation annalistique consciemment assumé par Tite-Live. Selon celui-ci et sans doute d'après sa source, une seule mission est envoyée à l'étranger peu de temps après l'audition des envoyés pergaméniens et rhodiens. Composée de trois membres, C. Claudius Néron, M. Aemilius Lépidus et P. Sempronius Tuditanus, elle a pour seule mission de se rendre auprès de Ptolémée (voir plus haut, p. XLII) pour remplir auprès de lui des devoirs qui, entre alliés, sont somme toute assez banaux. D'autres sources sont plus explicites : d'après Polybe 16, 27, 5, l'ambassade avait en partie pour mission de négocier un arrangement entre l'Égypte et la Syrie. Selon Appien, *Mac.*, 4, 2, elle avait pour but d'amener Antiochus à renoncer à attaquer l'Égypte et d'empêcher Philippe d'attaquer Rhodes, Athènes et Pergame. Justin 30, 3, 3-4, distingue deux ambassades, l'une adressée à Antiochus et Philippe, l'autre à Ptolémée[1]. Il n'y eut, en fait, qu'une ambassade, effectivement envoyée après l'audition des Pergaméniens et des Rhodiens, *qui venaient d'apprendre au Sénat le pacte secret conclu entre Philippe et Antiochus*, et dont la mission apparaît clairement d'après ses actes, que l'on suit à travers Polybe[2]. Nommée à l'initiative de Sulpicius, donc après les élections et probablement

1. Justin, il est vrai, peut-être prisonnier d'une source anti-romaine, attribue à l'ambassade envoyée en Égypte la mission d'assurer la tutelle de Ptolémée V (voir plus haut, p. XXVII).

2. 16, 25, 2-6 ; 16, 26, 6 : 16, 27, 1-5 ; 16, 34, 1-7 ; 16, 35, 1-2.

à la fin de l'hiver (voir plus bas, p. XCIV), nous la suivons à Phoinikè, auprès d'Amynander d'Athamanie, à Naupacte, à Aigion ; en avril 200, elle arrive au Pirée et demeure un certain temps à Athènes, où elle assiste à la réception d'Attale et des Rhodiens, ainsi qu'à la déclaration de guerre d'Athènes à Philippe. Elle se rend ensuite à Rhodes, où elle reçoit l'annonce de la déclaration de guerre de Rome. M. Aemilius Lépidus fait alors, fin août 200, le voyage d'Abydos pour remettre son ultimatum à Philippe. Dès son retour, en septembre, la mission se rend auprès d'Antiochus, chez qui elle séjourne en septembre-octobre et, en échange de sa neutralité, abandonne l'Égypte à ses convoitises. Elle passe ensuite par Alexandrie en octobre-novembre pour rassurer les Égyptiens et rentre à Rome au printemps 199[1], après avoir rempli sa triple mission : monter les Grecs contre Philippe, s'assurer la neutralité d'Antiochus, rassurer hypocritement les Égyptiens abandonnés. De ces trois missions, l'annalistique nationaliste n'a retenu — en la parant de belles couleurs — que la dernière, et Tite-Live lui a consciemment emboîté le pas : il taira systématiquement la présence de cette ambassade en Grèce et en Orient chaque fois qu'il en trouvera mention chez Polybe, et ira même jusqu'à falsifier au moins un récit (le seul que nous puissions comparer avec l'original polybien : réception d'Attale et des Rhodiens à Athènes[2]) pour en masquer l'existence.

Tite-Live et sa source annalistique sont étrangement brefs sur la mission des ambassades pergaménienne et

1. Sur cette chronologie, voir F. W. Walbank, *op. cit.*, p. 129-131, 134-135 et 313-317.

2. Liu. 31, 14-16 = Pol. 16, 25-29. Voir A. Hus, *Une version livienne d'un texte polybien*, in *Mélanges Boyancé*, Rome, 1975, p. 419-434. M. J. Briscoe, *op. cit.*, p. 46-47, rejette la falsification sur l'annalistique et écrit que Tite-Live, « being impressed by his annalistic account, combined it with what he read in Polybius as best he could ». Les falsifications ou les silences *continuels* de Tite-Live au sujet de cette ambassade rendent cette thèse fragile.

rhodienne reçues à Rome à l'automne 201 (2, 1). Il est vrai que Polybe, lacunaire sur ce point (16, 24, 3) et Appien (*Mac.* 4, 2) ne nous en apprennent pas davantage. La datation de Tite-Live est néanmoins correcte et nous ne saurions, sous peine d'entrer dans des détails oiseux, en dire plus ici que ce qui a été dit p. XLIII sq.[1].

La question de l'ambassade égyptienne mentionnée en 9, 1 est plus controversée quant à sa date et au contenu de sa mission[2]. Tite-Live a raison de la situer *in ipso apparatu belli*, mais, à cause de sa chronologie vague et embrouillée (voir p. LXXXII sqq.), il ne nous apprend pas grand-chose. Selon F. W. Walbank, elle serait arrivée à Rome en juillet 200, peu avant le vote qui allait décider de la guerre et juste avant l'ambassade athénienne. Il est en revanche très douteux que Ptolémée ait offert aux Romains de secourir seul les Athéniens : la situation intérieure de l'Égypte et l'hostilité d'Antiochus le lui interdisaient. Probablement les Égyptiens, pressentis par Athènes et incapables de lui porter secours, tentèrent-ils de convaincre le Sénat de secourir celle-ci.

Restent les problèmes des ambassades athéniennes à Rome et du rôle prêté par Tite-Live aux Athéniens dans la décision romaine de déclarer la guerre à Philippe. Sur le premier point, Tite-Live mentionne deux ambassades, la première en 1, 10, qui serait arrivée à Rome à l'automne 201, la seconde en 5, 5, de peu postérieure aux élections de novembre-décembre 201. L'annalistique dévoile son erreur, au moins chronologique, en donnant aux deux ambassades le même motif : dénoncer auprès du Sénat les attaques dirigées par Philippe contre l'Attique. Or, celles-ci n'eurent lieu qu'au printemps 200. Holleaux[3] a voulu rejeter ces ambassades dans le fatras

1. La question est bien exposée par E. Will, *op. cit.*, p. 110-111.
2. Sur ce point, F. W. Walbank, *op. cit.*, p. 313 et 316.
3. *Le prétendu recours des Athéniens aux Romains en 201-200*, in *Rev. des ét. anciennes*, 22, 1920, p. 77-96 = *Études d'épigraphie et d'histoire grecques*, V, 2, Paris, 1957, p. 9-28.

des inventions annalistiques. Elles font pourtant l'objet d'un long développement de Pausanias (1, 36, 5 sqq.) qu'Holleaux néglige à tort, puisqu'il a reçu une confirmation épigraphique[1] : il est exact qu'une mission athénienne, guidée par Céphisodore, s'était rendue à Rome pour les raisons indiquées par Tite-Live, car Athènes n'avait aucun motif de solliciter les Romains avant les attaques de Philippe. Nous avons vu plus haut (p. XLV) qu'elle avait sollicité bon nombre de Grecs avant d'en arriver là, et que les Égyptiens avaient plaidé sa cause auprès du Sénat. Il faut donc admettre que la seconde ambassade mentionnée par Tite-Live est historique, mais qu'elle ne parvint à Rome qu'en juillet 200, probablement juste avant la déclaration de la guerre.

A lire Tite-Live, on a l'impression, cependant, que les Athéniens jouent un rôle déterminant dans les origines de la seconde guerre de Macédoine. Ils sont mentionnés expressément, dès 1, 10, comme la cause immédiate de la guerre, puisque Tite-Live, examinant les divers motifs de celle-ci, conclut : *preces Atheniensium, quos agro peruastato in urbem compulerat, excitauerunt (Romanos) ad renouandum bellum*[2]. Arrive ensuite la seconde ambassade, à la veille de la guerre et précédée elle-même par l'ambassade égyptienne qui qualifie les Athéniens de *communes socii*, s'inquiète de savoir si Rome défendrait ses *socios*, et à laquelle le Sénat répond qu'en effet *tutari socios populo Romano in animo esse.* Les premières personnes que rencontre Sulpicius lors de son débarquement en Grèce sont encore des envoyés athéniens, et ses premières mesures seront l'envoi de troupes pour défendre Athènes (14, 3, voir plus bas). J'ai pu remarquer d'autre part[3], dans l'adaptation que fait Tite-Live en 31, 15-16 de Polybe 16, 25-27, un évident désir de valoriser les Athéniens par rapport à Attale.

1. Inscription de 196-195, publiée par B. D. Meritt dans *Hesperia*, 5, 1936, 2, p. 424-425. Sur tout cela, F. W. Walbank, *op. cit.*, p. 311-313.
2. Sur cette expression, voir plus bas, p. LI, n. 2.
3. A. Hus, *op. cit.*

Pourquoi cette importance et cette sympathie accordées à une ville qui n'avait jamais favorisé Rome et qui, presque certainement (voir plus haut, p. xxxv), ne figurait pas au nombre des *adscripti* romains du traité de Phoinikè? Pourquoi ce titre de *socii* qui semble n'avoir correspondu à aucune réalité, alors qu'Attale, fidèle allié de Rome, *adscriptus* en 205, ne fait l'objet d'aucune mention particulière? Probablement faut-il voir là une tentative de justification pseudo-juridique de l'intervention romaine contre Philippe. Attale était en guerre depuis le printemps 201 et Rome n'avait pas bougé. Entre temps, il s'était produit quelque chose qui avait décidé les Romains à la guerre. Les exactions de Philippe contre Athènes, qui datent seulement du printemps 200, fournissent le prétexte. Tite-Live, au reste, ne cache guère qu'il s'agit effectivement d'un prétexte, puisqu'il écrit en 5, 5-6 : *opportune inritandis ad bellum animis... Atheniensium noua legatio uenit, quae regem adpropinquare finibus suis nuntiaret, breuique non agros modo, sed urbem etiam in dicione eius futuram, nisi quid in Romanis auxilii foret.* L'annalistique donnait à Rome le beau rôle de voler au secours du plus faible qui, de surcroît, demeurait par son passé la ville la plus prestigieuse de Grèce.

Quelles furent, en fait, les causes profondes de la guerre et ses origines immédiates?

Causes profondes et origines de la seconde guerre de Macédoine.

Ce problème a longtemps été débattu et n'a pas fini de l'être. Certains historiens, comme Niese, Theiler, De Sanctis, B. Ferro croient à un désir persistant d'agression des Romains contre Philippe[1] — la paix de Phoi-

1. B. Niese, *Geschichte der griechischen und makedonischen Staaten seit der Schlacht bei Cheronaea*, II, Gotha, 1893, p. 590 sqq. ; W. Theiler, *Die politische Lage in den beiden makedonischen Kriegen*, Halle, 1914, p. 4 ; G. De Sanctis, *Storia dei Romani*, III, 2, Turin, 1917, p. 439, et IV, 1, 1923, p. 25-26 ; B. Ferro, *op. cit.*, p. 117-124.

nikè n'ayant été qu'une trêve permettant de repousser le règlement de comptes à des temps plus opportuns — d'autres, tels Holleaux, Bickermann, Carcopino, MacDonald, Walbank[1], le nient absolument ; ils pensent que Rome fut entraînée par les circonstances, et comme malgré elle, dans une entreprise qu'elle ne souhaitait pas.

La première position est celle de Tite-Live, et des sources antiques en général. Tite-Live, en 1, 9-10, donne pour cause profonde du conflit l'hostilité des Romains contre Philippe, *infensos Philippo cum ob infidam aduersus Aetolos aliosque regionis eiusdem socios pacem, tum ob auxilia cum pecunia nuper in Africam missa Hannibali* (cf. 7, 4) ; il avoue que la paix avec Carthage rendait possible cette agression (*Vacuos deinde pace Punica iam Romanos*) et donne comme cause immédiate de la guerre les actions brutales de Philippe contre l'Attique (voir plus haut)[2]. Telle est sa position personnelle. Au chapitre 7, dans le discours qu'il prête au consul Sulpicius, l'un des dirigeants du parti de la guerre, il laisse percer les vues de celui-ci à travers sa propagande. Philippe y est présenté comme un fauteur de guerre qui, *tel un Pyrrhus* (cf. 3, 6) s'apprête à envahir l'Italie si l'on n'agit préventivement. La révélation de son entente secrète

1. M. Holleaux, *Rome...*, p. 306 ; *Id.*, in *Cambridge Ancient History*, 8, p. 155 sqq. = *Études...*, V, p. 341-345 ; E. Bickermann, in *Revue de Philologie*, 61, 1935, p. 59-81 et 161-176 ; A. H. MacDonald et F. W. Walbank, *J. R. S.*, 27, 1937, p. 180 sqq. et 205 sqq. ; F. W. Walbank, *op. cit.*, p. 105 sqq. et 127 sqq. ; J. Carcopino, *Les étapes de l'impérialisme romain*, Paris, 1961, p. 68-105 (reprend : *Points de vue sur l'impérialisme romain*, Paris, 1934, p. 21-69).

2. D'autres textes liviens, mis en avant avec raison par E. Will (*op. cit.*, p. 117) montrent bien que, pour Tite-Live, les Romains n'avaient considéré la paix de 205 que comme une trêve : 29, 12, 16 (les Romains font la paix pour se consacrer à la guerre contre Hannibal) ; 31, 1, 9 sqq. (la seconde guerre de Macédoine est la continuation de la première ; les démarches des Athéniens poussent Rome *ad renouandum bellum*) ; 31, 31, 19 sqq. (le délégué romain reconnaît devant les Étoliens qu'ils avaient négligé la guerre contre Philippe à cause de la guerre contre Hannibal, mais que, celle-ci achevée, ils pèsent de toutes leurs forces sur la Macédoine) ; cf. 32, 21, 18.

avec Antiochus donnait alors du poids à cette affirmation. Sulpicius accumule les arguments propres à étayer sa position belliciste : il faut soutenir Athènes contre Philippe pour éviter qu'il n'agisse comme Hannibal après l'affaire de Sagonte ; il s'était naguère entendu avec Hannibal pour passer en Italie ; bref, il faut porter en Macédoine une guerre préventive pour éviter l'invasion d'une Italie affaiblie par l'ogre macédonien. Ce sont là les paroles d'un partisan convaincu de la guerre, mais la date à laquelle le discours fut en fait prononcé (juillet 200, voir plus bas, p. LXXXIX) ne prouve pas que Rome en général, ni même un « parti de la guerre » ait, depuis Phoinikè, envisagé la reprise de la lutte. Le peuple, en tout cas, n'en voulait pas encore au cours de l'hiver 201-200[1].

A lire Tite-Live donc, les choses sont vagues, mais assez claires : il laisse entendre que, dès Phoinikè, les Romains entendaient reprendre la guerre ; il explique cette reprise par l'hostilité qu'avait provoquée Philippe au cours de ses campagnes de l'été 201 à l'été 200 et par le désir de Rome de secourir ses « alliés ». Mais, il révèle l'existence d'une propagande qui, en juillet 200, avait été mise en place, et qui avait déjà trouvé assez de crédit auprès du Sénat pour que celui-ci fît remettre à Philippe, en avril 200, un véritable ultimatum[2].

1. S'appuyant sur 31, 31, 6, L. Raditsa, in *Helikon*, 9-10, 1969-1970, p. 671-672, souligne que, selon Tite-Live, la guerre est imposée à Rome par la nécessité et le sentiment de la loyauté envers la patrie. Il n'apparaît pas que ce soit là l'opinion de notre auteur, mais seulement — à le lire — celle du Sénat et, plus précisément, celle du parti de la guerre.

2. Les autres sources sont plus fragmentaires, mais intéressantes en l'absence de texte polybien. Justin, bien qu'il accentue ses propos, ne diffère pas sensiblement de Tite-Live si l'on fait abstraction de son aberrante mention d'une tutelle romaine sur Ptolémée. Il écrit en 30, 3, 1-2 : *Grata legatio (ab Alexandrinis missa) Romanis fuit causas belli aduersus Philippum quaerentibus, qui insidiatus temporibus belli Punici fuerat. Huc accedebat quod, Poenis et Hannibale superatis, nullius magis arma metuebant, reputantibus quantum motum Pyrrhus parua Macedonum manu in Italia fecisset, quantasque res Macedones in Oriente gessissent.* Une source hostile à Rome se recon-

Il faut donc distinguer trois moments dans l'évolution de l'attitude romaine :

1. La paix de Poinikè contenait-elle des germes de guerre ?

2. Rome ou Philippe ont-ils prémédité, entre 205 et 201, la reprise des hostilités ?

naît à l'affirmation que les Romains désiraient la guerre dès 203 ; quant au reste, on y reconnaît aisément les arguments développés par Sulpicius dans le discours de Tite-Live, arguments fondés sur l'hypothétique menace d'invasion de la part de Philippe. La même source anti-romaine reparaît dans les propos de Dion Cassius résumé par Zonaras, 9, 15 : il affirme clairement que les Romains traitèrent Philippe avec considération (ἐθεράπευον αὐτόν) tant que dura la guerre contre Carthage, mais que, celle-ci terminée, ils n'hésitèrent plus un instant et l'accusèrent de mille forfaits (οὐκέτ' ἐμέλλησαν, ἀλλ' ἐς πόλεμον αὐτῷ κατέστησαν φανερὸν πολλὰ ἐγκαλοῦντες αὐτῷ). Il poursuit : τὸν πόλεμον ἐψηφίσαντο, χρώμενοι μὲν τῇ τῶν Ἑλλήνων ἐπιβασίᾳ λαβῇ, τὸ δ' ἀληθὲς ἀγανακτοῦντες ἐφ' οἷς ἐδεδράκει, καὶ προκαταλαμβάνοντες αὐτόν, ἵνα μὴ καταδουλωσάμενος ἐκείνους ἐπὶ τὴν Ἰταλίαν στρατεύσῃ κατὰ τὸν Πύρρον : « Ils lui déclarèrent la guerre, prenant prétexte de ses attaques contre les Grecs, mais leurs véritables motifs étaient la colère qu'ils éprouvaient de l'ensemble de sa conduite, et leur détermination de l'écraser pour qu'il ne pût asservir la Grèce et faire une expédition contre l'Italie comme l'avait fait Pyrrhus ». Appien, *Mac.*, 4, s'en tient aux faits, mais donne une précieuse indication sur l'attitude de Philippe : d'après lui, celui-ci aurait conquis la Pérée rhodienne et ravagé l'Attique ὡς οὐδὲν τῶνδε Ῥωμαίοις προσηκόντων, « dans la pensée (ou : feignant de penser?) qu'aucune de ces deux régions ne concernait les Romains » : c'est donc qu'il n'existait aucune alliance entre Rome et Rhodes (ce qui est sûr), mais surtout entre Athènes et Rome. Quant à Polybe, M. Pédech (*op. cit.*, p. 113 sq.) a tenté de reconstituer sa pensée. Selon lui, Rhodes aurait beaucoup hésité entre le désir de chasser Philippe de son domaine et la crainte d'introduire les Romains en Grèce ; Attale aurait poussé les Romains à l'intervention, mais n'aurait rien pu si des facteurs extérieurs n'avaient joué. Philippe, lui, ne pouvait souhaiter engager la guerre contre Rome, son intérêt étant au contraire de la tenir à l'écart du conflit et de ne rien faire qui pût lui donner prétexte à entrer en guerre. Philippe était au reste fort de son bon droit et invoque avec raison devant M. Aemilius Lépidus, lors de l'entrevue d'Abydos, la paix de Phoinikè, qu'il considère n'avoir pas violée. Quant aux Romains, les deux ultimatums qu'ils adressent à Philippe contiennent des exigences si exorbitantes qu'elles ne pouvaient qu'entraîner la guerre. Rome voulait donc celle-ci pour étendre son influence en Grèce sous couleur de la défendre. Mais, ajouterons-nous, cela nous renseigne seulement sur les intérêts romains en avril et en août 200, non sur ceux qu'elle pouvait avoir antérieurement.

3. Le peuple étant encore, en janvier 200, hostile à la guerre, quels motifs ont-ils poussé les Romains à la déclarer en juillet ?

La première question pose un problème juridique longtemps débattu et dont M. E. Will a donné un exposé lucide[1]. La paix de Phoinikè (voir plus haut) réglait provisoirement la question d'Illyrie et rangeait au nombre des *adscripti* romains certainement Attale, probablement l'Illyrien du nord Pleuratos, Nabis, les Éléens et les Messéniens, mais non les Athéniens. Rome offrait à ses *adscripti* une garantie dont la nature n'est pas connue, mais qui, fût-elle conçue comme simple marque d'*amicitia*, pouvait par la suite fournir un prétexte à une agression. Elle contenait donc des germes de guerre, non du strict point de vue juridique, mais parce qu'elle se prêtait à mainte interprétation. Or, *en fait*, on remarque que Philippe n'a attaqué ni les Éléens ni Nabis, ni Messène ; lorsqu'il ravage le royaume d'Attale, seul « allié » certain et fidèle des Romains, ceux-ci ne bougent pas. Les prétextes qu'on lui oppose en 200 sont d'avoir molesté divers états grecs (Pergame, Rhodes, l'Égypte, des villes libres) qui, sauf celui d'Attale, n'étaient en rien liés aux Romains, et surtout, en avril et juillet 200, d'avoir attaqué les Athéniens, brusquement qualifiés d'alliés. Parmi ces griefs, pas un ne concerne l'Illyrie. Il est donc évident, comme le laisse entendre Appien (voir p. LIII, note), que Philippe ne s'était rendu coupable d'aucune violation du traité de Phoinikè et que la guerre n'avait aucune base juridique. Il semble bien que Rome, en 205, se soit détournée de la Grèce sans esprit de retour immédiat et n'ait fait inclure dans le traité aucune clause dictée par des arrière-pensées.

Entre 205 et 201, ni Rome ni Philippe ne font quoi que ce soit pour rompre le traité. Philippe est persuadé

1. E. Will, *op. cit.*, p. 118-128, avec bibliographie et discussion, p. 125-128.

que ses campagnes en Grèce ne peuvent entraîner l'intervention de Rome ; celle-ci, de fait, ne bouge pas, même lorsque Attale est victime de Philippe en mai-juin 201 ; plus tard encore, à l'automne, le Sénat semble mal préparé à entendre les plaintes d'Attale et des Rhodiens. Rome eût-elle eu, à cette époque, des visées impérialistes, que sa situation militaire, économique et sociale lui eût interdit d'agir[1] : la victoire sur Carthage n'est acquise qu'en 202 et la paix conclue en 201, les intérêts économiques de Rome ne sont pas engagés en Orient et la crise sociale est latente dans cette nation épuisée par dix-sept années de guerre.

Quelque chose s'est donc produit, entre l'automne 201 et juillet 200, qui avait modifié la situation. C'est de cette époque seulement que datent les arguments forgés par la propagande belliciste qu'a entérinée l'annalistique ou qu'a pu recueillir Polybe : on reproche à Philippe d'avoir aidé Hannibal à Zama (racontar aujourd'hui unanimement rejeté) ; on l'accuse, tel un nouveau Pyrrhus, de vouloir envahir l'Italie (intention absurde à l'époque, mais qu'étaye la renaissance de sa flotte) ; on s'effraie (à juste titre) de son alliance secrète avec Antiochus, rendue publique à Rome à l'automne 200 ; on est pris d'un intérêt subit pour les peuples grecs attaqués (dont on se moque, comme le prouve l'action de l'ambassade romaine) ; on vole enfin au secours du cher « allié » athénien.

Précisément l'annalistique, qui dissimulait beaucoup, reste muette sur le seul de ces quatre points considéré à juste titre comme essentiel par Holleaux, Walbank et (avec nuances) E. Will : l'annonce à Rome, au cours de l'automne 201, du pacte secret conclu entre Philippe et Antiochus deux ans plus tôt. Rome, encore indiffé-

1. Sur la situation économique et sociale de Rome à la fin et au lendemain de la seconde guerre punique, voir E. Will, *op. cit.*, p. 126-128 et plus bas, p. LXVIII sqq.

rente l'été précédent à ce qui se passait en Grèce, connaît brusquement, à partir de l'époque des élections (novembre-décembre 201) une agitation fébrile à leur sujet. Selon Holleaux[1] et Walbank[2], l'effet produit par la révélation du pacte aurait été décisif, soulevant au Sénat et dans les milieux politiques une vague de peur et de passions.

Cette vue des choses paraît juste, encore que, comme le souligne E. Will, le Sénat n'ait pu manquer, à la réflexion, d'analyser plus calmement la situation. Certes, l'équilibre du monde hellénistique se trouvait ébranlé et Philippe grandissait dangereusement. Mais les esprits pondérés ne pouvaient méconnaître ni la faiblesse de l'Égypte, ni la fragilité du pacte syro-macédonien, ni la vague de haine qui balayait la Grèce contre Philippe. En laissant faire le temps, un heurt violent ne pouvait manquer de se produire entre Antiochus et Philippe, qu'aurait usé l'hostilité générale de la Grèce. Il n'y avait donc pas nécessité urgente d'intervenir, d'autant plus que le peuple désirait ardemment la paix et que les finances de la République étaient fort bas.

Il faut donc admettre que la guerre eut pour responsable Rome seule, et, à Rome même, un certain milieu, qui commençait à se former, constitué de personnages désireux de devenir des militaires professionnels et qui n'étaient autres, pour l'essentiel, que les anciens chefs de la guerre de Macédoine : « Un M. Valérius Laevinus, qui s'était fait envoyer dans l'Adriatique avec une escadre aussitôt après l'appel des états orientaux, avant même que la guerre fût résolue ; un P. Sulpicius Galba surtout, qui avait été l'homme de la première guerre de Macédoine de 210 à 206, mais point l'homme de la paix de Phoinikè et qui... entendait sans doute prendre la

1. M. Holleaux, *Rome...*, p. 312 sqq. ; *Cambridge Ancient History*, 8, p. 155 sqq.

2. F. W. Walbank, *Philip V of Macedon*, Cambridge, 1940, p. 127 sqq.

revanche de son rappel et de son remplacement en 206. Pour cet homme, la seconde guerre de Macédoine est incontestablement la suite de la première, la continuation de « sa » guerre[1]. » Ce sont ces hommes, sans doute, qui, remâchant leur rancœur vieille de cinq ans, vont amplifier le péril, effrayer le peuple, prêcher la guerre préventive et forger les arguments d'une propagande que l'annalistique présentera ensuite comme les causes profondes de la guerre. Dans cette optique, la défense d'Athènes, « alliée » de Rome, venait à point, au printemps et à l'été 200, pour servir de prétexte à l'action.

Ces vues, pour raisonnables qu'elles soient, ne sont qu'une hypothèse plus plausible que d'autres. Il est sain de penser avec M. E. Will[2] que « la conclusion la plus sûre qui se dégage..., c'est que les mobiles de Rome, en 201-200, furent d'une complexité qui, en l'état de notre documentation, défie l'analyse ».

Les forces en présence à l'automne 200.[3]

Laissant de côté Rome, seul maître de l'Occident, mais matériellement appauvrie et ne disposant que d'une tête de pont en Illyrie, et Antiochus, qui restera neutre durant toute la guerre[4], passons en revue ceux qui ont déjà pris position ou qui le feront au cours du conflit.

La Macédoine, avec Philippe V, est apparemment en position de force. Philippe, en effet, possède non

1. E. Will, *op. cit.*, p. 124. Il faut ajouter à cela, comme le remarque J. Briscoe, *op. cit.*, p. 46, le désir qu'avait ce milieu d'acquérir une gloire militaire capable de contrebalancer celle de Scipion qui, au début au moins, était hostile à la guerre.

2. *Op. cit.*, p. 128.

3. Outre les ouvrages précédents, bon exposé dans A. Piganiol, *La conquête romaine*, 6e édition, Paris, 1974, p. 282-294, avec bibliographie.

4. Il était lié à Philippe par le pacte secret de l'hiver 203-202, et à Rome à la suite des accords conclus à l'automne 200, aux dépens de l'Égypte, avec la fameuse ambassade romaine (voir plus haut, p. XLVI sq.).

seulement son domaine propre tel qu'il résultait de la paix de Phoinikè, mais l'a encore agrandi, entre 202 et 200, de nombreuses conquêtes opérées au détriment de l'Égypte, de Rhodes et de villes libres. Outre la Macédoine agrandie de l'Atintanie, il entretient des garnisons dans de nombreux territoires ou villes, notamment à Corinthe, Orchomène et Démétrias, « les trois verrous de la Grèce ». Il est maître, en Thessalie et en Triphylie, de nombreuses villes ; il occupe l'Eubée, avec Chalcis, Érétrie, Oréos ; les Cyclades, avec notamment Andros, Cythnos et Paros (annexées au printemps 201) ; la plupart des villes de Thrace et de Propontide, conquises entre 202 et 200 : Cassandréia, Thessalonique, Amphipolis, Abdère, Ainos, Maronée, Thasos, Lysimachéia, Périnthe, Sestos, Abydos (qui tombe au début de la guerre) et d'autres moins importantes : Cypsélos, Doriscon, Serrhéion, Éléos, Alopéconnésos, Callipolis, Madytos, dont la plupart étaient à l'Égypte. En Asie, s'il a cédé Cios à Prusias, il occupe Milet et son territoire, Samos (laissée sous l'autorité nominale de l'Égypte), peut-être les deux Colophon, ainsi que la Pérée rhodienne et quelques villes de Carie.

Ce dispositif, qu'il contrôle directement, est complété par un certain nombre d'amitiés, à vrai dire peu solides — celles de ses *adscripti* de la paix de Phoinikè. *Prusias Ier, roi de Bithynie*, son parent, lui reste fidèle, mais se sert de lui plus qu'il ne le sert et maugrée contre le cadeau onéreux que Philippe lui a fait d'une Cios ravagée. *Les Crétois*, dont la ligue n'est plus que nominale, le reconnaissent encore comme président, mais sont déchirés par des dissensions intestines : leurs pirates et leurs archers lui seront utiles mais, en 198-197 par exemple, on en trouvera dans les deux camps (33, 14, 4). *Les Achéens* (voir plus bas) sont encore nominalement ses alliés mais aspirent à plus d'indépendance, surtout depuis l'été 201. *Les Béotiens* jouent un rôle mineur, mais leur territoire servira de passage à Philippe à plusieurs reprises, et c'est par la contrainte qu'ils se rallieront à Rome en 197. Seuls demeurent ses alliés fidèles *les Acarnaniens*, petit peuple du sud de l'Épire, qu'il garantissait contre l'Étolie. *L'Épire* elle-même, favorable à la Macédoine, passera à Rome en 198. En dépit de ses conquêtes — et à cause d'elles — Philippe reste donc pratiquement isolé.

Au nombre de ses ennemis déclarés, figurent Attale Ier de Pergame, Rhodes, et un certain nombre de petits peuples ou de villes. *Attale de Pergame*, habile et ambitieux, champion de l'hellénisme en Asie, avait, grâce à une diplomatie et une hardiesse hors de pair, considérablement agrandi son royaume et son influence : Antiochus III lui avait cédé en 216 la Mysie de l'Olympe et depuis cette date était en bons termes avec lui ; il avait occupé Égine ; Cymè, Phocée, Colophon (cette dernière sans doute prise par Philippe en 201) lui payaient tribut. Il avait introduit la flotte romaine en Égée pendant la première guerre de Macédoine et avait donné aux Romains, en 205, la pierre noire de Pessinonte. Solide ami de Rome, dont il espérait beaucoup, il avait été son *adscriptus* lors de la paix de Phoinikè. Il posait en outre à l'admirateur et au protecteur d'Athènes. Mais son armée et sa flotte étaient médiocres et il avait fallu l'insistance de Rhodes pour l'entraîner dans la guerre.

Rhodes était la puissance la plus menacée par les entreprises de Philippe et la plus décidée à s'y opposer. Précisément à la fin du IIIe siècle, sa prospérité commerciale est à son apogée : elle repose sur la paix, la possession d'une flotte efficace bien qu'insuffisante et sur le principe de la liberté des Détroits. La confédération des Cyclades, dont le siège est à Délos, dépend d'elle. Elle est maîtresse de la Pérée rhodienne, en Carie méridionale. Or, Philippe vient d'occuper les Cyclades, les Détroits et la Pérée. Entrée en guerre au printemps 201, ayant échoué à Ladè dans son entreprise de couper à Philippe la route d'Ionie, elle est résolue à poursuivre la lutte, mais ne peut le faire seule ni avec le seul appui d'Attale, la flotte macédonienne étant redevenue redoutable.

Les autres ennemis de Philippe pèsent peu dans la balance : *Illyriens de Pleuratos*[1], *Athamans d'Amynander*[2], *Dardaniens de Bato*[3] sont les ennemis traditionnels de la Macédoine, et l'amitié intéressée qu'Amynander avait liée avec Philippe en 217 n'avait duré que peu de temps. Au nombre des villes libres, *Athènes* jouit d'un prestige intellectuel et moral que lui vaut son passé, mais elle est pauvre, presque sans flotte, intérieurement affaiblie ; son ravitaillement en blé, qui dépend des Détroits, demeure précaire. Elle est certes l'objet de l'admiration d'Attale et de l'acharnement de Philippe, mais tout ressort patriotique ou guerrier s'est brisé chez elle ; elle ne participera à la guerre que « par des écrits et des discours ». Les autres villes, du moins celles qui n'avaient pas été prises par Philippe, gardent une prudente neutralité : seule *Chios* a rejoint la coalition rhodio-pergaménienne au lendemain de Ladè et a résisté au blocus de Philippe en juillet 201. Il n'est pas sûr que *Byzance*, *Cyzique* et *Cos* aient agi de même[4].

Telles sont les positions des belligérants à la fin de l'été 200. Le tableau de la situation serait cependant incomplet si l'on n'y incluait quelques puissances, encore non engagées, mais qui ne pourront éviter de prendre parti ou seront mêlées intimement aux événements : *Les Étoliens*, *les Achéens* et *l'Égypte*[5].

1. Voir ch. 28, n. 1.
2. Voir ch. 28, n. 2.
3. Voir ch. 28, n. 3.
4. Sur ce point : F. W. Walbank, *Philip V of Macedon*, Cambridge, 1940, p. 118 et 121.
5. Nabis de Sparte, qui menait une politique très personnelle, apparaît peu dans les prodromes et les premières actions de la guerre : il agit surtout en fonction de l'attitude des Achéens, ses ennemis naturels. Il faut également remarquer, à propos des ligues mineures, plus ou moins éphémères, le soin que prenait Philippe de les dissoudre : deux inscriptions de Nisyros et de Cos montrent en effet que partout où il trouvait une union d'états insulaires, il la brisa et rendit à leurs

La ligue étolienne[1] est partagée entre sa haine pour Philippe et son ressentiment à l'égard de Rome. Elle avait fait la première guerre de Macédoine aux côtés de cette dernière (elle avait même été le prétexte de la guerre), mais s'en était retirée unilatéralement en 206 et les Romains ne lui avaient pas pardonné ce retrait. Mal disposée à l'égard de Philippe, sa haine contre lui s'était accrue au printemps 202 lorsqu'il avait annexé Lysimachéia, Chalcédoine et Périnthe, liées à la Ligue par l'isopolitie ; la destruction de Cios, son alliée, avait renforcé ce sentiment. Mais les Étoliens étaient non moins ulcérés par le rejet méprisant que le Sénat avait, à deux reprises, opposé à leurs appels de l'automne 202 et du printemps 200. Aussi n'avaient-ils pas bougé à l'automne 201 quand Attale les avait invités à se joindre à la coalition et sont-ils bien décidés à conserver leur prudente neutralité, en attendant de voir la tournure que prendraient les événements. Leur puissance politique et militaire est cependant loin d'être négligeable ; c'est pourquoi leur alliance sera si vivement sollicitée par les deux adversaires.

La ligue achéenne[2], soutien de tous les régimes conservateurs, a figuré parmi les *adscripti* de Philippe à Phoinikè et demeure théoriquement son alliée. Mais elle l'est sans enthousiasme et voit d'un mauvais œil sa présence à Corinthe et à Argos ; elle est en outre attentive aux faits et gestes de Nabis, que Philopoemen avait rudement châtié d'avoir attaqué les Messéniens. Précisément grâce à Philopoemen, la Ligue vient d'opérer un vigoureux redressement militaire et supporte de moins en moins la tutelle macédonienne. Les excès commis par Philippe, l'ébruitement du pacte qu'il avait conclu avec

membres une indépendance qu'ils ne désiraient pas toujours : M. E. Thompson, *Philip V and the Islanders*, in *Trans. and Proceedings of the Amer. Philol. Assoc.*, 102, 1971, p. 615-620.

1. Voir ch. 28, n. 8.
2. Voir ch. 25, n. 4.

Antiochus l'ont fortement indisposée contre lui. Bien qu'une affinité certaine existe entre les idéaux sociaux de Rome et les siens, elle hésite à s'engager au côté des « barbares ». Fidèle à sa politique fluctuante, elle observe pour lors un attentisme embarrassé.

L'Égypte apparaît en l'occurrence comme une victime. Elle avait été naguère une puissance de premier ordre, possédant la Cyrénaïque, Chypre, la Syrie méridionale, Tyr et Beyrouth, Séleucie de Piérie, la Cilicie Trachée, Patara et Xanthos en Pamphilie, Cnide, Halicarnasse de Carie, Ainos et Maronée en Thrace, Méthana en Argolide, Itanos en Crète ; elle exerçait en outre un protectorat sur Samos, Milet, Ephèse et Priène. « Amie » de Rome dès 273, elle avait renouvelé cette amitié en 210 et s'accommodait des succès romains. Mais elle était affaiblie sous l'effet de dissensions intestines, de la crise économique et des favoris qui avaient entouré Ptolémée IV Philopator. Celui-ci venait de mourir en 204, laissant le trône à un enfant de cinq ans et le pouvoir à des intrigants. Elle avait déjà perdu la domination maritime de l'Égée, qu'assurait à présent Rhodes. Bref, elle était l' « homme malade » du monde hellénistique, incapable, faute d'armée, de jouer le moindre rôle. C'est elle qui fit les frais du pacte conclu entre Philippe et Antiochus : il lui valut la perte de la Coélè-Syrie, conquise par Antiochus, et celle de Milet, Ainos, Maronée, Samos, occupées par Philippe. Incapable de secourir Athènes, son alliée, elle confie ce soin au Sénat (voir plus haut, p. XLVIII) en qui elle continue — et continuera — à garder sa confiance. Celui-ci ne l'en sacrifiera pas moins à ses intérêts en s'entendant avec Antiochus dès les premières semaines de la guerre.

Le résumé de cette situation est donc simple. D'un côté, Philippe, maître de possessions-clefs, d'une forte armée et d'une excellente flotte, mais dépourvu d'alliés importants ; de l'autre, Rome avec, pour alliés, Attale et les Rhodiens, pour moyens, ses légions, sa flotte et celles de ses alliés. Dans l'attente, les Étoliens et les Achéens, hostiles à Philippe, mais inquiets devant l'intrusion romaine. A l'écart du conflit, Antiochus, en bons termes avec les deux camps et, dans une large mesure, l'Égypte, victime d'Antiochus et de Philippe, « alliée » nominale de Rome, mais trahie bientôt par elle et incapable de participer à la reconquête de ses territoires perdus.

Activités militaires et diplomatiques de Sulpicius en Grèce en 200-199.

Elles font l'objet des chapitres 14, 2-3 et 22, 4 à 47, 9 du livre 31 de Tite-Live qui, en l'absence de Polybe perdu, est notre seule source importante. Diodore, Justin, Appien et Dion-Zonaras n'apportent que des compléments souvent négligeables [1].

Sulpicius, arrivé à Apollonie avec deux légions (8.000 à 9.000 hommes) et cinquante vaisseaux, rencontre d'abord une délégation athénienne. Il envoie aussitôt Claudius Cento au Pirée avec un millier d'hommes et vingt navires (14, 2-3) et confie à C. Apustius [2] la mission de ravager la Dassarétie macédonienne en remontant le cours de l'Apsos (27, 1-8) ; lui-même établit son camp au bord de ce fleuve [3].

Philippe, de son côté, tente de consolider avant l'hiver ses positions en Grèce. Apprenant en octobre, à Démétrias où il avait réuni 5.000 fantassins et 300 cavaliers, le sac de Chalcis par Claudius Cento et les Rhodiens

1. Pour le détail des opérations, leur appréciation, etc. on aura recours aux grandes histoires générales de l'Antiquité, en particulier à G. De Sanctis, *Storia dei Romani*, IV, 1, Turin, 1923, p. 47-58, et surtout à F. Münzer, s/v *Sulpicius* 64, in *R. E.*, 4 A 1 (1931), c. 805-807, et à F. W. Walbank, *op. cit.*, p. 138-147, avec la bibliographie.

2. Sur la maladie qui aurait frappé Sulpicius à son arrivée, voir plus haut, p. XXX. Cette affirmation a été refutée par M. Holleaux, *Bull. de correspondance hellénique*, 56, 1932, p. 538, n. 3.

3. Probablement près de Kuç, à 25 ou 30 kilomètres de l'embouchure du fleuve.

(23, 1-12), il marche sur Athènes en traversant la Béotie pour se venger des Athéniens et de leurs alliés ; il y essuie un échec et se contente de ravager la proche banlieue (24, 1-18).

Désirant entraîner les Achéens dans la guerre, il se rend alors à leur assemblée et leur offre de combattre Nabis pour leur compte en échange de soldats achéens qui renforceraient ses garnisons d'Oréos, Chalcis et Corinthe. Le stratège achéen Cycliadas, comprenant qu'il se laisserait entraîner par là dans le conflit, refuse. Philippe retourne à Corinthe (25, 1-11) d'où il lance, en jonction avec Philoclès, une seconde attaque contre Éleusis et Athènes. C'est un nouvel échec : il regagne Pella par la Béotie en novembre (26, 1-13).

L'hiver 200-199 se passe pour les deux camps en préparatifs. Au début du printemps 199, Sulpicius et Philippe concentrent leur activité diplomatique sur les Étoliens, toujours neutres. Le premier envoie L. Furius Purpurio à leur assemblée pour obtenir leur ralliement, cependant que les envoyés de Philippe persuadent le stratège Damocritos d'ajourner la décision (29-32). Ce retard est une grande gêne pour Sulpicius, dont la stratégie comportait une triple invasion de la Macédoine : il comptait emprunter lui-même la plus septentrionale des routes menant d'Illyrie en Macédoine, en faisant simultanément attaquer celle-ci par les Dardaniens et les Illyriens au centre, par les Étoliens *via* la Thessalie, cependant que la flotte opérerait au large des côtes ennemies[1].

Philippe se trouve réduit à la défensive, car il ne peut prévoir quelle route empruntera Sulpicius : celle du nord, par la Lyncestide, ou celle du sud, par la vallée de l'Apsos. Il réunit donc une armée, égale en nombre à celle de Sulpicius (20.000 fantassins et 3.000 cavaliers : 31, 34, 7), mais inférieure par l'équipement et la discipline : il ne peut faire davantage, car ses ressources en

1. F. W. Walbank, *op. cit.*, p. 141.

hommes et en argent sont obérées par les nombreuses garnisons qu'il maintient dans ses conquêtes.

Cependant qu'il immobilise sa flotte à Démétrias (33, 1-2), il fait occuper le défilé menant à la plaine de Pélagonie pour barrer la route aux Dardaniens (33, 3). Sulpicius, lui, entre en action et atteint la Lyncestide, où il établit son camp, sans savoir où se trouve Philippe (33, 4-6). Celui-ci n'est cependant pas éloigné, puisqu'il campe à Athacos, colline de Lyncestide. Des escarmouches se produisent en mai-juin ; au cours de l'une d'elles, Philippe manque d'être tué et fait figure de vaincu (36, 7-37, 12)[1]. Il y perd 300 cavaliers, mais réussit par ruse à s'échapper nuitamment (39, 1-2). Cette première rencontre frappa beaucoup les imaginations, comme le prouvent les réflexions que — d'après Polybe — Tite-Live développe en 38, 1-8 sur les tactiques adoptées.

Sulpicius, négligeant de poursuivre Philippe qui se dirige vers le sud de la Lyncestide, marche vers le nord, sur Stuberra (39, 3-4). Philippe tente alors de sortir de Lyncestide par l'est et prend position en août, près de l'Érigonos, dans le défilé de Banitza, qui contrôlait les deux routes qui menaient à l'Éordée et à la plaine centrale de Macédoine. Mais la phalange macédonienne ne peut manœuvrer : les Romains défont Philippe et pénètrent en Éordée, qu'ils dévastent (39, 5-40, 6). Le second engagement de la campagne, « le plus important de la guerre avant Cynoscéphales »[2], terminait pratiquement la campagne.

Sulpicius, en effet, ne peut songer à se diriger sur Pella, dont la route était bien gardée. Il regagne donc Apollonie par l'Orestide, en septembre, cependant que Philippe fait poursuivre les Dardaniens par Athénagoras (40, 7-8). La campagne se terminait, militairement, sans grand avantage pour les deux adversaires. Mais

1. *Cf.* Dion, 17, 58, 1-4. Dion prétend à tort (la suite le prouvera) qu'il avait été blessé.

2. F. W. Walbank, *op. cit.*, p. 144.

les Romains avaient eu le dessus en plusieurs occasions et Philippe avait eu le temps d'admirer leur armée et d'apprendre à les connaître.

Les opérations navales, qui se déroulèrent de mai à août 199, n'eurent pas beaucoup d'envergure. Apustius, parti de Corcyre en mai, s'était arrêté au Pirée et avait pris Andros. Diverses opérations combinées avec Attale et les Rhodiens avaient été montées et avaient connu des succès divers. Les flottes alliées avaient regagné l'Eubée en août (45, 9-16) pour assiéger Oréos, qui contrôlait l'entrée du golfe Pégasien et la route que Philippe empruntait pour passer de Macédoine en Eubée. Oréos finit par tomber, ainsi que Larisa Crémastè et Ptéléon. A l'automne, les flottes alliées regagnèrent leurs bases (46, 9-47, 3). Ici encore, aucun avantage décisif n'avait été remporté, mais les Romains et leurs alliés avaient pris l'initiative et porté quelques coups sévères à Philippe.

Ils lui en portèrent un plus sérieux en septembre en réussissant à entraîner à leurs côtés les Étoliens dans la guerre (40, 9-41, 1) en dépit de la rigidité d'Attale à leur égard : les premiers succès des Romains, et surtout les promesses qu'ils firent, emportèrent la décision. Les premières actions qu'ils entreprirent avec les Dardaniens et les Athamans leur valurent certes une défaite (41-43). Mais ces nouveaux alliés n'étaient pas un appoint négligeable.

La situation en Occident; Rome, Gaule cisalpine, Espagne et Afrique du Nord.

Tite-Live traite de ces questions, pour la fin de 201 et pour 200, dans le livre 31, exclusivement dans ses sections annalistiques (si l'on excepte quelques paragraphes des discours tenus devant les Étoliens aux chapitres 29 et 31, qui traitent des rapports de Rome et de l'Italie) : 2-13 et 47, 4-50. La situation qu'il décrit — fragmentairement — est celle qui résulte de la seconde guerre punique, soit directement et complètement (pour ce qui concerne l'état intérieur de Rome et l'Afrique du Nord), soit indirectement ou partiellement (pour l'Espagne et la Gaule cisalpine)[1].

La situation de Rome peut être envisagée des points de vue politique, économique, militaire, religieux et moral, ainsi que de celui des rapports entre Rome et la « confédération italienne ».

Du point de vue politique, la situation est plus complexe qu'elle n'apparaît au premier abord. Les conflits entre patriciens et plébéiens, encore aigus au début de la seconde guerre punique, se sont certes apaisés dans l'effort de guerre et la joie de la victoire. De 215 à 204, les patriciens avaient dû faire de nombreuses concessions aux plébéiens[2], mais le Sénat a réussi à transformer le tribunat de la plèbe en instrument de sa politique, ce qui n'exclut pas quelques tentatives d'agitation ou d'opposition comme celle à laquelle se livre, au début de 200, le tribun de la plèbe Quintus Baebius (6, 3-6). Toutefois, patriciens et plébéiens ont une commune défiance de la dictature. Le dernier dictateur aux élections sera P. Sulpicius Galba, en 202, et il n'y en aura plus. Les deux parties pratiquent donc une politique de conciliation, qui apparaît clairement en 50, 6-12 à propos de l'élection de deux édiles curules. D'autre part, nous l'avons vu plus haut, l'opposition de la plèbe à la nouvelle guerre était partagée par une partie du Sénat.

C'est que celui-ci, qui a longtemps pu apparaître comme un bloc sans fissure, est en réalité divisé ; sa majorité

1. Notons au passage que les événements d'Occident sont très insuffisamment exposés par Tite-Live en raison des sources qu'il utilisait, les théâtres d'opération orientaux, pourtant épisodiques, étant beaucoup mieux traités que ceux d'Occident : Gaule, Ligurie et Espagne. Il en résulte un déséquilibre non seulement dans le récit mais dans l'importance relative accordée à chacune des régions : F. W. Walbank, in *Livy*, ed. by T. A. Dorey, Londres-Toronto, 1971, p. 57.

2. A. Piganiol, *op. cit.*, p. 275 sq.

varie au gré des circonstances et des passions[1]. Trois grandes tendances y sont représentées : celle de Scipion, forte mais non toute-puissante en 201-200, et qui perd une influence qu'elle ne regagnera qu'avec la guerre contre Antiochus[2]; celle de Caton, qui ne prendra vraiment corps qu'en 195 pour affirmer son caractère conservateur et xénophobe ; une tendance mixte enfin, libérale en matière culturelle, mais fermement attachée à la politique et à la stratégie traditionnelles dans les domaines italien et étranger. En marge ou à l'intérieur de ces tendances, se développe une classe nouvelle de militaires, dont les membres, habitués aux commandements prolongés, aspirent à se soustraire aux contrôles sénatoriaux et populaires pour réaliser de nouvelles conquêtes et exercer de nouveaux proconsulats : ce sont eux qui constituent ce qu'E. Badian a appelé l'*eastern lobby*[3]. Peut-être agissaient-ils en accord avec le groupe de Scipion[4] ; ce sont eux, en tout cas, qui porteront P. Sulpicius Galba au consulat. Mais Tite-Live est muet sur ce point et présente (notamment en 6, 3-6, cf. 3, 1) l'affaire de la déclaration de guerre comme opposant en bloc le Sénat et le peuple.

Les conditions économiques, financières et sociales ont été très modifiées par la seconde guerre punique, et Tite-Live s'en fait l'écho à plusieurs reprises dans le livre 31[5].

1. J. Carcopino, *Les étapes...*, p. 102.

2. Sur ceci et sur ce qui suit : A. H. MacDonald, in *J. R. S.*, 34-35, 1944-1945, p. 18 (avec bibliographie) et F. Cassola, *I gruppi politici romani nel III secolo av. Cristo*, Rome, 1962, p. 303 sqq. ; G. De Sanctis, *op. cit.*, IV, 1, p. 27-28, croit à une domination des Scipions sur la politique de cette époque. M. J. Briscoe, *op. cit.*, p. 46, pense que Scipion avait d'abord été opposé à la guerre, autant par lassitude que pour des motifs de *dignitas* : il ne voulait pas voir d'autres que lui cueillir les lauriers d'une guerre qui ne serait pas la sienne. Cf. plus haut, p. LVII, n. 1.

3. E. Badian, *Foreign clientelae, 264-70 B. C.*, Oxford, 1958, p. 65 sqq.

4. F. Cassola, *ibid.* Cf. pourtant l'opinion de J. Briscoe, citée plus haut.

5. En 4, 1-3 et 6 ; 12, 2-9 ; 49, 5-6 ; 50, 1.

Les défaites du début, les pertes de territoires, les défections d'alliés, les ravages d'Hannibal avaient conduit à une crise économique et financière grave. Le prix du blé avait beaucoup augmenté et le trésor public, obéré par l'entretien d'une armée considérable [1], s'était trouvé épuisé. L'état avait dû accepter les offres de services de sociétés de capitalistes, nouvellement fondées, qui s'offraient — non sans abus ni scandales — à ravitailler l'armée à crédit et à prendre en charge les risques maritimes : il n'échappera plus à ces sociétés. En 210, il avait dû lancer un emprunt dont les deux premiers tiers avaient été remboursés en 204 et 202 [2]. En 204, il avait créé un impôt sur le sel. En 213-211, avait eu lieu la dévaluation de l'as, qui ne valait plus désormais que 1 /12 de livre. Aussi, en 201, l'État ne put-il faire face au remboursement du dernier tiers de l'emprunt de 210 et dut-il consigner aux créanciers des terres du domaine public dont il demeurait — symboliquement — propriétaire [3].

Mais les nécessités de l'économie de guerre, puis la victoire, avaient eu des effets bénéfiques dont les uns avaient été immédiats, mais dont d'autres — en raison de la nouvelle guerre — ne pourraient être exploités que plus tard. La défection de la Campanie avait privé Rome de l'une des deux régions les plus industrialisées d'Italie [4] et l'avait contrainte à s'industrialiser elle-même. La victoire lui apportait un accroissement considérable du domaine public en Espagne, en Cisalpine et en Italie méridionale (Campanie, Apulie, Lucanie, Bruttium, Sicile) ainsi qu'un afflux soudain de numéraire et de métal précieux (mines d'Espagne notamment).

1. A. Piganiol, *op. cit.*, p. 272, l'évalue à 160.000 hommes, plus les mercenaires.

2. Liu. 26, 35-36 ; 29, 16, 1-3 ; Flor. 1, 22, 25 ; Oros., 4, 17, 14.

3. Liu. 31, 13, 2-9.

4. L'autre était l'Étrurie. Voir A. H. MacDonald, *op. cit.*, p. 18, avec bibliographie.

Mais il s'agissait de vastes territoires dévastés et, à l'exception de quelques terres distribuées en 201 et 200 aux vétérans de Scipion (4, 1-3 et 49, 5), Rome attendra 197 pour coloniser réellement ces régions. Il n'y avait au reste pas urgence en ce domaine puisque, grâce aux envois « énormes » de Scipion, le prix du blé, qui avait été de quatre as en 201, fut abaissé à deux as la mesure en 200 (4, 6 et 50, 1)[1]. Quant à l'afflux de numéraire et de métal, il profite surtout aux particuliers puisqu'en 200 le trésor est vide, alors qu'en 199, Rome sera devenue un marché privé assez important pour que les Carthaginois y empruntent les sommes nécessaires au remboursement partiel de l'indemnité de guerre (32, 2, 2). L'exploitation des mines d'argent espagnoles ne reprendra que plus tard.

A lire Tite-Live, on ne remarque pas de difficultés sociales autres que celles que laisse deviner l'opposition du peuple à la guerre. Pourtant, A. Piganiol[2] note que les assignations de terre aux vétérans de Scipion en 201, mentionnées par Tite-Live en 4, 1-3, ne donnèrent sans doute pas satisfaction aux bénéficiaires puisque, plus tard, Flamininus emmènera avec lui en Grèce nombre de ces vétérans : il y avait donc des milliers d'hommes qui n'avaient pas été candidats à l'assignation ou qui n'en avaient pas été satisfaits ; ils préféraient poursuivre la vie militaire, fournissant ainsi des troupes aux nouveaux généraux « professionnels ». Ajoutons les ordres formels donnés par le Sénat aux consuls de n'enrôler, pour les anciens soldats, que des volontaires pour la nouvelle campagne (8, 5-6).

La situation militaire, en dépit des saignées récentes et de l'état des finances, n'était pas mauvaise parce qu'après l'effort qui avait porté l'armée à vingt-trois légions,

1. Ce prix était tombé si bas en 202 que les marchands romains refusèrent de prendre livraison des cargaisons.

2. *Op. cit.*, p. 267 ; cf. E. Will, *Histoire politique du monde hellénistique*, II, Nancy, 1967, p. 127-128.

autant d'alliés et de nombreux mercenaires, la nouvelle guerre requérait seulement le retour à l'état de choses de 218[1]. Rome avait alors mis sur pieds six légions : c'est précisément ce nombre qui est retenu pour la seconde guerre de Macédoine. Tite-Live est explicite à ce sujet en 8, 5-11, où il mentionne deux légions pour la Macédoine, deux pour la Gaule et deux légions urbaines de réserve pour d'éventuelles opérations en Italie, soit un total de quelque 25.000 hommes, auquel il faut joindre 20.000 alliés latins pour la Gaule, le Bruttium, la Sicile et la Sardaigne, un nombre imprécis de volontaires supplémentaires pour la Macédoine, et les troupes déjà stationnées en Espagne, soit un total d'environ 55.000 hommes, trois fois moins qu'aux temps difficiles de la guerre punique.

La situation religieuse et morale des années 201-200 n'est guère éclairée par la lecture de Tite-Live, qui présente un tableau très conventionnel de jeux, de rites, de sacrifices et de prières, empreints de la minutie et de la religiosité habituelles, accrues par l'imminence de la nouvelle guerre[2]. Il est toutefois aisé d'en reconstituer l'atmosphère : la crise religieuse qui s'était produite durant la seconde guerre punique et qui éclatera à nouveau en 186 à propos de l'affaire des Bacchanales ne pouvait que produire ses effets, dont quelques-uns sont perceptibles à la lecture attentive de notre auteur et, plus particulièrement, du chapitre 12. Le sacrilège causé par le vol du trésor de Proserpine à Locres est expressément mis en rapport avec les sacrilèges analogues commis dans la même ville par Pléminius en 204, et qui avaient

1. A. Piganiol, *op. cit.*, p. 273.

2. Notamment 9, 6 : *Ciuitas religiosa, in principiis maxime nouorum bellorum* ; 13, 1 : (*ostentis*) *expiatis omnibus religionibus*. Événements religieux : 4, 5 et 7 ; 9, 6-10 ; 49, 4 ; 50, 2-5 (jeux) ; 5, 3-4 ; 5, 7 ; cf. 7, 15 ; 8, 2 (prières, sacrifices, lectisternes) ; 8, 3-4 (rites des féciaux) ; 12, 5-10 et 13, 1 (prodiges et expiations) ; 12, 1-13, 1 (vol du trésor de Proserpine à Locres et ses conséquences).

bénéficié de l'indulgence de Scipion[1] ; les prodiges qui l'accompagnent sont *foeda omnia et deformia errantisque in alienos fetus naturae uisa*[2] : pour les expier, on a recours à la même cérémonie qu'en 207 où, peut-être sous l'influence du devin Marcius, neuf jeunes filles avaient parcouru Rome du temple d'Apollon au Forum, précédant la statue de Junon Reine ; elles étaient allées, dansant et chantant un cantique de Livius Andronicus, la porter dans son temple de l'Aventin (12, 9, cf. 27, 37, 7). Cette répétition de pratiques religieuses récentes, apparues pendant la seconde guerre punique, n'est probablement pas fortuite.

Le vol commis dans le sanctuaire de Proserpine se comprend fort bien dans l'atmosphère de dégradation morale où vivaient certains milieux et certains individus chez qui s'étaient développés la passion de l'argent facile et le mépris de l'intérêt général. Nombreux étaient en effet les profiteurs de guerre qui, tels Postumius de Pyrgi en 212[3], avaient parfois donné lieu à des scandales, entraînant dans leur sillage d'autres citoyens que le retour à la paix et l'afflux d'argent poussaient vers le désir de jouir et de posséder toujours davantage. En 196 (33, 42, 3-4), on verra des prêtres, dans des circonstances difficiles pour l'État, se dérober à leurs obligations fiscales ; en 195, Caton ne pourra s'opposer à l'abrogation de la loi Oppia sur le luxe, votée en 215 (livre 34, 1 sqq.). Aussi ne s'étonne-t-on pas de lire, en 31, 13, le récit des exigences émises par les créanciers de l'État quant au remboursement du dernier tiers de l'emprunt émis en 210. Leur demande est juste, et le Sénat le reconnaît, mais nous sommes loin de l'antique désintéressement et du vieux patriotisme : la solution retenue, qui préservait

1. Sur cette question : Liu. 29, 16 sq., et E. Burck, *Pleminius und Scipio bei Livius*, in *Gedenkschaft Stark*, 1968, p. 301-314.

2. Liu. 31, 12, 8.

3. E. Pais et J. Bayet, *Histoire romaine*, I, Paris, 1940, p. 447. Liu. 25, 3, 8-4, 11.

les droits de l'État sur le domaine public, fut accueillie par les particuliers « avec satisfaction » : ils y trouvaient certainement de substantiels bénéfices.

Tite-Live se fait enfin l'écho d'une situation complexe concernant *les rapports de Rome et de la* « *confédération* » *italienne.* A le lire, on distingue trois catégories de cités : les Latins, qui sont restés fidèles durant toute la guerre, et qui fournissent les seules troupes alliées que l'on mobilise en 200 (8, 5-10) ; les « nombreux peuples qui, en Italie, avaient collaboré avec les Carthaginois pendant la guerre et dont la colère fermentait encore » (8, 11) : Campaniens (31, 10, sqq.), Grecs d'Italie méridionale, Lucaniens, Bruttiens, Samnites (7, 11, cf. 31, 5, sqq.) — contre ceux-là, on mobilise deux légions pour parer à toute éventualité ; enfin, par prétérition, les peuples fidèles du reste de l'Italie.

Ce tableau est exact, car on sait combien précaire avait été la fidélité des populations italiennes durant la seconde guerre punique, à l'exception de celle des Latins que leur statut assimilait, avec quelques restrictions, aux Romains[1]. Elle s'explique par la date relativement récente à laquelle les différentes cités étaient entrées dans l'alliance romaine, et par la différence de traitement dont elles avaient été l'objet, toutes étant d'ailleurs soumises, depuis 338, à des *foedera iniqua* qui préservaient leur autonomie mais les obligeaient à reconnaître la *maiestas* du peuple romain. En gros (sauf dans certaines villes étrusques), chaque cité avait été divisée dans son attitude à l'égard de Rome, les aristocrates et les possédants tenant pour elle, les masses populaires pour Hannibal. Mais le Sénat, à la fin du IIIe siècle, s'était immiscé chaque jour davantage dans les affaires intérieures des cités, au nom de la coordination militaire d'abord, puis en celui du développement pacifique de la confédération ; il arbitrait les conflits entre les cités,

1. Sur ce point : A. H. MacDonald, *op. cit.*, p. 11.

ceux qui opposaient les citoyens d'une même ville et n'hésitait pas à intervenir pour rétablir l'ordre ; il commençait à s'immiscer dans les juridictions locales (notamment en matière de crime et de brigandage, comme à Locres) et, pratiquement, par une exploitation habile de la notion de conspiration, pouvait agir où et quand il le voulait[1]. On conçoit que, dans ces conditions, la rancœur de la défaite et les souvenirs de la répression aidant, les peuples « infidèles », et particulièrement les masses populaires, aient été prêts, en 201-200, à se soulever à la moindre inattention de Rome. Deux légions, en plus des troupes régulièrement stationnées dans les provinces, n'étaient pas de trop pour étouffer dans l'œuf toute tentative en ce sens.

La Grèce n'était pas le seul front sur lequel Rome eût alors à combattre. Il lui fallait rétablir sa domination sur la Gaule cisalpine et la Ligurie et l'affermir sur l'Espagne, puis les réorganiser.

La Gaule cisalpine était une conquête récente, puisqu'elle remontait seulement à 225-222 et que c'est en 218 qu'en plein territoire celtique Rome avait fondé les colonies de Plaisance et de Crémone. A peine Hannibal avait-il paru en Italie du nord qu'il entraîna les Gaulois, ceux-ci n'attendant pas même d'être sollicités pour conclure une alliance, souvent après avoir « trahi » les Romains chez lesquels ils servaient. Hannibal les avait en partie renvoyés chez eux pour y répandre l'esprit de révolte et faciliter ainsi ses victoires du Tessin et de la Trébie. Ces succès acquis, la révolte avait gagné tous les Gaulois, sauf les Cénomans, restés fidèles aux Romains bloqués dans Plaisance et Crémone. Bientôt cependant, Hannibal avait lassé les Gaulois, qui avaient néanmoins continué la lutte contre les Romains et écrasé leur armée dans la forêt de Litana en 216 : toute la province était perdue à l'exception de Plaisance et Crémone. En 207,

1. *Op. cit.*, p. 14-15, cf. Polyb. 6, 13.

Hasdrubal, en provenance d'Espagne et accompagné d'Arvernes et d'autres Transalpins, vint ranimer la révolte, mais ne réussit pas à s'emparer de Plaisance et de Crémone, ravitaillées par le Pô. Pour faire face au danger d'invasion, les Romains tenaient toujours, depuis l'arrivée d'Hannibal, un préteur à Ariminum et un autre à Arrétium. Ce sont ces deux villes qui serviront — avec Crémone et Plaisance — de bases de départ pour la reconquête de 201-200 (10, 1-7 et 21, 1-2). Mais la défaite punico-gauloise du Métaure, en 207, avait rendu les Gaulois prudents : aussi avaient-ils accueilli Magon, débarqué en Ligurie, avec circonspection ; l'échec de celui-ci leur prouva la sagesse de leur attitude. A la fin de la guerre, les Romains allaient donc retrouver une « province » pleine d'hostilité, déçue dans ses espérances, mais libre de toute occupation romaine sauf à Plaisance et Crémone. Il fallait, avant d'établir des voies de communication et d'organiser le pays, mater les révoltés et occuper le territoire.

Au problème cisalpin était lié celui de la *Ligurie*, qui commandait la route terrestre menant à l'Espagne, notamment grâce à Gênes, reconstruite en 203. Les Ligures étaient un peuple encore sauvage et sans grande unité, mais c'était aussi de fougueux guerriers[1] qui s'étaient ralliés à Magon sans hésiter. Retranchés dans leurs montagnes, ils avaient déjà été et resteront longtemps encore pour les Romains un ennemi implacable et indestructible (39, 1, 5 sqq.), *natus ad continendam inter magnorum interualla bellorum Romanis militarem disciplinam* (39, 1, 2). Bien entendu, lorsque leur intérêt commun l'exigeait, ils agissaient de concert avec les Gaulois.

Devant une telle situation, il n'est pas étonnant que le livre 31 contienne plusieurs mentions relatives à

1. Sur les Ligures, voir les articles de Mme G. Mezzar-Zerbi mentionnés, ch. 2, n. 10, et, dans l'*Introduction*, p. XXXII, n. 1.

l'Italie du nord ; il était urgent pour les Romains de prendre l'offensive contre un peuple apparemment découragé par ses propres défaites et par celle d'Hannibal. Ils cherchent donc, à l'automne 201[1], à s'emparer du col de Mandrioli, qui commande la route qui conduit d'Étrurie et d'Ombrie septentrionales en Émilie par la vallée du Savio (Sapis). Ils subirent près de Castrum Mutilum un grave échec dont le consul P. Aelius Paetus rejeta la faute sur le préfet des alliés, C. Ampius (2, 5-11). Encouragés par ce succès, et exaltés par un officier carthaginois, les Gaulois Boiens, Cénomans et Insubres, alliés à quelques peuplades ligures parmi lesquelles les Ilvates[2], prennent les armes, s'emparent de Plaisance et assiègent Crémone (10, 2-4)[3], si subitement que le consul P. Aurélius Cotta, qui se trouvait à Ariminum, n'eut pas le temps de lever les deux légions qui lui revenaient (6, 1 ; 8, 5). C'est au préteur L. Furius Purpurio, qui n'avait que 5.000 alliés latins sous ses ordres (8, 7 ; 10, 5), que revint la tâche d'affronter quelque 40.000 ennemis (10, 7). Heureusement, il reçut à temps les deux légions consulaires et battit les coalisés près de Crémone (ch. 21). Lorsque le consul arriva, il trouva la situation rétablie et en montra beaucoup d'aigreur (47, 4-48, 12). Mais Plaisance n'était pas récupérée ; elle ne sera reconstruite, en même temps que Crémone, qu'en 195 (34, 22, 3).

La situation en Espagne était aussi trouble, mais beaucoup plus calme[4]. Depuis 205, Rome entreprenait d'y installer une administration qu'elle avait confiée à

1. 2, 5-11 (2, 5 : *eodem fere tempore* que les ambassades pergaménienne et rhodienne).

2. Les *Ingauni*, autre peuplade ligure importante, avaient signé en 201 un traité avec P. Aelius Paetus (2, 11).

3. Dans l'été 200 selon Tite-Live 31, 10, 3, en 199 d'après Zonaras, 9, 15, fin. Voir G. De Sanctis, *op. cit.*, p. 412 et 414, n. 16. Selon Zonaras, le soulèvement d'Hamilcar et sa défaite datent de l'été 200 ; la prise de Plaisance résulterait d'un second soulèvement l'année suivante (voir plus bas, p. XCIV).

4. Voir C. H. V. Sutherland, *The Romans in Spain, 211 B. C.-A. D. 117*, Londres, 1939 (réimpr., 1971), p. 45 et 64.

L. Cornélius Lentulus (Espagne citérieure) et L. Manlius Acidinus (Espagne ultérieure)[1]. Le commandement de Lentulus fut prorogé jusqu'en 200, date à laquelle il fut remplacé par C. Cornélius Céthégus (50, 10, cf. 49, 7). Ces premiers administrateurs recevaient l'*imperium* proconsulaire en qualité de *priuati* (20, 1 sqq.). C'est seulement en 198 (pour l'année 197) qu'aux quatre préteurs anciens seront ajoutés les deux préteurs pour l'Espagne, régulièrement soumis à élection (32, 28, 2). Les populations ibériques, celtiques et celtibériques n'acceptèrent pas cette entreprise et réagirent violemment. Toutefois, entre 205 et 197, la situation sera relativement calme, la seule insurrection notable ayant été le fait, en 205, de Mandonius et Indibilis, alliés aux Aussetani et aux Sedetani[2]. Mandonius s'était rendu et seules quatre lignes du livre 31 (49, 7) mentionnent une victoire de Céthégus sur les Sedetani, qui prouvent une certaine agitation de la part des coalisés de 205. Le chapitre 20 ne traite que de l'*ouatio* obtenue par Lentulus.

En Afrique du nord, il ne restait guère qu'à tirer les conséquences du traité de paix conclu en 201, qui nous est connu par Polybe (15, 18), Tite-Live (30, 37, 2-6) et Appien (*Libyc.*, 54). Parmi les clauses, figurent les suivantes : Carthage devait renoncer à toute action politique, à toute guerre que Rome n'approuverait pas, à tout recrutement de mercenaires en Europe ; elle reconnaissait à Massinissa la royauté sur les territoires qui avaient appartenu à son père, accrus de ceux qu'il enlèverait à l'ancien royaume de Syphax ; elle rendrait tous les déserteurs et les prisonniers de guerre. C'est l'application de la première et de la troisième clauses que Rome réclame, d'après Tite-Live, en 200 (11, 5-7 ; elle reçoit d'ailleurs, en 19, 1-2, une réponse correcte) ; c'est en partie

1. 28, 38, 1 ; 29, 13, 7.
2. 29, 1-3 ; Diodor. 26, 22 ; Appian., *Iber.*, 38.

pour le féliciter de l'application de la seconde qu'elle envoie une ambassade à Massinissa, qui avait reçu de Scipion une partie du royaume de Syphax ; mais le Sénat, en réalité, vise à préserver une alliance qui lui procurera d'excellents cavaliers pour la guerre contre Philippe et lui permettra de rester présent en Afrique pour surveiller Carthage (11, 8-12 ; 19, 3-4).

Restait enfin à fixer le sort de Vermina, qui venait de succéder à Syphax et à qui les Romains ne pouvaient pardonner ni la trahison de son père ni l'action que lui-même avait entreprise contre eux à la fin de la guerre (il avait été, au lendemain de Zama, l'ultime recours d'Hannibal). Vermina, vaincu, dépouillé de la *pars florentissima* de son royaume (11, 8), ne pouvait que se soumettre et implorer la clémence de Rome. C'est ce qu'il fit, d'après Tite-Live, 11, 13-17 : ses ambassadeurs furent reçus avec froideur et le Sénat exigea une paix dont il fixerait lui-même toutes les conditions. Vermina accepta tout ce que l'on voulut (19, 4-6).

III. *Problèmes chronologiques du livre 31.*

Ce livre ne soulève plus de graves difficultés de chronologie absolue en ce qui concerne les événements de Grèce. Les recherches entreprises depuis plus d'un demi-siècle ont abouti en effet à un calendrier relativement précis, résumé par F. W. Walbank[1], généralement accepté par les historiens postérieurs et dont nous reproduisons ici la majeure partie, depuis la bataille de Ladè (printemps 201) jusqu'à l'arrivée de P. Villius en Macédoine (hiver 199-198)[2]. Les dates sont celles de notre calendrier.

201	
Avril-Mai	Bataille navale de Ladè. Milet dans l'alliance de Philippe. Attale se joint aux Rhodiens.

1. *Op. cit.*, p. 340 sqq. Voir également le précieux Appendice III, *Some chronological problems*, aux p. 310-319.
2. M. J. Briscoe, *A Commentary on Livy, Books XXXI-XXXIII*,

Mai-Juin	Philippe ravage les environs de Pergame. L'Étolie rejette un appel pergaménien. La flotte macédonienne dans les Sporades.
Juin-Juillet	Par deux fois, Philippe marche sur Thyateira, et revient vers Milet. Sa flotte ravage d'autres îles (?).
Fin juillet	Prise de Théos. Siège et bataille de Chios. Philippe revient à Samos.
Été	Philopoemen repousse l'attaque de Nabis sur Messène.
Août	Philippe en Carie du sud : Cnide, Prinassos et Pérée rhodienne. Prise de Stratonicée (?).

Oxford, 1973, p. 42-44, propose une chronologie plus ramassée, résumée p. 44, pour la période s'étendant du blocus de Bargylia à la déclaration de guerre (les dates sont celles de notre calendrier) :

Septembre 201	Philippe bloqué dans Bargylia. Mystères d'Éleusis et exécution des deux Acarnaniens. Ambassades pergaménienne et rhodienne à Rome.
Octobre	Appel des Acarnaniens à Philippe.
Novembre	Raid acarnanien sur Athènes. Départ des ambassadeurs romains pour la Grèce et l'Orient.
Octobre-novembre	Élections consulaires.
Décembre	Entrée en charge de Sulpicius et tenue des premiers comices.
Décembre 201-Janvier 200	Philippe s'échappe de Bargylia. Les ambassadeurs romains à Athènes.
Mars 200	Raid de Nicanor, puis de Philoclès sur Athènes. Ambassade athénienne à Rome. Immédiatement après son arrivée, la guerre est votée.

L'ensemble de cette Introduction montre pourquoi nous sommes en désaccord avec cette chronologie. Nous pensons en effet qu'une des deux ambassades athéniennes est fictive (p. XLVIII sq.), que les élections n'ont eu lieu qu'en novembre-décembre 201 et l'entrée en charge en janvier-février 200 (p. XCI sq.), que Tite-Live a volontairement assumé le silence de sa source quant à l'absence des ambassadeurs romains à Athènes (p. XXIV) et nous nous efforcerons de justifier en détail la confusion chronologique de Tite-Live (p. LXXXIX sq.) ; de plus, si Sulpicius a fait voter la guerre en mars 200, il est peu vraisemblable qu'il ait attendu six mois (concomitance avec le siège d'Abydos) pour débarquer en Illyrie (p. LXXXIX). Mais, de l'aveu même de M. Briscoe, sa propre reconstruction est en grande partie hypothétique : voir A. Hus, compte rendu de l'ouvrage de M. Briscoe, *Revue de Philologie*, 48, 1974, p. 150-151.

Septembre	Philippe en Carie du nord. Prise de Iasos. Philippe bloqué dans Bargylia.
Automne	Divulgation du pacte secret Philippe-Antiochus. Ambassades pergaménienne et rhodienne à Rome. Les Athéniens abolissent les tribus « macédoniennes ». Exécution de deux jeunes Acarnaniens qui avaient profané les Mystères d'Éleusis.
Automne-Hiver	Attaques de Philippe contre Mylasa ; ravage d'Alabanda. (Prise de Stratonicée ?).
Novembre-Décembre	Élections à Rome. Sulpicius consul. Il obtient la province de Macédoine.
200	
Janvier	Rejet de la proposition de loi sur la déclaration de guerre.
Fin de l'hiver	Le Sénat envoie une ambassade en Grèce, en Syrie et en Égypte.
Mars-Avril	Philippe quitte Bargylia. Il promet son aide aux Acarnaniens. Expédition contre Athènes, par terre et par mer. Les Rhodiens reprennent les navires athéniens capturés par les Macédoniens, cependant qu'Attale protège l'Attique. Attale à Égine. Succès rhodiens dans les Cyclades.
Avril-Mai	L'ambassade romaine est au Pirée. Réception d'Attale et des Rhodiens à Athènes. Attale déclare la guerre à Philippe. Les Rhodiens reprennent presque toutes les Cyclades. Ultimatum romain à Nicanor.
Mai	L'ambassade romaine à Rhodes. Philoclès ravage l'Attique.
Été	Les Athéniens demandent du secours à l'Égypte, Rhodes, Pergame, l'Étolie, la Crète. Avance de Philippe en

	Thrace : chute d'Ainos, Maronée, Sestos, etc.
Juillet	La guerre est déclarée à Rome. Ambassade égyptienne à Rome. Ambassade athénienne à Rome. Préparatifs de guerre.
Fin août	Siège d'Abydos par Philippe. M. Aemilius Lépidus lui remet le second ultimatum du Sénat. Philippe le rejette.
Septembre	Chute d'Abydos.
Mi-septembre	Retour de Philippe en Macédoine. Débarquement de Sulpicius en Illyrie. Envoi de Claudius Cento à Athènes. Sulpicius campe sur l'Apsos.
Septembre-Octobre	Apustius prend Antipatréia et repousse Athénagoras. L'ambassade romaine se rend auprès d'Antiochus et en Égypte.
Octobre	Raid des Romains et des Rhodiens sur Chalcis. Philippe, venant de Démétrias, attaque Athènes. Philippe au Dipylon. Il offre aux Achéens son aide contre Nabis en échange de troupes pour ses garnisons. L'offre est rejetée.
Octobre-Novembre	Philippe et Philoclès ravagent l'Attique. Philippe hiverne en Macédoine. L'ambassade romaine arrive probablement en Égypte.
199	
Hiver	Pleuratos, Bato et Amynandros dans l'alliance romaine. Les Étoliens ajournent leur décision.
Printemps	Philippe fait garder la vallée de l'Axios par Persée.
Mai-Juin	Escarmouches en Lyncestide.
Juillet	Victoire romaine à Ottolobos ; succès de Philippe à Pluinna.

Fin août	Bataille du col de Banitza. Les Romains avancent en Éordée.
Mai-Août	Activités navales romaines et rhodiennes en Égée. Raids sur les côtes macédoniennes.
Fin août	Assemblée des Étoliens à Héraclée.
Septembre	Retour de Sulpicius par l'Orestide. Athénagoras est envoyé pour poursuivre les Dardaniens. Les Étoliens entrent dans la guerre et envahissent la Thessalie. Philippe les en chasse. Scopas recrute en Étolie pour le compte de l'Égypte. Prise d'Oréos. Hivernage de la flotte.
Automne	Philippe assiège Thaumakoi. Il rentre en Macédoine pour hiverner.
Hiver	Villius succède à Sulpicius. Mutinerie parmi les troupes romaines.

Il n'en demeure pas moins quelques problèmes, qui tiennent au texte même de Tite-Live et à l'absence presque totale d'autres sources[1], qui se révèle désastreuse pour les événements de Rome et d'Occident.

Tite-Live emploie, dans le livre 31, cinq méthodes de datation. La première consiste à dater un événement par intervalles d'années, calculés à partir d'un événement-clef, en l'occurrence la fondation de Rome (qu'il situe, d'après Varron, en 753 : 1, 4 ; 5, 1) ainsi que le début et la fin de la première guerre de Macédoine (1, 8)[2] ; cette méthode n'est appliquée qu'au début, pour jalonner l'étendue du récit déjà achevé[3]. La seconde

1. Pour les événements contenus en 31, Polybe, Diodore, Plutarque, Dion Cassius et Justin sont d'un faible secours. Appien ne fournit aucune donnée intéressante.

2. Voir M. Sordi, *I rapporti romano-ceriti e l'origine della ciuitas sine suffragio*, Rome, 1960, p. 127-128 ; 154-158, 165, n. 1 ; *id.*, in *Helikon*, 5, 1965, p. 3-44.

3. Sans intérêt pour notre propos est la mention — exacte — en 1, 2-3, des soixante-trois ans qu'a duré la période commençant avec le début de la première guerre punique et finissant avec la fin de la seconde.

consiste à donner le nom des consuls de l'année et la date (1er mars antéjulien) de leur entrée en charge. Les deux méthodes étaient d'usage dans l'annalistique, la seconde s'étant superposée, non sans confusions, à la première : les *Fastes*, en effet, que Tite-Live n'a pas consultés personnellement, ne coïncidaient pas avec le comput obtenu par la première méthode, les premiers commençant en 500, la seconde prenant pour point de départ la date de la fondation de la République, soit 509[1]. La troisième, empruntée à Polybe et aux historiens grecs, était celle des synchronismes, qui consistait à dater un événement par concomitance avec un autre (par exemple 14, 2 et 4 ; l'arrivée de Sulpicius en Illyrie se produit alors que « précisément, Philippe assiégeait Abydos »)[2]. La quatrième, plus vague, consiste en l'emploi de formules temporelles du type *exitu huius anni* (4, 1), *autumno ferme exacto* (22, 4), *ea aestate* (44, 1 ; 47, 3), *iam autumnale aequinoctium instabat* (47, 1), qui fournissent un cadre concret au récit[3]. La cinquième consiste en l'emploi de formules temporelles relatives et vagues du type *sub idem (fere)tempus* (ou *per idem*...) (2, 1 ; 12, 5 ; 20, 1), *eo tempore* (27, 1) ; *eodem fere tempore* (2, 5), *per eos dies* (4, 4 ; 26, 1 ; 43, 1), *inter haec* (19, 1), *interim* (2, 3), *eo(dem)anno* (4, 5 ; 49, 7), *tum* (8, 5 ; 10, 5 ; 14, 1) *exinde* ou *inde* (4, 4 ; 8, 2), *deinde* (12, 1 ; 49, 12), qui situent simplement un événement « vers la même époque » ou « à la suite » de ceux que l'auteur vient de rappeler[4]. Un dernier procédé enfin, n'est pas à négliger :

1. M. Sordi, in *Helikon*, 5, 1965, p. 4 sq. Tite-Live pouvait néanmoins consulter, non seulement les listes républicaines des consuls et censeurs, mais encore, peut-être, les Fastes consulaires capitolins, publiés sans doute peu après 19 : B. Stiehl, *Die Datierung der kapitolinischen Fasten*, Berlin, 1957, p. 7 sqq., 24 et 48 sqq. (notamment p. 54). Sur la date de composition de la IVe décade, voir plus haut, p. XVI sq.

2. Sur la méthode des synchronismes chez Polybe : P. Pédech, *La méthode historique de Polybe*, Paris, 1964, p. 467-473.

3. Sur cette méthode dans Polybe : P. Pédech, *op. cit.*, p. 461-467.

4. Sur cette technique : J.-P. Chausserie-Laprée, *L'expression*

l'absence complète de notation temporelle (p. ex. 6, 1 ; 6, 3 ; 7, 1) qui peut tout embrouiller.

Si l'on considère que les sources mêmes de Tite-Live sont souvent confuses et erronées, que le raccord entre passages annalistiques et textes polybiens est toujours délicat[1], que le calendrier romain de l'époque nous est très mal connu, qu'enfin Tite-Live ne fait pas souvent preuve d'esprit critique, on concevra la difficulté — souvent insurmontable — qu'il y a à dresser une chronologie à partir de son texte. Du moins, possédant une chronologie à peu près assurée pour les événements de Grèce, peut-on tenter d'expliquer le pourquoi des erreurs de Tite-Live.

La première — et la plus apparente — a été depuis longtemps élucidée[2]. Alors que, d'après les *Fastes* et Polybe, la seconde guerre de Macédoine commence en 200, Tite-Live la fait éclater en l'an 551 varronien (5, 1), c'est-à-dire en 203 ; de même date-t-il en 1, 4 le consulat d'Appius Claudius Caudex de 266 au lieu de 264. C'est que depuis la quatrième année dictatoriale du IVe siècle (301 = 452 a. V. c.), il est en retard de trois ans sur les Fastes : il le sera encore à l'époque des quarante-septième et quarante-neuvième *periochae.* Il n'est d'ailleurs pas certain de sa propre chronologie et varie à plusieurs reprises : nous en avons ici la preuve puisque, *sans doute dans la même journée de travail* ou, tout au plus, à quelques jours de distance, il s'en tient à celle-ci pour le début de la seconde guerre de Macédoine, mais avance d'un an pour le consulat d'Appius Claudius.

Autre inconséquence en 1, 8 (donc, toujours dans la

narrative chez les historiens latins, Paris, 1969, p. 24-39. Il faudrait y joindre l'emploi des temps (notamment des propositions avec *cum* + l'imparfait du subjonctif), qui ne constitue pas une méthode à proprement parler.

1. Voir notamment H. Tränkle, *Livius und Polybios*, in *Gymnasium*, 79, 1972, p. 13-31.

2. W. Weissenborn et H. J. Müller, *Einleitung* à la septième édition de l'*Ab Vrbe condita*, p. 51-56.

même journée de travail) : la datation du début de la seconde guerre de Macédoine d'après le laps de temps écoulé depuis le début et la fin de la première : *coeptum bellum... decem ferme ante annis triennio prius depositum erat.* Or, la guerre avait commencé en 214 (TL 217) et s'était terminée en 205 (TL 208). A en croire notre historien (qui pourtant ne pouvait se tromper sur les noms des consuls de ces différentes années), la seconde guerre de Macédoine aurait donc commencé, soit en 204-203 (*decem ferme anni*), soit en 202. Il avait d'ailleurs lui-même (en 24, 40, 1 sqq.), daté le début de la première guerre de Macédoine de 214, et de 205-204 la fin de cette même guerre (29, 12, 1). Peut-être, comme le suggèrent Weissenborn et Müller[1], considère-t-il que le vrai début de la première guerre avait été 211, les trois premières années étant presque vides d'événements. Une erreur subsiste à coup sûr quant au laps de temps écoulé entre la paix de Phoinikè (ou de sa ratification) et le début de la seconde guerre de Macédoine.

Entrons maintenant dans le récit même des événements. Il se répartit en cinq sections : trois sections annalistiques (2-14, 2 ; 19-22, 3 ; 47, 4-50, 11) et deux sections polybiennes (14, 3-18, 9 ; 22, 4-47, 3), les premières traitant des événements d'Occident, les secondes des affaires de Grèce. Nous verrons plus bas comment s'opèrent les raccords entre ces différentes sections. Relevons d'abord les éléments de datation « précis » autour desquels s'articulent les événements introduits par une formule du type *sub idem fere tempus* ou *deinde*.

Le récit s'ouvre, en 2, 1, sur une formule vague et trompeuse. Pour dater l'arrivée des envoyés d'Attale et de Rhodes, Tite-Live emploie un *sub idem fere tempus* qui se rapporte à une ambassade athénienne (1, 10) qui non seulement n'est pas datée, mais n'a jamais existé[2].

1. *Ad. loc.*
2. Voir plus haut, p. XLVIII sq., et F. W. Walbank, *op. cit.*, p. 311-313.

Nous trouvons ensuite :

en 4, 4 et 4, 5, mention des *élections* et des *Jeux romains*,

en 5, 2 : entrée en charge des consuls aux *Ides de mars*,

en 6, 1 (répartition des provinces), 6, 3 (premiers comices), 7, 1 (seconds comices et discours de Sulpicius) : *pas de formule temporelle*,

en 14, 2 et 4, l'arrivée de Sulpicius en Illyrie est datée par concomitance : *eo maxime tempore Abydum* (*Philippus*) *oppugnabat*,

en 18, 1 sqq., l'entrevue de M. Aemilius et de Philippe est datée *ante deditionem* de la ville (confirmé par Polybe, 16, 34, 1 sqq., qui place implicitement l'entrevue plutôt vers la fin du siège),

en 18, 8 sqq., Philippe rentre dans son royaume ; Sulpicius prend ses dispositions pour l'*hivernage* de ses troupes et de sa flotte. Nous sommes donc à la fin de la saison réservée à la campagne militaire,

en 22, 4, *consul alter* (*Sulpicius*), *cum autumno ferme exacto in prouinciam uenisset, circa Apolloniam hibernabat*,

en 25, 3, 10 : assemblée des Achéens,

en 27, 1 sqq. : *Eo tempore*, Sulpicius hiverne toujours,

en 29, 1 sqq. : assemblée des Étoliens (Panaitolikon),

en 33, 4 : pendant que Philippe se prépare, Sulpicius « fait déjà la guerre ». La saison de la campagne a donc commencé,

en 44, 1 et 47, 3 : résumé de la situation : *Haec ea aestate... gesta*,

en 47, 1, *Iam autumnale aequinoctium instabat*. Les Romains veulent quitter l'Eubée *ante hiemalis motus*.

en 50, 6 : élections à Rome pour l'année 199.

Une contradiction ressort de ces données. Bien que le récit commence quelque temps avant les élections de 201, il est clair que presque tous les événements rapportés se situent pour Tite-Live entre les élections mentionnées en 4, 5 et celles qui le sont en 50, 6. Comme il n'y en a pas d'autres, cela signifie que le récit couvre, *pour Tite-Live*, la seule année 200. Pourtant, il est non moins clair que *les* campagnes de Sulpicius couvrent deux années : il arrive en Illyrie pendant le siège d'Abydos (14, 2 sq.), hiverne de 18, 9 à 27, 1, non sans confier à C. Claudius Cento (22, 4 sqq.) et à Apustius (ch. 27) des missions d'arrière-saison, reprend la campagne en 33, 4, fait la guerre sur terre et sur mer pendant toute l'*aestas* et ne rentre qu'à la veille de l'équinoxe d'automne (47, 1). Si nous poursuivons notre lecture jusqu'au chapitre 8 du livre 32, qui traite, selon Tite-Live lui-même, de l'année 199, nous trouvons confirmation de ces données : en 1, 1, le consul P. Villius obtient la Macédoine ; en 1, 3, il reçoit l'ordre *a Sulpicio exercitum accipere* (il n'y a donc pas prolongation du commandement de Sulpicius) ; quand il arrive, il se trouve devant une révolte de 2.000 soldats « transportés d'Afrique après la défaite d'Hannibal en Sicile et, de là, *près d'un an après*, en Macédoine » ; *ils considèrent que la campagne est finie* (3, 1, sqq.). Plus de deux ans se sont donc écoulés depuis leur départ d'Afrique dans le courant de 201, et nous sommes en automne 199. A ce moment d'ailleurs, Philippe assiège Thaumakoi (4, 1 sqq.) et, comme *hiems quoque iam instabat, in hiberna copias reduxit* (4, 7), ce que fait également Villius avant de reprendre les hostilités au début du printemps 198 (6, 1). Il n'aura pas le temps de mener à terme son action, car son successeur Titus Quinctius Flamininus arrive sur ces entrefaites (6, 4 sqq.).

L'enchaînement des faits est bien connu des historiens modernes et l'était non moins bien des Anciens, comme le prouve, entre autres, un texte de Plutarque[1]. Tite-

1. *Flamininus*, 3, 1 sqq. : Πυνθανόμενος δ' ὁ Τίτος τοὺς πρὸ ἑαυτοῦ στρατηγούς, τοῦτο μὲν Σουλπίκιον, τοῦτο δὲ Πόπλιον, ὀψὲ τῆς ὥρας ἐμβαλόντας εἰς Μακεδονίαν καὶ τοῦ πολέμου βραδέως ἁψαμένους, κατατετρῖφθαι τοπομαχοῦντας καὶ διαπληκτιζομένους ἀκροβολισμοῖς ὑπὲρ ὁδῶν καὶ σιτολογίας πρὸς τὸν

Live lui-même ne l'ignorait pas et le problème qui se pose est de savoir pourquoi, ou comment il s'est laissé entraîner à une erreur de composition (autant que de chronologie) aussi considérable, erreur qui gonfle le livre 31 indûment et réduit à sa plus simple expression le récit des événements de 199 dans le livre 32. L'hypothèse selon laquelle il aurait voulu écrire une sorte de monographie de Sulpicius ne tient guère : elle est contraire à toutes ses habitudes, et il n'aurait pas manqué de faire remarquer le changement d'année pour excuser cette dérogation. Le personnage, au reste, n'était pas d'une telle importance. Le texte de Polybe nous renseignerait peut-être, mais il est perdu. La solution doit être cherchée, pensons-nous, dans le manque de soin apporté par Tite-Live aux raccords entre sections annalistiques

Φίλιππον, οὐκ ᾤετο δεῖν, ὥσπερ ἐκεῖνοι καταναλώσαντες, οἴκοι τὸν ἐνιαυτὸν ἐν τιμαῖς καὶ πολιτείαις, ὕστερον ἐξώρμησαν ἐπὶ τὰς στρατείας οὕτως καὶ αὐτὸς ἐνιαυτὸν ἐπικερδᾶναι τῇ ἀρχῇ, τὸν μὲν ὑπατεύσας, τὸν δὲ πολεμήσας... :

« Sachant que les généraux qui l'avaient précédé, Sulpicius, puis Publius, n'avaient envahi la Macédoine que dans l'arrière-saison, s'étaient mis lentement à la guerre et avaient usé leurs forces en combats locaux et en escarmouches contre Philippe pour lui disputer des routes et des vivres, il ne voulut pas, comme eux, passer à Rome l'année de son consulat dans les honneurs et les jeux de la politique, et seulement ensuite regagner l'armée, ce qui lui eût permis de rester en charge deux années, la première à jouer le rôle de consul, la seconde à faire la guerre » (traduction R. Flacelière et E. Chambry). Selon ce texte, Villius se serait donc volontairement attardé à Rome par courtoisie à l'égard de Sulpicius, qui opérait sans mandat officiel, dans l'espoir que son successeur lui rendrait la pareille. En ce qui concerne Sulpicius, il faut penser qu'au contraire il avait hâte de faire la guerre, mais qu'il en fut empêché par le retard de la décision, qui n'eut lieu qu'en juillet (voir plus haut). Il n'est pas impossible, en revanche, que Villius ait cédé aux instances des partisans de Sulpicius, dans l'espoir que lui prête Plutarque. Contrairement à l'opinion de MM. R. Flacelière et E. Chambry (éd. des Belles Lettres, Paris, 1969, p. 165), Tite-Live n'est pas ici la source de Plutarque, mais plutôt Polybe, qui ne nous est connu qu'à travers Tite-Live. Ainsi s'expliqueraient à la fois la concordance et les discrépances entre Tite-Live et Plutarque.

et sections polybiennes[1], et dans le raccourcissement confus de la chronologie relative au processus de déclaration de guerre durant l'année 200, raccourcissement dont l'annalistique est responsable.

La structure chronologique de la première (et la plus longue) section annalistique est en effet curieuse. Jusqu'au moment de l'entrée en charge des consuls, aux Ides de mars (ch. 5), les formules temporelles sont régulièrement employées et s'articulent autour du *sub idem fere tempus* de 2, 1, de l'*exitu huius anni* de 4, 1 et de la date même du 1er mars ; *elles manquent totalement* pour les deux événements majeurs de l'année : la réunion des premiers comices, qui repoussent la guerre, et celle des seconds, qui la décident (6, 3 et 7, 1) ; mais elles reprennent immédiatement après (8, 2) et se font même relativement précises jusqu'à l'arrivée de Sulpicius en Illyrie (notamment en 9, 1 ; 9, 5 ; 10, 1 ; 14, 1 et 4) où se produit le raccord avec la première section polybienne. On peut donc dater, à lire Tite-Live seul, les événements jusqu'aux Ides de mars et, *en chronologie relative*, ceux qui ont eu lieu après la déclaration de guerre, mais non ceux qui ont eu lieu entre temps. Tite-Live donne l'impression que la période qui s'est écoulée entre les deux comices est extrêmement courte[2]. Nous savons aujourd'hui qu'il n'en est rien puisque Sulpicius, débarquant en Illyrie pendant le siège d'Abydos (septembre 200), n'a pu obtenir la déclaration de guerre que dans le courant de juillet[3].

1. C'est cette explication que retient J. Briscoe, *A Commentary on Livy, Books XXXI-XXXIII*, Oxford, 1973, p. 2-3.

2. Même procédé dans le récit en 14, 11-15, 7 pour la visite à Athènes d'Attale et des Rhodiens : voir A. Hus, *Une version livienne d'un texte polybien*, in *Mélanges Boyancé*, Rome, 1975, p. 419-434.

3. A lire Tite-Live, il faut en effet au moins cinq à six semaines à Sulpicius pour : 1. consulter les féciaux (8, 2 : *inde*) et prendre des mesures militaires considérables (8, 5 : *tum*) ; 2. effectuer les cérémonies religieuses requises (13, 1) ; 3. quitter Rome (14, 1 : *tum*) et se

Mais Tite-Live s'en est-il rendu compte ? Ayant quitté les préparatifs de guerre au ch. 9 pour une longue digression sur les Gaulois, les reprenant rapidement en 13, 1 et surtout en 14, 1, *au moment où il allait abandonner sa source annalistique pour Polybe*, a-t-il pris conscience que l'année 200 était si avancée[1] ? N'a-t-il pas été encore aveuglé par le jeu de va-et-vient qu'il continue de pratiquer entre Antias et Polybe, traduisant les formules temporelles de celui-ci[2] sans les situer précisément dans son calendrier ? Un indice au moins plaide en ce sens : la place à laquelle il pratique une coupure dans Polybe pour y introduire sa seconde section annalistique (19, 1-22, 3) : en 18, 8-9, quand il abandonne sa source grecque, Philippe et Sulpicius commencent à hiverner ; lorsqu'il la reprend, en 22, 4 (et jusqu'en 37, 3 !), Sulpicius, quoique hivernant toujours, fait accomplir à Claudius Cento et à Apustius des actions militaires *qui ont effectivement eu lieu en 200, à l'automne*. Or, après 28, 1 et jusqu'à 43, 1, *il n'y a plus de formules temporelles significatives*. Il semble donc clair que Tite-Live, par inadvertance, a purement et simplement enchaîné la seconde campagne de Sulpicius à la fin de la première, sans s'apercevoir qu'il changeait d'année.

rendre à Brindes (*ibid.*) où il répartit ses soldats dans les légions et choisit ses navires ; 4. effectuer en un jour la traversée (14, 2). La datation par concomitance avec le siège d'Abydos est confirmée par le ὀψὲ τῆς ὥρας de Plutarque (voir p. LXXXVII, n. 1) qui se rapporte à l'expédition d'Apustius, postérieure au débarquement.

1. L'absence de chronologie, probablement voulue, relative à la suite des événements qui aboutirent à la déclaration de guerre, devait déjà se trouver chez Valérius Antias. « Maquillage » volontaire de la part de celui-ci, destiné à masquer le long échec du « parti » de la guerre, dont l'un des chefs était un Valérius ? On trouve en tout cas dans Justin l'expression de la même (fausse) précipitation (30, 3, 5) : *quae res* (l'ambassade d'Attale et des Rhodiens à Rome à l'automne 201) *omnem cunctationem Macedonici belli senatui eximit. Statim igitur... bellum aduersus Philippum decernitur, legionesque cum consule in Macedoniam mittuntur* : ce qui n'est que camouflage chez Antias devient chez Justin affirmation claire.

2. Voir plus bas, p. XCV sq.

Les indications liviennes, déjà fausses et vagues, sont encore embrouillées parce que nous ignorons à quel moment de l'année astronomique tombaient les Ides de mars, non seulement en 200 (seul point fixe fourni par Tite-Live), mais pour toute la période qui s'étend du début de la seconde guerre punique à 190 avant notre ère. Avant la réforme julienne, l'année romaine comptait douze mois dont le total représentait 355 jours. En principe, on ajoutait tous les deux ans (années paires du comput à rebours à partir de l'ère chrétienne) un mois intercalaire de vingt-deux ou vingt-trois jours de façon que, tous les quatre ans, l'année civile coïncidât avec l'année solaire (en fait, l'année ainsi « restituée » comptait 366 jours 1/4). Mais, « à partir au plus tard de la seconde guerre punique, le calendrier fut manipulé arbitrairement et les intercalations se produisirent selon ce que décidaient à ce sujet les Pontifes. L'autorisation d'intercaler devint un moyen de la lutte politique contre lequel échouèrent toutes les tentatives de réforme[1] ». Nous savons avec certitude[2] que l'éclipse solaire du 14 mars 190 tombait un 11 juillet romain (TL, 37, 4, 4), mais nous ignorons absolument tout des intercalations — parfois arbitraires et souvent négligées — qui avaient été décidées au cours des décennies précédentes. C'est pourquoi toutes les tentatives faites pour restituer le calendrier romain de cette époque ont échoué[3]. Nous n'avons qu'une seule indication qui puisse nous renseigner sur la date des élections de 201 et, par voie de conséquence, sur celle des Ides de mars 200 : il s'agit

1. E. Bickermann, *La cronologia del mondo antico*, Florence, 1963, p. 41.

2. De Sanctis, *op. cit.*, IV, 1, 368.

3. Citons seulement P. Varese, *Cronologia romana*, Rome, 1908 ; E. Cavaignac, *La chronologie romaine de 215 à 168*, in *Klio*, 14, 1915, p. 37-42 ; J. Beloch, *Der römische Kalender von 218-168*, in *Klio*, 15, 1918, p. 382-419 ; G. De Sanctis, *op. cit.*, IV, 1, p. 368-383, notamment p. 368-379. Plus généralement : A. K. Michels, *The Calendar of the Roman Republic*, Princeton, 1967.

d'un texte de Polybe 16, 24, 1, déjà étudié par Holleaux[1] qui en avait tiré des conclusions solides : Polybe écrit en effet, parlant de la fin de l'année 201 : τοῦ χειμῶνος ἤδη καταρχομένου, καθ' ὃν Πόπλιος Σολπικίος ὕπατος κατεστάθη ἐν Ῥώμῃ. Holleaux a bien montré qu'il fallait rapporter le mot κατεστάθη à l'élection, non à l'entrée en charge de Sulpicius, et qu'il faut situer cette élection « au plus tôt fin octobre (201), sans doute beaucoup plus tard ». Depuis, on a montré[2] que l'expression polybienne τοῦ χειμῶνος ἤδη καταρχομένου s'appliquait à la période qui s'étend du 7 novembre au solstice d'hiver. C'est donc entre ces deux dates qu'il convient de situer l'élection de Sulpicius. Les élections pouvant avoir lieu, au plus tôt, deux mois avant l'entrée en charge, les Ides de mars sont donc tombées, en 200, au plus tôt dans les premiers jours de janvier, au plus tard dans les derniers jours de février[3].

Ainsi interprétée, la première section annalistique de Tite-Live fournit cinq points fixes :

1. novembre-décembre 201 : élections.
2. janvier-février 200 : Ides de mars du calendrier julien, entrée en charge des consuls.

1. *Bull. de correspondance hellénique*, 56, 1932, p. 531-545.
2. P. Pédech, *op. cit.*, p. 463.
3. L'hypothèse d'une intercalation est ici sans intérêt. Il est évident qu'il n'y en a pas eu si les Ides de mars tombaient fin février (les intercalations se faisaient le 23 février) ; elle ne présentait d'intérêt que si le retard du calendrier était supérieur à vingt et un jours : nous retombons ainsi, pour les Ides de mars, dans la période qui s'étend de la fin de janvier au 1er mars. Au moment même où nous allions mettre sous presse, M. P. Brind'Amour, professeur à l'Université d'Ottawa, a bien voulu nous communiquer sur ce point le résultat de ses recherches sur le calendrier romain, qu'il doit publier incessamment dans la collection *Latomus* à Bruxelles, et nous l'en remercions vivement. Selon lui, les Ides de mars 200 correspondent au 21 mai julien, les élections se trouvant donc reportées entre la fin de mars et le début de mai. Son hypothèse concorde avec la précipitation que l'on observe chez Tite-Live, mais elle est en désaccord avec le texte de Polybe et va résolument à contre-courant des recherches antérieures sur le calendrier. Il faudra donc attendre la parution du livre de M. Brind'Amour et la critique que lui réserveront les spécialistes.

3. juillet 200 : déclaration de guerre.
4. août 200 : Sulpicius quitte Rome.
5. début-milieu septembre 200 : Sulpicius quitte Brindes et débarque en Illyrie.

Comme, à en croire Tite-Live, il ne se serait rien passé entre les premiers comices (immédiatement après les Ides de mars, donc en janvier ou février) et les seconds (en juillet), sa chronologie relative des événements d'Occident (ambassades, soulèvement gaulois, etc.)[1] est très suspecte et se trouve souvent contredite.

L'ambassade rhodienne et pergaménienne (2, 1) est correctement datée d'avant les élections, certainement quelques semaines plus tôt[2]. En revanche (voir plus haut, p. XLVIII sq.), il y est question de deux ambassades athéniennes, l'une à l'automne, précédant celle de Rhodes et d'Attale (1, 10), la seconde juste après les élections (5, 5-9) ; or, il n'y eut qu'une ambassade, arrivée à Rome peu avant la déclaration de guerre, en juillet 200. Il est probable que l'annalistique avait déjà embrouillé la question. Mais Tite-Live s'y est laissé prendre, parce que l'appel athénien était présenté comme la cause directe de la déclaration de guerre et parce qu'il n'avait pas la notion du temps écoulé entre les premiers et les seconds comices. Dans la réalité, la déclaration de guerre a bien suivi l'arrivée des Athéniens, *en juillet 200*. Dans sa composition, il reprend deux fois cette séquence : une première fois au plan général (en 1, 10 : « les Athéniens furent la cause de la guerre » et, sans transition et par inadvertance, 2, 1 : *sub idem fere tempus* arrivent les Rhodiens et les Pergaméniens), une seconde fois de façon plus circonstanciée, c'est-à-dire juste avant la réunion des deux comices, présentés comme ayant eu lieu coup sur coup. L'ambassade égyptienne est datée correctement de

1. La victoire de Céthégus sur les Sedetani, en Espagne, est seulement datée *eodem anno* (49, 7).
2. Voir F. W. Walbank, *Philip V of Macedon*, Cambridge, 1940, p. 311.

façon relative (*in ipso apparatu belli*, 9, 1). Quant à l'ambassade envoyée par le Sénat en Égypte, Tite-Live dit (2, 3) qu'elle le fut avant les élections, peu après l'arrivée des Rhodiens et des Pergaméniens. Si ce sont bien les révélations apportées par ceux-ci qui en provoquent l'envoi (voir plus haut, p. XLIII sq.), il est toutefois certain qu'elle quitte Rome seulement à la fin de l'hiver ou au début du printemps 200, *après* les élections[1]. Tout au plus peut-on admettre qu'elle avait été *constituée* avant, sous le coup des révélations concernant le pacte entre Antiochus et Philippe.

Quant à l'ambassade envoyée en Afrique (11, 4), sa date de départ coïncide bien avec la mission qu'elle devait remplir auprès de Massinissa et à Carthage : demander une aide militaire au premier, et à la seconde de désavouer Hamilcar ; Tite-Live en place l'envoi après la nouvelle du soulèvement d'Hamilcar et après la déclaration de guerre (11, 9), donc fin juillet ou août 200. Le déroulement de sa mission est situé par Tite-Live (19, 1-6) entre le siège d'Abydos (fin août-première moitié de septembre) et la fin de la campagne (octobre, voir plus bas, p. XCVI) : les deux données concordent parfaitement.

Pour les événements de Gaule, nous ne possédons guère de moyen de recoupement. L'action menée en 2, 5-11 par P. Aelius est placée de façon plausible à l'automne 201[2]. Le soulèvement des Gaulois et de certains Ligures est daté, en 10, 1, par les mots : *omnium animis in bellum Macedonicum uersis... Gallici tumultus fama exorta est*, confirmés par Zonaras 9, 15, qui situe l'événement ὡς δ' ὁ Μακεδονικὸς πόλεμος ἐνέστη, c'est-à-dire à la fin de juillet ou en août 200. Les deux auteurs

1. *Op. cit.*, p. 313 sq. Voir plus haut, p. XLVI sq., le silence qui entoure, chez Tite-Live, la véritable destination de cette ambassade.

2. *Eodem fere tempore*, par rapport aux ambassades rhodienne, pergaménienne et égyptienne, et peut-être la « constitution » de l'ambassade romaine.

divergent toutefois sur la date de la prise de Plaisance par les Gaulois et sur d'autres détails[1]. L'action de L. Furius Purpurio est datée vaguement *per idem tempus*, entre le siège d'Abydos et la fin de la belle saison ; celle-ci n'était cependant pas encore terminée quand Aurélius arrive dans sa province pacifiée (47, 4), puisqu'il a le temps d'y mener une action de pillage certainement brève, avant de revenir à Rome pour les élections, en novembre-décembre 200. On peut donc admettre que la campagne de Furius, après des préparatifs en août, s'est déroulée en septembre. La chronologie gauloise, comme celle de l'ambassade africaine, est donc cohérente : l'annalistique ne s'embrouille que lorsqu'il s'agit d'événements en rapport avec la déclaration de guerre.

Reste un dernier problème : celui des formules temporelles que Tite-Live a traduites ou adaptées de Polybe, toute comparaison directe étant au reste exclue pour le livre 31[2]. Polybe, on le sait, ne connaît que deux saisons dans l'année[3] : l'été (θερεία), qui dure de mai au 7 novembre), et l'hiver (χειμών) qui s'étend du 7 novembre à la fin de février ; un laps de temps intermédiaire (ἐαρινὴ ὥρα) recouvre mars et avril. A l'intérieur des deux saisons, il distingue, par diverses formules, le début de l'été (début mai-25 juin), le plein été (solstice et canicule : fin juin-juillet), une arrière-saison (ὀπώρα) qui correspond au mois d'août, et la fin de l'été (septembre-7 novembre), l'expression πρὸ τοῦ χειμῶνος désignant la période qui s'étend de l'équinoxe d'automne (vers le 25 septembre) jusqu'au 7 novembre. L'hiver est lui-même divisé en

1. Voir plus haut, p. LXXVI, n. 3.

2. On peut en revanche comparer les façons qu'ont Polybe et Tite-Live de dater l'entrevue de Philippe et de M. Aemilius Lépidus. Polybe, en 16, 34, 1 sqq., n'emploie pas de formule temporelle, mais il est clair d'après lui que l'ambassade romaine arrive pendant le siège d'Abydos, alors que celui-ci est déjà avancé. Tite-Live, en 31, 18, 1, précise *ante deditionem*.

3. Pour tout ce qui suit concernant Polybe : P. Pédech, *La méthode historique de Polybe*, Paris, 1964, p. 461-466.

deux parties : τοῦ χειμῶνος ἤδη προβαίνοντος ou καταρχομένου ou toute formule analogue (du 7 novembre au solstice d'hiver) et ἔτι κατὰ χειμῶνα (du solstice d'hiver à la fin de février. Quelques formules sont plus précises, μέσου χειμῶνος ὄντος désignant le solstice par exemple. En aucun cas, on ne trouve une répartition de l'année entre les quatre saisons *astronomiques*.

Tite-Live, en 31, emploie les formules suivantes, exclusivement dans sa seconde section polybienne, qui relate la campagne de 199 : *autumno ferme exacto* (22, 4) ; *principio ueris* (33, 2) ; *haec ea aestate gesta sunt* (44, 1 et 47, 3) ; *eiusdem principio aestatis* (44, 1) ; *iam autumnale aequinoctium instabat... ante hiemalis motus* (47, 1) ; il y est donc question du printemps, de l'été, de l'automne et de l'hiver. Mais comment convient-il d'entendre ces formules? Sont-elles de simples traductions, l'adaptation de formules polybiennes aux habitudes romaines, ou certaines sont-elles des précisions apportées par Tite-Live lui-même[1]?

Il n'est pas douteux que le mot *aestas* est l'équivalent de la θερεία polybienne, c'est-à-dire de la saison qui commence en mai et s'achève théoriquement le 7 novembre, pratiquement, avec la fin de la campagne militaire. Cela ressort clairement des trois exemples où figure ce terme : en 44, 1, *haec ea aestate... gesta erant* est employé lorsque la campagne terrestre est complètement achevée ; en 47, 3, l'expression est reprise pour désigner le terme des campagnes terrestre et navale, daté en 47, 1 par les mots *iam autumnale aequinoctium instabat* (donc ,ici, peu avant la fin de septembre). Même accep-

1. C'est également à Polybe que fut emprunté le tour du type *sub idem fere tempus* ou *per eos dies*, très peu employé dans la Ire et la IIIe décades : il traduit la formule polybienne κατὰ δὲ τοὺς αὐτοὺς καιρούς (J.-P. Chausserie-Laprée, *op. cit.*, p. 36 et 38) ; cf. Zonaras, 9, 15, fin ; κατὰ δὲ τὸν αὐτὸν χρόνον. M. Chausserie-Laprée ne s'est pas attaché aux notations temporelles par saisons, sauf pour l'expression *eadem aestate* dans la IIIe décade.

tion, en 44, 1, de l'expression *eiusdem principio aestatis*, qui marque le début de la campagne navale, au début de la saison mentionnée dans le même paragraphe pour les opérations terrestres[1].

Il y a toute chance pour que la mention de l'équinoxe d'automne soit tirée de Polybe, qui le mentionne fréquemment[2], d'autant plus qu'elle est explicitée par un motif propre à la campagne navale : les *hiemalis motus*, qui sont les tempêtes d'équinoxe[3]. Ainsi, la seule mention apparente de l'hiver (si l'on excepte les expressions signifiant « hiverner, prendre ses quartiers d'hiver ») disparaît-elle du texte de Tite-Live. L'expression *autumno ferme exacto*, en revanche, n'est pas polybienne, tout au moins d'après les textes conservés. Tite-Live a pu la tirer, par concomitance, d'une éventuelle datation par Polybe du siège d'Abydos, dont nous ignorons les termes[4]. Notons toutefois son exactitude au plan militaire, puisque Sulpicius a débarqué vraisemblablement dans la première quinzaine de septembre. Quant à la formule *principio ueris* qui, en 33, 2, date le moment auquel Philippe pensait que les flottes ennemies entreraient en campagne, elle est explicitée par deux données : Philippe, alors « prépare la guerre » (33, 1) et « Sulpicius déjà la faisait » (33, 4). Elle désigne donc le début normal, mais légèrement anticipé, de la campagne, qui correspond à ἐαρινὴ ὥρα (mars-avril) de Polybe[5].

Tite-Live semble donc suivre très largement Polybe

1. Même sens dans la IIIe décade, en 23, 41, 13 et 25, 32, 1 par exemple.

2. Par exemple en 4, 37, 2, pour dater l'élection des stratèges étoliens.

3. P. Pédech, *op. cit.*, p. 462, n. 179, qui interprète avec raison *hiemalis* au sens de « tempétueux » (Plin., *N. H.*, 18, 349 : *hiemalis toto mense erit... luna*).

4. Il existe deux lacunes importantes en Polybe 16, 29, 1 sqq., où pouvait figurer une datation. P. Pédech, *ibid.*, ne relève aucune formule particulière permettant de dater le mois de septembre.

5. Cf. chez Dion, d'après Zonaras, 9, 15, ἅμα ἔαρι, pour désigner la reprise des opérations par Sulpicius cette même année 199.

en ce domaine, tout en adaptant parfois ses formules aux habitudes romaines.

Aspects littéraires. La méthode littéraire de Tite-Live est bien connue[1]. Suivant une source principale (ici, Polybe pour la Grèce, Valérius Antias pour l'Occident), il construit son récit selon les règles rhétoriques de l'*exaedificatio* et de l'*exornatio* telles qu'elles avaient été énoncées en *De oratore* 2, 62-64 : respect de l'ordre chronologique, exposés topographiques, mention des intentions puis des événements eux-mêmes, les résultats, l'analyse des causes, sans s'astreindre toujours à satisfaire pleinement à toutes ces exigences. L'*exaedificatio* assure la solidité des structures et concerne principalement la composition. Pour l'*exornatio*, il emploie les ressources que mettaient à sa disposition l'historiographie grecque et la rhétorique.

Le livre 31 n'échappe pas à la règle générale et contient tous les éléments habituels des IIIe, IVe et Ve décades. Certains ont une origine purement annalistique : ce sont *les événements officiels*, qui marquent généralement le début et la fin de chaque année[2] : élections (4, 4 ; 49, 12 ; 50, 6-11), jeux (4, 5-7 ; 49, 4 ; 50, 2-4), prodiges et leur expiation (12, 5-10), affaires religieuses (9, 5-10 ; cf. 12, 1-10), triomphes (20, 1-7 ; 48 ; 49, 3 et 8-11) ; entrée en charge des magistrats et répartition des provinces

1. Voir, sur l'ensemble de la question : P. G. Walsh, *Livy, His Historical Aims and Methods*, Cambridge, 1961, ch. VII-IX, p. 173-244, avec la bibliographie, et F. W. Walbank, in *Livy*, ed. by T. A. Dorey, Londres-Toronto, 1971, p. 47 sqq. notamment p. 59-64. Beaucoup plus brièvement, J.-M. André et A. Hus, *L'Histoire à Rome*, Paris, 1973, p. 73-92.

2. Sur le style de ces notices annalistiques : P. Ph. Packard, *Official Notices in Livy's Fourth Decade, Style and Treatment*, thèse Univ. of North Carolina, 1969 (microfilms) ; résumé dans *Dissertation Abstract*, 15, 1970, 375 A : Tite-Live y fait un usage régulier de termes et d'expressions techniques que l'on trouve dans les documents gouvernementaux, mais il raffine délibérément le style officiel en limitant son choix de termes techniques pour ne pas tomber dans le jargon bureaucratique.

(5, 1 ; 6, 1-2), comices (6, 3 ; 7) ; séances du Sénat (3, 1-6 ; 48, 1-49, 1), mesures sociales ou militaires (4, 1-3 et 49, 5-6 ; 5, 2-4 et 7-9 ; 8, 5-11 ; 13, 1-9)[1]. Ils sont traités pour eux-mêmes, dans un style sec et administratif, donnant rarement lieu à des développements qui les transforment en épisodes plus vivants, tels l'affaire du trésor de Proserpine (12, 1-10), le triomphe contesté de L. Furius Purpurio (48, 1-49, 3 et 8-11) ou les mesures prises par les Athéniens contre Philippe (15, 6 ; 44, 6-9).

Une autre composante, qui provient parfois de Polybe, mais le plus souvent de l'annalistique, est constituée par *les ambassades* : ambassades étrangères auprès du Sénat (1, 10 ; 2, 1-2 ; 5, 5 ; 9, 1-5 ; 11, 13-17) ; ambassades envoyées par le Sénat (2, 3-4 ; 19, 1-6) ; ambassades grecques auprès de Sulpicius (14, 3 ; 28, 1-3) ou envoyée par Sulpicius à Rhodes (28, 4) ; ambassade romaine auprès de Philippe (18, 1-4) ou de Philippe auprès des Étoliens (28, 6). Le récit de ces missions a souvent pour rôle, comme ailleurs[2], de faciliter les transitions d'un sujet à l'autre ou d'une région à l'autre. Ainsi, en 1, 10 et 2, 1 sq., la mention de la première ambassade athénienne permet de conclure l'exposé sur les causes de la guerre et de passer au récit de ses origines immédiates ; en 14, 3, le récit de l'ambassade athénienne auprès de Sulpicius permet le raccord entre la source annalistique et Polybe ; en 28, 6, l'ambassade de Philippe auprès des Étoliens sert d'introduction aux débats de leur assemblée. Dans d'autres cas, comme ailleurs encore[3], elles sont regroupées en rubriques particulières (2, 1-2 et 3-4 ; 11, 4-12 et 13-17 ; 28, 1-3 et 4).

1. A l'occasion, il rapporte des mesures de même nature prises à l'étranger et qu'il emprunte à Polybe : 15, 6 sqq. et 44, 6-9 (mesures prises par les Athéniens contre Philippe). Il ne le fait que lorsqu'elles présentent un intérêt particulier : ici, illustrer la haine des Athéniens contre Philippe et leur ridicule.

2. P. Jal, édition des livres 41-42, Les Belles Lettres, Paris, 1971, p. LIX.

3. P. Jal, *op. cit.*, p. LVII.

Sauf rares exceptions qui ont été signalées, ces deux premiers éléments relèvent exclusivement de l'*exaedificatio.* Trois autres éléments, tout en n'étant en eux-mêmes que des exposés de faits, donnent lieu à l'emploi plus poussé des artifices du style et de la rhétorique : ce sont les descriptions d'assemblées, les récits de campagnes et ceux des batailles[1]. Leur utilisation en 31 étant tout à fait conforme à celle que Tite-Live en fait dans les IIIe et IVe décades, nous y insisterons peu.

Si l'on excepte la mention de quelques séances du Sénat qui ne sont pas développées, nous trouvons, en 31, quatre *descriptions d'assemblée* : celle des comices, en 6, 3-7, 15, ne donne lieu qu'à un bref exposé des positions en présence et à un grand discours de P. Sulpicius Galba, mais ne comporte pas la peinture des passions qui s'y manifestent. Plus animées, si l'on sait lire entre les lignes, mais rapportées sur un ton apparemment objectif (les échanges de propos sont anonymes et exposés au discours indirect) sont les séances du Sénat consacrées au triomphe de L. Furius Purpurio (48, 1-49, 3 et 8-11); même remarque pour l'assemblée des Achéens en 25, 3-11. Celle des Étoliens (ch. 29 à 32) est plus développée et remarquablement équilibrée. Elle comporte quatre discours : deux sont résumés au style indirect et présentent brièvement les arguments macédoniens (29, 2-3), puis, plus longuement et plus dramatiquement, ceux des Athéniens (30, 2-11); deux sont plus longs et plus équilibrés, antithétiques, écrits au style direct : ils développent l'essentiel de l'argumentation macédonienne (29, 4-16) et toute la réponse des Romains (ch. 31); une conclusion (ch. 32) rapporte les tergiversations étoliennes. Les qualités principales de Tite-Live sont, ici, la clarté et la variété.

Beaucoup plus monotones sont *les récits de campagnes*

1. Sur leur utilisation par Tite-Live, notamment dans les IIIe et IVe décades : P. G. Walsh, *op. cit.*, ch. VIII, p. 191.

lorsqu'ils n'aboutissent pas à des batailles. Le récit soutenu, adopté alors, ne permet pas de racheter le caractère ingrat de la matière traitée, en dépit de quelques efforts de clarté ou d'explication et de l'emploi alterné de phrases longues et courtes : 2, 5-11 (contre les Boiens) ; 10, 1-11, 3 (soulèvement gaulois) ; 21, 1-4 (préliminaires de la bataille de Crémone) ; 27, 1-8 (campagne d'Apustius) ; 33, 4-11 (Philippe et Sulpicius se cherchent) ; ch. 39 à 43 (campagne de Philippe contre les alliés de Sulpicius) ; 22, 4-8 et 45, 1-47, 3 (campagnes navales). Pour les campagnes de Grèce notamment, l'insuffisance des données géographiques rend difficile la compréhension des événements.

Les récits de bataille sont, avec les discours, les points culminants du livre et, du point de vue du récit, ceux qui permettent à Tite-Live de mettre en œuvre son style dramatique[1]. Mais le livre contient peu de grandes batailles : 21, 4-8 (bataille de Crémone) ; 23, 1-10 (raid sur Chalcis) ; 24, 5-18 (tentative de Philippe contre Athènes) ; 26, 1-13 (action de Philippe et de Philoclès contre Athènes et le Pirée) ; chapitres 35 à 37 (escarmouche près d'Ottolobos) ; le combat « le plus important avant Cynoscéphales »[2], celui du col de Banitza, est confusément décrit en moins d'une page (39, 10-15). C'est pourquoi Tite-Live n'a pas manqué d'insérer dans son récit le siège d'Abydos (ch. 17-18), bien que sa *description* ne concernât pas directement son sujet. Il le fait avec un soin particulier, comme il avait décrit les sièges de Sagonte et d'Astapa dans la IIIe décade, en romanisant, en restructurant, en clarifiant le texte de Polybe, pour racheter la pauvreté de sa matière en récits dramatiques[3]. Ici encore apparaît le souci de clarté,

1. Sur le récit soutenu et le récit dramatique, J.-P. Chausserie-Laprée, *L'expression narrative chez les historiens latins*, Paris, 1969, *passim*, notamment p. 4, 125 et 341.

2. F. W. Walbank, *Philip V of Macedon*, Cambridge, 1940, p. 145.

3. Sur le siège d'Abydos : K. Witte, *Ueber die Form der Darstellung*

de variété dans le ton et, dans le traitement du siège d'Abydos notamment[1], l'application des méthodes « aristotéliciennes » de l'historiographie, afin de provoquer chez le lecteur l'ἔκπληξις et la συμπάθεια.

L'insertion dans le récit historique de *discours* composés par l'historien était devenue, depuis Thucydide, une obligation imposée par la rhétorique à l'historiographie. Tout a été dit sur son utilisation par les historiens antiques et Tite-Live en particulier[2], tant du point de vue formel (application des règles de la rhétorique) que fonctionnel (caractérisation de situations ou de personnages). Ces discours peuvent se présenter sous plusieurs formes, qui sont représentées dans le livre 31 : propos plus ou moins développés en style indirect (*passim* et notamment 48, 2-12) ; propos résumés au style indirect, suivis d'un développement ou d'une conclusion au discours direct (25, 4-7 et 29, 3 sq.). Bien entendu, les plus importants étaient intégralement (ou presque : 29, 3 sqq.) écrits au style direct et mis dans la bouche de personnages importants. Le livre 31 contient trois grands discours de cette catégorie : celui de Sulpicius en faveur de la guerre (ch. 7) ; celui du délégué macédonien à

in Livius' Geschichtswerk, in *Rh. Museum*, n. F., 56, 1910, p. 293-296 (sur les batailles dans Tite-Live en général, p. 381-396) ; A. H. MacDonald, *The Style of Livy*, in *J. R. S.*, 47, 1957, p. 168-170 ; P. G. Walsh, *Livy*, Cambridge, 1961, p. 194-195 ; E. Pianezzola, *Traduzione e ideologia*, Bologne, 1969, p. 30-32, et F. W. Walbank, in *Livy*, ed. by T. A. Dorey, Londres-Toronto, 1971, p. 60.

1. Même tension dramatique, mais moins exploitée, dans les récits du raid sur Chalcis (23, 1-10) et de la dernière attaque de Philippe contre Athènes (26, 1-13).

2. Sur les discours chez Tite-Live, voir notamment : O. Ullmann, *La technique des discours dans Salluste, Tite-Live et Tacite*, Oslo, 1927, et *Étude sur le style des discours de Tite-Live*, Oslo, 1928 ; R. Catin, *En lisant Tite-Live*, Paris, 1944, p. 167-173 ; H. Bornecque, *Tite-Live*, Paris, 1933, p. 155-174. Sur les discours du livre 31 : O. Ullmann, *La technique...*, p. 134-137, et *Étude...*, *passim* ; I. Paschkowski, *Die Kunst der Reden in der IV. und V. Dekade des Livius*, Diss. Kiel, 1966 ; E. Burck, *Die Wege zu Livius*, Darmstadt, 1967, p. 452-463 (sur les deux discours des ch. 29 et 31) ; J. Briscoe, *op. cit.*, p. 17-22.

l'assemblée des Étoliens (29, 4-16) ; celui de l'envoyé romain auprès de cette même assemblée (ch. 31). C'est moins que les livres 34 et 40 qui en comptent quatre, plus que 33 et 35 qui n'en ont aucun ou 32 qui n'en a qu'un, autant que 36, 37, 38 et 39. Tous trois appartiennent au genre délibératif.

Il n'est guère douteux que Tite-Live soit l'auteur de la forme donnée à ces discours, même s'il les a presque certainement trouvés — ébauchés ou développés — dans ses sources : l'annalistique pour celui de Sulpicius, Polybe (perdu) pour les deux autres, malgré l'opinion de M. E. Burck, qui pense que les deux discours prononcés devant l'assemblée étolienne sont intégralement dus à notre historien. R. Ullmann a donné, dans son *Étude*, une analyse complète de l'*elocutio* livienne dans ces discours, à laquelle il nous suffira de renvoyer. M. J. Briscoe, de son côté, insiste à juste titre sur le fait qu'il relèvent tous du *genus medium*, le mieux adapté, d'après les lois de la rhétorique antique, à la persuasion de l'auditoire. Certes, il arrive (comme dans l'évocation du danger macédonien par Sulpicius, ou celle du sort des cités d'Italie du sud par l'envoyé macédonien à l'assemblée étolienne) que le ton s'élève et suscite une forte émotion, mais il n'atteint jamais à la grandiloquence du *genus grande*.

R. Ullmann n'a pas eu de peine à montrer que Tite-Live avait adopté, pour chacun des trois discours, un plan conforme aux exigences de la rhétorique relatives à l'*inuentio* et à la *dispositio*. Tous comportent un *prooemium*, une *tractatio* et une *conclusio*, ce qui n'est pas toujours le cas dans la IVe décade, Tite-Live suivant à l'occasion le plan polybien lorsque celui-ci est mieux adapté aux circonstances. Mais nous tombons d'accord avec M. Briscoe pour penser qu'Ullmann a quelque peu forcé les textes en y introduisant des subdivisions répondant aux τόποι du *tutum*, de l'*utile*, de l'*honestum*, du *dignum*, etc., dans la *tractatio*. Il n'y a pas, dans le discours de Sulpicius, au chapitre 7, de division entre le *possibile* (7, 3-5), le *prudens* (7, 6-7) et le *tutum* (7, 8-12), mais seulement le développement continu de la question posée dans le *prooemium*, qui sera reprise dans la *conclusio* : faut-il faire la guerre en Macédoine ou en Italie? Des remarques analogues peuvent être faites à propos des deux autres discours.

Il n'en reste pas moins que Tite-Live se souvient fort bien, ici, des études de rhétorique qu'il avait faites dans sa jeunesse, comme il s'en souvient dans tous ses discours. Les plus grands orateurs, à commencer par Cicéron, n'ont pas toujours appliqué aveuglément ni dans le détail les principes des théoriciens. C'est que la vie a ses exigences, et que les discours, pour Tite-Live, doivent être vivants.

Les règles de la rhétorique sont appliquées avec souplesse par Tite-Live dans ses *dialogues*, qu'il utilise volontiers pour caractériser une situation ou des personnages de premier plan[1]. Nous possédons, en 31, 18, 1-5, un court échange de propos, emprunté à Polybe 16, 34, 1-8, entre Philippe V, déjà virtuellement vainqueur d'Abydos, et M. Aemilius, le plus jeune des trois ambassadeurs romains, qui arrivait de Rhodes porteur d'un ultimatum[2]. Le ton est très différent chez Polybe et chez Tite-Live. Beaucoup plus ramassé chez le second, le dialogue, dont toute la valeur est dans les silences, se limite à une phrase cinglante d'Aemilius et à quelques phrases ironiques et tranchantes de Philippe, qui contrastent avec le long exposé des causes et les divisions oratoires de Polybe. Tite-Live est ici supérieur à son modèle.

Exposant sa conception de l'histoire, Cicéron écrit, en *De oratore* 2, 63, après avoir prescrit de suivre pour les faits l'*ordinem temporum* et la *regionum descriptionem* : *uolt etiam... et de consiliis significari quod scriptor probet*,

1. P. G. Walsh, *op. cit.*, p. 205-206.
2. K. Witte, *op. cit.*, p. 304.

et in rebus gestis declarari non solum quid actum aut dictum sit, sed etiam quomodo, et quom de euentu dicatur, ut causae explicentur omnes, uel casus, uel sapientiae uel temeritatis hominumque ipsorum non solum res gestae, sed etiam, qui fama ac nomine excellant, de cuiusque uita atque natura. Il invite donc l'historien à juger, à expliquer, à exposer les causes, à peindre les protagonistes d'après leurs actions et leurs caractères. Ces exigences sont aussi celles de Polybe, qui distingue cependant, en matière de « causes », les αἰτίαι ou mobiles, des προφάσεις ou prétextes et de l'ἀρχή ou commencement[1]. Dans le livre 31, Tite-Live satisfait à sa manière à ces exigences. Renvoyant à plus tard (p. CXIV sqq.) la question des portraits, examinons rapidement celle des causes, des jugements et des explications.

M. P. Jal a bien montré[2], à la suite des travaux de P. Pédech, combien la méthode livienne de l'exposé des causes différait de celle de Polybe dans la Ve décade. Contrairement à l'historien grec, qui procède par exposés systématiques, Tite-Live préfère répartir sur plusieurs livres les arguments avancés par les belligérants. Il en sera ainsi à propos de la guerre de Syrie, annoncée une bonne douzaine de fois avant qu'elle n'éclate[3]. Le problème n'est pas tout à fait le même pour le livre 31. Bien plus que la guerre contre Persée, c'est la seconde guerre de Macédoine qui inaugure une période nouvelle que rien, semble-t-il, n'annonçait explicitement dans les livres de la IIIe décade (23 à 25 et 28-29) où il était question de la première. Tite-Live en est conscient : il s'accorde au début du livre 31 la pause solennelle d'un

1. P. Pédech, *La méthode historique de Polybe*, Paris, 1964, ch. II, p. 54-98, et ch. III, p. 113-123 (appliqué à la seconde guerre de Macédoine).

2. *Op. cit.*, p. LIV sq.

3. 33, 13, 15 ; 33, 19, 6 sq. ; 33, 27, 6 ; 33, 31, 6 et 10 ; 33, 34, 1-4 ; 33, 38 ; 33, 49, 7 ; 34, 25, 2 ; 34, 43, 4 sq. ; 34, 57 à 60, 6 ; 35, 12-20 ; 35, 24-42 (notamment 24-39) ; 35, 51.

préambule, dont la seconde partie est consacrée à un exposé, bref, mais non systématique, des causes principales et des origines directes de la guerre : grandeur et renom de la Macédoine, irritation de Rome contre Philippe, pillage de l'Attique par celui-ci (1, 6-10). Mais, malgré cette synthèse liminaire, Tite-Live reste fidèle à sa méthode et reprend au fil des pages, pour les développer, les arguments de Rome — ou de certains Romains — relatifs à l'entrée en guerre. Il fait soutenir par le légat M. Aurélius (3, 6) et par Sulpicius (7, 2-14) la thèse de la guerre préventive qui assimile Philippe V à un nouveau Pyrrhus ; il fait développer par l'envoyé romain à l'assemblée étolienne la thèse selon laquelle Philippe a attaqué les alliés de Rome (31, 2) et celle selon laquelle la paix de Phoinikè n'aurait été qu'une trêve (31, 19-20) ; en 14, 6-9 et 15, 7, il analyse les causes de la guerre qui opposa Athènes à Philippe[1].

Tite-Live ne se prive pas d'émettre des *jugements* ou de faire des *réflexions*. Certains sont empruntés à Polybe, d'autres sont certainement personnels. Quelques-uns sont de purs jugements de valeur, d'autres sont proches de l'explication. Le plus souvent, les jugements — qui ont trait à la situation traitée — sont brefs : une ou deux phrases au maximum : 1, 6 (sur l'importance de la seconde guerre de Macédoine par rapport à la seconde guerre punique) ; 1, 7 (sur la Macédoine) ; 6, 3-4 (sur les raisons pour lesquelles les premiers comices ont repoussé la guerre) ; 15, 10-11 (sur l'occasion manquée par Attale et les Rhodiens de délivrer la Grèce) ; 16, 1 (sur l'attitude de Philippe) ; 16, 6 (sur la lenteur d'Attale et des Rhodiens) ; 23, 11 (sur la prise de Chalcis). Mais à deux reprises, le jugement occupe un chapitre entier : 35 (sur la façon de combattre de Philippe et des

1. Tite-Live se préoccupe également des causes qui expliquent des événements limités : 16, 4 (trahison de Callimèdès, cause de la chute d'Ainos) ; 37, 5-6 (causes de l'impuissance des Macédoniens au cours d'une escarmouche).

Romains, d'après Polybe) ; 38 (sur l'attitude des deux adversaires). Moins développés qu'à l'ordinaire chez Polybe, ces jugements n'en constituent pas moins d'importants sujets de réflexion.

Les réflexions générales, de portée psychologique, ne sont pas absentes du livre 31, mais sont rares et moins développées que chez Polybe : 32, 2 (il ne faut pas se précipiter avant d'agir, réflexion prêtée à Damocritos) ; 33, 11 (sur les déserteurs) ; 34, 3 (sur la versatilité de la foule) ; 44, 3 (sur le pouvoir de la parole) ; 44, 9 (sur la façon qu'ont les Athéniens de faire la guerre avec des mots, peut-être d'après Démosthène, notamment en *Phil.* 1, 30).

L'exposé circonstancié des causes et des jugements offre matière à des *digressions* (ch. 35 et 38), dont deux sont de véritables retours en arrière chers à la technique cinématographique. L'une, qui veut expliquer pourquoi les Étoliens ont passé aux Romains, est brève (40, 9-10) ; l'autre (14, 6-15, 11) est très développée et donne lieu à la relation du sacrilège des Acarnaniens, du raid de Philippe contre Athènes et de la visite d'Attale et des Rhodiens dans cette ville. La digression-récit vise autant à composer un bel épisode isolé qu'à mentionner les causes. La peinture du siège d'Abydos (ch. 17-18) n'a même plus le prétexte étiologique : elle sert de toile de fond à l'entretien de Philippe et de M. Aemilius, mais n'est, pour l'essentiel, qu'un récit dramatique traité pour lui-même[1].

Le souci de la clarté conduit enfin Tite-Live à fournir des *explications de détail* ou des précisions. Celles-ci sont très insuffisantes en matière géographique : citant un nombre considérable de bourgades et de petites villes, il n'intervient que deux fois en passant pour dire que Sciathos et Péparéthos étaient *haud ignobiles urbes*

1. Le chapitre 44, consacré aux mesures prises par les Athéniens contre Philippe et ses descendants, est une semi-digression tragicomique dans laquelle domine l'ironie.

(28, 6) et que la Cnide prise par Apustius en 27, 6, est un oppidum moins connu que son homonyme d'Asie. S'il décrit la position de Chalcis sur l'Euripe en 23, 11, il ne dit pas un mot de celle d'Abydos, pourtant longuement décrite et analysée par Polybe[1]. Le plus souvent, il intervient pour expliquer un terme technique latin ou grec (13, 9 ; 21, 7 ; 24, 4) ou pour traiter de la supériorité de l'armement romain (ch. 34 et 35, *passim*) sur l'armement grec (39, 10-12). Par deux fois, il donne de simples renseignements : 36, 1 (*caetratos*, *quos peltastas uocant*) et 36, 4 (sur la première utilisation des éléphants de guerre par les Romains).

Le matériel littéraire utilisé par Tite-Live en 31 est donc très complet et manié conformément à ses habitudes. Il lui permet d'utiliser le style de chronique, le style soutenu et le style dramatique, d'enchâsser discours structurés et récits dramatiques dans la monotonie de la trame, de divertir et de faire réfléchir le lecteur, d'intervenir discrètement, mais efficacement, par ses propos comme par ses silences. Tout cela n'a rien d'original par rapport au reste de l'œuvre. Il reste à examiner comment ces matériaux sont mis en œuvre, c'est-à-dire *la composition.*

Bien qu'elle ne soit pas directement perceptible au niveau de la composition proprement dite, nous ne pouvons pas négliger la double prise de conscience littéraire dont témoigne le préambule : conscience qu'avec 31 commence une *pars* nouvelle de l'œuvre ; conscience d'un certain épuisement (*fatigari*) devant l'effort accompli et d'un certain découragement devant l'immensité de la tâche qui semble grandir à mesure qu'elle avance, en raison de sa complexité croissante. Cela explique pourquoi Tite-Live, devant la multiplicité

1. Il est vrai que Polybe, qui consacre presque tout le chapitre 29 de son livre 16 à la description de Sestos et d'Abydos, déclare en 29, 3, qu'il « ne voit pas la nécessité de décrire longuement (ces) sites ».

accrue des sources qui s'offrent à lui, s'accroche à la méthode qui consiste à ne consulter qu'une source principale et deux sources secondaires ; cela explique aussi la rapidité de son travail, qui le fait parfois trébucher et sacrifier quelque peu l'unité de l'ensemble ; cela explique certainement que les livres 31 à 36 soient les plus courts de l'*Ab Vrbe condita*, avant que la force de l'habitude ne ramène des livres plus longs et que, lorsque nous pouvons le comparer avec Polybe, la version livienne soit souvent considérablement comprimée.

Mais le découragement n'empêche pas notre auteur, avec moins de soin qu'auparavant, de rechercher pour 31 une composition qui, tout en tenant compte de sa manière annalistique, puisse apporter au lecteur l'agrément nécessaire.

Nous suivrons volontiers M. Brüggemann[1], qui considère que les livres 31-35 sont une partie d'un ensemble plus vaste dont le livre 31 est le « prooemium élargi », qui se répartit en deux ensembles : de 1, 8 à 18, 9, Tite-Live expose les causes et le début de la guerre (pourquoi Rome a-t-elle pénétré dans le monde grec ?) ; de 22, 4 à 47, 3, il décrit l'entrée des Romains en Grèce (comment Rome y a-t-elle pénétré ?). Dans le premier, les éléments sont juxtaposés ; dans le second, ils sont subordonnés les uns aux autres. Dans le premier, les scènes, isolées, composent un récit sans cesse interrompu ; dans le second, les scènes sont étroitement liées les unes aux autres. Néanmoins, les deux parties se complètent mutuellement et forment une unité.

Cette unité est atteinte par l'utilisation de certains procédés constants, dont quelques-uns ont été mis en lumière, pour Tite-Live en général, par M. Chausserie-Laprée[2].

1. *Komposition und Entwicklungstendenzen der Bücher XXXI-XXXV des Titus Livius*, Diss. Kiel, 1955 (dactylographiée), p. 238 sq.

2. *Op. cit.*, p. 17-126. Bien entendu, les remarques de M. Chausserie-Laprée concernant le style soutenu et le style dramatique

Le premier procédé, qui tient à la méthode même de Tite-Live, est le va-et-vient (parfois irritant) entre les événements de Grèce et ceux d'Occident. Le changement de source qui l'accompagne explique en grande partie le changement de manière relevé par M. Brüggemann. Mais ce va-et-vient ne s'accomplit pas au hasard. Si le livre 31 est solidement encadré par deux blocs « annalistiques » (2, 1-14, 3 et 47, 4-fin), le premier est suivi d'un bloc polybien et d'un second bloc annalistique *très brefs* (respectivement 14, 3-18, 9 et 19, 1-22, 3), l'essentiel du livre (le second ensemble de M. Brüggemann : 22, 4-47, 3) étant consacré aux événements de Grèce.

Dans le livre entier, comme dans cet ensemble, la matière est ordonnée de façon à assurer une *uariatio* à la fois dans le contenu, la forme et le ton. On peut mesurer la variété du contenu en analysant le plan que nous avons donné p. XVII sqq. Pour la forme, nous nous contenterons de deux exemples, dont le plus ingrat, celui de la première section annalistique (1, 1-14, 3). Elle comporte successivement : un préambule, une analyse générale des causes de la guerre, une relation d'ambassade en style officiel, un récit de soulèvement en style soutenu[1] (ch. 1-3), un exposé en style administratif des décisions relatives à la guerre (ch. 4-5), une entrée en matière solennelle (5, 1), un passage en style officiel (5, 2-6, 2), un récit soutenu et animé relatif au rejet de la guerre par les premiers comices (6, 3-6), un

s'appliquent également au livre 31. Nous ne saurions ici entrer dans le détail de la phrase livienne.

1. Nous empruntons ce terme à M. Chausserie-Laprée, *op. cit.* Celui-ci ne donne pas de définition précise du style soutenu, mais ce qu'il écrit, notamment à la p. 4 de son ouvrage, permet de le caractériser : c'est le style employé pour le « récit soutenu » ou « suivi », où dominent la volonté de composition, de mise en forme, d'élaboration, par opposition au « récit animé » ou « dramatique », où le style utilise des procédés particuliers destinés à mettre en relief certains détails, à suggérer le mouvement, à éclairer de façon plus vive telle scène privilégiée.

grand discours (ch. 7), deux passages de style solennel relatifs aux affaires religieuses, encadrant un exposé un peu pompeux d'ambassade (ch. 8-9), un récit dramatique du soulèvement gaulois (10, 1-11, 3), un autre exposé d'ambassade en style officiel (11, 4-17), le récit anecdotique très soutenu du vol de Locres (12, 1-4), enfin un passage en style administratif et officiel sur les prodiges et les affaires financières. Sans entrer dans les mêmes détails pour le second exemple (opérations des Romains contre Philippe, de 22, 4 à 40, 6), on remarquera que Tite-Live prend soin de faire alterner les passages monotones (hivernages, pourparlers, campagnes) avec des passages beaucoup plus vivants, constitués par des récits de bataille (23 ; 24, 1-25, 2 ; 26 ; 35-37) ou par des discours (ch. 29 et 31). Dans l'ensemble du livre, Tite-Live ménage une alternance subtile entre temps faibles, temps moyens et temps forts, les premiers étant constitués par les ambassades, les mesures politiques ou administratives, les campagnes, les seconds par les anecdotes, les réflexions, les jugements, etc., les troisièmes par les récits dramatiques et les discours.

Cette distribution de la matière s'opère par un jeu de *transitions* que l'on peut étudier à travers les formules et les « mots-titres » mis en valeur par M. Chausserie-Laprée, ou à travers les procédés psychologiques (parallélisme, antithèse, etc.).

Nous avons eu l'occasion, p. LXXXV sqq., d'examiner du point de vue chronologique les liants temporels employés par Tite-Live ; nous avons constaté que leur utilisation et, surtout, leur omission avaient pour effet d'obscurcir l'exposé au moins dans deux cas[1]. Bien que ces cas ne

1. A propos de la date des seconds comices de 200, voir plus haut, p. XCIII. C'est également par l'absence de liants temporels que Tite-Live « falsifie » le récit de Polybe relatant la visite à Athènes, en avril 200, d'Attale et des Rhodiens : A. Hus, *Une version livienne d'un texte polybien*, in *Mélanges Boyancé*, Rome, 1975, p. 419-434.

soient pas isolés, ils constituent des exceptions[1], et l'usage du livre 31 corrobore généralement les observations faites par M. Chausserie-Laprée sur les livres 36 et 37. En particulier, les remarques consacrées aux « séquences temporelles complexes » et à la « technique du chapitre »[2] valent pleinement pour le livre 31, à propos duquel on peut écrire, avec M. Chausserie-Laprée : « d'un naturel remarquable, les enchaînements que nous propose Tite-Live révèlent déjà chez lui, dans l'ordre de l'expression narrative, une maturité et un équilibre »[3] qui ne se démentiront pas. Quant aux transitions psychologiques (ou rhétoriques ?), elles sont simples et peu variées, la place la plus importante revenant aux transitions temporelles et à la technique du « chapitre encadré » ou conclu par une formule plus ou moins stéréotypée.

Lorsqu'elles ne sont pas purement temporelles — ou lorsque l'aspect temporel est rejeté au second plan — les transitions du livre 31 se ramènent à cinq types. Le premier est l'absence pure et simple de transition, un épisode ou une réflexion succédant à ce qui précède sans rapport apparent : ainsi entre 1, 5 (préambule) et 1, 6 (exposé des causes) ou 32, 5 (assemblée des Étoliens) et 33, 1 (préparatifs de Philippe)[4]. Il arrive que cette absence de transition s'explique par la simple logique : ainsi entre 18, 9 et 19, 1, où, les événements de Grèce

1. Ces exceptions s'expliquent par la méthode de sondages utilisée par M. Chausserie-Laprée, mais elles demeurent limitées et montrent seulement que l'usage de 31 est encore proche de celui de la IIIe décade. Selon M. Chausserie-Laprée (*op. cit.*, p. 36), *interim* n'apparaît pas en 36-37 : il figure en 31, 2, 3 ; *eo(dem) anno* n'apparaîtrait que deux fois : il figure trois fois en 31 : 4, 5 ; 49, 7 et 50, 1 ; *exitu (huius) anni* n'apparaîtrait qu'une fois : on le trouve en 31, 4, 7 ; de même pour *inter haec* (cf. 31, 19, 1) ; *eadem aestate* disparaîtrait : cf. *hac aestate* en 31, 44, 1 et 47, 3.

2. *Op. cit.*, p. 39 sqq. et 43 sqq.

3. *Op. cit.*, p. 124.

4. Cf. également 4, 7-5, 1 ; 17, 11-18, 1 ; 20, 7-21, 1 ; 37, 12-38, 1 ; 49, 7-8.

arrivant à un terme, on passe naturellement à ceux d'Occident.

On relève aussi des *transitions par analogie*, qui amènent Tite-Live à grouper certains sujets par rubriques. C'est le cas pour les jeux, les prodiges, les mesures administratives (*passim*) et pour nombre d'ambassades[1] ou certaines séances du Sénat, qui sont groupées bien qu'elles ne soient pas contemporaines et traitent de sujets différents[2]. Tite-Live emploie souvent, alors, un mot comme *item* (11, 4) ou *quoque* (11, 13 ; 50, 1).

Plus rhétoriques mais tout aussi simples sont *les transitions par parallélisme*, le plus souvent antithétique, qui consistent à passer d'une matière à une autre parce qu'elles présentent entre elles une analogie ou, mieux, une nature commune. Tite-Live passe ainsi d'un consul à l'autre, de l'ennemi au consul ou des alliés au consul (22, 4 ; 27, 1 ; 33, 4) ou inversement (39, 1) ; de Philippe aux Étoliens (42, 1 et 5) ou d'Attale à Philippe (16, 1) ou des événements de Grèce à ceux de Gaule et inversement (2, 11 et 3, 1 ; 9, 10 et 10, 1) ; des opérations terrestres aux activités navales (44, 1). Le passage s'effectue sans autre liant que — parfois — une formule temporelle.

Mais très souvent, les transitions sont plus naturelles, qu'elles s'opèrent par enchaînement ou selon la logique. *Les transitions par enchaînement* exigent une à deux lignes, parfois davantage, et sont bâties sur le modèle suivant (ex. : 5, 9 et 6, 1 sq.) : 1. on promet aux Athéniens de statuer sur leur demande de secours quant les consuls auront tiré au sort leurs provinces ; 2. Sulpicius tire la Macédoine ; 3. immédiatement après, il fait afficher le projet de loi sur la guerre. Même schéma pour 7, 15 et 8, 1 : 1. Sulpicius invite les Romains à aller voter ;

1. 1, 10-2, 4 ; 11, 4-11, 18 ; 19 en entier.
2. 3, 6-4, 1 ; 11, 3-4 ; 11, 18-12, 1.

2. « invités à aller voter », ils décident la guerre ; 3. alors les consuls prennent les mesures nécessaires (suit un long passage concernant ces mesures). Cf. également 23, 12-24, 1 ; 25, 1-2 ; 28, 6-29, 1.

La transition logique, ou explicative, est presque toujours bâtie sur le même modèle : 1. on expose un événement ; 2. le personnage en scène en tire un jugement ou des intentions (du type : « Philippe pensant que », « redoutant que », « ayant l'intention de » : 34, 1 ; 35, 1 ; 36, 1) ; 3. Tite-Live passe à l'exposé des actes résultant de cette réflexion : 5, 5 ; 12, 5 ; 14, 6 ; 14, 12 ; 17, 1 ; 22, 8 ; 41, 1 ; cf. 14, 3-4, légèrement différent, qui joue le rôle de charnière entre la fin de la première section annalistique et le début de la première section polybienne : (Sulpicius envoie Cento au secours d'Athènes, au lieu d'y aller lui-même) *neque enim ipse rex Athenis obsidebat. / Eo maxime tempore Abydum oppugnabat* (suit le récit du siège d'Abydos). Si la formule change, le schéma reste le même : l'explication demeure l'expression de la transition.

Le livre 31, donc, bien que moins brillant du point de vue littéraire que certains livres de la première ou de la IIIe décade, est riche d'éléments variés, matériaux obligés de l'historiographie livienne. Ces éléments, si divers, ne donnent pourtant pas l'impression de décousu. Ils sont fondus dans un ensemble unitaire grâce à une composition subtile et un jeu simple de transitions qui en assurent la solidité, la clarté (plus apparente que réelle dans certains cas) et la variété.

Les portraits. La personnalité de Philippe V.

Conformément aux exigences de Polybe et de Cicéron, Tite-Live aime à donner, au fil de son œuvre, le portrait peu à peu élaboré[1] non seulement des protago-

1. On sait qu'à l'exception de ceux de Papirius Cursor et de Caton l'Ancien, Tite-Live ne donne aucun portrait « *ex professo*, conçu comme

nistes, mais aussi des personnages qui ont pu jouer un certain rôle à un moment donné de l'histoire. Le livre 31 est pauvre en portraits. On devine, par ce qui en a été dit dans la IIIe décade et par deux allusions[1], ce qu'ont pu être un M. Laevinus ou un M. Aurélius ; le court échange de propos entre Philippe V et le jeune Aemilius[2] permet de caractériser schématiquement ce dernier. Les autres personnages — y compris les deux légats de Sulpicius, Claudius Cento et L. Apustius — ne sont guère que des noms, à l'exception de deux d'entre eux : le consul P. Sulpicius Galba[3] et Philippe V.

Le premier est dépeint d'après deux sources : annalistique (5, 2 ; 6, 1 et surtout le discours de 7) et polybienne (*passim*, notamment 27, 1 sq. ; 33, 4 ; 39, 4 et surtout 38) : la première nous présente le politique, la seconde le général. Bien que peu développé, ce portrait par touches éparpillées est suffisamment élaboré pour que le caractérologue moderne y reconnaisse sans difficulté le type sanguin, probablement paracolérique[4]. Que l'annalis-

un morceau d'apparat se détachant du texte » (H. Bornecque, *Tite-Live*, Paris, 1933, p. 175). Sur le « portrait » de Philippe V, M. Holleaux, *Études d'épigraphie et d'histoire grecques*, V, Paris, 1957, p. 326 ; F. W. Walbank, *Philip V of Macedon*, Cambridge, 1940, p. 9, n. 3 et 295 sq. ; 10 ; 18 sq. ; 78 ; 258 sq. ; 260-264 et *passim*, notamment la conclusion, p. 258-275 ; L. Catin, *En lisant Tite-Live*, Paris, 1944, p. 66-71 ; A. Aymard, *Rev. des Ét. Anciennes*, 48, 1946, p. 109 = *Études d'histoire ancienne*, Paris, 1967, p. 137 sq. ; P. G. Walsh *Livy*, etc., p. 186 sq. ; P. Pédech, *La méthode historique de Polybe*, Paris, 1964, p. 108 sq. ; 118 ; 130 ; 216 ; 223 sq. ; 226 ; 228 ; 231-232 (en particulier p. 223 sq.).

1. En 3, 6 et 5, 5 sq.

2. 18, 1-4 : M. Aemilius y apparaît beaucoup plus « romain » que chez Polybe, 16, 34, 1 sq., tant par le caractère lapidaire de son unique réplique que par la brève réponse de Philippe. Cf. Diodor. 28, 4, 6 (qui ne caractérise pas Aemilius).

3. L'autre consul, C. Aurélius, n'est pas caractérisé en tant qu'homme. Son dépit d'avoir été desservi par les circonstances et l'action rapide de L. Furius (40, 9, 8 sqq.), aurait été celui de n'importe qui à sa place et ne s'exprime que sous forme juridique.

4. Sur ce type : R. Le Senne, *Traité de caractérologie*, Paris, 1946,

tique — et même Polybe — aient idéalisé le personnage pour le soumettre à un certain type, est chose probable. Il est toutefois remarquable que les traits empruntés à Polybe soient plus nuancés que ceux qui viennent de l'annalistique et qu'ils concordent avec ceux qui figurent dans la IIIe décade.

Le politique est tout d'une pièce : c'est l'homme de la guerre préventive, impatient d'action immédiate et qui ne se soucie pas de justifier son point de vue par des arguments autres que ceux du pragmatisme le plus cynique. Il est prompt à l'action : en 5, 2, le jour même de son entrée en charge, il met personnellement la question de la guerre à l'ordre du jour ; en 6, 1, à peine a-t-il « tiré » sa province qu'il fait afficher le projet de loi ; il condamne vigoureusement la lenteur et la dilation (7, 3 et 6). Tout son discours tend à faire déclarer une guerre préventive (7, 1 sqq.) qu'il justifie par la peur qu'inspire Philippe et par la force présente de Rome, sans la moindre allusion au droit et aux traités. La fin du discours (7, 12-15) peut se résumer en quelques mots : « évitons d'être dévastés par Philippe et allons le dévaster nous-mêmes ». Il termine par un appel personnel à la guerre et par cette affirmation constante des bellicistes : « Les dieux sont avec nous ! »

Le général est plus nuancé, sans doute parce qu'au fond l'homme était un médiocre. Il possède une qualité commune à tous les chefs de guerre, la promptitude à l'action ou *celeritas*[1], dont il avait déjà fait preuve en 208 et 207. Pourtant, cette action n'est pas toujours soutenue et il lui arrive de faire preuve d'imprévoyance ou de *segnitia* (38 ; 39, 1). Mais dans un cas au moins, cette

p. 416-469. Les quatre dominantes de ce type sont une grande activité, la recherche du résultat prochain, la rapidité de conception et l'esprit pratique, accompagnés d'une large absence de scrupules, d'un certain sens de la diplomatie cynique et de la facilité d'élocution.

1. 27, 1 sq. (action immédiate après son débarquement) ; 33, 4 (*A consule non parabatur, gerebatur iam bellum*) ; 39, 4 (cf. 27, 31, 1 ; 27, 32, 2 ; 28, 6, 8).

segnitia est plus apparente que réelle et s'explique (38, 3 sqq.) par un bon jugement militaire de la situation. Au reste, il sait mettre à profit ses échecs avec réalisme (39, 1 sqq.), comme il l'avait déjà fait en 207 (28, 6, 8-12), en une occasion où il avait préalablement fait preuve de patience et de diplomatie (28, 6, 1). C'est, en résumé, un homme impulsif, prompt à l'action, que sa médiocrité et son manque de finesse empêchent d'atteindre pleinement le succès (il ne sait pas provoquer l'événement ni toujours saisir l'occasion), bref, un adversaire qui n'est pas vraiment à la taille de Philippe.

La personnalité de celui-ci emplit le livre 31. C'est déjà une vieille connaissance pour le lecteur, puisqu'il est apparu, pour la première fois en 22, 33, et qu'il a reparu dans tous les livres suivants à l'exception de 25. Bien que, contrairement à une opinion répandue, il ne constitue pas l'unité de la « IVe décade », il reparaîtra au premier plan en 32, en 33 et en 40, sporadiquement en 35, 36, 38 et 39. Le livre 31 ne présente donc qu'un moment de l'histoire de cet homme qui détint le pouvoir pendant quarante-deux ans et dont Polybe a décrit l'évolution avec soin. Ce moment, il est vrai, est particulièrement important puisque, pour la première fois, Philippe occupe seul le devant de la scène, à un tournant décisif de l'histoire romaine. D'autre part, Philippe est surtout connu de Tite-Live par Polybe (qui manque, précisément, pour presque tout le livre 31), le point de vue annalistique n'étant exprimé ici qu'en 1, 6-10 ; 3, 6 ; 7, 2-4 ; 7, 8-9. Il convient donc, avant d'étudier Philippe dans notre livre, de rappeler comment il a été présenté par Polybe et ce qu'il était dans la IIIe décade. Nous verrons aussi dans quelle mesure Tite-Live a ici suivi Polybe en comparant les deux auteurs lorsque cela est possible.

Pour Polybe, il existe deux types psychologiques fondamentaux[1] : celui de l'homme dont l'action s'exerce

1. Ce qui suit est emprunté à la remarquable étude de P. Pédech,

par l'intelligence et la raison, tels qu'Hamilcar, Hannibal et Scipion ; celui dont la conduite est fondée « sur l'ignorance et la négation des valeurs logiques », caractère ondoyant et imprévisible placé sous la prédominance du θυμός. Philippe appartient au second type. La caractérologie moderne le classerait, comme l'a bien vu P. Pédech[1], parmi les colériques, doués pour la politique, mais excitables et violents, puisant dans les événements les ressorts d'une action incessante et souvent contradictoire[2].

Tel est bien l'homme dépeint par Polybe, en particulier avant l'année 200. Doué de pénétration, d'habileté, d'audace, d'une certaine justesse de vue, il annule ces qualités par manque de raisonnement, déraison et inconscience. Même lorsqu'il « agit en roi », son attitude provient de ses impulsions et de son énergie physique, qui lui dictent aussi bien sa fourberie, sa cruauté, sa mégalomanie. Pourtant, ce caractère instable a connu une évolution. D'abord généreux et raisonnable, il s'engagea, entre 218 et 215, dans la voie de la déraison, du dérèglement et de la débauche. Ce changement est noté par Polybe à deux reprises. A propos des événements de 215, il écrit : « ... je serais tenté de dire que sa conduite généreuse avait fait de lui le bien-aimé des Grecs... Mais à la suite de son intervention dans les affaires messéniennes, il en alla tout à l'opposé. Ce changement était normal. Dès lors que Philippe adoptait des maximes toutes contraires à celles qu'il avait suivies jusque-là et agissait en conséquence, il devait provoquer un renver-

op. cit., notamment p. 108 sq. ; 116 sq. ; 130 sq. ; 216 sq. ; 223 sq. ; 228 sq. et, naturellement, aux textes de Polybe lui-même.

1. *Op. cit.*, p. 130.

2. Cf. l'esquisse d'A. Aymard, *op. cit.*, *ibid.* : « Homme d'un moment et de l'état d'âme que modèle en lui l'événement, il est... l'homme des brusques revirements, dangereux par l'efficacité d'une politique que guettaient tant d'ennemis, dangereux aussi pour l'historien d'aujourd'hui auquel toute extrapolation est interdite. »

sement d'opinion à son égard...[1] » Parlant de l'année 210, il met en cause son entourage : « Le roi Philippe, quand il avait pour collaborateurs Taurion ou Démétrios, ne respectait absolument rien, mais il était d'une bénignité extrême quand il avait à ses côtés Aratos ou Chrysogonos. »[2] Il était donc très influençable. Polybe est sévère à son égard, non seulement dans le jugement final qu'il porte sur lui après sa mort[3], mais aussi dans celui qu'il prononce pour les années 203-202[4], à propos de sa perfidie, de sa cruauté, de son impiété sacrilège. Polybe, certes, n'aimait pas Philippe. Néanmoins, le portrait qu'il donne de lui au début de son livre 16, et qui se rapporte à 201-200, indique qu'un revirement s'opérait en lui, qu'il revenait au bien après quinze ans d'errements et de déraison.

Certes, plusieurs traits de l'ancienne mentalité subsistent. Il lui arrive encore d'être pris de frénésie impie[5] ; il échoue par manque de προνοία[6] ; il fait à mainte reprise preuve de cruauté sacrilège et ne sait pas maîtriser son θυμός[7]. Mais sa promptitude à l'action, son énergie, sa bravoure devant l'ennemi, sa maîtrise de soi font qu'il « agit en roi »[8], avec courtoisie et mesure, fort de son bon droit[9]. C'est précisément à ce moment que nous perdons le texte grec, qui est relayé par Tite-Live.

Celui-ci avait déjà peint Philippe, notamment aux livres 23, 27 et 28 de l'*Ab Vrbe condita*. Il l'avait fait d'après Polybe, mais en limitant son récit aux événements qui intéressaient Rome : le portrait est donc fidèle, mais incomplet, et l'on n'y discerne pas une évo-

1. Polyb. 7, 11 (traduction D. Roussel).
2. Polyb. 9, 23, fin (traduction D. Roussel).
3. Polyb. 25, 3, fin.
4. Polyb. 15, 23, entier.
5. Polyb. 16, 1, 2.
6. Polyb. 16, 24, 7.
7. Polyb. 16, 28, 6.
8. Polyb. 16, 28, 3 sq.
9. Polyb. 16, 34, 3-7 (dialogue entre Philippe et M. Aemilius).

lution précise. Philippe est brave[1], prudent[2], médite soigneusement ses plans mais les exécute avec négligence[3]; sa *celeritas* ne lui sert le plus souvent à rien[4]; il est débauché et violent[5].

Le portrait du roi donné en 31 est complexe, car il est éclairé de plusieurs points de vue : le point de vue macédonien (discours du ch. 29); le point de vue de Tite-Live et de l'annalistique (ch. 1 à 7, *passim*); le point de vue athénien repensé par Tite-Live (ch. 30); le point de vue de Polybe enfin, que nous connaissons parfois directement (à propos du siège d'Abydos notamment, voir plus bas), mais le plus souvent par Tite-Live[6].

Les trois premiers points de vue sont officiels et présentés comme tels. Celui des Macédoniens a peu d'intérêt, car il est limité à l'aspect politique : le roi y est présenté comme le champion de l'hellénisme contre les barbares, généreux envers les Grecs et attaché aux traités[7]. Celui des Athéniens n'en a guère davantage[8] : ils se bornent à clamer les raisons de la haine qu'ils éprouvent à son égard : sa cruauté impie et sacrilège, amplement confirmée par ailleurs.

Plus intéressant est le point de vue romain tel qu'il s'exprime aux chapitres 1, 3, 7 et 31 et qui vise toujours l'ennemi derrière le roi et l'homme. Encore convient-il de distinguer ce qui relève du jugement propre de Tite-Live et de la propagande justificatrice, forcément partielle et partiale. Il est un point sur lequel l'accord est général : Philippe n'a pas la valeur militaire d'Hannibal

1. Liu. 27, 32, 6; 28, 8, 11.
2. Liu. 23, 33.
3. Liu. 27, 31, 1.
4. Liu. 28, 7 sq.
5. Liu. 27, 31, 5 sqq.
6. Nous négligeons ici le chapitre 38, qui rapporte des opinions divergentes et anonymes sur la conduite, *purement tactique*, de Philippe, lors de la bataille d'Ottolobos.
7. Liu. 29, 12-15.
8. Liu. 30, 1, 10.

(1, 6 ; 7, 8) ; il réunit cependant en lui toutes les gloires d'une Macédoine moins puissante que celle d'Alexandre, mais encore forte (1, 7 ; 7, 8 sq.) et il demeure dangereux. La propagande forge de lui une image qui repose sur certaines vérités ou prétentions émises par lui-même, mais qui déforme l'homme ou en grossit les défauts. A l'usage des Romains, un Sulpicius donne de Philippe l'image de ce qu'il est en réalité lui-même : un belliciste (3, 6 ; 7, 12), ennemi de Rome de longue date et perfide (7, 4), prompt à passer à l'action (7, 6) et qui saura trouver des alliés en Italie (7, 9). Le fait que Philippe descendait de Pyrrhus[1] suffit à fonder cette menace et fournit l'occasion d'un parallèle tout en faveur du Macédonien (3, 6 ; 7, 8). Moins qu'Hannibal, plus que Pyrrhus, ennemi puissant de Rome et prêt à l'attaquer, tel est le Philippe de la propagande. A l'usage des Grecs, c'est moins encore le conquérant que l'homme qui est cloué au pilori en 31, 17 : *Haec aduersus Philippum cuius domestica parricidia et cognatorum amicorumque caedes et libidinem inhumaniorem prope quam crudelitatem uos, quo propiores Macedoniae estis, melius nostis.* Ce portrait partiel et lapidaire anticipe en partie sur l'événement, puisque le parricide ne viendra que plus tard[2]. Il n'en est que plus révélateur.

1. F. W. Walbank, *op. cit.*, p. 258. Philippe lui-même mettait beaucoup plus l'accent sur sa descendance — douteuse — de Philippe II et d'Alexandre (*ibid.*).

2. Il s'agit du meurtre de son fils Démétrios en 182 (40, 24, 4). Les *cognati* sont inconnus. Les meurtres d'*amici* avaient commencé dès 218 : disgrâce de Mégaléas et d'Apellès, exécution de Léontios (Pol. 5, 27-29 ; F. W. Walbank, *Philip V of Macedon*, Cambridge, 1940, p. 52-60 ; R. M. Errington, in *Historia*, 16, 1967, p. 19-36) ; en 213, ce sont les meurtres des deux Aratos, père et fils, qui lui étaient pourtant dévoués (32, 21, 23 ; Pol. 8, 12, 2-8 ; Plut., *Aratos*, 52, 1 et 54, 2-3 ; Paus. 2, 9, 4 ; F. W. Walbank, *op. cit.*, p. 79, n. 6) ; en 204, il fait exécuter quatre φίλοι (Diod. 28, 2) ; Tite-Live, en 32, 21, 23 est seul à mentionner le meurtre d'un certain Charitélès qui n'est pas autrement connu (cf. F. W. Walbank, *op. cit.*, p. 79, n. 2). Philippe tentera peut-être de faire tuer Philopoemen (cf. Plut., *Phil.* 12, 2 ; Paus. 8, 50, 4 ; Justin, 29, 4, 11).

Dans le livre 31, Philippe figure comme roi et politique, comme général, et en tant qu'homme, ce dernier s'exprimant évidemment à travers les deux autres.

Qu'il soit roi, et héritier des gloires ancestrales, Tite-Live l'affirme solennellement. Il sait agir comme tel, contrairement à Attale, en faisant preuve d'une fermeté d'âme que n'ébranlent ni l'échec ni dè graves menaces (14, 4-16, 1). C'est en roi encore qu'il se comporte avec le jeune M. Aemilius lors de l'entretien devant Abydos en 18, 1-4 : « en homme qui n'a pas l'habitude d'entendre la vérité », il supporte mal la *ferocior oratio* du jeune ambassadeur qui ne respecte pas sa majesté. Mais, s'il le traite avec une royale condescendance, il use à son égard de courtoisie, en souverain sûr de son bon droit et de ses forces. Roi encore, il joue au « roi-chevalier » dans l'affaire d'Athènes (24, 12 sqq.), où sa conduite évoquerait les images stéréotypées d'Henri IV et de Louis XIV par son souci de rallier l'armée à sa personne, par son orgueil et son amour de la gloire, si Tite-Live n'ajoutait un trait satirique qui rabaisse la grandeur du geste : il agit aussi par cabotinage, *quod, ingenti turba completis etiam ad spectaculum muris, conspici se pugnantem egregium ducebat.*

Le politique, dans le monarque, apparaît peu en 31, et sous des aspects contradictoires qui s'expliquent par un manque certain de souplesse : il n'est pas l'homme des demi-mesures. En position de force, comme à Abydos (17, 4 ; 18, 7), il pratique le tout ou rien, exige la reddition sans conditions, laisse volontairement les assiégés se détruire alors que, ce faisant, il perd un important butin d'esclaves ; en position de négocier, devant l'assemblée des Achéens (25, 3 sqq.) ou des Étoliens (29, 13 sqq.), il ne cherche pas à rassurer, mais pratique la politique du donnant-donnant ou du panhellénisme sans répondre aux accusations qui lui sont adressées. Face à son destin, nous l'avons vu, il ne cherche pas le compromis avec Rome et refuse tout faux-fuyant.

Le politique possède une autre qualité, qui est surtout celle du général et qui provient de son inlassable besoin d'activité : la promptitude à l'action, un peu brouillonne peut-être, mais encore plus accentuée que la fameuse *celeritas* césarienne. Nulle part il ne cesse d'agir, de décider puis d'agir à nouveau, même après des échecs, qu'il considère toujours comme provisoires (14, 4 ; 16, 1). En 33, 1, il prépare *impigre* ses forces ; en 39, 2, il réussit à rompre le contact avec Sulpicius immédiatement après sa défaite ; cf. également 26, 5 ; 28, 4 ; 37, 11 (promptitude dans la fuite). En 24, 1-25, 2, il mène son action de représailles sur un rythme haletant, comme en témoignent, soit l'absence de particules temporelles, soit leur usage : *extemplo profectus*, *aeque raptim ac uenerat*, *paucis post horis*, *improuiso... inopinantibus Achaeis contioni ipsi superuenit.* Cette rapidité dévorante lui vient évidemment de ce que les caractérologues appelleraient son « activité » et sa « primarité ». C'est à celle-ci qu'il doit une autre de ses caractéristiques humaines et militaires les plus constantes : à peine a-t-il reconnu la vanité d'une entreprise qu'il l'abandonne aussitôt (17, 10 ; 25, 2 ; 26, 5) non par découragement — il ne se décourage jamais — ni par froid réalisme, mais par impulsion naturelle. Il est d'ailleurs parfois difficile de savoir si sa *celeritas* est ou non une vertu : à preuve le chapitre 38 où, nous dit Tite-Live, elle passe aux yeux de certains pour de la *temeritas*, mais à ceux de Polybe, pour une habile tactique. Il est aussi désireux de s'attacher ses soldats (34, 1).

Restent les qualités, et surtout les défauts de l'homme, qui sont la force et la faiblesse du roi-général : fermeté (14, 4 ; 16, 1), *ferocia insita* (14, 5) qui le pousse à espérer et à agir, mais surtout l'orgueil (24, 12), le cabotinage (24, 13), la haine incontrôlée (24, 11), l'absence de pitié (17, 4 ; 18, 7), la cruauté (24, 11 ; 26, 9-13, etc.), la colère (24, 12 ; 26, 9-13), l'impiété destructrice (26, 9-13). Ce sont là manifestations impulsives qu'il ne sait ni ne veut contrôler, pas plus qu'il ne peut contrôler la peur qui l'envahit, tantôt par contagion (34, 5), tantôt sous l'effet d'un danger réel (37, 10 : *pauidumque regem*).

Tout cela coïncide trop bien avec ce que Polybe dit ailleurs de lui (en particulier, au début de son livre 16, sur la nouvelle évolution de son caractère) pour que l'on doute que Tite-Live ait assez fidèlement suivi son modèle. Nous pouvons préciser cette impression en comparant les quelques textes qu'il est possible de comparer (TL, 15, 10-18, 9 et Polybe 16, 28-34).

Les deux textes TL 15, 10-16, 1 et Pol. 16, 28, sont à peine comparables dans leur esprit, leur longueur et leur composition. Polybe présente son jugement sur Attale, les Rhodiens et Philippe comme l'illustration de vérités psychologiques générales sur la valeur de l'énergie et le refus du découragement. Face à la passivité des premiers, il exalte Philippe, dont il dit qu' « on doit reconnaître qu'il se conduisit alors en roi et en homme de cœur (βασιλικὸν καὶ μεγαλόψυχον) pour avoir persévéré dans son entreprise (καὶ τῆς προθέσεως ἐπίνομον) » : c'est moins le roi qui est dépeint que l'homme énergique. Polybe poursuit : « Il ne s'agit pas de louer l'homme dans son entier, mais de souligner le ressort dont il fit preuve en cette occasion (οὐχ ὡς καθόλου τὸν τρόπον ἐπαινῶν, ἀλλ' ὡς τὴν πρὸς τὸ παρὸν ὁρμὴν ἐπισημαινόμενος), et il se défend du reproche de contradiction. Il souligne alors combien les circonstances changent les hommes et illustre cette affirmation par le cas de Philippe : « Ulcéré par ses récents échecs et une réaction due essentiellement à l'exaspération, il parvint, avec un acharnement prodigieux (τὸ πλεῖον ὀργῇ καὶ θυμῷ χρώμενος) à s'adapter à la situation[1] ». Ainsi Polybe ramène-t-il à l'ὀργή et au θυμός la conduite de Philippe et démonte-t-il les ressorts de cette énergie circonstancielle.

Chez Tite-Live, tout cela disparaît et Philippe (si nous

1. Traduction D. Roussel.

ne le connaissions par ailleurs) apparaît comme une sorte de stoïcien couronné ou comme un vieux Romain dépeint d'une formule lapidaire suivie, sèchement, de l'énoncé de sa conduite : *Philippus magis regio animo usus est, qui, cum Attalum Rhodiosque hostes non sustinuisset, ne Romano quidem, quod imminebat, bello territus...* En réalité, l'héroïne de la phrase est Rome, et Tite-Live ne reconnaît à Philippe une qualité « royale » que pour exalter la *uirtus* romaine, alors que sont constamment abaissés, dans ces chapitres, Attale et les Rhodiens[1].

La seconde mention de Philippe dans ce passage est fidèlement transcrite par Tite-Live. Aux envoyés abydéniens venus solliciter les conditions d'une reddition, Philippe répond chez Polybe qu'il leur fait περὶ πάντων ἐπιτρέπειν ἢ μάχεσθαι γενναίως, chez Tite-Live (17, 4) que *nihil pacati* (*esset*) *nisi omnia permittentibus*[2].

La troisième mention révèle chez Tite-Live une déformation défavorable à Philippe. Les Abydéniens luttant avec acharnement, celui-ci fait arrêter le combat à la nuit, évidemment contraint de le faire par l'heure avancée, et δυσελπιστήσαντα καὶ περὶ τῆς ὅλης ἐπιβολῆς (16, 33, 1). Cela devient chez Tite-Live, en 17, 10 : *cum proelium nox diremptura esset, rex* prior, territus *rabie eorum, pugna abstiterit.* Tite-Live, qui rehausse Philippe par rapport à Attale quand il compare les deux rois, rabaisse l'homme quand il est en face d'un peuple héroïque : lui aussi a ses « humeurs » à l'égard de ses héros selon l'effet littéraire — et politique — qu'il veut atteindre.

Nous connaissons déjà la quatrième mention, qui figure dans l'entretien entre Philippe et M. Aemilius (voir plus haut, p. CXXII) : ici encore, Philippe est plus roi chez Tite-Live que chez Polybe (Polybe, 16, 34, 1-7 = TL, 18, 1-5). Alors que, chez le second, il reste simple-

1. Voir A. Hus, *Une version livienne d'un texte polybien*, in *Mélanges Boyancé*, Rome, 1975, p. 419-434.

2. Le texte de Tite-Live est beaucoup plus centré sur les Abydéniens, et « dramatisé » par rapport au récit de Polybe.

ment interloqué par l'apostrophe d'Aemilius, Tite-Live écrit : *Insueto uera audire, ferocior ea oratio uisa est, quam quae habenda apud regem esset.* Alors qu'il répond point par point et posément chez Polybe, il réplique sèchement et en héros tragique chez Tite-Live. Celui-ci, surtout, lui prête un propos que Polybe ignore : alors que, chez lui, Philippe dit, évoquant l'éventualité d'une déclaration de guerre par les Romains : ἐάν δὲ καὶ τοῦτο ποιῶσιν, ἀμυνούμεθα γενναίως παρακαλέσαντες τοὺς θεούς, Tite-Live lui fait évoquer sa royauté : *sin bello lacessitis, mihi quoque animos facere et regnum et Macedonicum nomen, haud minus quam Romanum nobile, sentietis.*

Il y a donc chez Tite-Live deux hommes en Philippe, plus nettement distincts que chez Polybe : le roi, figure un peu stéréotypée, et l'homme, moins nuancé et plus vil que chez l'historien grec. Rabaisser l'homme et rehausser le roi, c'était à la fois servir Rome, la rhétorique et la conception tragique de l'histoire.

Le texte

La tradition manuscrite du texte de la IVe décade est aujourd'hui bien établie, en particulier grâce aux efforts déployés depuis le début du siècle. Dès 1904 et 1907, L. Traube[1] établissait correctement le stemma des principaux manuscrits conservés ou perdus, à l'exception des *recentiores* et des *deteriores*. En 1927, S. K. Johnson[2], qui préparait l'édition d'Oxford de la IVe décade, com-

1. L. Traube, *Bamberger Fragmente der IV. Dekade des Livius*, in *Abhandlungen d. Bayer. Akad. d. Wissenschaften*, 24, 1, 1904, p. 1-26 ; cf. *Das angebliche Fragment bei Jonas*, in *Sitzungsberichte d. Akad. d. Wissensch. zu München*, 1907, p. 108-111. C'est à peu près l'état de choses que décrit C. Pascal, *L'opera di Livio, codici, scoperte, inconaboli*, Milan, 1925.

2. S. K. Johson, *The Critical Problem of Livy's Fourth Decade*, in *Proceedings of the Classical Association*, 24, 1927, p. 10-11, et *Livy's Fourth Decade, A Preliminary Inquiry into the Evidence of Manuscripts*, in *Classical Quarterly*, 21, 1927, p. 67-78.

mençait à mettre de l'ordre dans les *recentiores* et les *deteriores*, non sans erreurs toutefois. En 1928, L. Castiglioni[1] soulignait la valeur des *recentiores* du groupe χ (= φ de Traube). A partir de 1951, G. Billanovich[2] établissait correctement le classement et la valeur des *recentiores*. Cet ouvrage était achevé en 1965 par A. H. Mac Donald dans la *Préface* à la remarquable édition des livres XXXI à XXXV qu'il publia pour les *Oxford Classical Texts*[3] et qui sert de base à la présente édition[4]. Le lecteur se reportera à cette préface pour une information plus complète. Nous avons adopté tous les sigles de cette édition, ainsi que sa distinction entre *recentiores* (qui désigne les manuscrits *AEP NV CDL*) et *deteriores*, qui dérivent tous de φ. D'autre part, nous avions nous-même, avant la parution de cette édition, procédé en grande partie au même travail — sauf pour la plupart des *deteriores* — et abouti à des conclusions moins développées mais identiques. Nous avons pu ensuite vérifier, à quelques détails près, l'exactitude des résultats de MacDonald et ainsi nous rallier à sa méthode et à ses conclusions. En particulier, nous avons collationné intégralement les sept manuscrits (*B AEP NV L*) qui servent à l'établissement du texte. L'histoire de la tradition manuscrite telle que nous l'exposons ne diffère évidemment pas de celle que fournit MacDonald.

1. L. Castiglioni, *Intorno ai codici e al testo della quarta decade di Livio*, in *Rendiconti dell'Istituto lombardo di Scienze e Lettere*, 61, 1928, p. 121-139 ; étude pratiquement limitée au livre 37.

2. G. Billanovich, *Petrarch and the Textual Tradition of Livy*, in *Journal of the Warburg and Courtauld Institute*, 14, 1951, p. 137-208 et *Il Boccaccio e le più antiche traduzioni in Italiano delle decadi di Tito Livio*, in *Giornale storico della letteratura italiana*, 130, 1953, p. 311-337, etc. Sur ces études : A. Perosa, *Recenti studi sulla tradizione di Livio*, in *Atene e Roma*, 13, 1954, p. 21-28. Cf. le compte rendu d'E. Fränkel dans le *Journal of Roman Studies*, 42, 1952, p. 139-140.

3. A. H. MacDonald, *Titi Livi ab Vrbe condita*, t. V, libri XXXI-XXXV, Oxford, 1965, *Praefatio*, p. V-XLIII.

4. Le mérite principal de MacDonald est d'avoir isolé la famille ψ, d'archétype inconnu, et d'avoir classé la majeure partie des *deteriores*, sur lesquels est revenue plus tard Mme A. de la Mare (voir plus bas).

Rares et courtes sont les études qui ont paru depuis et qui concernent toutes les *recentiores* de la famille ψ et les *deteriores*. La plus importante est celle de Mme Albinia de la Mare, *Florentine Manuscripts of Livy in the Fifteenth Century*, in *Livy*, edited by T. A. Dorey, Londres-Toronto, 1971, p. 177-199 : l'analyse de l'écriture et de la décoration des manuscrits de la famille ψ, en accord avec les conclusions textuelles de MacDonald, lui permet de localiser et de dater les différentes copies et de redresser quelques menues erreurs de MacDonald concernant les *deteriores*[1].

Histoire du texte. Lorsque parut l'édition princeps de l'œuvre de Tite-Live, probablement en 1469[2], son auteur, Giovanni Andrea Bussi de Vigevano, ne disposait que des *codices recentiores* du xve siècle (voir plus bas), dépourvus du livre 33 et de la fin du livre 40 (40, 37, 3 à 40, 59, 8). Les éditions de Venise (1470) et de Rome (1471) se bornèrent pratiquement à la reproduire[3]. En 1519, Nicolas Carbachius publia une édition nouvelle[4] qui s'appuyait en outre sur le *codex Moguntinus* (*Mg*, xie siècle, voir plus bas), non seulement pour corriger certaines leçons ad-

1. Voir également : M. Kowalczykowna, *De Livii libris manuscriptis qui Ioannis Dengossii notis marginalibus instructi in Bibliotheca Iagellonica Cracoviae asservantur*, *Eos*, 58, 1969-1970, p. 219-230.

2. Iohannes Andreas, *Editio princeps*, Rome, sans date, mais de peu antérieure à l'édition de Venise de 1470. Imprimée par Sweyleyn et Arn Pannartz, qui réimprimèrent l'ouvrage trois ans plus tard, avec *in fine*, un épigramme de six vers.

3. Venise, 1470, « per Vindelum Spirensem sive de Spira ». Reproduit l'édition précédente en y ajoutant, *in fine*, quarante-six vers sans intérêt. Rome, 1471, « per Udalricum Gallum », par les soins de Giovanni Antonio Campano ; peu de variantes par rapport à l'édition princeps.

4. Nic. Carbachius et Wolfgang Angustus, *Editio Moguntina*, Mayence, « in aedibus Iohannis Schaeffer » ; porte mention de novembre 1518, mais éditée à la mi-avril 1519 (A. Mercari, *La data di pubblicazione del Livio moguntino*, in *Rendiconti d. Pontif. Accad. Romana di Archeologia*, 9, 1933, p. 53).

mises sur la base des *recentiores*, mais pour publier 33, 17, 6 à 33, 49, 8 et 40, 37, 3 à 40, 59, 8. En 1535, à l'occasion de la seconde *editio Frobeniana* dont la première avait vu le jour à Bâle en 1531 [1], Sigismond Gélénius publia une nouvelle version du texte [2] qui s'inspirait des leçons du *codex Spirensis* (*Sp*), qui comportait les mêmes livres que les recentiores et qui vint ainsi s'ajouter à ceux-ci et au *Moguntinus*. Du *Moguntinus* et du *Spirensis*, aujourd'hui perdus, nous ne connaissons que ce que Carbachius et Gélénius ont bien voulu choisir. En 1615, fut découvert le *codex Bambergensis* (*B*, XIe siècle, voir plus bas), qui contenait les livres 31, 1 à 38, 46, 4 et permit donc de connaître, 33, 1, 1 à 33, 17, 6 [3]. Puis le *Bambergensis* disparut à son tour jusqu'en 1822 [4], mais c'est seulement en 1839 que J. Th. Kreyssig en donna une lecture soignée, permettant aux émendateurs et aux éditeurs de la seconde moitié du XIXe siècle et du XXe d'effectuer un incessant travail critique [5].

S'inspirant des travaux de J. N. Madvig, Luchs démontrait en 1890 [6] que le *Spirensis* et les *recentiores* descendaient du même archétype que le *Bambergensis*, archétype lui-même différent du *Moguntinus*. Or, en 1904, H. Fischer découvrait à Bamberg des fragments

1. *Editio Frobeniana*, Bâle, 1531, *editio princeps* de la Ve décade par son inventeur, Simon Grynaeus, avec préface d'Érasme, sur les presses de l'érudit imprimeur Frobénius.

2. Beatus Rhenanus et Sigismundus Gelenius, *Editio Frobeniana altera*, Bâle, 1535, sur les mêmes presses.

3. Liber XXXIII, ed. Casp. Lusignanus (em. Fr. Bartholinus et Ant. Quaerengius), Rome, 1616 ; seconde édition, par Iohannes Horrion, Paderborn, 1617.

4. Il ne put, de ce fait, être utilisé par A. Drakenborch. Redécouvert par Fr. Goeller, qui publie le livre 33 à Francfort-sur-le-Main en 1822. Mais Goeller ne tire du manuscrit qu'un médiocre parti. En 1817, il avait envoyé à Kreyssig une liste des variantes de 33.

5. *Titi Livi Liber XXXIII ad codicis Bambergensis fidem denuo edidit* J. Th. Kreyssig, Meissen, 1839. Violente critique des éditions de Goeller et de celles qui en sont dérivées aux pages XXXI-XLIV.

6. J. N. Madvig, *Emendationes Livianae*, Copenhague, 1860, p. 445 et 460 ; A. Luchs, *De Sigismundi Gelenii codice Liviano Spirensi commentatio*, Erlangen, 1890, p. 3-12.

en onciales du ve siècle, dans lesquels Traube reconnut[1] des passages des livres 33, 34, 35 et 39 (voir plus bas) et dont il montra qu'ils provenaient initialement de Plaisance. C'est Othon III qui, vers l'an mil, en avait apporté le manuscrit à Bamberg et c'est sur ce vieux manuscrit (*F*) que le *Bambergensis* avait été copié. Il était donc établi que *F* était l'archétype commun entre *B* d'une part et un manuscrit *x* sur lequel[2] avait été copié le *Spirensis* et un codex italien, source lui-même des *recentiores*, noté φ par Traube et χ par MacDonald[3].

Les travaux de G. Billanovich[4] identifièrent χ (de MacDonald) avec le *codex Carnutensis* ou *vetus Carnutensis*[5], qui se trouvait dans la bibliothèque de la cathédrale de Chartres, où Landolfo Colonna, chanoine de cette cathédrale, l'emprunte entre 1303 et 1309 et que décrit son neveu Giovanni Colonna[6]. De χ allaient sortir deux traditions, que MacDonald désigne par les sigles φ (à ne pas confondre avec le φ de Traube) et ψ[7]. Grâce à G. Billanovich et à MacDonald, l'histoire de φ est en grande partie connue. Landolfo Colonna fit faire une première copie de χ, aujourd'hui perdue (= φ), qu'il corrigea lui-même. Sur φ furent ensuite copiés, pour Landolfo Colonna, le *Parisiensis 5690* (*P*) et, pour Pétrarque, l'*Agennensis* (*A*), tous deux en Avignon, en 1328-1329. *P* devient ensuite la propriété de Pétrarque, qui corrigea de sa main aussi bien *P* que *A*. Sur φ fut également copié, au milieu du XIVe siècle, l'*Escor. R. 1. 4* (*E*).

1. Voir plus haut, p. CXXVI, n. 1.
2. Désigné par Traube comme l' « andere verstummelte Abschrift ».
3. C'est le sigle χ qu'à la suite de MacDonald nous adopterons dans cette édition. De même, plus bas, pour φ et ψ.
4. Voir plus haut, p. CXXVII, n. 2.
5. Cette dénomination est due à E. Fränkel, in *Journal of Roman Studies*, 42, 1952, p. 139-140 (recension de G. Billanovich, *Petrarch...*).
6. *De Viris illustribus*, cité par G. Billanovich, *Petrarch...*, p. 152 : *Vidi tamen ego quartam decadam in archivio ecclesiae Carnutensis ; sed littera erat adeo antiqua quod vix ab aliquo legi poterat.*
7. A. H. MacDonald, *Titi Livi ab Vrbe condita*, t. V, libri XXXI-XXXV, Oxford, 1965, p. XV-XXIII.

C'est de φ diversement émendé que devaient sortir une bonne partie des *deteriores*, à partir de trois copies dont Billanovich et surtout MacDonald ont montré l'existence. Vers le milieu du XIVe siècle, un scribe inconnu copia φ déjà émendé par Landolfo Colonna et l'émenda à son tour en le pervertissant ; de cet exemplaire α dérivent quinze manuscrits datant de la seconde partie du XIVe siècle et du début du XVe [1]. Issu du même φ émendé par Landolfo Colonna, un second manuscrit (β), peut-être émendé par Pétrarque (et différent de *P* et *A*) fut copié dans la seconde moitié du XIVe siècle et devint la source de seize autres [2] ; un troisième enfin (γ), du début du XVe siècle, reprend la tradition de φ prudemment émendée (x^3 de notre stemma) et donne naissance à un troisième groupe de neuf manuscrits copiés au cours du XVe siècle [3].

Cependant, à cette même époque, χ faisait l'objet d'une copie (ψ) aujourd'hui disparue [4]. Sur ψ furent copiés au XVe siècle deux *codices* : l'*Oxoniensis* (*N*) en 1430-1440, et le *Vaticanus 3331* (*V*) en 1453-1454, qui conservait ψ sans émendation. Deux autres, le *Florentinus Mediceus Laur. LXIII, 6* (*C*) [5] et le *Florentinus Mediceus Laur.*

1. A. H. MacDonald, *op. cit.*, p. XXIV-XXVII.

2. A. H. MacDonald *op. cit.*, p. XXVII-XXIX. C'est sur β que furent sans doute effectuées les traductions italienne de Boccace, et française de Berchorius : G. Billanovich, *Il Boccaccio e le più antiche traduzioni in italiano delle decadi di Tito Livio*, in *Giornale storico della letteratura italiana*, 130, 1953, p. 311-337, notamment p. 323 ; M. T. Casella, in *Italia medioevale umanistica*, 4, 1961, p. 80 et 116 ; K. V. Sinclair, *The Melbourne Livy...*, Melbourne Univ. Press, 1961 ; Cf. F. Lynx, *A propos du Tite-Live de Melbourne*, in *Scriptorium*, 16, 1962, p. 359-361. La première décade a été traduite en français, puis en italien, dès la fin du XIIIe siècle : J. Monfrin, *La première traduction française de Tite-Live*, in *Bulletin de la Société nationale des Antiquaires de France*, 1958 (1960), p. 82-85.

3. A. H. MacDonald, *op. cit.*, p. XXIX-XXX.

4. A. H. MacDonald, *op. cit.*, p. XV-XIX ; A. de la Mare, *op. cit.*, p. 178.

5. G. Billanovich et M. Ferrari, in *Italia medioevale umanistica*, 1, 1958, p. 254-259 ; B. L. Ullman, *Origin and Development of Huma-*

LXXXIX (*L*)[1] furent copiés respectivement en 1412-1413 et vers 1445 sur des exemplaires (x^1 et x^2) issus de ψ mais émendés d'après les *deteriores* issus de φ, le second recevant en outre des émendations d'un correcteur contemporain (L^2)[2]. Sur *L* émendé par L^2 fut copié, avant 1458, par Pietro Strozzi, le *Florentinus Bib. Nat. B. R. 36* (*D*) qui, sans appartenir aux *deteriores* à cause de sa qualité, ne peut être classé sur le même plan que C et L[3].

Au xve siècle, existaient donc les textes issus de ψ (jusqu'en 1453-1454) et de la tradition φ, sous la triple forme αβγ diversement émendée. A partir des deux traditions, furent copiés de nombreux *deteriores* classés par MacDonald et commentés par A. de la Mare[4]. C'est des *deteriores* de la famille α que dérive le texte (δ), d'ailleurs remanié par le copiste à des fins littéraires, que Giovanni Andrea Bussi fit imprimer vers 1469[5], ainsi que le texte des plus anciennes éditions.

Enfin, en 1906, M. Vattasso découvrit, à Saint-Jean-de-Latran, des fragments du livre 34 (ch. 36-40) ou *fragments romains*, devenus le *Vaticanus 10696* (*R*), datable des IVe-Ve siècles et complètement indépendant aussi bien de *F* que de *Mg*[6].

Il ressort de l'histoire du texte, représentée par le stemma simplifié ci-contre, que l'on doit retenir pour son établissement les manuscrits suivants :

B pour les livres 31, 1, 1 à 38, 46, 4. *B* est seul à attester 33, 1, 1 à 33, 17, 6.

nistic Script, Rome, 1960, p. 92 ; A. H. MacDonald, *op. cit.*, p. XV-XIX ; A. de la Mare, *op. cit.*, p. 178-179.

1. G. Billanovich et M. Ferrari, *op. cit.*, p. 255.
2. A. H. MacDonald, *op. cit.*, p. XVIII.
3. A. H. MacDonald, *ibid.*
4. *Op. cit.*, p. XXXI-XXXIII ; A. de la Mare, *art. cité.*
5. A. H. MacDonald, *op. cit.*, p. XXXIII-XXXIV, avec bibliographie.
6. M. Vattasso, *Frammenti di un Livio del V° secolo recentemente scoperto*, in *Studi e testi*, 18, Rome, 1906 ; P. Lauer, *Le trésor du Sancta Sanctorum*, in *Monuments Piot*, 15, 1906, p. 127 ; A. Cinquini, *Scoperta di frammenti d'un Livio del V° secolo*, in *Classici e neolatini*, 3, 1907, p. 218-219.

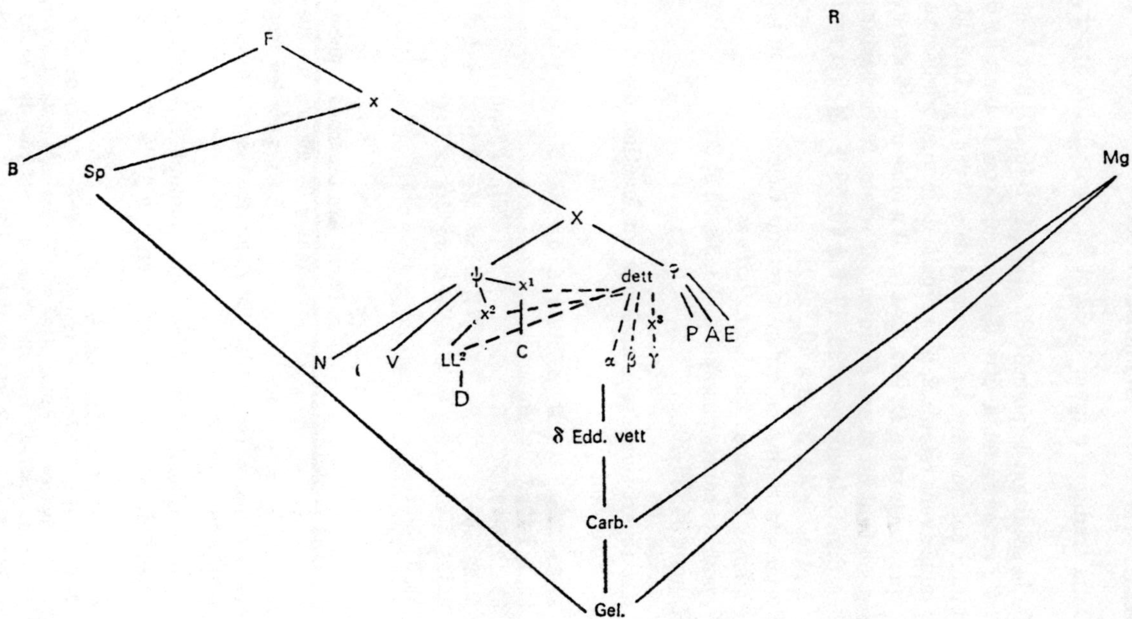
R
F
x
B
Sp
X
Mg
ψ
x¹
x²
dett
φ
x³
P A E
N
V
LL²
C
α β γ
D
δ Edd. vett
Carb.
Gel.

De la tradition φ (pour 31-32 et 34, 1, 1-40, 37, 3) : *P*, *A* et *E*.

De la tradition ψ (pour 31-32 et 34, 1, 1-40, 37, 3) : *N* et *V* ; en outre, et à titre d'exemple, *C* ou *L*, issus de ψ mais émendés sur les *deteriores* de φ. Avec MacDonald, nous avons retenu *L*, plus proche de la pure tradition ψ que *C*. Quant à D, issu de *LL*[2], il n'offre pas d'intérêt.

Mg, ou tout au moins ce qu'en ont retenu N. Carbachius et Sig. Gélénius pour 33, 17, 6 à 40, 59, 8. *Mg* est seul à attester 40, 37, 3 à 40, 59, 8.

Sp ou, du moins ce qu'en a retenu Gélénius, pour les mêmes passages que les *recentiores*.

F, pour de courts passages de 33, 34, 35 et 39.

R, pour 34, 36-40.

La répartition des manuscrits en fonction des livres est la suivante[1] :

31-32	*B*	*AEP NV L*	*Sp*			
33, 1, 1-17, 6	*B*					
33, 17, 6-49, 8	*B*			*Mg*	*F* (frg)	
34-38, 46, 4	*B*	*AEP NV L*	*Sp*	*Mg*	*F* (frg)	*R* (frg)
38, 46, 4-40, 37, 3		*EP NV L*	*Sp*	*Mg*	*F* (frg)	
40, 37, 3-59, 8				*Mg*		

Les manuscrits. Nous examinerons successivement : *F* et les manuscrits qui en sont issus (*B*, *PAE*, *NV L*), puis les fragments romains (*R*), enfin les deux manuscrits aujourd'hui perdus.

F. *Les fragmenta Placentina* (Bibl. publique de Bamberg, Class. 35 a)[2] ont été découverts en 1904 et en 1907

1. A. H. MacDonald, *op. cit.*, p. VI.

2. L. Traube, *Bamberger Fragmente der vierten Dekade des Livius*, in *Abhandlungen d. Bayer. Akad. d. Wissenschaften*, 24, 1, 1904, p. 1-44 ; H. Fischer, *Neue alte Fragmente des Livius*, in *Sitzungsberichte d. Akad. d. Wissensch. zu München*, 1907, p. 97-108 ; A. H. MacDonald, *op. cit.*, p. VIII-XII.

dans la bibliothèque royale de Bamberg. Écrits en onciales italiennes du ve siècle, ils furent émendés par une main contemporaine (F^2), qui corrigea omissions et répétitions, nota ses propres leçons en petites onciales au-dessus des lignes et introduisit quelques gloses. Le codex dont ils proviennent s'était sans doute trouvé d'abord à Bobbio, puis à Plaisance, d'où l'empereur Othon III l'avait rapporté à Bamberg entre 996 et 1001 [1]; il fut détruit au xve siècle par la dispersion de ses feuillets. Traube a pu en reconstituer quatorze fragments (désignés de A à O) dans un codex théologique du xve siècle. On les trouvera dans les publications de Traube (voir plus haut, p. CXXVI, n. 1) et dans l'édition de MacDonald, p. IX-X.

B. *Le Bambergensis* (Bibl. publique de Bamberg, Class. 35, *olim* M IV 9), du XIe siècle, a été copié directement, à Bamberg même, sur le manuscrit qui nous a livré les fragments F^2. Il offre le texte de 31, 1, 1 à 38, 46, 4. Trois copistes ont pris part à sa rédaction : le premier pour les livres 31 à 34, le second pour 35, 1, 1 à 35, 33, 10, le troisième pour 35, 33, 10 à 38, 46, 4. L'écriture du premier est peu attentive (mots mal séparés, syllabes omises) et d'assez nombreux blancs (de peu d'étendue) ont été laissés. Il corrigea lui-même un certain nombre de ses erreurs (B^1). Un second correcteur contemporain (B^2) compléta les corrections d'après *F* et annota le texte de 31, soit en marge, soit entre les lignes. Certains des blancs se trouvaient déjà dans l'archétype. D'autres furent comblés, soit par B^1 lui-même, soit par B^2; d'autres furent laissés tels quels. Malgré ses défauts, *B* demeure le meilleur manuscrit sauf, dans certains cas, pour les livres 31 et 32, où la

1. L. Traube, *op. cit.*, p. 11 ; H. Fischer, in *Zentralblatt d. Bibliothekwesen*, 24, 1907, p. 374 ; G. Billanovich, *Petrarch...*, p. 184 et 188, n. 6.

2. A. H. MacDonald, *op. cit.*, p. XII-XIV ; L. Traube, *Bamberger Fragmente...*, p. 12-14.

tradition représentée par *AEP* semble mieux conservée[1].

P. *Le Parisiensis* (Bibl. nationale, Lat. 5690) est l'exemplaire copié directement sur φ émendé et annoté par Landolfo Colonna (φ*mg*) en 1328-1329, en Avignon, et qui fut acquis plus tard par Pétrarque[2]. Il contient le texte de 31-32 et 34 à 40, 37, 3. La première main y copia le texte de φmg et ses différentes leçons. Il fut ensuite annoté par Landolfo Colonna (P^2) puis Pétrarque (P^3) pour quelques détails, ainsi que par un troisième lecteur contemporain de celui-ci (P^4). Seul des sept manuscrits décrits, il présente pour l'acc. pluriel des thèmes en *-i* de la troisième déclinaison la forme *-es* (ex. : *omnes*, *nauales*, *hostes*, *naues*, etc.) ; il note presque constamment par *hiis* (exceptionnellement par *his*) le datif-ablatif de *is*, que *B* note généralement *iis* et AEN_i *VL* généralement par *his*. Enfin, son auteur laisse systématiquement des blancs lorsqu'il ne peut lire son modèle.

A. L'*Agennensis* (Londres, British Museum, Harl. 2493), passé de la bibliothèque des Jésuites d'Agen dans celle des comtes d'Oxford, est le premier exemplaire de Pétrarque, copié soigneusement sur φ*mg* en Avignon en 1328-1329. Il comportait les mêmes livres que *P*, mais n'est plus aujourd'hui conservé que jusqu'à 38, 24, 11. Pétrarque lui-même le corrigea aussitôt (A^2). Il reçut plus tard quelques corrections de L. Valla[3]. Pétrarque, en cherchant à numéroter les livres, a commis une erreur sur la décade et sur la succession

1. A. Luchs, *Emendationum Livianarum particula quarta*, Erlangen, 1889, repris par Traube dans *Abhandlungen d. Bayer. Akad. d. Wissensch.*, 24, 1909, p. 29, montrait que dans la tradition χ (= φ de Traube), de nombreuses lacunes sont bien remplies, alors que le copiste de *B* les a laissées en blanc quand il n'a pas su lire son modèle ; il lui arrive aussi d'omettre des mots.

2. A. H. MacDonald, *op. cit.*, p. XIX-XXIV, et plus haut, p. CXXX.

3. Sur les différentes mains de *A* : G. Billanovich, *Petrarch...*, p. 141, n. 7 ; 145, n. 2-3 ; 156.

des livres : dans le titre de 31, il corrige *tricesimus* en *quadragesimus* ; en 31, 27, le copiste ayant laissé un blanc pour une rubrication (ce qui se produit d'ordinaire au début des livres), Pétrarque a cru que commençait le livre 42 ; le livre 33 est numéroté 34, le livre 34, de nouveau 44, car l'absence du livre 33 lui a échappé : voir MacDonald, éd. des livres 31-35, p. XXIV.

E. L'*Escorialensis* (Bibl. de l'Escurial, R, 1, 4), du XIVe siècle, fut également copié sur *φmg* et comporte peu de corrections.

N. *L'Oxoniensis* (Oxford, Bibl. New College, 279, aujourd'hui dans la bibliothèque Bodleyenne) est, comme les deux suivants, un codex du XVe siècle, copié entre 1430 et 1440 sur ψ, lequel ne comportait pas de corrections et n'avait que très peu d'annotations[1]. Il contient les mêmes livres que *AEP*.

V. Le *Vaticanus* (Bibl. du Vatican, Lat. 3331) daté du 3 janvier 1453/1454, fut également copié de ψ, et dans les mêmes conditions. Il contient bien entendu les mêmes livres. Les discordances entre *N* et *V* sont donc uniquement dues à leurs copistes respectifs, celui de *V* étant particulièrement inattentif ou faisant preuve souvent d'une orthographe fantaisiste. De ce point de vue, *V* est le plus mauvais de tous nos manuscrits.

L. Le *Florentinus* (Bibl. laurentienne, LXXXIX inf., 3, 3) est donné ici à titre d'exemple. Il fut copié vers 1445, sur papier et par un érudit, d'un exemplaire x^2 lui-même copié sur ψ et peu émendé à partir de *deteriores* de φ pour la première main. Une seconde main (L^2) y apporta des corrections supplémentaires d'après les mêmes *deteriores*. Sauf exception, nous ne citerons pas les (rares) leçons qui lui sont propres, puisqu'elles proviennent soit de l'erreur du copiste, soit de celle

1. Pour *N*, *V* et *L*, voir A. H. MacDonald, *op. cit.*, p. XV-XIX, avec bibliographie.

de l'exemplaire x^2 — inconnu — copié sur ψ, soit de celle de la source de L^2, dérivée de φ.

R. Les *Fragmenta Romana*[1] ne concernent, sur une feuille et demie terminale du quaternion XV, que le texte de 34, 36, 6 à 34, 39, 2 (de *non inrita* à *Romanus*) et 34, 39, 11 à 34, 40, 2 (de *fragmenta* à *oratorem*). Écrit sur parchemin en onciales des IVe-Ve siècles en écriture continue, il est complètement isolé des traditions de *F* et de *Mg*, par rapport auxquels il comporte de rares lacunes et des variantes nombreuses, parfois excellentes, parfois fautives. Il n'a pas eu de correcteur.

Sp. Le *Spirensis*[2], perdu, ne subsiste plus pour nous qu'à travers l'*editio Frobeniana* de 1535, assurée par Sig. Gélénius pour la IVe décade. Il contenait les mêmes livres qu'*AEP* et *NV L*, que son copiste utilisa pour émender la tradition antérieure publiée par la première *editio Frobeniana*. Les leçons qu'il en tire pour 31-32 montrent que le Spirensis dut être copié, peut-être au XIe siècle, sur l'exemplaire qui servit de modèle au Vetus Carnutensis (χ). Il est cité dans Gélénius par les mots *in archetypo, uetus lectio*; parfois, il n'est pas cité; parfois, enfin, Gélénius introduit des leçons qui lui sont propres. La situation n'est pas bien claire pour 31-32, et nous ignorons quelles leçons de *Sp.*, rejetées par Gélénius, ont été passées sous silence. Elle l'est moins encore pour 34-40, 37, 3, livres pour lesquels Gélénius se sert également du Moguntinus.

Mg. Le *Moguntinus*, également perdu, n'est connu que par l'utilisation qu'en firent d'abord Nicolas Carba-

1. Voir A. H. MacDonald, *op. cit.*, p. XXXIX-XLI, et plus haut, p. CXXII, n. 2.

2. Sur le *Spirensis*, outre MacDonald, *op. cit.*, p. XXXIV-XXXVII et A. Luchs, cité p. CXXIX, n. 6 : J. N. Madvig, *Emendationes Livianae*, Copenhague, 1860, p. 460-461 ; W. Weissenborn, *Comm. phil. in hon. Th. Mommseni*, 1877, p. 302 ; G. Billanovich, *Petrarch...*, p. 180-184.

chius dans son édition de 1519, puis Gélénius dans celle de 1535. Il contenait la majeure partie de 33, depuis 17, 6 jusqu'à 49, 8, et tout le reste de la IVe décade, de 34, 1, 1 à 40, 59, 8[1]. D'après Gélénius[2], il était de lecture très difficile et put, selon Traube, avoir été écrit au IXe siècle. Carbachius en tira le texte de 33, 17, 6 à 33, 49, 8 et de 40, 37, 3 à 40, 59, 8, et l'utilisa pour corriger 34, 1, 1 à 40, 37, 3 sur le texte des éditions antérieures. Tantôt — en fin de volume — il cite clairement sa source (*Mg*), tantôt non, tantôt il corrige sans le dire (*Mg ut uid*), soit d'après le Moguntinus (*Mog*), soit de sa propre autorité (*Carb*). Lisant mal une écriture qu'il ne connaissait pas, il laissa subsister de nombreuses erreurs que Gélénius s'efforça de corriger. Pas plus que pour le *Spirensis* — sauf dans une certaine mesure pour 33, 17, 6-33, 49, 8 et la fin de 40 — nous ne pouvons reconstituer à coup sûr le *Moguntinus*.

Note de l'éditeur

Nous nous sommes conformé, pour la présentation du texte, aux règles publiées dans l'excellente brochure de M. J. André, *Règles et recommandations pour les éditions critiques*, Paris, Les Belles Lettres, 1972.

La traduction s'est efforcée de retrouver les qualités de celles qui ont fait le renom de M. G. Baillet et de ses successeurs dans les éditions des autres livres de Tite-Live parus dans la même collection. Pour la transcription des noms propres grecs, nous avons opté pour la forme grecque, sauf dans les cas suivants : lorsqu'une

1. Sur le *Moguntinus*, outre A. H. MacDonald, *op. cit.*, p. XXXVII-XXXIX : W. Weissenborn, *loc. cit.*, et L. Traube, *Bamberger Fragmente...*, p. 21-25.

2. Gélénius ad 33, 21, 8 : *Quod vero editio Moguntina hic et aliis locis degeneravit, in causa fuit priscus character, nec hoc seculo lectu facilis* ; ad 40, 39, 8 : *Id qui legere non potuit ob characterum formas, ut opinor, nostro seculo ignotiores, male divinando sensum vitiavit.* Cf. aussi la *Préface* de Carbachino, citée en partie par MacDonald.

forme française ou latine était depuis longtemps dans l'usage courant (ex. : Philippe, Antiochus) ; lorsque les noms de bourgades figurant dans le texte de Tite-Live n'étaient pas attestées dans la littérature grecque (ex. : Orgessum).

D'autre part, alors que nous avions achevé notre propre commentaire, est paru celui de J. Briscoe, *A commentary on Livy, Books XXXI-XXXIII*, Oxford, 1973, dont nous avons eu connaissance en 1974. Après réflexion, il nous a paru opportun de conserver le commentaire tel que nous l'avions conçu, c'est-à-dire dans le but d'éclairer le texte à l'usage des non-spécialistes d'histoire romaine ou grecque. Naturellement, il comporte beaucoup de points communs avec celui de J. Briscoe. Il en diffère cependant sur les points suivants : il comporte des remarques jugées trop élémentaires par le commentateur anglais, mais qui seront utiles à certains lecteurs ; nous y avons noté les points de désaccord qui existent entre nous et celui-ci ; en revanche, nous avons évité de nous laisser entraîner dans des discussions érudites trop spécialisées et renvoyé chaque fois au livre de J. Briscoe.

Le texte que nous avons adopté est conforme dans l'ensemble à celui de l'édition d'A. H. MacDonald, *Titi Livi ab vrbe condita, Tomus V, Libri XXXI-XXXV*, Oxford, 1965. Nous nous en sommes séparé sur quinze points : 3, 5, ; 7, 3 ; 8, 8 ; 11, 2 ; 11, 12 ; 18, 1 ; 22, 7 ; 31, 6 ; 31, 11 ; 35, 1 ; 45, 2 ; 45, 3 ; 46, 2 ; 46, 12 ; 49, 2. Une note précisera pour chacun des cas les motifs de notre désaccord. Nous attirons également l'attention sur le fait que nous avons, dans l'apparat critique, donné les leçons des sept manuscrits que nous avons collationnés, alors que MacDonald se borne presque toujours à donner seulement les leçons de *B*, φ, ψ et χ (lorsqu'il y a accord entre φ et ψ). Cette dernière méthode — contraire aux règles de la présente collection — nous a paru dangereuse dans la mesure où les sigles φ et ψ suggèrent l'unanimité des manuscrits de ces familles alors qu'il n'en est rien, ces manuscrits divergeant souvent à l'intérieur d'une même famille, et les sigles φ ou ψ ne donnant en réalité que la leçon supposée de leurs modèles communs respectifs. Cela nous a conduit à ce que d'aucuns considéreront probablement comme excessif, c'est-à-dire à donner des leçons manifestement aberrantes (le cas est fréquent pour *V*). Du moins trouvera-t-on ici l'état complet de la tradition pour les six manuscrits antérieurs aux *recentiores* et pour le *recentior* le plus significatif : *L*.

Il nous reste à exprimer toute notre reconnaissance à M. Pierre Wuilleumier, professeur honoraire à la Sorbonne, qui a eu la bienveillance de nous confier cette publication et de guider nos premiers pas ; à M. Jacques André, directeur d'études à l'École pratique des hautes études, dont la bienveillance ne nous a jamais fait défaut ; à M. Paul Jal, professeur à l'Université de Paris X, dont l'admirable révision et l'érudition sans faille nous ont évité mainte erreur et maladresse ; à M. Richard Adam, professeur agrégé, et à Mme Richard Adam, assistante à l'Université de Paris-Sorbonne, qui ont pris la peine de relire les épreuves de ce livre.

Note. Ce livre étant déjà entièrement composé (mai 1977) lorsque nous avons eu connaissance de deux importants ouvrages récemment parus. Ce sont : *Fontes Ligurum et Liguriae antiquae* (collectif), Gênes, 1976, et H. Tränkle *Livius und Polybios*, Bâle-Stuttgart, 1977. Il en sera fait usage pour le commentaire du livre 32.

CONSPECTVS SIGLORVM

B	Bambergensis (Bamberg, Bibliothecae publicae, Class. 35, olim M. IV. 9), saec. XI.
B^1	*B* ipse se corrigens.
B^2	Corrector aequalis.
A	Agennensis (Musei Britannici, Harl. 2493), annis 1328-1329.
A^2	Corrector (sc. Petrarcha).
A^x	Corrector incertus.
E	Escorialensis (Bibliothecae escorialensis R, I, 4), saec. XIV.
P	Parisiensis (Bibliothecae Nationalis 5690 Lat.), annis 1328-1329.
P^2, P^3	Correctores.
P^x	Corrector incertus.
N	Oxoniensis (Bibliothecae Collegii Noui 279), annis 1430-1440.
V	Vaticanus (Bibliothecae Vaticanae 3331 Lat.), annis 1453-1454.
L	Mediceus (Florentiae, Bibliothecae Laurentianae LXXXIX inf 3, 3), annis circa 1445.
L^2	Corrector aequalis, corrigens e φ deterioribus.
L^x	Corrector incertus.
Sp	codex Spirensis a Gelenio in ed. Frob[2]. diserte citatus.
Gel (*Sp*?)	Gelenius corrigens, forte ex *Sp*.
Mg	Codex Moguntinus a Carbachio apud editionem Moguntinam 1519 in adnotationibus diserte citatus.
Mg ut uid.	Carbachius in adnotatione includens, sed ut de alia re testem.
Dett.	Codices recentiores ab φ deriuati, amplius emendati.

* * *

Edd. uett.	Editores ante editionem Mediolanam 1505, fere semper cum δ ex deterioribus.
Frob[1]	Editio Frobeniana prima 1531.
Frob[2]	Editio Frobeniana secunda 1535, locis in quibus Gelenius tacite corrigit.
Edd.	Editores uel plerique uel omnes, praecipue recentiores (saec. XIX-XX).
Mediol.	Editio Mediolana, 1505 (sc. Alex. Minutiani).
Asc.	Editio Ascensiana, Parisiis, 1513 (sc. Badii Ascensii).
Cett.	Ceteri codices nostri praeter eos qui nominatim significati sunt.
Codd.	Codices nostri omnes.

Index editionum et adnotationum criticarum quibus usi sumus inueniri potest in editione P. Jal, *Tite-Live, Histoire romaine*, tome XXXI, (livres XLI-XLII), Parisiis, Les Belles Lettres, 1971, pag. LXXXIX-XCII.

LIVRE XXXI

TITE-LIVE
HISTOIRE ROMAINE
LIVRE XXXI

Préambule.

I. Je suis heureux moi aussi, comme si j'en avais personnellement partagé peines et dangers, d'être parvenu au terme de la guerre contre Carthage[1]. Car s'il est vrai qu'après avoir osé déclarer qu'on écrira jusqu'au bout toute l'histoire de Rome[2], on manquerait à toute convenance en se laissant abattre à chaque partie d'une si grande œuvre[3], pourtant, quand je pense que soixante-trois ans[4] — telle est la durée qui sépare le début de la première guerre punique de la fin de la seconde — m'ont pris autant de volumes que les quatre-cent-quatre-vingt-huit[5] qui vont de la fondation de Rome au consulat d'Appius Claudius, qui commença la première guerre contre Carthage, je pressens déjà, comme les gens que les hauts-fonds voisins du rivage incitent à s'avancer à pied dans la mer, que chaque pas en avant me porte vers des profondeurs plus démesurées et comme vers des abîmes, tandis que s'accroît presque l'œuvre à accomplir, que l'achèvement des premières parties paraissait raccourcir à mesure[6].

TITI LIVI
AB VRBE CONDITA

LIBER XXXI

I. [1]Me quoque iuuat, uelut ipse in parte laboris ac periculi fuerim, ad finem belli Punici peruenisse. [2]Nam etsi profiteri ausum perscripturum res omnes Romanas in partibus singulis tanti operis fatigari minime conueniat, [3]tamen, cum in mentem uenit tres et sexaginta annos — tot enim sunt a primo Punico ad secundum bellum finitum — [4]aeque multa uolumina occupasse mihi quam occupauerint quadringenti ⟨ duodenonaginta ⟩ anni a condita urbe ad Ap. Claudium consulem qui primum bellum Carthaginiensibus intulit, [5]iam prouideo animo, uelut qui proximi*s* litori uadis inducti mare pedibus ingrediuntur, quidquid progredior, in uastiorem me altitudinem ac uelut profund*um* inuehi et crescere paene opus, quod prima quaeque perficiendo minui uidebatur.

Inscriptiones Incipit liber tricesim' (*superscr.* Quadragesim' *A*[2]) primus feliciter *A* : Titi liuii de bello Macedonico lib' p̄mus *E* : Titi Liuii Patauini historiarum ab urbe condita liber XXXI incipit de bello uero (*del.* uero *L*[x]) Macedonico liber primus incipit *L* (*in litt. capit.*) : Titi Liuii Patauini historiographi de bello Macedonico liber primus incipit lege feliciter sic dicit *V* (*in litt. capit.*, *rubricata*) : deest inscriptio in *B P N*.

I, 4 multa... mihi *B EP NV L* : *om. A* ‖ uolumina *B EP V L* : *om N* ‖ duodenonaginta *Glar.* : LXXVIII *B* septuaginta octo *AEP NV L* octoginta septem *Peter, Mommsen* ‖ 5 proximis litori *Carb.* : -mi litori *B* -mi litoris *cett.* ‖ profundum *Asc.* : -dam *codd.* ‖ uidebatur *AEP L* : -deatur *B NV*.

Origines de la seconde guerre de Macédoine.

La paix avec Carthage fut aussitôt suivie de la guerre de Macédoine[7], nullement comparable à la précédente pour le danger couru, la valeur du chef ou la trempe des soldats, mais peut-être plus réputée en raison de la célébrité des anciens rois de ce pays, de l'antique renommée de cette nation et de l'étendue d'une hégémonie qui lui avait jadis militairement assuré la possession de nombreux territoires d'Europe et de la majeure partie de l'Asie[8]. En réalité, la guerre contre Philippe avait commencé quelque dix ans plus tôt, mais on l'avait interrompue depuis trois ans, les Étoliens ayant été la cause de la guerre comme de la paix[9]. Puis les Romains, que la paix avec Carthage rendait disponibles et qu'animaient des sentiments hostiles envers Philippe (il n'observait pas loyalement le traité de paix à l'égard des Étoliens et d'autres alliés de la même zone[10], et surtout il avait récemment envoyé en Afrique des renforts et des fonds à Hannibal et aux Carthaginois[11]), furent poussés par les prières des Athéniens, que Philippe avait refoulés dans leur ville en dévastant complètement leur campagne, à reprendre la guerre[12].

II. Environ vers la même époque, des ambassadeurs, envoyés par le roi Attale[1] et par les Rhodiens, vinrent annoncer que les cités d'Asie étaient elles aussi en butte aux attaques de Philippe[2]. A ces ambassades, on répondit que le Sénat s'occupait de l'affaire, et la question de la guerre de Macédoine fut renvoyée tout entière aux consuls, qui se trouvaient alors dans leurs provinces[3]. Pour lors, on envoya à Ptolémée, roi d'Égypte, trois ambassadeurs, Caius Claudius Néron, Marcus Aemilius Lépidus et Publius Sempronius Tuditanus, pour lui annoncer la défaite d'Hannibal et des Carthaginois, le

[6]Pacem Punicam bellum Macedonicum excepit, periculo haudquaquam comparandum aut uirtute ducis aut militum robore, [7]claritate regum antiquorum uetustaque fama gentis et magnitudine imperii, quo multa quondam Europae, maiorem partem Asiae obtinuerant armis, prope nobilius. [8]Ceterum coeptum bellum aduersus Philippum decem ferme ante annis triennio prius depositum erat, cum Aetoli et belli et pacis fuissent causa. [9]Vacuos deinde pace Punica iam Romanos et infensos Philippo cum ob infidam aduersus Aetolos aliosque regionis eiusdem socios pacem, [10]tum ob auxilia cum pecunia nuper in Africam missa Hannibali Poenisque preces Atheniensium, quos agro peruastato in urbem compulerat, excitauerunt ad renouandum bellum.

II. [1]Sub idem fere tempus et ab Attalo rege et Rhodiis legati uenerunt nuntiantes Asiae quoque ciuitates sollicitari. [2]His legationibus responsum est curae eam rem senatui fore; consultatio de Macedonico bello integra ad consules, qui tunc in prouinciis erant, reiecta est. [3]Interim ad Ptolomaeum Aegypti regem legati tres missi, C. Claudius Nero M. Aemilius Lepidus P. Sempronius Tuditanus ut nuntiarent uictum Hannibalem Poenosque et gratias agerent regi

I, **6** haudquaquam *B AEP V L* : aut quaquam *N* ‖ **7** quo *codd.* : quod *Harant* quando *M. Müller* ‖ multa *B NV Frob*[2] : multam *AEP* multum *L* ‖ **8** causa *Heins.* : causai *B* causae *cett.* ‖ **10** africam *B A* : africa *EP NV L.*

II, **1** attalo *AEP L* : atalo *B* adralo *V* (*ex* adtalo *N*) ‖ **2** curae eam *B* : curae asiam *AEP L* curae asianam *V* cur asiam *N* ‖ senatui *B AEP N L* : p r et senatui *V* ‖ consultatio *B AEP V L* : consul claudius nero tatio *N* ‖ tunc *B* : nunc *cett.* ‖ prouinciis *B* : prelio boiis (cum boiis *P*[2] *V*) *AEP V L* praelii neiis *N* ‖ erant *B AEPL* : *om P*[2] *NV* ‖ **3** C. *B P L* : consul *AE NV* ‖ P. *B P L* : proconsul *AE NV* ‖ nuntiarent *B* : et ann- *AEP NV L.*

remercier d'être resté fidèle dans une situation à l'issue incertaine où même des alliés voisins de Rome l'abandonnaient, et lui demander de conserver les mêmes sentiments qu'autrefois à l'égard du peuple romain au cas où les violations de droit dont celui-ci était victime le contraindraient à entreprendre une guerre contre Philippe[4].

A peu près à la même époque, en Gaule, le consul Publius Aelius[5], ayant appris qu'avant son arrivée les Boiens[6] avaient fait des incursions sur les territoires d'alliés de Rome, fit enrôler d'urgence deux légions pour faire face à ce soulèvement, leur adjoignit quatre cohortes prélevées sur sa propre armée et donna l'ordre au préfet des alliés[7] Caius Ampius d'envahir le territoire boien avec ces forces improvisées en traversant l'Ombrie par la région où vivait la tribu appelée Sapinia[8]; lui-même y conduisit son armée par la montagne, qui offrait une route libre. Ampius, pénétrant en territoire ennemi, s'y livra d'abord à des actions de dévastation avec beaucoup de succès et sans grand danger. Puis il choisit près de Castrum Mutilum[9] une position favorable et partit pour moissonner, car les blés étaient déjà mûrs. Mais il omit de faire reconnaître les environs et de mettre en place des détachements suffisamment forts pour pouvoir couvrir leurs camarades désarmés et tout à leur besogne ; les Gaulois, l'attaquant par surprise, l'encerclèrent donc avec ses moissonneurs. Même les hommes armés en furent emplis de terreur et prirent la fuite. Environ sept mille hommes, dispersés dans les blés, furent massacrés, parmi lesquels le préfet Caius Ampius lui-même ; la crainte refoula tous les autres dans le camp. Alors les soldats, sans chef reconnu, abandonnèrent la nuit suivante, d'un commun accord, une grande partie de leurs bagages et rejoignirent le consul à travers des reliefs boisés presque impraticables. Celui-ci, sans avoir

[4]quod in rebus dubiis, cum finitimi etiam socii Romanos desererent, in fide mansisset, et peterent ut, si coacti iniuriis bellum aduersus Philippum suscepissent, pristinum animum erga populum Romanum conseruaret.

[5]Eodem fere tempore P. Aelius consul in Gallia, cum audisset a Boiis ante suum aduentum incursiones in agros sociorum factas, [6]duabus legionibus subitariis tumultus eius causa scriptis additisque ad eas quattuor cohortibus de exercitu suo, C. Ampium praefectum socium hac tumultuaria manu per Vmbriam qua[m] tribum Sapiniam uocant agrum Boiorum inuadere iussit ; ipse eodem aperto itinere per montes duxit. [7]Ampius ingressus hostium fines primo populationes satis prospere ac tuto fecit. Delecto deinde ad Castrum Mutilum satis idoneo loco ad demetenda frumenta — iam enim maturae erant segetes — profectus neque explorato circa [8]nec stationibus satis firmis quae armatae inermes atque operi intentos tutarentur positis, improuiso impetu Gallorum cum frumentatoribus est circumuentus. [9]Inde pauor fugaque etiam armatos cepit. Ad septem milia hominum palata per segetes sunt caesa, inter quos ipse C. Ampius praefectus ; [10]ceteri in castra metu compulsi. Inde sine certo duce consensu militari proxima nocte, relicta magna parte rerum suarum, ad consulem per saltus prope inuios peruenere. [11]Qui nisi quod

II, **4** in fide mansisset *AEP NV L* : *om. B* || **6** C. *B* P^x *NV L* : consul *AEP* || Ampium *E* : Appium *B AP NV L* || qua *Madv.* : quam *codd.* || sapiniam *B* : sappi- *AEP N L* sabi- *V* || **7** Ampius *B* : Appius *AEP NV L* || mutilum *cf.* 33, 37, 2 : mutillum *AEP NV L* militum *B* || **8** quae *B EP V* : quam *A N* qua *L* || atque *B AEP NV* : *om. L* || tutarentur *B V* : -retur *AEP N L* || **9** C. *B P NV* : consul *AE* *om. L* || Ampius *B* : Appius *cett.* || **10** metu *B AEP NV* : *om. L.*

rien fait dans sa province qui vaille la peine d'être rappelé en dehors de la dévastation du territoire boien et d'un traité conclu avec les Ligures Ingauni[10], rentra à Rome.

III. La première fois qu'il réunit le Sénat, celui-ci demanda à l'unanimité que la question de Philippe et des plaintes des alliés fût traitée en priorité, et l'on mit aussitôt cette affaire à l'ordre du jour ; le Sénat, nombreux ce jour-là, prit un décret qui ordonnait au consul Publius Aelius d'envoyer un chef de son choix muni des pleins pouvoirs militaires prendre la flotte que Cnaeus Octavius[1] ramenait de Sicile, pour passer en Macédoine[2]. Il désigna Marcus Valérius Laevinus[3] : envoyé avec rang de propréteur, celui-ci reçut de Cnaeus Octavius, près de Vibo[4], trente-huit bateaux et les fit passer en Macédoine. Marcus Aurélius, qui avait été envoyé en ambassade[5], vint le trouver : il lui fit un rapport détaillé sur l'importance des armées et le nombre de bateaux que le roi avait réunis[6] et sur la façon dont lui-même incitait les gens à prendre les armes en faisant personnellement la tournée de toutes les villes du continent et même des îles ou en y envoyant ses agents : les Romains, concluait-il, devaient se préparer plus à fond à entreprendre la guerre, pour éviter que leurs hésitations ne permissent à Philippe d'oser ce que Pyrrhus avait déjà osé en partant d'un royaume sensiblement plus petit[7]. On décida qu'Aurélius enverrait par écrit ces informations aux consuls et au Sénat.

IV. A la fin de cette année[1], on discuta une proposition concernant les terres à distribuer aux vétérans qui, sous la conduite et les auspices de Scipion l'Africain,

populatus est Boiorum fines et cum Ingaunis Liguribus foedus icit, nihil quod esset memorabile aliud in prouincia cum gessisset, Romam rediit.

III. [1]Cum primum senatum habuit, uniuersis postulantibus ne quam prius rem quam de Philippo ac sociorum querellis ageret, relatum extemplo est; [2]decreuitque frequens senatus ut P. Aelius consul quem uideretur ei cum imperio mitteret qui, classe accepta quam ex Sicilia Cn. Octauius reduceret, in Macedoniam traiceret. [3]M. Valerius Laeuinus propraetor missus circa Vibonem duodequadraginta nauibus ab Cn. Octauio acceptis in Macedoniam transmisit. [4]Ad quem cum M. Aurelius legatus uenisset edocuissetque eum quantos exercitus, quantum nauium numerum comparasset rex, [5]quemadmodum circa omnes non continentis modo urbes sed etiam insulas partim ipse adeundo, partim per legatos conciret homines ad arma : [6]maiore conatu Romanis id capessendum bellum esse, ne cunctantibus iis auderet Philippus quod Pyrrhus prius ausus ex aliquanto minore regno esset — haec scribere eadem Aurelium consulibus senatuique placuit.

IV. [1]Exitu huius anni cum de agris ueterum militum relatum esset qui ductu atque auspicio P. Sci-

II, **11** et *B AEP NV* : ut *L* || ingaunis P^x : incaunis *cett.* || icit *edd. uett.* : iecit *codd.* fecit *Bessler.*

III, **1** ac sociorum *B* : sociorumque *cett.* || **2** P. *B P* L^2 *N* : praefectus *AEP*^{2} *om. V L* || aelius *AEP NV L* : aemilius *B* || Cn. *B* : c. P^x *NV* consul *AEP om. L* || **3** propraetor *B* L^2 : proconsul p r *cett.* || circa *B AEP NV* : *om. L* || Cn. *B* : c. *N* consule *AEP* om. *V L* || **4** quantos *B A V L* : quantus *EP N* || **5** quemadmodum *B* : et quem- *cett.* || conciret *B AEP* : concitaret *NV L* || **6** id *B NV* : ad *AEP L* || ne *AEP* L^2 *NV* : nec *B L* || senatuique *B* : et senatui *cett.*

IV, **1** P. *B NV L* : proconsulis *AEP.*

avaient en Afrique mené la guerre à son terme ; les sénateurs prirent un décret invitant le préteur urbain Marcus Iunius[2] à nommer, s'il le jugeait opportun, des décemvirs pour procéder à l'arpentage et à la répartition des terres qui, dans le Samnium et en Apulie, appartenaient au domaine public du peuple romain. Furent nommés : Publius Servilius, Quintus Caecilius Métellus, Caius et Marcus Servilius, surnommés tous deux Géminus (jumeaux), Lucius et Aulus Hostilius Caton, Publius Villius Tappulus, Marcus Fulvius Flaccus, Publius Aelius Paetus et Titus Quinctius Flamininus[3].

Vers la même date, les comices[4] se tinrent sous la présidence du consul Publius Aelius ; furent élus consuls Publius Sulpicius Galba et Caius Aurélius Cotta[5]. Aussitôt après, on nomma préteurs Quintus Minucius Rufus, Lucius Furius Purpurio, Quintus Fulvius Gillo et Caius Sergius Plautus. Les jeux scéniques romains furent cette année-là célébrés avec somptuosité et magnificence par les édiles curules Lucius Valérius Flaccus et Lucius Quinctius Flamininus[6] ; on en recommença deux journées ; en outre, les édiles distribuèrent au peuple, au prix de 4 as la mesure, avec une très grande honnêteté qui leur attira une égale reconnaissance, une quantité considérable de blé que Publius Scipion avait envoyée d'Afrique. Les jeux plébéiens, eux, furent recommencés entièrement trois fois par les édiles de la plèbe Lucius Apustius Fullo et Quintus Minucius Rufus[7], qui venait d'être nommé préteur à l'expiration de son édilité ; le banquet en l'honneur de Jupiter eut également lieu, à l'occasion des Jeux[8].

pionis in Africa bellum perfecissent, decreuerunt patres [2]ut M. Iunius praetor urbanus, si ei uideretur, decemuiros agro Samniti Apu*l*oque, quod eius publicum populi Romani esset, metiendo diuidendoque crearet. [3]Creati P. Seruilius Q. Caecilius Metellus C. et M. Seruilii — Geminis ambobus cognomen erat — L. et A. Hostilii Catones P. Villius Tap*p*ulus M. Fuluius Flaccus P. Aelius Paetus T. Quinctius Flamininus.

[4]Per eos dies P. Aelio consule comitia habente creati consules P. Sulpicius Galba C. Aurelius Cotta. Praetores exinde facti Q. Minucius Rufus L. Furius Purpurio Q. Fuluius Gillo C. Sergius Plautus. [5]Ludi Romani scaenici eo anno magnifice apparateque facti ab aedilibus curulibus L. Valerio Flacco et *L.* Quinctio Flaminino; biduum instauratum est; [6]frumentique uim ingentem quod ex Africa P. Scipio miserat quaternis aeris populo cum summa fide et gratia diuiserunt. [7]Et plebei ludi ter toti instaurati ab aedilibus plebi L. Apustio Fullone et Q. Minucio Rufo, qui ex aedilitate praetor creatus erat; et Iouis epulum fuit ludorum causa.

IV, 1 bellum *AEP NV L* : *om. B* ‖ **2** urbanus *A* : urbis *cett.* ‖ samniti *B AEP V* : -nitis *N L* ‖ apuloque *Edd. uett.* : apuscoque *B* adpuscosque *cett.* ‖ publicum *B AE V L* : -icus *P om. N* ‖ populi romani *B V* : publicae rei *AEP N L* ‖ **3** creati *B* : *add.* sed *ante* creati *cett.* ‖ P. *B* P^{x} *L* : proconsul *AEP NV* ‖ Q. *B* P^{x} *NV L* : quater *AEP* ‖ C. P^{x} L^{2} : consul *AEP NV L om. B* ‖ seruilii *EP N L* : -ilius *B A V* ‖ hostilii P^{x} : -iis *B AEP L* (?) hostilius *N* hostiliu *V* ‖ P. *B* P^{x} L^{2} *V* : proconsul *AEP N* (?) *L* ‖ tappulus *Gel.* : t. apuleius *codd.* ‖ P. *B* P^{x} *V L* : praetores *A* proconsul *EP N* ‖ T. *B* : *om. cett.* ‖ **4** P. *B* A^{2} P^{x} *V L* : proconsule *AEP N* ‖ consule *A* : côs *B* consulum *EP NV L* ‖ P. *B* A^{2} P^{x} *NV L* : proconsul *AEP* ‖ C. *B* A^{2} P^{x} *NV L* : consul *AEP* ‖ Q. *B* A^{2} P^{x} *NV L* : quater *AEP* ‖ L. *B* P^{x} *V* : libius *AEP N L* ‖ Q. *B* P^{x} *NV L* : quater *AEP* ‖ Gillo *Edd.* : gilo *AEP NV L* cilo *B* ‖ C. *B* A^{2} P^{x} *NV L* : consul *AEP* ‖ **5**. L. (quinct.) *Sigon.* : t. *codd.* ‖ **6**. P. *B* P^{x} *V L* : proconsul *AEP N* (?) ‖ **7** plebi *B* : -bis *EP NV L* pleb. *A*.

Déclaration de guerre à Philippe.

V. En l'an 551 de Rome[1], sous le consulat de Publius Sulpicius Galba et de Caius Aurélius, commença la guerre contre le roi Philippe, quelques mois après qu'on eut accordé la paix à Carthage. En priorité sur toutes les autres, aux Ides de Mars (jour où les consuls entraient alors en charge[2]), le consul Publius Sulpicius mit cette affaire en délibération au Sénat. Celui-ci prit un décret ordonnant aux consuls d'offrir un sacrifice de victimes adultes[3] aux dieux qu'ils choisiraient eux-mêmes, avec cette prière : « Puissent les projets du Sénat et du peuple romain concernant l'État et le début d'une nouvelle guerre avoir une bonne et heureuse issue pour le peuple romain, ses alliés et les peuples latins[4] » ; le décret stipulait aussi qu'après ce sacrifice et cette prière, les consuls consulteraient le Sénat sur la politique générale et sur les provinces.

Vers la même date, se produisirent deux faits propres à pousser les esprits à la guerre : d'une part, on apporta la lettre de l'ambassadeur Marcus Aurélius et du propréteur Marcus Valérius Laevinus ; d'autre part, arriva une nouvelle ambassade des Athéniens avec mission d'informer que le roi approchait de leurs frontières : bientôt, il serait maître, non seulement de la campagne, mais aussi de la ville, s'ils ne trouvaient du secours chez les Romains[5]. Les consuls ayant rendu compte que le sacrifice avait été accompli selon les rites, que les dieux — selon les haruspices[6] — avaient agréé leur prière, que les entrailles avaient été favorables et que cela laissait présager une extension de territoire, une victoire et un triomphe, on lut alors la lettre de Valérius et d'Aurélius, et l'on donna audience aux ambassadeurs athéniens. A la suite de ces auditions, on prit un sénatus-consulte remerciant ces alliés de ce que la crainte même d'un siège précédé d'un long harcèlement ne les avait pas détournés de leur fidélité ; sur l'envoi de secours, on décida de répondre quand les consuls auraient tiré leurs provinces

V. [1]Anno quingentesimo qu*inqu*agesimo primo ab urbe condita, P. Sulpicio Galba C. Aurelio consulibus, bellum cum rege Philippo initum est, paucis mensibus post pacem Carthaginiensibus datam. [2]Omnium primum eam rem idibus Martiis, quo die tum consulatus inibatur, P. Sulpicius consul rettulit [3]senatusque decreuit uti consules maioribus hostiis rem diuinam facerent quibus diis ipsis uideretur cum precatione ea, « [4]Quod senatus populusque Romanus de re publica deque ineundo nouo bello in animo haberet, ea res uti populo Romano sociisque ac nomini Latino bene ac feliciter eueniret »; secundum rem diuinam precationemque ut de re publica deque prouinciis senatum consulerent.

[5]Per eos dies opportune inritandis ad bellum animis et litterae ab M. Aurelio legato et M. Valerio Laeuino propraetore allatae et Atheniensium noua legatio uenit [6]quae regem adpropinquare finibus suis nuntiaret breuique non agros modo sed urbem etiam in dicione eius futuram nisi quid in Romanis auxilii foret. [7]Cum renuntiassent consules rem diuinam rite peractam esse et precationi adnuisse deos haruspices respondere laetaque exta fuisse et prolationem finium uictoriamque et triumphum portendi, tum litterae Valeri Aurelique lectae et legati Atheniensium auditi. [8]Senatus inde consultum factum est ut sociis gratiae agerentur quod diu sollicitati ne obsidionis quidem metu fide decessissent; [9]de auxilio mittendo tum responderi placere cum consules

V, 1 quinquagesimo *Glar.* : quadragesimo *codd.* || primo *L* : uno *B NV om. AEP* || C. *B AEP V L* : *om. N* || 2 inibatur *B AEP* : initiabatur *NV L* || 3 uti *B Frob*[2] : ut hi *codd. cett.* || ea quod *B* : eo quod *NV L* ea quidem *AEP* || 7 renuntiassent *B* : pern- *cett.* || peractam *B* : perfectam *cett.* || haruspices *B* : -cem *cett.* || 9 responderi *B* : -dere *cett.*

au sort et quand celui auquel serait échue la Macédoine aurait officiellement proposé au peuple de déclarer la guerre à Philippe, roi de Macédoine.

VI. La province de Macédoine échut[1] à Publius Sulpicius, qui fit afficher une proposition de loi demandant au peuple « s'il voulait, s'il ordonnait que la guerre fût déclarée au roi Philippe et à ses sujets, les Macédoniens, en raison des violations du droit et des agressions qu'il commettait contre des alliés du peuple romain ». A l'autre consul, Aurélius, échut la province d'Italie. Aussitôt après, les préteurs tirèrent au sort, Caius Sergius Plautus la préture urbaine, Quintus Fulvius Gillo la Sicile, Quintus Minucius Rufus le Bruttium, Lucius Furius Purpurio la Gaule[2]. La proposition de loi relative à la guerre de Macédoine fut repoussée aux premiers comices[3] où on la présenta, par presque toutes les centuries. Sans doute, épuisés par la longueur et le poids de la dernière guerre, les gens avaient-ils voté spontanément dans ce sens par lassitude des dangers et des fatigues ; mais il y eut aussi l'attitude du tribun de la plèbe Quintus Baebius qui, reprenant l'ancienne politique d'accusations calomnieuses contre les sénateurs, leur avait reproché de semer guerre sur guerre pour empêcher la plèbe de jamais jouir de la paix[4]. Les sénateurs le prirent mal et des attaques insultantes déchirèrent au Sénat le tribun de la plèbe ; chacun personnellement exhortait le consul à convoquer de nouveau les comices pour leur présenter la proposition, à fustiger la mollesse du peuple et à lui faire comprendre quel préjudice et quel déshonneur entraînerait l'ajournement de la guerre.

VII. Le consul, le jour des comices, fit convoquer au Champ de Mars[1] l'assemblée du peuple[2] avant de faire

prouincias sortiti essent atque is consul cui Macedonia prouincia euenisset ad populum tulisset ut Philippo regi Macedonum indiceretur bellum.

VI. [1]P. Sulpicio prouincia Macedonia sorti euenit isque rogationem promulgauit, « Vellent iuberent Philippo regi Macedonibusque qui sub regno eius essent, ob iniurias armaque inlata sociis populi Romani bellum indici. » [2]Alteri consulum Aurelio Italia prouincia obtigit. Praetores exinde sortiti sunt C. Sergius Plautus urbanam, Q. Fuluius Gillo Siciliam, Q. Minucius Rufus Bruttios, L. Furius Purpurio Galliam. [3]Rogatio de bello Macedonico primis comitiis ab omnibus ferme centuriis antiquata est. Id cum fessi diuturnitate et grauitate belli sua sponte homines taedio periculorum laborumque fecerant, [4]tum Q. Baebius tribunus plebis, uiam antiquam criminandi patres ingressus, incusauerat bella ex bellis seri ne pace unquam frui plebs posset. [5]Aegre eam rem passi patres laceratusque probris in senatu tribunus plebis et consulem pro se quisque hortari ut de integro comitia rogationi ferendae ediceret castigaretque segnitiam populi [6]atque edoceret quanto damno dedecorique dilatio ea belli futura esset.

VII. [1]Consul in campo Martio comitiis, priusquam centurias in suffragium mitteret, contione aduocata,

VI, 1 P. *B P*^{x} *NV L* : proconsuli *AEP* ‖ macedonia *B AEP V L* : -nica *N* ‖ sorti *B AEP N* : -tis *B*^{2} -te *V L* ‖ uellent *B AP NV L* : *om.* *E* ‖ 2 gillo *B A*^{2} *NV L* : gallo *AEP* ‖ L. *B P*^{x} *L* : libius *AEP NV* ‖ 4 incusauerat *B NV L* : incausa- *AEP* ‖ 5 tribunus plebis *B AEP V L* : titus romuleus *N* (populum *post* plebis *add.* *A*^{2}) ‖ 6 edoceret *B NV L* : doceret *AEP*.

voter les centuries et lui dit : « Vous ne me semblez pas comprendre, Quirites, que cette consultation n'a pas pour objet de décider si vous voulez la paix ou la guerre — Philippe, qui prépare sur terre comme sur mer une guerre formidable, ne vous laissera pas ce choix — mais si vous préférez faire passer vos légions en Macédoine ou voir l'ennemi venir en Italie. La différence que cela fait, vous en avez fait l'expérience au moins une fois dans votre histoire, lors de la guerre qui vient de s'achever[3]. Qui doute en effet que si, lorsque les Sagontins assiégés imploraient notre protection[4], nous les avions secourus rapidement comme l'avaient fait nos pères pour les Mamertins[5], nous aurions détourné sur l'Espagne tout le poids d'une guerre que nous avons vu s'installer en Italie par nos atermoiements, au prix d'immenses désastres ? On ne saurait non plus douter que notre ennemi d'aujourd'hui, ce même Philippe qui déjà s'était engagé auprès d'Hannibal, par l'envoi d'ambassadeurs et de lettres, à passer en Italie[6], ce soit en envoyant la flotte de Laevinus porter préventivement la guerre chez lui que nous l'avons retenu en Macédoine. Ce que nous avons fait alors, quand nous avions en Italie Hannibal pour ennemi, maintenant qu'Hannibal est chassé d'Italie et Carthage abattue, nous hésitons à le faire ! Permettons au roi par la prise d'Athènes, comme nous l'avons permis à Hannibal par la prise de Sagonte, d'éprouver notre mollesse : ce n'est pas quatre mois après, comme Hannibal qui venait de Sagonte, mais quatre jours après avoir levé l'ancre de Corinthe, qu'il arrivera en Italie.

Philippe, je le veux bien, n'égale pas Hannibal, ni les Macédoniens les Carthaginois[7] : vous l'égalerez du moins à Pyrrhus[8]. Que dis-je « vous l'égalerez » ? Combien l'homme l'emporte sur l'homme, la nation sur la nation !

« [2]Ignorare, inquit, mihi uidemini, Quirites, non utrum bellum an pacem habeatis uos consuli — neque enim liberum id uobis Philippus permittet, qui terra marique ingens bellum molitur — sed utrum in Macedoniam legiones transportetis an hostes in Italiam accipiatis. [3]Hoc quantum intersit, si nunquam ante alias, [Punico] proximo certe bello experti estis. Quis enim dubitat quin, si Saguntinis obsessis fidemque nostram implorantibus impigre tulissemus opem, sicut patres nostri Mamertinis tulerant, totum in Hispaniam auersuri bellum fuerimus, quod cunctando cum summa clade nostra in Italiam accepimus? [4]Ne illud quidem dubium est quin hunc ipsum Philippum, pactum iam per legatos litterasque cum Hannibale ut in Italiam traiceret, misso cum classe Laeuino qui ultro ei bellum inferret, in Macedonia continuerimus. [5]Et quod tunc fecimus, cum hostem Hannibalem in Italia haberemus, id nunc pulso Italia Hannibale, deuictis Carthaginiensibus cunctamur facere? [6]Patiamur expugnandis Athenis, sicut Sagunto expugnando Hannibalem passi sumus, segnitiam nostram experiri regem : [7]non quinto inde mense, quemadmodum ab Sagunto Hannibal, sed quinto [inde] die quam ab Corintho soluerit naues, in Italiam perueniet.

[8]Ne aequaueritis Hannibali Philippum nec Carthaginiensibus Macedonas : Pyrrho certe aequabitis. ⟨Aequabitis⟩ dico? Quantum uel uir uiro uel gens

VII, 2 mihi *hic B* : *post* uidemini *cett.* || macedoniam *B N L* : -nia *AEP V* || hostes *B* : -tem *cett.* || 3 ante *AEP NV L* : *om. B* || punico *codd.* : *secl. Madv.*, *post* certe *transfert M. Müller* || 4 ut... traiceret *B* : (*om.* ut)... traicere *cett.* || 7 quinto (...mense) *B NV L* : in *ante* quinto *add. AEP* || inde (die inde *B* inde die *cett.*) *secl. Madv.* || 8 nec *B NV L* : ne *AEP* || aequabitis *add. Jacob auctore Schuetzio* || uel *B AP* : *om. NV L* (uel uir uiro *om. E*).

L'Épire n'a jamais été et n'est encore aujourd'hui qu'un bien mince appendice pour le royaume de Macédoine. Philippe est maître de tout le Péloponnèse et d'Argos même, non moins célèbre pour la mort de Pyrrhus que pour son antique gloire. Comparez maintenant notre situation alors et aujourd'hui. Combien plus florissante était l'Italie, intactes nos forces ! Nous avions alors nos généraux, et toutes les armées que la guerre contre Carthage engloutit par la suite. Pyrrhus, s'attaquant à tout cela, réussit cependant à l'ébranler et, victorieux, parvint presque aux portes de Rome même[9] ! Ce ne sont pas seulement les Tarentins et les habitants de ces rivages d'Italie que l'on appelle Grande Grèce qui nous abandonnèrent — on pouvait s'attendre qu'ils suivraient un homme qui parlait leur langue et était Grec comme eux — mais les Lucaniens, les Bruttiens et les Samnites. Ces gens-là, si Philippe passe en Italie, croyez vous qu'ils resteront tranquilles ou qu'ils nous demeureront fidèles? Vous avez vu comme ils le sont restés par la suite, pendant la guerre contre Carthage ! Jamais ces peuples, sauf s'ils n'ont personne à qui passer, ne manqueront de nous trahir[10]. Si vous aviez répugné à passer en Afrique, Hannibal et les Carthaginois seraient encore à faire la guerre chez vous, en Italie. Que la Macédoine supporte la guerre plutôt que l'Italie ; que ce soient les villes et les champs de l'ennemi qui subissent la dévastation par le fer et par le feu. L'expérience nous l'a montré : c'est à l'étranger plutôt que chez nous que nos armes sont heureuses et puissantes.

Allez voter avec l'assistance des dieux et donnez force de loi à la décision du Sénat. Ce vote, ce n'est pas seulement le consul qui vous y pousse, mais aussi les dieux immortels qui, à mon sacrifice et à ma prière que la guerre eût une bonne et heureuse issue pour moi, pour le Sénat et pour vous, pour les alliés et les peuples latins, pour nos flottes et nos armées, n'ont répondu que par des présages favorables et conformes à vos espérances ».

genti praestat! [9]Minima accessio semper Epirus regno Macedoniae fuit et hodie est. Peloponnesum totam in dicione Philippus habet *Argosque ipsos, non uetere fama magis quam morte Pyrrhi nobilitatos. [10]Nostra nunc comparate. Quanto magis florentem Italiam, quanto magis integras res, saluis ducibus, saluis tot exercitibus quos Punicum postea bellum absumpsit, adgressus Pyrrhus tamen concussit et uictor prope ad ipsam urbem Romanam uenit! [11]Nec Tarentini modo oraque illa Italiae quam maiorem Graeciam uocant, ut linguam, ut nomen secutos crederes, sed Lucanus et Bruttius et Samnis ab nobis defecerunt. [12]Haec uos, si Philippus in Italiam transmiserit, quietura aut mansura in fide creditis? Manserunt enim Punico postea bello! Nunquam isti populi, nisi cum deerit ad quem desciscant, ab nobis non deficient. [13]Si piguisset uos in Africam traicere, hodie in Italia Hannibalem et Carthaginienses hostes haberetis. Macedonia potius quam Italia bellum habeat : hostium urbes agrique ferro atque igni uastentur. [14]Experti iam sumus foris nobis quam domi feliciora potentioraque arma esse.

Ite in suffragium bene iuuantibus diuis et quae patres censuerunt uos iubete. [15]Huius uobis sententiae non consul modo auctor est sed etiam di immortales, qui mihi sacrificanti precantique ut hoc bellum mihi, senatui uobisque, sociis ac nomini Latino, classibus exercitibusque nostris bene ac feliciter eueniret, laeta omnia prosperaque portendere. »

VII, 9 in dicione *B* : in dicionem *AEP V L* macedonem *N* || argosque *Edd. uett.* : agrosque *codd.* || 10 comparate *P*ˣ *Gron.* : compara *codd. cett.* || integras *AEP NV L* : -gra *B* || romanam *B NV L* : romam *AEP* || 11 ut (nomen) *B AEP V* : et *N L* || 14 arma esse *AEP NV L* : *om.* *B* || 15 etiam *AEP NV L* : iam *B* || uobisque *B*¹ : uobis *B* uobisque et *cett.* (et et *N*).

VIII. Après ce discours, on fit voter le peuple, qui décida la guerre en approuvant le projet de loi. Puis les consuls, en vertu d'un sénatus-consulte, décrétèrent trois jours de supplications[1] : près de tous leurs lits de parade, on conjura les dieux de donner à la guerre que le peuple avait décidée contre Philippe une bonne et heureuse issue ; le consul Sulpicius consulta les féciaux[2] sur le processus à suivre pour déclarer la guerre au roi Philippe : fallait-il absolument la lui notifier à lui-même, ou suffisait-il de la notifier, sur le territoire de son royaume, à la garnison la plus proche ? Les féciaux décidèrent que, d'une façon ou de l'autre, on agirait correctement. Les sénateurs autorisèrent le consul à désigner un ambassadeur de son choix parmi les féciaux qui n'étaient pas membres du Sénat et à l'envoyer déclarer la guerre au roi.

On prit alors des mesures concernant les armées des consuls et des préteurs. Les consuls reçurent l'ordre d'enrôler chacun deux légions et de licencier les anciennes armées. Sulpicius, que l'on venait de charger d'une guerre pleine d'éléments inconnus contre un prestigieux adversaire, fut autorisé à prélever, sur l'armée que Publius Scipion avait ramenée d'Afrique[3], les volontaires qu'il pourrait y trouver ; mais il n'aurait pas le droit de prendre un soldat de l'ancienne armée contre son gré. A chacun des préteurs Lucius Furius Purpurio et Quintus Minucius Rufus, les consuls devaient donner cinq mille alliés latins[4] ; ces forces devaient leur permettre de tenir leurs provinces : Gaule pour le premier, Bruttium pour le second. Quintus Fulvius Gillo reçut l'ordre de choisir lui-même, dans l'ancienne armée du consul Publius Aelius[5], les hommes qui avaient le moins d'années de service, en attendant d'avoir réuni lui aussi cinq mille

VIII. [1]Ab hac oratione in suffragium missi, uti rogaret, bellum iusserunt. [2]Supplicatio inde a consulibus in triduum ex senatus consulto indicta est, obsecratique circa omnia puluinaria di ut quod bellum cum Philippo populus iussisset, id bene ac feliciter eueniret; [3]consultique fetiales ab consule Sulpicio, bellum quod indiceretur regi Philippo utrum ipsi utique nuntiari iuberent an satis esset in finibus regni quod proximum praesidium esset, eo nuntiari. Fetiales decreuerunt utrum eorum fecisset recte facturum. [4]Consuli a patribus permissum ut quem uideretur ex iis qui extra senatum essent legatum mitteret ad bellum regi indicendum.

[5]Tum de exercitibus consulum praetorumque actum. Consules binas legiones scribere iussi, ueteres dimittere exercitus. [6]Sulpicio, cui nouum ac magni nominis bellum decretum erat, permissum ut de exercitu quem P. Scipio ex Africa deportasset uoluntarios, quos posset, duceret : inuitum ne quem militem ueterem ducendi ius esset. [7]Praetoribus L. Furio Purpurioni et Q. Minucio Rufo quina milia socium Latini nominis consules darent, quibus praesidiis alter Galliam, alter Bruttios prouinciam obtineret. [8]Q. Fuluius Gillo ipse iussus ex eo exercitu quem P. Aelius consul habuisset, ut quisque minime multa stipendia haberet, legere, donec et ipse quinque milia

VIII, **1** rogaret *codd.* : -rat *Edd. uett.* rogas *Sigon. Madv.* || **2** obsecratique *B AEP N L* : -taque *V* || ut *B A*² *NV L* : *om. AEP* || **3** fetiales *B AEP N L* : -ale *V* || ab *B AEP L* : sub *NV* || iuberent *AEP L* : -ret *B NV* || quod *B NV L* : quo *AEP* || eo *B AEP V L* : *om. N* || **4** a *B AEP L*² : ac *NV L* || **5** exercitibus *AEP NV L* : -tu *B* || **6** magni *B P L*² : -num *AE NV L* || ius esset *B AEP L*² : iussisset *NV L* || **7** L. *B P*ˣ : laelio *AEP L* laelius *NV* || consules darent *B* (*sed* cos) : consul daret *cett.*

soldats alliés et latins : ce contingent défendrait la province de Sicile[6]. Marcus Valérius Falto, qui avait eu comme préteur l'année précédente la province de Campanie[7], vit son commandement prorogé pour une année et fut transféré en Sardaigne en qualité de propréteur : lui aussi prendrait, dans l'armée qui était sur place, cinq mille alliés latins, en choisissant ceux qui auraient le moins d'années de service. Les consuls reçurent encore l'ordre d'enrôler deux légions urbaines[8], qu'on enverrait là où la situation pourrait l'exiger, car bien des peuples d'Italie avaient « collaboré » avec les Carthaginois pendant la guerre, et la colère fermentait encore en eux. C'est donc de six légions romaines que l'État allait disposer cette année-là.

IX. En plein dans ces préparatifs de guerre, arrivèrent des ambassadeurs mandés par le roi Ptolémée pour informer le Sénat que les Athéniens avaient sollicité du roi son aide contre Philippe[1] ; mais, disaient-ils, quoique les Athéniens fussent ses alliés aussi bien que ceux de Rome, le roi n'enverrait en Grèce ni flotte ni armée pour défendre ou attaquer qui que ce fût sans l'agrément exprès du peuple romain ; il resterait dans son royaume sans intervenir s'il plaisait au peuple romain de défendre ses alliés ; s'ils le préféraient, il permettrait aux Romains de ne pas bouger et enverrait lui-même des secours qui pourraient facilement protéger Athènes contre Philippe. Le Sénat remercia le roi et répondit que le peuple romain avait l'intention d'assurer la protection de ses alliés ; s'il était besoin de quelque chose pour cette guerre, les sénateurs le feraient savoir au roi, car ils savaient que les ressources de son royaume

socium ac nominis Latini effecisset : id praesidio Siciliae prouinciae esset. [9]M. Valerio Faltoni, qui praetor priore anno Campaniam prouinciam habuerat, prorogatum in annum imperium est, [10]uti pro praetore in Sardiniam traiceret ; is quoque de exercitu qui ibi esset quinque milia socium nominis Latini, qui eorum minime multa stipendia haberent, legeret. [11]Et consules duas urbanas legiones scribere iussi, quae si quo res posceret, multis in Italia contactis gentibus Punici belli societate iraque inde tumentibus, mitterentur. Sex legionibus Romanis eo anno usura res publica erat.

IX. [1]In ipso apparatu belli legati a rege Ptolomaeo uenerunt qui nuntiarent Athenienses aduersus Philippum petisse ab rege auxilium : [2]ceterum, etsi communes socii sint, tamen nisi ex auctoritate populi Romani neque classem neque exercitum defendendi aut oppugnandi cuiusquam causa regem in Graeciam missurum esse : [3]uel quieturum eum in regno, si populo Romano socios defendere libeat, uel Romanos quiescere, si malint, passurum atque ipsum auxilia, quae facile aduersus Philippum tueri Athenas possent, missurum. [4]Gratiae regi ab senatu actae responsumque tutari socios populo Romano in animo esse : si qua re ad id bellum opus sit indicaturos regi, regnique

VIII, 8 id praesidio... esset *B* A^2 (*om.* esset) *NV L* : *om. AEP* (-dii) *Madv.* || 9 ualerio *B NV* : aurelio *AEP L* || faltoni *AEP* : -coni *B NV L* || praetor *B AEP N L* : p pr *V* || 10 pro praetore : pro pr *B* pro populo romano *cett.* propraetor *Edd. uett.* || is quoque *B* : quoque *Frob*[2] quodque *cett.* || haberent *Muret* : -ret *codd.* || 11 publica *B AP NV L* : *om. E.*

IX, 3 libeat *N L* : -ceat *B AEP* -cebat *V* || malint *B AE NV L* : -lit *P* || ipsum *B AE NV L* : *om. P* || quae *B* P^2 *Frob*[2] : qua *AEP NV L* || 4 populo romano *B* : -li -ni *AEP L* p r *NV*.

constituaient de solides et fidèles soutiens pour leur État. Sur décret du Sénat, un présent de 5.000 sesterces fut ensuite remis à chacun des ambassadeurs.

Pendant que les consuls mobilisaient les troupes et rassemblaient les ressources nécessaires à la guerre, l'État, très attentif aux rites religieux, surtout au début de nouvelles guerres, ne se borna pas aux supplications et aux prières qu'il avait déjà fait faire[2] près de tous les lits de parade des dieux : pour ne rien omettre de ce qu'on avait pu faire autrefois dans les mêmes circonstances, il ordonna au consul qui avait obtenu la province de Macédoine[3] de vouer à Jupiter des jeux et une offrande. L'exécution de ce vœu de l'État fut retardée par le grand pontife Licinius[4], qui déclara que l'on ne devait pas faire un vœu sans fixer son coût parce qu'on ne pouvait employer cet argent pour la guerre[5], mais qu'il fallait aussitôt le mettre de côté et ne le mélanger à aucun autre ; autrement, le vœu ne serait pas accompli régulièrement. L'argument et la personnalité de celui qui l'invoquait firent impression ; pourtant, on invita le consul à en référer au collège des pontifes[6], pour savoir si l'on pouvait faire régulièrement un vœu dont le coût n'était pas fixé. Les pontifes décidèrent qu'on le pouvait, et que cela était même plus régulier. Pour prononcer le vœu, le consul utilisa — sous la dictée du grand pontife — la formule traditionnellement employée pour les vœux quinquennaux[7] ; il s'en écarta toutefois sur un point, s'engageant à financer les jeux et l'offrande avec la somme que le Sénat fixerait lors de l'accomplissement du vœu[8]. Huit fois, auparavant, on avait voué les Grands Jeux[9] en en fixant le coût ; ceux-ci furent les premiers à être voués sans que ce montant fût fixé.

Affaires d'Occident. X. La guerre de Macédoine retenait l'attention de tout le monde quand, soudain — c'était la dernière chose qu'on craignait à ce moment — se répandit la nouvelle

eius opes scire subsidia firma ac fidelia suae rei publicae esse. [5]Munera deinde legatis in singulos quinum milium aeris ex senatus consulto missa.

Cum dilectum consules haberent pararentque quae ad bellum opus essent, ciuitas religiosa in principiis maxime nouorum bellorum, [6]supplicationibus habitis iam et obsecratione circa omnia puluinaria facta, ne quid praetermitteretur quod aliquando factum esset, ludos Ioui donumque uouere consulem cui prouincia Macedonia euenisset iussit. [7]Moram uoto publico Licinius pontifex maximus attulit, qui negauit ex incerta pecunia uoueri debere, quia ea pecunia non posset in bellum usui esse seponique statim deberet nec cum alia pecunia misceri : quod si factum esset, uotum rite solui non posse. [8]Quamquam et res et auctor mouebat, tamen ad collegium pontificum referre consul iussus si posset recte uotum incertae pecuniae suscipi. Posse rectiusque etiam esse pontifices decreuerunt. [9]Vouit in eadem uerba consul praeeunte maximo pontifice quibus antea quinquennalia uota suscipi solita erant, [10]praeterquam quod tanta pecunia quantam tum cum solueretur senatus censuisset ludos donaque facturum uouit. Octiens ante ludi magni de certa pecunia uoti erant, hi primi de incerta.

X. [1]Omnium animis in bellum Macedonicum uersis repente, nihil minus eo tempore timentibus, Gallici

IX, 5 quinum milium *B Sp?* : quina milia quinquaginta *cett.* || quae *B AEP V L* : *om. N* || 7 uoueri *Crev.* : -ere *codd.* || quia ea *Bekker* : quia *B* si ea *cett.* || seponi que *B* : re- *cett.* || 8 si posset B^1 *AEP NV L* : *om.* si *B* || 10 quantam tum B^1 *L* (*om.* tum) : qua tamen tum *B* quam tantum P^x *NV* quam tam tum *AEP* || octiens *B NV* L^2 : totiens *AEP L* || de certa B^1 *AEP NV L* : decreta *B*.

d'un soulèvement gaulois. Les Insubres, les Cénomans et les Boiens[1] avaient ameuté les Célines, les Ilvates et tous les autres peuples ligures[2] puis, sous le commandement du Carthaginois Hamilcar[3], ancien officier de l'armée d'Hasdrubal qui était resté dans la région, s'étaient jetés sur Plaisance[4] ; dans un accès de fureur, ils pillent la ville et en incendient une grande partie, y laissant à peine deux mille hommes au milieu des incendies et des ruines ; puis ils traversent le Pô et marchent sur Crémone pour la mettre à sac. La nouvelle du désastre subi par la ville voisine donna aux colons le temps de fermer leurs portes et de disposer des troupes sur les remparts : ainsi faudrait-il au moins les assiéger avant de les réduire et pourraient-ils envoyer des messagers au préteur romain. Le commandement de la province était alors entre les mains de Lucius Furius Purpurio qui, conformément au sénatus-consulte, avait licencié toute son armée à l'exception de cinq mille alliés et Latins[5] ; il stationnait avec ces troupes dans la partie de sa province la plus proche, près d'Ariminum[6]. Il informa alors le Sénat par écrit de l'état de trouble dans lequel se trouvait sa province : des deux colonies rescapées de la formidable tempête de la guerre contre Carthage, l'ennemi avait pris et pillé l'une, il était en train d'assiéger l'autre : quant à son armée, elle n'offrirait pas un secours suffisant aux colons en danger, à moins qu'il ne voulût faire massacrer cinq mille alliés par quarante mille ennemis — c'était le nombre des Gaulois qui avaient pris les armes — et voir grandir, par l'immense désastre qu'il subirait, les dispositions belliqueuses de l'ennemi, déjà exaltées par la destruction d'une colonie romaine.

XI. Après audition de cette lettre, les sénateurs décidèrent que le consul Caius Aurélius donnerait ordre à l'armée de se trouver à Ariminum à la date qu'il lui avait précédemment fixée pour se concentrer en Étrurie. Quant à lui, ou bien il partirait en personne écraser le

tumultus fama exorta. [2]Insubres Cenomanique et Boii excitis Celinibus Iluatibusque et ceteris Ligustinis populis, Hamilcare Poeno duce, qui in iis locis de Hasdrubalis exercitu substiterat, Placentiam inuaserant ; [3]et direpta urbe ac per iram magna ex parte incensa, uix duobus milibus hominum inter incendia ruinasque relictis, traiecto Pado ad Cremonam diripiendam pergunt. [4]Vicinae urbis audita clades spatium colonis dedit ad claudendas portas praesidiaque per muros disponenda, ut obsiderentur tamen prius quam expugnarentur nuntiosque mitterent ad praetorem Romanum. [5]L. Furius Purpurio tum prouinciae praeerat, cetero ex senatus consulto exercitu dimisso praeter quinque milia socium ac Latini nominis ; cum iis copiis in proxima regione prouinciae circa Ariminum substiterat. Is tum senatui scripsit quo in tumultu prouincia esset : [6]duarum coloniarum quae ingentem illam tempestatem Punici belli subterfugissent alteram captam ac direptam ab hostibus, alteram oppugnari ; [7]nec in exercitu suo satis praesidii colonis laborantibus fore nisi quinque milia socium quadraginta milibus hostium — tot enim in armis esse — trucidanda obicere uelit et tanta sua clade iam inflatos excidio coloniae Romanae augeri hostium animos.

XI. [1]His litteris recitatis decreuerunt ut C. Aurelius consul exercitum, cui in Etruriam ad conueniendum diem edixerat, Arimini eadem die adesse iuberet [2]et aut ipse, si per commodum rei publicae posset, ad opprimendum Gallicum tumultum profi-

X, 2 insubres *B AEP N L* : -bre *V* || celinibus *B* : seli- *cett.* || 4 nuntiosque *B AEP V L* : nup- *N* || 5 L. *B* : liuius *cett.*

XI, 1 exercitum *B AEP N L* : -tuum *V*.

soulèvement gaulois s'il le pouvait sans nuire à l'État, ou bien il écrirait au préteur[1] de faire remplacer, quand il les aurait reçues, les légions d'Étrurie par cinq mille alliés qui, provisoirement, défendraient l'Étrurie[2], et de partir lui-même délivrer la colonie assiégée.

Ils décidèrent aussi d'envoyer une mission diplomatique en Afrique, d'abord à Carthage, puis en Numidie auprès de Massinissa[3]. A Carthage, pour notifier aux Carthaginois qu'un de leurs concitoyens, Hamilcar, laissé en Gaule après le passage de l'armée d'Hasdrubal ou, plus tard, de celle de Magon — on ne savait pas bien — faisait la guerre en violation du traité et avait appelé aux armes contre le peuple romain des armées de Gaulois et de Ligures ; s'ils voulaient le maintien de la paix, ils devaient le rappeler et le livrer au peuple romain. Les ambassadeurs reçurent en même temps pour mission de notifier que les déserteurs ne leur avaient pas tous été remis et que, selon des rapports, beaucoup d'entre eux se montraient publiquement à Carthage : il fallait les faire rechercher et arrêter pour les rendre aux Romains conformément au traité[4]. Telles étaient les instructions pour Carthage. En ce qui concerne Massinissa[5], les ambassadeurs avaient mission de le féliciter d'avoir non seulement recouvré le royaume de ses pères, mais encore de l'avoir agrandi en y ajoutant la partie la plus riche du territoire de Syphax. Ils devaient en outre lui annoncer qu'on avait entrepris la guerre contre le roi Philippe parce qu'il avait aidé les Carthaginois[6], qu'en attaquant au mépris du droit les alliés du peuple romain, il l'avait contraint à envoyer en Grèce des flottes et des armées à un moment où la guerre faisait rage en Italie, et qu'en obligeant les forces romaines à combattre sur deux fronts il avait été l'une des causes principales du retard apporté à l'expédition d'Afrique ; enfin, ils devaient lui demander d'envoyer pour cette guerre un contingent d'appoint, sous forme de cavaliers numides. On leur confia, pour être remis au roi, de magnifiques présents : vaisselle d'or et d'argent, une toge de pourpre et une tunique palmée avec un sceptre d'ivoire, ainsi qu'une toge prétexte avec une chaise curule[7] ;

cisceretur aut [Q. Minucio] praetori scriberet [3]ut, cum ad eum legiones ex Etruria uenissent, missis in uicem earum quinque milibus sociorum quae interim Etruriae praesidio essent, proficisceretur ipse ad coloniam liberandam obsidione.

[4]Legatos item mittendos in Africam censuerunt, eosdem Carthaginem, eosdem in Numidiam ad Masinissam. [5]Carthaginem ut nuntiarent ciuem eorum Hamilcarem relictum in Gallia — haud satis scire ex Hasdrubalis prius an ex Magonis postea exercitu — [6]bellum contra foedus facere, exercitus Gallorum Ligurumque exciuisse ad arma contra populum Romanum; eum, si pax placeret, reuocandum illis et dedendum populo Romano esse. [7]Simul nuntiare iussi perfugas sibi non omnes redditos esse ac magnam partem eorum palam Carthagini obuersari dici; quos comprehendi conquirique debere ut sibi ex foedere restituantur. [8]Haec ad Carthaginienses mandata. Masinissae gratulari iussi quod non patrium modo reciperasset regnum sed parte florentissima Syphacis finium adiecta etiam auxisset. [9]Nuntiare praeterea iussi bellum cum rege Philippo susceptum, quod Carthaginienses auxiliis iuuisset [10]iniuriasque inferendo sociis populi Romani flagrante bello Italia coegisset classes exercitusque in Graeciam mitti et distinendo copias causa in primis fuisset serius in Africam traiciendi; peterentque ut ad id bellum mitteret auxilia Numidarum equitum. [11]Dona ampla data quae ferrent regi, uasa aurea argenteaque, toga purpurea et palmata tunica cum eburneo scipione

XI, 2 Q. Minucio *codd.* : *secl. M. Müller corr.* L. Furio *Mediol.* || 4 eosdem in numidiam... carthaginem *B NV L Sp* : *om. AEP* || 9 iussi *codd.* : *secl. Gron.* || iuuisset *P*[x] *NV L* : -ssent *B AEP* || 10 italia *B* : in it- *cett.* || 11 tunica *B AEP N L* : -am *V*.

on les chargea aussi de lui promettre que, s'il déclarait avoir besoin de quelque chose [8] pour consolider ou accroître son royaume, le peuple romain ferait tous ses efforts pour le lui fournir en reconnaissance des services rendus.

De leur côté, des ambassadeurs de Vermina, fils de Syphax [9], vinrent vers la même date s'adresser au Sénat : ils invoquaient, pour les erreurs de leur maître, l'excuse de la jeunesse, et rejetaient toute la faute sur la mauvaise foi des Carthaginois ; Massinissa aussi avait été l'ennemi de Rome avant de devenir son ami : Vermina, de même, s'efforcerait de n'être vaincu en bons offices à l'égard du peuple romain ni par Massinissa ni par personne d'autre ; il demandait que le Sénat lui reconnût les titres de roi, d'allié et d'ami [10]. On répondit aux ambassadeurs que son père Syphax s'était sans raison valable transformé brusquement d'allié et d'ami en ennemi du peuple romain [11] et que lui-même avait fait ses premières armes en harcelant les Romains sans relâche [12] ; il devait donc commencer par demander la paix au peuple romain avant de prétendre aux titres de roi, d'allié et d'ami : le peuple romain n'avait accoutumé de conférer l'honneur de tels titres qu'aux rois qui s'étaient acquis de grands mérites à son égard. Une ambassade romaine allait se trouver en Afrique, mandatée par le Sénat pour faire connaître les conditions de paix à Vermina ; celui-ci devait laisser pleine et entière discrétion au peuple romain en cette affaire : s'il voulait ajouter, retrancher ou changer quelque chose à ces conditions, il devrait adresser au Sénat une nouvelle requête. Une ambassade munie de ces instructions fut envoyée en Afrique, composée de Caius Térentius Varron, Spurius Lucrétius et Cnaeus Octavius [13] ; on leur donna à chacun une quinquérème.

et toga praetexta cum curuli sella; [12]iussique polliceri, si quid ei ad firmandum augendumque regnum opus esse indicasset, enixe id populum Romanum merito eius praestaturum.

[13]Verminae quoque Syphacis filii legati per eos dies senatum adierunt excusantes errorem adulescentiamque et culpam omnem in fraudem Carthaginiensium auertentes: [14]et Masinissam Romanis ex hoste amicum factum, Verminam quoque adnisurum ne officiis in populum Romanum aut a Masinissa aut ab ullo alio uincatur; petere ut rex sociusque et amicus ab senatu appellaretur. [15]Responsum legatis est et patrem eius Syphacem sine causa ex socio et amico hostem repente populi Romani factum et eum ipsum rudimentum adulescentiae bello lacessentem Romanos posuisse; [16]itaque pacem illi prius petendam ab populo Romano esse quam ut rex sociusque et amicus appelletur: nominis eius honorem pro magnis erga se regum meritis dare populum Romanum consuesse. [17]Legatos Romanos in Africa fore, quibus mandaturum senatum ut Verminae pacis dent leges, liberum arbitrium eius populo Romano permittent*i*: si quid ad eas addi, demi mutariue uellet, rursus ab senatu ei postulandum fore. [18]Legati cum iis mandatis in Africam missi C. Terentius Varro Sp. Lucretius Cn. Octauius, quinqueremes singulis datae.

XI, **12** ei *codd.* : eis *Madv.* sibi *Gron. M. Müller* etiam *Weidner* || indicasset *B NV L* : iu- *AEP* || populum romanum *B AEP N L* : -lo -no *V* || **14** populum romanum *B AEP* L^2 : -lo -no *N L* p r *V* || a *B AE NV L* : *om. P* || **15** lacessentem *B NV L* : -te *AEP* || **17** permittenti *A. Rubens* : -nte *codd.* || mutariue *AEP NV L* : mutari *B* || **18** Sp. *B* : *om. cett.* || Cn. *B* : *om. cett.*

XII. Puis on lut au Sénat une lettre du préteur Quintus Minucius, qui avait le Bruttium pour province : de l'argent avait été dérobé nuitamment à Locres dans le trésor de Proserpine, sans qu'aucun indice permît d'identifier les auteurs de ce forfait[1]. Le Sénat s'indigna de voir que les sacrilèges ne cessaient pas et que pas même le cas de Pléminius, exemple si éclatant et si récent du crime comme du châtiment, n'en détournait les gens[2]. On chargea le consul Caius Aurélius de communiquer par écrit au préteur, dans le Bruttium, la décision du Sénat prescrivant qu'une enquête soit menée sur le pillage de ce trésor en prenant pour modèle celle que le préteur Marcus Pomponius avait menée trois ans auparavant[3] ; l'argent qu'on retrouverait serait restitué au trésor ; si l'on ne retrouvait pas tout, on compléterait la somme et l'on ferait — si le préteur le jugeait nécessaire — des sacrifices expiatoires, conformément à une décision précédente des pontifes[4]. Le soin que l'on apporta à expier la violation de ce temple fut encore accru par des prodiges que, vers la même époque, on signalait en maint endroit. Selon divers rapports, en Lucanie, le ciel s'était embrasé ; à Privernum[5], par temps clair, le soleil avait été rouge toute une journée ; à Lanuvium[6], dans le temple de Junon Sospita, un énorme vacarme avait éclaté pendant la nuit. Des nouvelles récentes signalaient en maint endroit des naissances de mauvais augure : en Sabine, était né un bébé dont on ne savait s'il était garçon ou fille, et l'on avait découvert un autre enfant, déjà âgé de seize ans, dont le sexe aussi était douteux ; à Frusino[7] était né un agneau à tête de cochon ; à Sinuessa[8] un porc à tête humaine ; en Lucanie, sur le domaine public[9], un poulain à cinq pattes. On jugea toutes ces créatures scandaleuses et aberrantes, fruits d'une nature qui s'égarait à mélanger les espèces : mais plus que toutes les autres on repoussa comme particulièrement funestes[10] les hermaphrodites, que l'on fit incontinent jeter à la mer comme on l'avait fait tout récemment, sous le consulat de Caius Claudius et de Marcus Livius, pour un monstre de la même espèce[11].

XII. [1]Litterae deinde in senatu recitatae sunt Q. Minuci praetoris, cui Bruttii prouincia erat : pecuniam Locris ex Proserpinae thesauris nocte clam sublatam nec ad quos pertineat facinus uestigia ulla exstare. [2]Indigne passus senatus non cessari ab sacrilegiis et ne Pleminium quidem, tam clarum recensque noxae simul ac poenae exemplum, homines deterrere. [3]C. Aurelio consuli negotium datum ut ad praetorem in Bruttios scriberet : senatui placere quaestionem de expilatis thesauris eodem exemplo haberi quo M. Pomponius praetor triennio ante habuisset ; [4]quae inuenta pecunia esset, reponi ; si quo minus inuentum foret, expleri ac piacularia, si uideretur, sicut ante pontifices censuissent, fieri. [5]Curam expiandae uiolationis eius templi prodigia etiam sub idem tempus pluribus locis nuntiata accenderunt. In Lucanis caelum arsisse adferebant, Priuerni sereno per diem totum rubrum solem fuisse, [6]Lanuui *in* templo Sospitae Iunonis nocte strepitum ingentem exortum. Iam animalium obsceni fetus pluribus locis nuntiabantur : in Sabinis incertus infans natus, masculus an femina esset, alter sedecim iam annorum item ambiguo sexu inuentus ; [7]Frusinone agnus cum suillo capite, Sinuessae porcus cum capite humano natus, in Lucanis in agro publico eculeus cum quinque pedibus. [8]Foeda omnia et deformia errantisque in alienos fetus naturae uisa : ante omnia abominati semimares iussique in mare extemplo deportari, sicut proxime C. Claudio M. Liuio consulibus depor-

XII, 2 sacrilegiis *AEP* : -gis *B NV L* || pleminium *B* : -enium *cett.* || 3 ad praetorem in Bruttios *B* : *om.* praetorem *A* (*spat.*) *EP om.* praetorem in *NV L* || 5 accenderunt *B AEP L* : exacc- *NV* || priuerni B^2 *AEP N L* : priverru *V* tri- *B* || 6 lanuui in *M. Müller* : -uii *codd.* || femina *B AEP N L* : -as *V* || sedecim *B AP NV L* : *om. E.*

Le Sénat ordonna néanmoins aux décemvirs de consulter les Livres[12] sur ce phénomène. Les décemvirs, d'après les Livres, prescrivirent les mêmes rites que ceux que l'on avait accomplis tout récemment après un prodige identique. Ils ordonnèrent, en plus, l'exécution d'un cantique, que trois chœurs de neuf jeunes filles chanteraient par la ville, et l'offrande d'un présent à Junon Reine[13]. Le consul Caius Aurélius veilla à l'exécution de ces prescriptions conformément à la réponse des décemvirs. Les sénateurs se souvenaient encore que Livius avait composé un hymne analogue ; cette fois-ci, ce fut Publius Licinius Tégula qui le composa[14].

XIII. Une fois remplies toutes les obligations relatives aux expiations — même à Locres, l'enquête de Quintus Minucius sur le sacrilège avait abouti et l'argent, pris sur les biens des coupables, avait été restitué au trésor — les consuls s'apprêtaient à partir pour leurs provinces. C'est alors que se présentèrent devant le Sénat de nombreux particuliers, pour lesquels la troisième tranche de remboursement d'un emprunt auquel ils avaient souscrit sous le consulat de Marcus Valérius et de Marcus Claudius[1] venait à échéance cette année-là. Les consuls, en effet, voyant que le Trésor public avait du mal à faire face aux besoins de la nouvelle guerre dont la conduite exigeait d'importantes forces navales et terrestres, leur avaient déclaré qu'il n'y avait pas de quoi les rembourser pour le moment. Le Sénat céda à leur plainte : si, disaient-ils, l'État voulait utiliser aussi pour celle de Macédoine l'argent qu'ils avaient prêté pour la guerre contre Carthage, une guerre engendrant l'autre, cela ne reviendrait-il pas à confisquer leur argent en récompense du service qu'ils avaient rendu, comme si c'était un tort qu'ils avaient causé ? La requête des particuliers était fondée, mais l'État incapable de payer ses dettes ; le Sénat prit donc une décision qui conciliait l'équité et

tatus similis prodigii fetus erat. [9]Nihilo minus decemuiros adire libros de portento eo iusserunt. Decemuiri ex libris res diuinas easdem quae proxime secundum id prodigium factae essent imperarunt. Carmen praeterea ab ter nouenis uirginibus cani per urbem iusserunt donumque Iunoni reginae ferri. [10]Ea uti fierent C. Aurelius consul ex decemuirorum responso curauit. Carmen, sicut patrum memoria Liuius, ita tum condidit P. Licinius Tegula.

XIII. [1]Expiatis omnibus religionibus — nam etiam Locris sacrilegium peruestigatum ab Q. Minucio erat pecuniaque ex bonis noxiorum in thesauros reposita — cum consules in prouincias proficisci uellent, [2]priuati frequentes, quibus ex pecunia quam M. Valerio M. Claudio consulibus mutuam dederant tertia pensio debebatur eo anno, adierunt senatum, [3]quia consules, cum ad nouum bellum quod magna classe magnisque exercitibus gerendum esset uix aerarium sufficeret, negauerant esse unde iis in praesentia solueretur. [4]Senatus querentes eos non sustinuit : si in Punicum bellum pecunia data in Macedonicum quoque bellum uti res publica uellet, aliis ex aliis orientibus bellis quid aliud quam publicatam pro beneficio tamquam ob noxiam suam pecuniam fore? [5]Cum et priuati aequum postularent nec tamen soluendo aere alieno res publica esset, [6]quod medium inter aequum et utile erat decreuerunt, ut, quoniam magna pars eorum agros uolgo uenales esse diceret et sibimet emptis opus esse, agri publici qui intra quinquagesi-

XII, 10 decemuirorum *B* : uiginti uirorum *cett.*

XIII, 1 ab Q. *B* : Q. *A om. cett.* || 3 uix aerarium *B AEP V L* : uix earum aerarium *N* || 4 ob noxiam *Bessler* : ob noxam *AEP NV L* noxiam *B* noxia *Weissenb.* obnoxiam *Rossbach* || 6 emptis *B* : -ti *cett.*

l'efficacité[2] : puisque, à entendre beaucoup d'entre eux, il y avait partout des terres à vendre et qu'ils avaient besoin d'en acheter, on mettait à leur disposition les terres du domaine public situées dans un rayon de cinquante milles autour de Rome ; les consuls feraient évaluer ces terres et les imposeraient un as par arpent[3] pour bien manifester qu'elles étaient du domaine public ; de la sorte, quand l'État pourrait rembourser, le créancier qui préférerait de l'argent à sa terre restituerait celle-ci à l'État. Les particuliers acceptèrent cette proposition avec satisfaction ; on appelle ces terres *trientabulum* parce qu'elles avaient été cédées en remplacement du tiers d'un remboursement[4].

Entreprises de Philippe en Grèce. Début des opérations.

XIV. Alors Publius Sulpicius, après l'énoncé de ses vœux au Capitole[1], quitta Rome escorté de ses licteurs en tenue de guerre[2] et arriva à Brindes. Là, il fit répartir dans ses légions les anciens de l'armée d'Afrique qui étaient volontaires[3], choisit ses bateaux dans la flotte de Cnaeus Cornélius[4] et débarqua en Macédoine[5] le lendemain de son départ de Brindes. Il y trouva des ambassadeurs d'Athènes, venus le prier de délivrer leur ville du siège[6]. Il dépêcha aussitôt à Athènes Caius Claudius Cento[7] avec vingt bateaux de guerre et un millier d'hommes. Le roi, en effet, ne dirigeait pas le siège d'Athènes en personne ; à ce moment précis, il était en train d'attaquer Abydos[8], non sans avoir déjà éprouvé ses forces contre les Rhodiens et contre Attale, dans deux combats navals dont aucun n'avait tourné à son avantage[9]. Pourtant, son naturel fougueux lui donnait de l'audace, et surtout le traité conclu avec le roi de Syrie Antiochus, qui réglait entre eux le partage des richesses de l'Égypte qu'ils menaçaient tous deux depuis qu'ils avaient appris la mort de Ptolémée[10].

Les Athéniens s'étaient attiré la guerre avec Philippe pour un motif hors de proportions avec une telle conséquence, en gens qui, dans le désastre de leur ancienne fortune, n'avaient conservé que leur orgueil[11]. Deux

mum lapidem esset copia iis fieret : [7]consules agrum aestimaturos et in iugera asses uectigal testandi causa publicum agrum esse imposituros, [8]ut si quis, cum soluere posset populus, pecuniam habere quam agrum mallet, restitueret agrum populo. Laeti eam condicionem priuati accepere ; [9]trientabulumque is ager, quia pro tertia parte pecuniae datus erat, appellatus.

XIV. [1]Tum P. Sulpicius secundum uota in Capitolio nuncupata paludatis lictoribus profectus ab urbe Brundisium uenit [2]et, ueteribus militibus uoluntariis ex Africano exercitu in legiones discriptis nauibusque ex classe Cn. Corneli electis, altero die quam a Brundisio soluit in Macedoniam traiecit. [3]Ibi ei praesto fuere Atheniensium legati orantes ut se obsidione eximeret. Missus extemplo Athenas est C. Claudius Cento cum uiginti longis nauibus et mille militum. [4]Neque enim ipse rex Athenas obsidebat : eo maxime tempore Abydum oppugnabat, iam cum Rhodiis et Attalo naualibus certaminibus, neutro feliciter proelio, uires expertus. [5]Sed animos ei faciebat praeter ferociam insitam foedus ictum cum Antiocho Syriae rege diuisaeque iam cum eo Aegypti opes, cui morte audita Ptolomaei regis ambo imminebant.

[6]Contraxerant autem sibi cum Philippo bellum Athenienses haudquaquam digna causa, dum ex

XIII, 7 iugera *B AEP V L* : -ri *N* || uectigal testandi *B* : -les esta- *AEP* -les efesta- *NV L* || 9 trientabulumque *Hearne* (*iam Gron., sed del.* que) : trieñ (*uel* trieÑ) tabulumque *B AEP NV* triennio tabulumque *L*.

XIV, 2 Cn. *B* : C. *cett.* || altero *B NV L* : -ra *AEP* || a *B AE NV L* : *om. P* || 3 ei *B* : et *cett.* || cento *B Sp*(?) : centum *cett.* || mille B^2 : *om. cett.* copiis *post* militum *add. NV* || 6 sibi *codd.* : *del. Gel* (*Sp?*) || haudquaquam *B A V* : haud quamquam *EP L* autem quanquam *N*.

jeunes Acarnaniens, pendant les jours d'initiation, étaient entrés sans être initiés dans le temple de Cérès avec le reste de la foule, ignorant qu'ils commettaient un sacrilège. Leurs propos les trahirent sans peine, car ils posèrent certaines questions déplacées. Amenés devant les prêtres du temple, bien que de toute évidence ils y fussent entrés par erreur, ils furent mis à mort comme coupables d'un crime abominable[12]. Les Acarnaniens dénoncèrent à Philippe ce meurtre perpétré dans des conditions aussi scandaleuses et des intentions aussi hostiles, et obtinrent de lui, avec des renforts macédoniens, la permission de faire la guerre à Athènes. Dans un premier temps, cette armée ravagea l'Attique par le fer et par le feu, puis rentra en Acarnanie avec un butin de toute sorte. Ce fut là, bien sûr, le premier motif d'animosité ; plus tard, on en vint à une guerre en règle, car Athènes prit l'initiative de la déclarer officiellement. Voici comment les choses se passèrent[13]. Le roi Attale et les Rhodiens étant arrivés à Égine après avoir poursuivi Philippe qui rentrait en Macédoine[14], le roi se rendit au Pirée pour renouveler et consolider son alliance avec Athènes[15]. Tous les citoyens, sortis en foule à sa rencontre avec leurs femmes et leurs enfants, les prêtres avec leurs insignes, l'accueillirent à son entrée dans la ville, et peu s'en fallut que l'on ne tirât les dieux eux-mêmes de leurs sanctuaires pour le recevoir[16].

XV. Le peuple fut aussitôt convoqué à l'assemblée pour que le roi pût exposer publiquement ses désirs ; puis on estima plus conforme à sa dignité qu'il s'exprimât par écrit sur les sujets de son choix plutôt que de l'amener à rougir s'il venait en personne quand il rappellerait ses bienfaits envers la cité ou sous les applaudissements et les acclamations dont la foule, dans son approbation

uetere fortuna nihil praeter animos seruant. [7]Acarnanes duo iuuenes per initiorum dies non initiati templum Cereris imprudentes religionis cum cetera turba ingressi sunt. [8]Facile eos sermo prodidit absurde quaedam percunctantes, deductique ad antistites templi, cum palam esset per errorem ingressos, tamquam ob infandum scelus interfecti sunt. [9]Id tam foede atque hostiliter gens Acarnanum factum ad Philippum detulit impetrauitque ab eo ut datis Macedonum auxiliis bellum se inferre Atheniensibus pateretur. [10]Hic exercitus primo terram Atticam ferro ignique depopulatus cum omnis generis praeda in Acarnaniam rediit. Et inritatio quidem animorum ea prima fuit : postea iustum bellum decretis ciuitatis ultro indicendo factum. [11]Attalus enim rex Rhodiique persecuti cedentem in Macedoniam Philippum cum Aeginam uenissent, rex Piraeum renouandae confirmandaeque cum Atheniensibus societatis causa traiecit. [12]Ciuitas omnis obuiam effusa cum coniugibus ac liberis, sacerdotes ⟨cum⟩ insignibus suis intrantem urbem ac di prope ipsi exciti sedibus suis acceperunt.

XV. [1]In contionem extemplo populus uocatus ut rex quae uellet coram ageret; deinde ex dignitate magis uisum scribere eum de quibus uideretur [2]quam praesentem aut referendis suis in ciuitate*m* beneficiis erubescere aut significationibus acclamationibusque

XIV, 8 percunctantes *Dett.* : percontatis (-cunct-) *B AEP* -atos *B*[2] *NV L* || 9 impetrauitque *B AE NV L* : *om.* que *P* || pateretur *B AEP V L* : pe- *N* || 10 quidem *B* : finem *cett.* (*del. P*[x], *sed spat. rel.*) || 11 confirmandaeque *B* : firmandaeque *cett.* || 12 ⟨cum⟩ *add. Edd. uett.* : *om. codd.* || urbem *B AEP N L* : -es *V* || ac di *B P*[x] *Frob*[2] : cadim *AEP NV L.*

XV, 2 ciuitatem *Dett.* : -ate *codd.*

immodérée, accablerait sa modestie[1]. La lettre qu'il envoya à l'assemblée et qu'on y lut comportait trois points : d'abord, le rappel de ses bienfaits envers la cité[2], puis celui des actions qu'il avait menées contre Philippe[3], enfin une exhortation à entreprendre la guerre tant qu'ils avaient avec eux les Rhodiens, lui-même et, dans les circonstances actuelles, surtout les Romains : c'est en vain que plus tard, s'ils n'agissaient pas maintenant, ils chercheraient l'occasion qu'ils auraient laissé échapper[4]. On entendit ensuite les ambassadeurs de Rhodes, qui venait de rendre un service à Athènes en lui remettant quatre bateaux de guerre que les Macédoniens lui avaient récemment pris et que les Rhodiens lui avaient repris[5]. Aussi la guerre contre Philippe fut-elle décidée à une écrasante majorité[6]. Des honneurs démesurés furent accordés d'abord au roi Attale, puis aux Rhodiens : pour la première fois, on proposa d'ajouter une tribu, qu'on appellerait Attalide, aux dix anciennes[7] ; quant au peuple rhodien, on le gratifia d'une couronne d'or « pour sa valeur », et le droit de cité fut accordé aux Rhodiens comme ils l'avaient déjà accordé eux-mêmes aux Athéniens[8]. Après cela, le roi Attale regagne sa flotte à Égine ; les Rhodiens, d'Égine, gagnèrent Céa puis Rhodes en passant par les îles qui toutes, sauf Andros, Paros et Cythnos — occupées par des garnisons macédoniennes — entrèrent dans leur alliance[9]. A Égine, Attale, qui avait envoyé des émissaires en Étolie et en attendait des ambassadeurs, resta un certain temps inactif. Mais il ne réussit pas à pousser à la guerre les

multitudinis adsentatione immodica pudorem onerantis. [3]In litteris autem, quae missae in contionem recitataeque sunt, commemoratio erat beneficiorum primum in ciuitatem suorum, deinde rerum quas aduersus Philippum gessisset, [4]ad postremum adhortatio capessendi belli dum se, dum Rhodios, tum quidem dum etiam Romanos haberent : nequiquam postea, si tum cessassent, praetermissam occasionem quaesituros. [5]Rhodii deinde legati auditi sunt ; quorum recens erat beneficium, quod naues longas quattuor Atheniensium captas nuper ab Macedonibus reciperatasque remiserant. Itaque ingenti consensu bellum aduersus Philippum decretum. [6]Honores regi primum Attalo immodici, deinde et Rhodiis habiti : tum primum mentio inlata de tribu quam Attalida appellarent ad decem ueteres tribus addenda ; [7]et Rhodiorum populus corona aurea uirtutis ergo donatus ciuitasque Rhodiis data quemadmodum Rhodii prius Atheniensibus dederant. Secundum haec rex Attalus Aeginam ad classem se recipit ; [8]Rhodii Ceam ab Aegina, inde per insulas Rhodum nauigarunt omnibus praeter Andrum Parumque et Cythnum, quae praesidiis Macedonum tenebantur, in societatem acceptis. [9]Attalum Aeginae missi in Aetoliam nuntii expectatique inde legati aliquamdiu nihil agentem tenuere. [10]*Sed* neque illos excire ad

XV, 3 suorum *B* : suam *cett.* || 4 capessendi belli *B* : -di bellum *EP* -di bellum dum *A* -di bellandum *V L* -di bellam *N* -dum bellum *Gel. Sp(?)* || pretermissam occasionem *B AEP N L* : -ssas -nes *V* || 5 quattuor *B A Gel. Sp(?)* : III *E V* tres *L* in *P* (*del.* P^x) *N* || 6 honores *B AEP N L* : -re *V* || attalidá *B AEP* $Frob^2$: -dam *NV L* || 7 ergo *B Gel. Sp(?)* : gratia *AEP NV L* || 8 ceam *Gel. Sp(?)* : ceiam *codd.* (*praep.* et *L*) ciam *Sigon.* || nauigarunt *B NV L* : -rent *AEP* || cythnum *B Gel. Sp(?)* : cynum *AEP* L^2 *NV* cynam? *L* || societatem *B AEP* : -te *NV L* || 9 attalum *B AEP N L* : -lus *V* || 10 Sed *Duker* : et *codd.* || excire *B AEP N L* : -citare *V*.

Étoliens, satisfaits d'avoir tant bien que mal arrangé une paix avec Philippe[10]. Quant à lui-même et aux Rhodiens, qui auraient pu acquérir le titre exceptionnel de libérateurs de la Grèce s'ils avaient talonné Philippe, en le laissant regagner l'Hellespont et assurer la liaison de ses forces par l'occupation de points stratégiques en Thrace, ils alimentèrent la guerre et abandonnèrent aux Romains la gloire de la faire et de la mener à terme[11].

Siège d'Abydos.

XVI. Philippe fit preuve d'une énergie plus digne d'un roi ; lui qui n'avait pu résister à Attale et aux Rhodiens, même la perspective d'une guerre imminente contre Rome ne réussit pas à l'effrayer[1]. Il envoie l'un de ses lieutenants, Philoclès[2], dévaster la campagne athénienne avec deux mille fantassins et deux cents cavaliers, confie sa flotte à Héraclidès pour lui faire gagner Maronée[3], et marche lui-même par terre sur la même ville avec deux mille fantassins sans paquetage et deux cents cavaliers. Maronée tomba bien au premier assaut ; mais Ainos[4], ensuite, ne fut prise qu'au prix de grands efforts et, en fin de compte, grâce à la trahison de Callimèdès, un lieutenant de Ptolémée. Il s'empare alors successivement d'autres forteresses, Cypséla[5], Doriscos[6], Serrheion[7]. Progressant de là vers la Chersonnèse, il reçoit la soumission d'Éléonte et d'Alopéconnésos[8], dont les habitants se rendirent d'eux-mêmes ; Callipolis et Madytos[9] se rendirent également, ainsi que certaines forteresses peu connues. Mais les habitants d'Abydos, sans même recevoir ses parlementaires, fermèrent leurs portes au roi. Le siège de la ville retint longtemps Philippe, et les assiégés auraient pu être délivrés, sans les atermoiements d'Attale et des Rhodiens[10]. Attale se borna à envoyer

arma potuit, gaudentes utcumque composita cum Philippo pace, et ipse Rhodiique, cum, si institissent Philippo, egregium liberatae per se Graeciae titulum habere potuissent, [11]patiendo rursus eum in Hellespontum traicere occupantemque *Th*raeciae opportuna loca uires colligere, bellum aluere gloriamque eius gesti perfectique Romanis concesserunt.

XVI. [1]Philippus magis regio animo est usus ; qui cum Attalum Rhodiosque hostes non sustinuisset, ne Romano quidem quod imminebat bello territus, [2]Philocle quodam ex praefectis suis cum duobus milibus peditum, equitibus ducentis ad populandos Atheniensium agros misso, [3]classe tradita Heraclidi ut Maroneam peteret, ipse terra eodem cum expeditis duobus milibus peditum, equitibus ducentis pergit. [4]Et Maroneam quidem primo impetu expugnauit ; Aenum inde cum magno labore, postremo per proditionem *C*allimedis praefecti Ptolomaei, cepit. [5]Deinceps alia castella, Cypsela et Doriscon et Serrheum, occupat. Inde progressus ad Chersonesum Elaeunta et Alopeconnesum tradentibus ipsis recipit ; [6]*C*allipolis quoque et Mad*ytos* dedita*e* et castella quaedam ignobilia. Abydeni ne legatis quidem admissis regi portas clauserunt. Ea oppugnatio diu Philippum tenuit, eripique ex obsidione, ni cessatum ab Attalo et Rhodiis foret, potuerunt. [7]Attalus tre-

XV, 10 utcumque *B AEP N L* : utrumque *V* || et ipse... si *B NV L* : *om. AP* (et ipse *om. E qui* ea *pro* si *scr.*) || liberatae *B AEP V L* : libertate *N* || 11 occupantemque *B AEP* : -areque *NV L* || Thraeciae *Weissenb.* (*iam* Thraciae *Gron.*) : graeciae *codd.*

XVI, 2 equitibus *B AEP L* : equibus *NV* || 4 Callimedis *Bekker* : galli- *B AEP NV* gani- *L* || 6 Callipolis *Carb.* : ga- *codd.* || Madytos *Carb.* : madocus *B NV L* -ciis *AEP* || deditae *Wesenberg* : -ta *codd.* || quidem *B AEP* : *om. NV L* || eripique *B AEP N L* : eripi qui *V*.

trois cents hommes pour défendre la ville, et les Rhodiens une seule quadrirème de leur flotte, qui mouillait pourtant devant Ténédos[11]. Plus tard, à une époque où le siège était devenu presque insoutenable, Attale se rendit en personne à Ténédos ; mais ce qu'il fit miroiter — quoique de près — aux Abydéniens ne fut que l'espoir d'un secours : il ne les aida ni par terre, ni par mer.

XVII. Dans un premier temps les Abydéniens[1], en disposant de l'artillerie le long de leurs remparts, réussirent à repousser les assauts terrestres, et même à rendre dangereux pour l'ennemi le mouillage de ses navires[2] ; mais plus tard, quand une partie du rempart eut été ruinée et que, par des sapes, l'ennemi eut atteint[3] le mur intérieur qu'ils lui avaient opposé en hâte, ils envoyèrent des parlementaires au roi pour traiter des conditions de capitulation. Ils désiraient obtenir le libre départ de la quadrirème rhodienne et de son équipage ainsi que des troupes d'Attale, et qu'on les laissât eux-mêmes quitter la ville avec chacun ses vêtements[4]. Philippe répondit qu'il n'accorderait qu'une paix sans condition. L'indignation et le désespoir que provoqua le rapport des parlementaires enflammèrent tellement la colère des Abydéniens qu'imitant la folle rage des Sagontins[5], ils firent enfermer toutes les femmes dans le temple de Diane, les enfants, les jeunes filles libres et jusqu'aux bébés avec leurs nourrices dans le gymnase, apporter l'or et l'argent au forum, entasser les vêtements précieux sur les bateaux — un de Rhodes et un de Cyzique — qui étaient dans le port, amener les prêtres et les victimes et dresser un autel au milieu de la place[6]. Là, on choisit d'abord les hommes qui, lorsqu'ils auraient vu massacrer les soldats qui combattaient devant le mur démoli,

centos tantum milites in praesidium, Rhodii quadriremem unam ex classe, cum ad Tenedum staret, miserunt. [8]Eodem postea, cum iam uix sustinerent obsidionem, et ipse Attalus cum traiecisset spem tantum auxilii ex propinquo ostendit, neque terra neque mari adiutis sociis.

XVII. [1]Abydeni primo tormentis per muros dispositis non terra modo adeuntes aditu arcebant sed nauium quoque stationem infestam hosti faciebant; [2]postea, cum et muri pars strata ruinis et ad interiorem raptim oppositum murum cuniculis iam peruentum esset, legatos ad regem de condicionibus tradendae urbis miserunt. [3]Paciscebantur autem ut Rhodiam quadriremem cum sociis naualibus Attalique praesidium emitti liceret atque ipsis urbe excedere cum singulis uestimentis. [4]Quibus cum Philippus nihil pacati nisi omnia permittentibus respondisset, adeo renuntiata haec legatio ab indignatione simul ac desperatione iram accendit [5]ut ad Saguntinam rabiem uersi matronas omnes in templo Dianae, pueros ingenuos uirginesque, infantes etiam cum suis nutricibus in gymnasi*o* includi iuberent, [6]aurum et argentum in forum deferri, uestem pretiosam in naues Rhodiam Cyzicenamque quae in portu erant coici, sacerdotes uictimasque adduci et altaria in medio poni. [7]Ibi delecti primum qui, ubi caesam aciem suorum pro diruto muro pugnantem uidissent,

XVI, 7 staret *B AEP N L* : -rent *V* || 8 tantum *B AEP V L* : -ti *N* || adiutis sociis *B AEP NV L* : -ti sociis B^2.

XVII, 1 aditu *B N* L^2 : aud- *AEP V L* || stationem infestam : *B AEP N L* : -nes -tas *V* || 4 ab indignatione... ac desperatione *B AEP* : ad -nem... ac -nem *NV L* || 5 etiam *hic B* $Frob^2$: *ante* infantes *cett.* tum etiam *NV L* || gymnasio *Madv.* : -sium *codd.* || 6 coici (con-) *B* A^2 P^x (coniici) *NV L* : coi si *AEP*.

avaient pour mission de tuer aussitôt leurs femmes et leurs enfants, de jeter à la mer l'or, l'argent et les vêtements qui se trouvaient à bord des bateaux, de mettre le feu aux édifices publics et privés en créant le plus grand nombre possible de foyers d'incendie. Répétant après les prêtres la formule d'exécration [7], ils s'engagèrent par serment à perpétrer ces actes horribles ; puis les hommes en âge de combattre jurent qu'aucun d'entre eux ne sortira du combat que mort ou vainqueur. Leur pensée tournée vers les dieux, ils combattirent avec un tel acharnement que le roi, épouvanté de leur folie, fit cesser la bataille sans attendre la nuit qui devait pourtant bientôt interrompre le combat [8]. Les dirigeants de la cité, à qui l'on avait confié le rôle le plus horrible dans l'affaire, virent que ne survivaient au combat que quelques hommes épuisés de blessures et de fatigue ; ils envoyèrent donc à l'aube des prêtres portant leurs bandelettes rendre la ville à Philippe [9].

XVIII. Avant cette reddition, le plus jeune des trois ambassadeurs [1] mandés à Alexandrie, Marcus Aemilius [2], à la nouvelle que Philippe assiégeait Abydos, était venu le trouver avec l'accord de ses collègues. Il lui reprocha ses attaques contre Attale et les Rhodiens, et le siège qu'il était précisément en train de conduire contre Abydos. Comme le roi affirmait qu'Attale et les Rhodiens avaient les premiers engagé les hostilités, il lui demanda : « Et les Abydéniens, ce sont eux aussi qui t'ont attaqué les premiers [3]? » Philippe n'était pas habitué à s'entendre dire la vérité et le propos lui parut trop insolent pour être tenu devant un roi. « Ton âge, répondit-il, ta beauté et surtout ton nom de Romain te rendent trop insolent. Ce que je souhaite avant tout, c'est que vous respectiez les traités et que vous restiez en paix avec moi ; mais si vous me faites la guerre, vous vous apercevrez que j'ai moi aussi de quoi me donner du cœur : mon trône et mon nom de Macédonien, dont la renommée vaut bien celle du nom romain [4]. »

extemplo coniuges liberosque interficerent, [8]aurum argentum uestemque quae in nauibus esset in mare deicerent, tectis publicis priuatisque quam plurimis locis possent ignes subicerent. [9]Id se facinus perpetraturos praeeuntibus exsecrabile carmen sacerdotibus iure iurando adacti ; tum militaris aetas iurat neminem uiuum nisi uictorem acie excessurum. [10]Hi memores deorum adeo pertinaciter pugnauerunt ut, cum proelium nox diremptura esset, rex prior, territus rabie eorum, pugna abstiterit. [11]Principes, quibus atrocior pars facinoris delegata erat, cum paucos et confectos uolneribus ac lassitudine superesse proelio cernerent, luce prima sacerdotes cum infulis ad urbem dedendam Philippo mittunt.

XVIII. [1]Ante deditionem ex iis legatis qui Alexandream missi erant M. Aemilius trium consensu, minimus natu, audita obsidione Abydenorum ad Philippum uenit. [2]Qui questus Attalo Rhodiisque arma inlata et quod tum maxime Abydum oppugnaret, cum rex ab Attalo et Rhodiis ultro se bello lacessitum diceret : « Num Abydeni quoque, inquit, ultro tibi intulerunt arma? » [3]Insueto uera audire ferocior oratio uisa est quam quae habenda apud regem esset. « Aetas, inquit, et forma et super omnia Romanum nomen te ferociorem facit. [4]Ego autem primum uelim uos foederum memores seruare mecum pacem : sin bello lacessitis, mihi quoque animos facere et regnum et Macedonum nomen haud minus quam Romanum nobile sentietis. »

XVII, 9 id *B* : et *cett.* || exsecrabile *B* : et exs- *cett.* || iurat *B* : iurare *cett.*

XVIII, 1 legatis *B* : *add.* romanis *cett.* || alexandream *B* : -iam *cett.* || 3 aetas *B AP NV L* : *om. E* || 4 sin *B* : si *cett.* || animos *Madv.* : animo est *codd.* || nobile sentietis *B* : bello *post* nobile *add. cett.*

Après avoir ainsi congédié l'ambassadeur, Philippe prit possession, à Abydos, de l'or, de l'argent et de tous les objets qu'on avait amoncelés ; mais il fut frustré de toute la partie humaine du butin. Une telle rage en effet s'empara de la foule que, soudain, estimant trahis ceux qui étaient tombés au combat, se reprochant leur parjure les uns aux autres et surtout aux prêtres, qui avaient livré vivants à l'ennemi ceux qu'ils avaient voués à la mort, soudain, dis-je, tous coururent en tous lieux massacrer leurs femmes et leurs enfants, puis se tuèrent eux-mêmes en empruntant tous les chemins qui mènent au trépas. Frappé de stupeur par cette frénésie, le roi retint l'élan de ses hommes et déclara qu'il donnait aux Abydéniens trois jours pour mourir. Pendant ce délai, les vaincus perpétrèrent contre eux-mêmes plus d'horreurs que n'en auraient perpétré des vainqueurs acharnés : sauf ceux que les chaînes ou quelque autre nécessité empêchaient de mourir, personne ne tomba vivant au pouvoir de l'ennemi[5]. Philippe, laissant une garnison à Abydos, regagna son royaume. Comme la destruction de Sagonte pour Hannibal, le désastre subi par Abydos donna à Philippe l'audace qu'il lui fallait pour faire la guerre à Rome ; c'est alors que des courriers lui annoncèrent que le consul se trouvait déjà en Épire et qu'il avait conduit pour y hiverner son armée à Apollonie et sa flotte à Corcyre[6].

Événements d'Occident. XIX. Pendant que se produisaient ces événements[1], les ambassadeurs envoyés en Afrique reçurent des Carthaginois la réponse concernant Hamilcar, qui s'était mis à la tête d'une armée gauloise : ils ne pouvaient rien faire de plus que de le condamner à l'exil et confisquer ses biens ; quant aux déserteurs et aux esclaves fugitifs, ils avaient rendu ceux que leurs enquêtes avaient permis

[5]Ita dimisso legato Philippus auro argento quaeque ⟨alia⟩ coaceruata erant accept*is* hominum praedam omnem amisit. [6]Tanta enim rabies multitudinem inuasit ut repente proditos rati qui pugnantes mortem occubuissent, periuriumque alius alii exprobrantes et sacerdotibus maxime, qui quos ad mortem deuouissent, eorum deditionem uiuorum hosti fecissent, [7]repente omnes ad caedem coniugum liberorumque discurrerent seque ipsi per omnes uias leti interficerent. Obstupefactus eo furore rex suppressit impetum militum et triduum se ad moriendum Abydenis dare dixit. [8]Quo spatio plura facinora in se uicti ediderunt quam infesti edidissent uictores, nec, nisi quem uincula aut alia necessitas mori prohibuit, quisquam uiuus in potestatem uenit. Philippus imposito Abydi praesidio in regnum rediit. [9]Cum uelut Sagunti excidium Hannibali, sic Philippo Abydenorum clades ad Romanum bellum animos fecisset, nuntii occurrerunt consulem iam in Epiro esse et Apolloniam terrestres copias, nauales Corcyram in hiberna deduxisse.

XIX. [1]Inter haec legatis, qui in Africam missi erant, de Hamilcare Gallici exercitus duce responsum a Carthaginiensibus est nihil ultra se facere posse quam ut exilio eum multarent bonaque eius publicarent; [2]perfugas et fugitiuos quos inquirendo uestigare potuerint reddidisse et de ea re missuros

XVIII, 5 argento quaeque alia *H. J. Müller* : argentoque quae *codd. Damsté* (*post* quae *addens* in foro) || acceptis *Harant* : -to *codd.* || 7 uias *B AEP N L* : uices *V* || leti *AEP NV L* : laeti *B* || 8 quo *B* : pro quo *cett.* || quam *B AEP L* : qua *NV* || edidissent *AEP NV L* : edissent *B* || Abydi *B A*[2] *NV L* : abadi *AEP* || 9 fecisset *AEP NV L* : -ssent *B*.

XIX, 1 duce *AEP NV L* : rege *B* || bonaque *AEP NV L* : bona *B* || 2 reddidisse *B NV* : -ssent *AEP L*.

de retrouver et, sur cette affaire, ils enverraient à Rome une ambassade qui donnerait satisfaction au Sénat. Ils envoyèrent deux cent mille mesures[2] de blé à Rome, et autant à l'armée de Macédoine. De Carthage, les ambassadeurs se rendirent en Numidie auprès des rois. Ils remirent leurs présents à Massinissa et lui communiquèrent les instructions qu'ils avaient reçues ; Massinissa offrit deux mille cavaliers numides : ils en acceptèrent mille. Le roi veilla personnellement à leur embarquement et les envoya en Macédoine avec deux cent mille mesures de blé et autant d'orge. Les ambassadeurs avaient à remplir une troisième mission, auprès de Vermina. Celui-ci, venu à leur rencontre jusqu'aux frontières de son royaume, les laissa rédiger les conditions de paix à leur discrétion : toute paix lui serait bonne et équitable, qu'il conclurait avec le peuple romain. On lui remit les clauses du traité et on l'invita à envoyer une délégation à Rome pour le ratifier.

XX. A la même époque, le proconsul Lucius Cornélius Lentulus[1] revint d'Espagne. Il exposa au Sénat les réalisations de son commandement, marqué pendant de longues années par l'énergie et la réussite, et demanda l'autorisation d'entrer en triomphe dans la ville. Le Sénat jugea que ce commandement méritait le triomphe, mais qu'on ne trouvait dans l'histoire nationale le précédent d'aucun homme qui eût triomphé sans être dictateur, consul ou préteur[2] ; or, c'était en qualité de proconsul que Lentulus avait gouverné la province d'Espagne, non en qualité de consul ou de préteur. On en venait cependant à la solution qui consistait à lui accorder l'ovation[3] pour entrer dans la ville, quand le tribun de la plèbe Tibérius Sempronius Longus[4] fit opposition en faisant remarquer qu'elle ne serait nullement plus conforme aux traditions nationales ou à aucun précédent. A la fin, vaincu par l'unanimité des sénateurs, le tribun retira son opposition et, par décision du Sénat, Lucius Lentulus entra dans la

legatos Romam qui senatui satisfacerent. Ducenta milia modium tritici Romam, ducenta ad exercitum in Macedoniam miserunt. [3]Inde in Numidiam ad reges profecti legati. Dona data Masinissae mandataque edita; equites mille Numidae, cum duo milia daret, accepti. [4]Ipse in naues imponendos curauit et cum ducentis milibus modium tritici, ducentis hordei in Macedoniam misit. Tertia legatio ad Verminam erat. [5]Is ad primos fines regni legatis obuiam progressus, ut scriberent ipsi quas uellent pacis condiciones permisit : [6]omnem pacem bonam iustamque fore sibi cum populo Romano. Datae leges pacis iussusque ad eam confirmandam mittere legatos Romam.

XX. [1]Per idem tempus L. Cornelius Lentulus pro consule ex Hispania rediit. [2]Qui cum in senatu res ab se per multos annos fortiter feliciterque gestas exposuisset postulassetque ut triumphanti sibi inuehi liceret in urbem, [3]res triumpho dignas esse censebat senatus, sed exemplum a maioribus non accepisse ut qui neque dictator neque consul neque praetor res gessisset triumpharet; [4]pro consule illum Hispaniam prouinciam, non consulem aut praetorem obtinuisse. [5]Decurrebatur tamen eo ut ouans urbem iniret, intercedente T*i*. Sempronio Longo tribuno plebis, qui nihilo magis id more maiorum aut ullo exemplo futurum diceret. [6]Postremo uictus consensu patrum tribunus cessit et ex senatus consulto L. Len-

XIX, 3 reges *B Frob*[2] : -em *cett.* || mille *B* (∞) *Sp* : ccc *NV L* trecenti *A*[2] (*spat. rel. A*) ducenti *E* (cc^ti^) *P* || duo milia *B* (∞ ∞) *Sp V* : *spat. A N om. EP L* || 4 tritici *B AEP N L* : -cis *V* || 5 permisit *B AEP N L* : pro commisit *V*.

XX, 1 pro consule *B* : proconsul *cett.* || 2 urbem *B AP NV L* : *om. E* || 4 consule *B* : -lem *cett.* || 5 Ti. *Sigon.* : t. *codd.* || maiorum *B AEP N L* : -lorum *V*.

ville avec l'ovation. Il apporta au Trésor quarante-trois mille livres d'argent et deux mille quatre cent cinquante livres d'or ; à chacun de ses hommes, il distribua cent vingt as prélevés sur le butin[5].

XXI. Déjà l'armée consulaire avait été transférée d'Arrétium à Ariminum, et cinq mille alliés latins avaient passé de Gaule en Étrurie[1]. Lucius Furius quitta donc Ariminum à marches forcées pour combattre les Gaulois qui assiégeaient alors Crémone, et établit son camp à mille cinq cents pas de l'ennemi[2]. Il avait l'occasion de mener magnifiquement l'affaire s'il avait conduit sans désemparer ses troupes à l'assaut du camp des Gaulois, car ceux-ci erraient dispersés dans la campagne sans y avoir laissé une garnison suffisante ; mais il craignit la fatigue de ses hommes, la colonne ayant été acheminée très rapidement. Les Gaulois, que les cris des leurs rappelèrent de la campagne, abandonnèrent le butin dont ils s'étaient emparés et regagnèrent leur camp ; le lendemain, ils se déployèrent pour livrer bataille. De leur côté, les Romains ne traînèrent pas, mais ils eurent à peine le temps de mettre leurs troupes en place, tant l'ennemi se précipita au combat. L'aile droite — c'est en « ailes[3] » que les troupes alliées étaient divisées — fut placée en première ligne, et les deux légions romaines en réserve. Marcus Furius prit le commandement de l'aile droite, Marcus Caecilius[4] celui des légions, Lucius Valérius Flaccus celui de la cavalerie : tous étaient des légats[5]. Le préteur gardait auprès de lui deux autres légats, Caius Laetorius et Publius Titinius[6], qui lui permettraient d'observer le déroulement des opérations et de faire face à toute initiative ennemie.

D'abord les Gaulois, concentrant leurs efforts sur un

tulus ouans urbem est ingressus. [7]Argenti tulit [ex praeda] quadraginta tria milia pondo, auri duo milia quadringenta quinquaginta; militibus ex praeda cent*enos* uic*enos* asses diuisit.

XXI. [1]Iam exercitus consularis ab Arretio Ariminum transductus erat et quinque milia socium Latini nominis ex Gallia in Etruriam transierant. [2]Itaque L. Furius magnis itineribus ab Arimino aduersus Gallos Cremonam tum obsidentes profectus, castra mille quingentorum passuum interuallo ab hoste posuit. [3]Occasio egregie rei gerendae fuit, si protinus de uia ad castra oppugnanda duxisset : [4]palati passim uagabantur per agros nullo satis firmo relicto praesidio; lassitudini militum timuit, quod raptim ductum agmen erat. [5]Galli clamore suorum ex agris reuocati omissa praeda quae in manibus erat castra repetiuere; et postero die in aciem progressi. [6]Nec Romanus moram pugnandi fecit, sed uix spatium instruendi fuit, eo cursu hostes in proelium uenerunt. [7]Dextra ala — in alas diuisum socialem exercitum habebat — in prima acie locata est, in subsidiis duae Romanae legiones. [8]M. Furius dextrae alae, legionibus M. Caecilius, equitibus L. Valerius Flaccus — legati omnes erant — praepositi. [9]Praetor secum duos legatos, C. Laetorium et P. Titinium, habebat, cum quibus circumspicere et obire ad omnes hostium subitos conatus posset.

[10]Primo Galli omni multitudine in unum locum

XX, 7 tulit *Weissenb.* : *post* tulit *add.* ex praeda *codd.* || centenos uicenos *Weissenb.* : cxx *codd.* (centum uiginti *P*).

XXI, 2 mille quingentorum *B AEP L* : cc *V spat. rel. N* || 8 egregie *AEP N L* : -iae *B V* || 4 timuit B^2 *AEP NV L* : *om. B* || 5 reuocati *B AEP N L* : -tio *V* || omissa *B AEP N L* : missa *V* || 7 ala *B* : *post* ala *add.* quae *cett.* quia *Dett.*

seul point, crurent pouvoir submerger et écraser l'aile droite qui formait la première ligne. Quand ils virent que cette tactique n'obtenait pas le succès escompté, ils tentèrent un double mouvement tournant pour envelopper les lignes ennemies, mouvement dont l'exécution semblait aisée en raison de leur grande supériorité numérique. Voyant cela, le préteur, pour allonger son front lui aussi, fait disposer les deux légions de réserve respectivement à la droite et à la gauche de l'aile qui combattait en première ligne, et fait le vœu d'élever un temple à Dispater[7] s'il mettait ce jour-là l'ennemi en déroute. Il donne l'ordre à Lucius Valérius de faire charger contre les ailes ennemies, d'un côté la cavalerie des deux légions, de l'autre celle des alliés, et d'empêcher l'ennemi de tourner les lignes romaines ; en même temps, voyant que les Gaulois ont aminci leur centre pour allonger leurs ailes, il donne à ses fantassins l'ordre de le charger en formation serrée et de briser ses rangs. Les ailes gauloises furent repoussées par la cavalerie et leur centre par l'infanterie ; soudain, les Gaulois, fauchés dans tous les secteurs en un massacre extraordinaire, tournent le dos et regagnent leur camp en une fuite désordonnée. La cavalerie se mit aux trousses des fuyards ; peu après, les légions se mirent aussi à leur poursuite et donnèrent l'assaut au camp. Moins de six mille hommes réussirent à s'en échapper ; il y eut plus de trente-cinq mille tués ou prisonniers ; on prit soixante-dix drapeaux et plus de deux cents chariots gaulois bondés de butin. Leur chef carthaginois, Hamilcar, tomba dans cette bataille[8], ainsi que trois célèbres généraux gaulois. Les prisonniers de Plaisance, quelque deux mille personnes de condition libre, furent rendus à leur colonie.

XXII. Ce fut une grande victoire, qui emplit Rome de joie : quand parvint le message qui l'annonçait, on

conixi obruere atque obterere sese dextram alam, quae prima erat, sperarunt posse. [11]Vbi id parum procedebat, circuire a cornibus et amplecti hostium aciem, quod in multitudine aduersus paucos facile uidebatur, conati sunt. [12]Id ubi uidit praetor, ut et ipse dilataret aciem, duas legiones ex subsidiis dextra laeuaque alae quae in prima acie pugnabat circumdat aedemque D*ii*oui uouit, si eo die hostes fudisset. [13]L. Valerio imperat ut parte una duarum legionum equites, altera sociorum equitatum in cornua hostium emittat nec circuire eos aciem patiatur; [14]simul et ipse, ut extenuatam mediam diductis cornibus aciem Gallorum uidit, signa inferre confertos milites et perrumpere ordines iubet. [15]Et cornua ab equitibus et medii a pedite pulsi; ac repente, cum in omni parte caede ingenti sternerentur, Galli terga uerterunt fugaque effusa repetunt castra. [16]Fugientes persecutus eques; mox et legiones insecutae in castra impetum fecerunt. [17]Minus sex milia hominum inde effugerunt; caesa aut capta supra quinque et triginta milia cum signis militaribus septuaginta, carpentis Gallicis multa praeda oneratis plus ducentis. [18]Hamilcar dux Poenus eo proelio cecidit et tres imperatores nobiles Gallorum. Placentini captiui ad duo milia liberorum capitum redditi colonis.

XXII. [1]Magna uictoria laetaque Romae fuit : litteris allatis supplicatio in triduum decreta est.

XXI, **11** in multitudine *NV L Gron.* : multitudine *B AEP* -ni A^2 || **12** circumdat *B AEP* L^2*(?)* : -data *NV L(?)* || Diioui *Valesius* : deo ioui *codd.* Vedioui *Merkel* Veioui *Rossbach* || **13** una *B* : *om. cett.* || **14** diductis B^1 *AEP* L^2 : de- P^x *NV L* || **15** in *B* A^2 *NV L* : *om. AEP* || sternerentur *B NV L* : tene- *AEP* || uerterunt *B* : -tunt *cett.* || **17** milia *B* P^x L^2 : *om. EP L* (*spat. rel. A NV*) || **18** colonis *B AEP NV L* : *om. P.*

décida trois jours d'actions de grâce[1]. Entre Romains et alliés, étaient tombés dans cette bataille environ deux mille hommes, surtout ceux de l'aile droite, qui avait subi, lors de la première charge, le choc d'une force ennemie considérable. Le préteur avait presque mis fin à la guerre ; le consul Caius Aurélius, qu'aucune obligation ne retenait plus à Rome, n'en rejoignit pas moins la Gaule, où le préteur lui remit l'armée victorieuse.

Opérations en Grèce jusqu'à la réunion de l'assemblée des Étoliens.

L'autre consul[2], arrivé dans sa province tout à la fin de la saison des campagnes[3], hivernait près d'Apollonie. De la flotte mise au sec à Corcyre, on avait détaché à Athènes, comme il a été dit plus haut[4], Caius Claudius avec des trières romaines. Leur arrivée au Pirée avait apporté aux alliés déjà découragés un immense espoir. En effet, les raids terrestres fréquents qui, partis de Corinthe et passant par le territoire de Mégare[5], frappaient la campagne athénienne, avaient cessé ; d'autre part, les corsaires basés à Chalcis[6], qui avaient rendu dangereuses pour les Athéniens, non seulement la mer, mais toutes les régions côtières, n'osaient plus doubler le cap Sounion ni même s'aventurer en haute mer au delà du détroit de l'Euripe[7]. Aux navires romains, vinrent se joindre trois quadrirèmes rhodiennes, à quoi s'ajoutaient trois patrouilleurs athéniens[8] armés pour la défense des côtes. Claudius pensait que, étant données les circonstances, ce serait déjà un résultat satisfaisant si l'on parvenait à défendre la ville et le territoire d'Athènes avec cette flotte, quand l'occasion s'offrit à lui d'entreprendre une action encore plus importante.

XXIII. Des exilés de Chalcis, chassés de chez eux par les abus des hommes de Philippe, informèrent qu'on pouvait s'emparer de Chalcis sans le moindre combat ; les Macédoniens, qui n'avaient à craindre aucun ennemi

[2]Romanorum sociorumque ad duo milia eo proelio ceciderunt, plurimi dextrae alae, in quam primo impetu uis hostium ingens inlata est. [3]Quamquam per praetorem prope debellatum erat, consul quoque C. Aurelius, perfectis quae Romae agenda fuerant, profectus in Galliam uictorem exercitum a praetore accepit.

[4]Consul alter cum autumno ferme exacto in prouinciam uenisset, circa Apolloniam hibernabat. [5]Ab classe, quae Corcyrae subducta erat, C. Claudius triremesque Romanae, sicut ante dictum est, Athenas missae cum Piraeum peruenissent, despondentibus iam animos sociis spem ingentem attulerant. [6]Nam et terrestres ab Corintho quae per Megara incursiones in agros fieri solitae erant non fiebant, [7]et praedonum a Chalcide naues, quae non mare solum infestum sed etiam omnes maritimos agros Atheniensibus fecerant, non modo Sunium superare sed nec extra fretum Euripi committere aperto mari se audebant. [8]Superuenerunt his tres Rhodiae quadriremes et erant Atticae tres apertae naues, ad tuendos maritimos agros comparatae. Hac classe si urbs agrique Atheniensium defenderentur, satis in praesentia existimanti Claudio esse maioris etiam rei fortuna oblata est.

XXIII. [1]Exules ab Chalcide regiorum iniuriis pulsi attulerunt occupari Chalcidem sine certamine ullo posse ; [2]nam et Macedonas, quia nullus in propinquo

XXII, 5 C. *B* A^2*(?)* L^2 : consul *A(?) EP NV L* || claudius *B AEP N L* : aurelius *V* || athenas *B* : -is *cett.* || despondentibus *B* : disponentibus *NV L* deponentibus *AEP* L^2 || attulerant *B AEP* L^2 : -rat *NV L* || 6 megara *AEP NV L* : -am *B* || 7 nec *Asc.* : ne *codd.* || quidem *post* fretum *add. Novák*, *post* Euripi *Weissenb.*

dans le voisinage, circulaient un peu partout ; quant aux habitants, comptant sur la garnison macédonienne, ils négligeaient la garde de leur ville. Claudius partit sur la foi de ces informations et, bien qu'arrivé assez tôt à Sounion pour pouvoir s'avancer jusqu'à l'entrée du détroit de l'Eubée, il immobilisa sa flotte jusqu'à la nuit pour ne pas risquer d'être aperçu quand il aurait doublé le cap [1]. Il fit mouvement au crépuscule et, après une traversée paisible, arriva peu avant l'aube à Chalcis, du côté des quartiers les plus déserts. Peu d'hommes lui suffirent pour s'emparer, à l'aide d'échelles, de la tour la plus proche et de la section de rempart avoisinante, car à certains endroits les sentinelles étaient endormies alors qu'à d'autres elles manquaient. Progressant de ce point vers les quartiers où les constructions étaient denses [2], les hommes de ce commando tuèrent les sentinelles et brisèrent une porte, puis firent entrer dans la ville tout le reste du corps expéditionnaire. On se répandit alors rapidement dans toute la ville, où la confusion s'accrut encore parce qu'on avait mis le feu aux maisons qui entouraient le forum ; les greniers royaux brûlèrent, ainsi que l'arsenal avec une quantité considérable d'artillerie et de munitions [3]. Puis on commença un peu partout le massacre, aussi bien des fuyards que de ceux qui résistaient ; quand tous les hommes en âge de combattre eurent été tués ou mis en fuite — l'Acarnanien Sopater lui-même [4], qui commandait la place, avait trouvé la mort — on rassembla le butin sur le forum, puis on le chargea sur les bateaux. Les Rhodiens brisèrent aussi les portes de la prison et libérèrent les prisonniers que Philippe, considérant ce lieu de détention comme parfaitement sûr, y avait fait enfermer. Puis, après avoir renversé et mutilé les statues du roi et donné le signal de la retraite, on rembarqua et l'on revint au Pirée, d'où l'on était parti. S'il y avait eu assez de soldats romains pour pouvoir occuper Chalcis sans abandonner la défense d'Athènes,

sit hostium metus, uagari passim, et oppidanos praesidio Macedonum fretos custodiam urbis neglegere. [3]His auctoribus profectus quamquam Sunium ita mature peruenerat ut inde prouehi ad primas angustias Euboeae posset, ne superato promunturio conspiceretur, classem in statione usque ad noctem tenuit. [4]Primis tenebris mouit et tranquillo peruectus Chalcidem paulo ante lucem, qua infrequentissima urbis sunt, paucis militibus turrim proximam murumque circa scalis cepit, alibi sopitis custodibus, alibi nullo custodiente. [5]Progressi inde ad frequentia aedificiis loca, custodibus interfectis refractaque porta ceteram multitudinem armatorum acceperunt. [6]Inde in totam urbem discursum est, aucto etiam tumultu quod circa forum ignis tectis iniectus erat : [7]conflagrarunt et horrea regia et armamentarium cum ingenti apparatu machinarum tormentorumque. Caedes inde passim fugientium pariter ac repugnantium fieri coepta est ; [8]nec ullo iam qui militaris aetatis esset non aut caeso aut fugato, Soprato etiam Acarnane praefecto praesidii interfecto, praeda omnis primo in forum conlata, deinde in naues imposita. [9]Carcer etiam ab Rhodiis refractus emissique captiui quos Philippus tamquam in tutissimam custodiam condiderat. [10]Statuis inde regis deiectis truncatisque signo receptui dato conscenderunt naues et Piraeum, unde profecti erant, redierunt. [11]Quod si tantum militum Romanorum fuisset ut et Chalcis teneri et non deseri praesidium Athenarum potuisset, magna res

XXIII, **3** statione *AEP L²* : -nem *B NV L* || **4** mouit *B AEP L* : -nuit *NV* || peruectus *B AEP N L* : -tos *V* || qua *B AEP N L* : quam *V* || **5** ceteram *B AEP N L* : ceteramque *V* || **7** machinarum *B V L* : -arium *N* -orum *AEP* || **8** acarnane *B NV L* : ac(a)rne *AEP* || **9** in *B AEP N L* : an *V*.

on aurait enlevé au roi Chalcis et l'Euripe, beau résultat pour un premier début de guerre ; car, comme le défilé des Thermopyles[5] l'est sur terre, le détroit de l'Euripe est, sur mer, le verrou de la Grèce.

XXIV. Philippe se trouvait alors à Démétrias[1]. Quand il y apprit le désastre subi par la ville alliée, il était trop tard pour lui porter secours, puisque tout était perdu ; mais il aspirait à la vengeance, qui est la forme d'action la plus voisine du secours. Il partit donc aussitôt avec cinq mille fantassins sans paquetage[2] plus trois cents cavaliers et marcha sur Chalcis presque au pas de course, absolument certain qu'il écraserait les Romains. Déçu dans cet espoir, car il n'était arrivé que pour contempler l'horrible spectacle d'une ville alliée à demi ruinée et encore fumante, il n'y laisse que quelques hommes pour ensevelir ceux que la guerre avait emportés : aussi vite qu'il était venu, empruntant le pont qui enjambe l'Euripe[3], il conduit par la Béotie ses troupes sur Athènes, pensant qu'à entreprise égale répondrait un égal succès. Il y eût répondu, si un observateur — de ceux que les Grecs appellent hémérodromos parce qu'ils parcourent en une journée des distances considérables en courant[4] — n'avait, d'un observatoire, remarqué l'armée royale et ne l'avait précédée en arrivant en pleine nuit à Athènes. Il y régnait le même sommeil et la même absence de précautions qui avaient trahi Chalcis quelques jours auparavant. Réveillés par le messager bouleversé, le préteur des Athéniens[5] et Dioxippe, qui commandait la cohorte des mercenaires, font rassembler les hommes sur le forum et ordonnent que, de la citadelle, des sonneries de trompette signalent à tout le monde la présence de l'ennemi. Ainsi alertés, les Athéniens courent de toutes parts aux portes et aux remparts. Quelques heures après, mais

principio statim belli, Chalcis et Euripus adempta regi forent; [12]nam ut terra Thermopylarum angustiae Graeciam, ita mari fretum Euripi claudit.

XXIV. [1]Demetriade tum Philippus erat. Quo cum esset nuntiata clades sociae urbis, quamquam serum auxilium perditis ⟨rebus⟩ erat, [2]tamen, quae proxima auxilio est, ultionem petens, cum expeditis quinque milibus peditum et trecentis equitibus extemplo profectus cursu prope Chalcidem contendit, haudquaquam dubius opprimi Romanos posse. [3]A qua destitutus spe nec quicquam aliud quam ad deforme spectaculum semirutae ac fumantis sociae urbis cum uenisset, paucis uix qui sepelirent bello absumptos relictis aeque raptim ac uenerat transgressus ponte Euripum per Boeotiam Athenas ducit, pari incepto haud disparem euentum ratus responsurum. [4]Et respondisset, ni speculator — hemerodrom*o*s uocant Graeci, ingens die uno cursu emetientes spatium — contemplatus regium agmen ex specula quadam, praegressus nocte media Athenas peruenisset. [5]Idem ibi somnus eademque neglegentia erat quae Chalcidem dies ante paucos prodiderat. [6]Excitati nuntio trepido et praetor Atheniensium et Dioxippus, praefectus cohortis mercede militantium auxiliorum, conuocatis in forum militibus tuba signum ex arce dari iubent, ut hostes adesse omnes scirent. [7]Ita undique ad portas, ad muros discurrunt. Paucas

XXIV, 1 rebus *add. Luchs* || 2 milibus *B NV L* : milia *AEP* || peditum *AEP N L* : -tus *V om. B* || chalcidem *B AP NV L* : -de *E* || 3 sepelirent *B AP NV L* : -ret *E* |||| ponte *B EP NV* : -tem *A L* || ratus *B AEP N L* : -tis *V* || 4 hemerodromos *Asc.* : -as *codd.* || emetientes *B AEP* : -tiens *NV L* || 6 iubent B^1 *AEP* L^2 : -bet *B NV L* || hostes *B* : -ticos *cett.*

encore bien avant l'aube, Philippe approchait de la ville ; voyant d'abondantes lumières et percevant un brouhaha de gens en alerte bien naturel dans un pareil branle-bas, il fit stopper sa colonne et reposer ses hommes, décidé à user ouvertement de la force puisque la ruse lui avait si peu réussi. Il porta son attaque du côté du Dipylon [6]. Cette porte, située pour ainsi dire à l'embouchure de la ville, est sensiblement plus grande et plus dégagée que toutes les autres ; à l'intérieur comme à l'extérieur, s'étendent de larges avenues qui permettent aux habitants de ranger leurs troupes en bataille depuis le forum [7] jusqu'à la porte ; à l'extérieur, un boulevard de près de mille pas [8], menant au gymnase de l'Académie [9], offrait un espace libre à l'infanterie et à la cavalerie ennemies. C'est sur ce boulevard que les Athéniens, renforcés de la garnison d'Attale et de la cohorte de Dioxippe, sortirent pour livrer bataille après s'être mis en position de combat à l'intérieur de la porte. A cette vue, Philippe, pensant qu'il tenait l'ennemi en son pouvoir et qu'il allait enfin rassasier sa colère d'un massacre longtemps désiré — aucune cité grecque ne lui était plus odieuse [10] — exhorte ses hommes à combattre les yeux fixés sur lui et à se rappeler que là où serait le roi, là devraient se trouver les drapeaux et les combattants ; puis il pousse son cheval contre l'ennemi, soulevé par la colère et tout autant par l'appât de la gloire : une foule énorme, pour laquelle le côté spectaculaire de l'événement n'était pas non plus sans attrait, emplissait en effet les remparts, et il trouvait remarquable d'être ainsi contemplé combattant [11]. S'élançant au milieu de l'ennemi, avec quelques cavaliers, bien en avant de ses lignes, il insuffla aux siens un immense enthousiasme, à l'ennemi une immense peur. Ayant blessé de sa main nombre d'ennemis tant au corps-à-corps qu'à distance et les ayant refoulés dans l'avant-porte [12], il les y poursuivit en personne ; après avoir fait de ces

post horas Philippus, aliquanto tamen ante lucem, adpropinquans urbi, conspectis luminibus crebris et fremitu hominum trepidantium, ut in tali tumultu, exaudito sustinuit signa [8]et considere ac conquiescere agmen iussit, ui aperta propalam usurus quando parum dolus profuerat. [9]Ab Dipylo accessit. Porta ea, uelut in ore urbis posita, maior aliquanto patentiorque quam ceterae est, et intra eam extraque latae uiae sunt, ut et oppidani derigere aciem a foro ad portam possent et extra limes mille ferme passus longus, in Academiae gymnasium ferens, pediti equitique hostium liberum spatium praeberet. [10]Eo limite Athenienses cum Attali praesidio et cohorte Dioxippi acie intra portam instructa signa extulerunt. [11]Quod ubi Philippus uidit, habere se hostes in potestate ratus et diu optata caede — neque enim ulli Graecarum ciuitatium infestior erat — ⟨iram⟩ expleturum, cohortatus milites ut se intuentes pugnarent [12]scirentque ibi signa, ibi aciem esse debere ubi rex esset, concitat in hostes equum non ira tantum sed etiam gloria elatus, [13]quod ingenti turba completis etiam ad spectaculum muris conspici se pugnantem egregium ducebat. [14]Aliquantum ante aciem cum equitibus paucis euectus in medios hostes ingentem cum suis ardorem, tum pauorem hostibus iniecit. [15]Plurimos manu sua comminus eminusque uolneratos compulsosque in portam consecutus et ipse, cum maiorem in angustiis trepidantium edidisset

XXIV, **9** patentior que*B* : pot- *cett.* || derigere *B* : di- *cett.* || longus *B* : *om. cett.* || praeberet *B AEP N L* : -rent *V* || **11** ciuitatium *B* : -tum *cett.* || iram *uel* odium *add. Weissenb.* : odium *potius ante* diu *M. Müller aptius* iram (*post* erat) *censet MacDonald* || **12** scirentque *B AEP* L^x : scientes *NV L* || in hostes *AEP NV L* : *om. B* || **15** consecutus *B AEP N L* : secutus *V* || et *B AP NV L* : ut *E*.

gens apeurés un massacre encore plus grand dans cet espace resserré, il put, malgré la témérité de son entreprise, effectuer sa retraite sans risques, car ceux qui se trouvaient sur les tours qui surplombaient la porte se retenaient de tirer pour ne pas atteindre les leurs, qui étaient mêlés aux ennemis. Ensuite, comme les Athéniens retenaient leurs soldats à l'intérieur des remparts, Philippe fit donner le signal de la retraite et établit son camp à Cynosargès [13], où s'élevaient un temple d'Hercule et un gymnase entourés d'un bois sacré. Mais Cynosargès, comme le Lycée [14] et tous les endroits consacrés ou riants des alentours de la ville, fut brûlé ; on ne détruisit pas seulement les maisons, mais aussi les tombeaux, et la colère incontrôlée de Philippe ne respecta rien qui relevât du droit divin ou humain [15].

XXV. Le lendemain, les portes étant d'abord restées fermées, puis ayant été brusquement ouvertes parce que les troupes d'Attale, venant d'Égine, et les Romains, qui venaient du Pirée, étaient entrés dans la ville, le roi ramena son camp à environ trois mille pas [1] de la ville. De là, il partit pour Éleusis [2], dans l'espoir de s'emparer par surprise du sanctuaire ainsi que du fort qui le domine et l'entoure [3]. Mais, s'étant rendu compte que la garde en était bien assurée et qu'une flotte arrivait du Pirée à la rescousse, il renonce à son entreprise, se dirige vers Mégare, puis, sans s'arrêter, vers Corinthe ; ensuite, apprenant que l'assemblée des Achéens se tenait à Argos, il y tombe en pleine réunion à la grande surprise des Achéens [4]. Ils y discutaient de la guerre contre Nabis, tyran de Lacédémone ; celui-ci, voyant que les troupes mercenaires des Achéens s'étaient dispersées depuis que le commandement était passé de Philopoemen à Cycliadas qui était loin de le valoir, avait recommencé la guerre ; il ravageait les régions frontalières et constituait déjà

caedem, in temerario incepto tutum tamen receptum habuit [16]quia qui in turribus portae erant sustinebant tela ne in permixtos hostibus suos conicerent. [17]Intra muros deinde tenentibus milites Atheniensibus Philippus signo receptui dato castra ad Cynosarges — templum Herculis gymnasiumque et lucus erat circumiectus — posuit. [18]Sed et Cynosarges et Lycium et quidquid sancti amoeniue circa urbem erat incensum est, dirutaque non tecta solum sed etiam sepulcra, nec diuini humaniue iuris quicquam prae impotenti ira est seruatum.

XXV. [1]Postero die cum primo clausae fuissent portae, deinde subito apertae quia praesidium Attali ab Aegina Romanique ab Piraeo intrauerant urbem, castra ab urbe rettulit rex tria ferme milia passuum. [2]Inde Eleusinem profectus spe improuiso templi castellique quod et imminet et circumdatum est templo capiendi, cum haudquaquam neglectas custodias animaduertisset et classem a Piraeo subsidio uenire, omisso incepto Megara ac protinus Corinthum ducit et, cum Argis Achaeorum concilium esse audisset, inopinantibus Achaeis contioni ipsi superuenit. [3]Consultabant de bello aduersus Nabim tyrannum Lacedaemoniorum, qui tralato imperio a Philopoemene ad Cycliada*n*, nequaquam parem illi ducem, dilapsa cernens Achaeorum auxilia redintegrauerat bellum agrosque finitimorum uastabat et iam urbibus quoque

XXIV, 18 lycium (*uel* lic-) *codd.* : -ceum *Sp(?)* || humaniue *AEP NV L²* : -que *B L*.

XXV, 2 Eleusinem *Carb.* : -nam *codd.* || megara *B AEP NV L* : -am *B²* || audisset *B AEP* : -ssent *NV L* || 3 cycliadan *Drak.* : -dem *AEP L²* -dam *Edd.* cycladem *B NV L* || redintegrauerat *B² AEP NV L* : (*spat.*)tegrauerat *B*.

une menace pour les villes elles-mêmes[5]. Comme ils délibéraient pour fixer le nombre de combattants que chaque cité mobiliserait contre cet ennemi, Philippe s'engagea à les délivrer de leur souci relatif à Nabis et aux Lacédémoniens : non seulement il empêcherait le pillage des terres des ses alliés, mais il rejetterait toute la terreur de la guerre sur la Laconie elle-même en y transportant immédiatement son armée. De vifs applaudissements accueillirent ce discours. « Toutefois, dit Philippe, il est juste que, pendant que je protège vos possessions de mes armes, les miennes ne soient pas dégarnies de défenseurs. Si donc vous êtes d'accord, préparez autant de soldats qu'il est nécessaire pour défendre Oréos, Chalcis et Corinthe[6] afin que, sentant mes arrières assurés, j'aie l'esprit libre pour porter la guerre chez Nabis et les Lacédémoniens. » Les Achéens ne se méprirent pas sur le but de cette promesse si généreuse, ni sur le secours que Philippe leur offrait contre Sparte : il cherchait à faire de la jeunesse achéenne ses otages et à l'entraîner hors du Péloponnèse pour obliger la nation à participer à la guerre contre Rome. Jugeant qu'il était inutile de démontrer ce point, le préteur des Achéens, Cycliadas[7], fit seulement valoir que les statuts de la ligue ne permettaient pas de discuter d'autres questions que celles qui figuraient à l'ordre du jour, puis, une fois pris le décret décidant la mobilisation contre Nabis, il congédia l'assemblée, qu'il avait présidée avec courage et indépendance, alors que jusqu'à ce jour on l'avait compté parmi les partisans du roi. Philippe, déçu d'un grand espoir, enrôla quelques volontaires, puis regagna Corinthe et l'Attique.

erat terribilis. [4]Aduersus hunc hostem cum quantum ex quaque ciuitate militum scriberetur consultarent, Philippus dempturum se eis curam, quod ad Nabim et Lacedaemonios attineret, ⟨est⟩ pollicitus [5]nec tantum agros sociorum populationibus prohibiturum sed terrorem omnem belli in ipsam Laconicam ducto eo extemplo exercitu tralaturum. [6]Haec oratio cum ingenti adsensu hominum acciperetur, « Ita tamen aequum est, inquit, me uestra meis armis tutari ne mea interim nudentur praesidiis. [7]Itaque, si uobis uidetur, tantum parate militum quantum ad Oreum et Chalcidem et Corinthum tuenda satis sit, ut meis ab tergo tutis securus bellum Nabidi inferam et Lacedaemoniis. » [8]Non fefellit Achaeos quo spectasset tam benigna pollicitatio auxiliumque oblatum aduersus Lacedaemonios : id quaeri ut obsidem Achaeorum iuuentutem educeret ex Peloponneso ad inligandam Romano bello gentem. [9]Et id quidem coarguere Cycliadas praetor Achaeorum nihil attinere ratus, id modo cum dixisset non licere legibus Achaeorum de aliis rebus referre quam propter quas conuocati essent, [10]decreto de exercitu parando aduersus Nabim facto concilium fortiter ac libere habitum dimisit, inter adsentatores regios ante eam diem habitus. [11]Philippus magna spe depulsus, uoluntariis paucis militibus conscriptis, Corinthum atque in Atticam terram rediit.

XXV, 4 quaque *B NV L* : quinta *AEP* || lacedaemonios *B AEP N L* : -nis *V* || est *add. hic M. Müller, post* pollicitus *iam Madv.* || 5 extemplo *B*[2] *AEP V L* : exemplo *B N* || 6 me *B AEP V L* : *om. N* || 7 parate *B AEP N L* : parue *V* || sit *Crevier* : sint *codd.* (sinit *V*) || nabidi *B A*[2] *L* : -uidi *AEP NV* || 8 quaeri *B AEP V L* : -it *N* || obsidem *B AEP N L* : -en *V* || 9 cycliadas *Edd.* : cly- *AEP N* (clu-) *V L* clycliades *B* cycliades *Dett.* || 10 adsentatores *B* : ad senatores *cett.*

XXVI. Au moment même où Philippe se trouvait en Achaïë[1], son lieutenant Philoclès, parti d'Eubée avec deux mille Thraces et Macédoniens pour dévaster le territoire athénien, franchit la passe du Cithéron[2] dans la région voisine d'Éleusis ; ensuite, il envoya la moitié de ses hommes piller un peu partout la campagne et s'établit lui-même secrètement avec l'autre moitié dans un endroit propice à une embuscade : si les occupants du fort d'Éleusis attaquaient ses hommes pendant qu'ils pillaient, ils le feraient en ordre dispersé et il en profiterait pour leur tomber dessus à l'improviste. Mais l'embuscade ne trompa personne. Il rassembla donc les hommes qui s'étaient dispersés en courant au pillage, leur fit prendre la formation de combat et partit à l'assaut du fort d'Éleusis ; mais il dut se retirer avec beaucoup de blessés et fit sa jonction avec Philippe qui revenait d'Achaïë. L'assaut de ce même fort fut à nouveau tenté par le roi en personne ; mais des navires romains venant du Pirée et une garnison qu'ils firent entrer dans la place le contraignirent à abandonner son entreprise. Divisant alors son armée, il en envoie une partie contre Athènes sous le commandement de Philoclès ; avec l'autre, il marche sur le Pirée, où l'on n'avait laissé qu'une faible garnison, pour se donner la possibilité de s'en emparer pendant que Philoclès retiendrait les Athéniens dans la ville en s'approchant aux pieds des remparts et en la menaçant d'un assaut. Mais l'assaut du Pirée ne fut pas plus aisé que celui d'Éleusis, car les défenseurs étaient à peu près les mêmes. Du Pirée, il fit marcher soudainement ses troupes sur Athènes[3]. Il en fut repoussé par une brusque sortie d'infanterie et de cavalerie, qui s'effectua par l'étroit couloir que forme le mur à demi ruiné, qui, de ses deux bras, relie le Pirée à Athènes[4] ; il renonça alors à l'assaut de la ville, répartit à nouveau son armée entre Philoclès et lui-même et alla dévaster le territoire ; comme il s'était acharné, au cours de son

XXVI. [1]Per eos ipsos dies quibus Philippus in Achaia fuit Philocles praefectus regius ex Euboea profectus cum duobus milibus Thracum Macedonumque ad depopulandos Atheniensium fines regione Eleusinis saltum Cithaeronis transcendit. [2]Inde dimidia parte militum ad praedandum passim per agros dimissa, cum parte ipse occultus loco ad insidias opportuno consedit [3]ut, si ex castello ab Eleusine in praedantes suos impetus fieret, repente hostes effusos ex improuiso adoriretur. Non fefellere insidiae. [4]Itaque reuocatis qui discurrerant ad praedandum militibus instructisque ad oppugnandum castellum Eleusinem profectus, cum multis inde uolneribus recessit Philippoque se uenienti ex Achaia coniunxit. [5]Temptata et ab ipso rege oppugnatio eiusdem castelli est; sed naues Romanae a Piraeo uenientes intromissumque praesidium absistere incepto coegerunt. [6]Diuiso deinde exercitu rex cum parte Philoclem Athenas mittit, cum parte Piraeum pergit ut, dum Philocles subeundo muros comminanda*que* oppugnatione contineret urbe Athenienses, ipsi Piraeum leui cum praesidio relictum expugnandi facultas esset. [7]Ceterum nihilo ei Piraei quam Eleusinis facilior iisdem fere defendentibus oppugnatio fuit. A Piraeo Athenas repente duxit. [8]Inde eruptione subita peditum equitumque inter angustias semiruti muri qui bracchiis duobus Piraeum Athenis iungit repulsus, [9]omissa oppugnatione urbis, diuiso cum Philocle rursus exercitu ad agros uastandos profectus, cum priorem populationem sepulcris circa urbem

XXVI, **3** insidiae *B AEP L* : -dia *N* -dias *V* || **4** discurrerant *AEP NV L* : -ebant *B* || **6** athenas *B* A^2 *NV L* : ad *ante* athenas *add. AEP* || comminandaque *Hertz* : que *om. codd.* et *ante* comminanda *add. Dett.* || oppugnatione *B AEP NV L* : -nem B^2 || urbe *B AEP V* : -bes *N L.*

premier raid, à détruire les tombeaux des environs de la ville, il ordonna, pour ne rien laisser d'inviolé, de détruire et d'incendier les temples des dieux que les habitants avaient consacrés dans chaque dème[5]. La terre attique, magnifiquement parée de ce genre de monuments, tant par l'abondance du marbre local que par le génie de ses artistes, offrit une matière à sa folie dévastatrice ; car Philippe ne se contenta pas de détruire les temples et de renverser les statues ; il fit aussi briser les pierres de peur que, laissées entières, elles ne formassent des ruines trop considérables. Quand sa colère fut rassasiée, ou plutôt dépourvue de matière sur laquelle s'exercer, il quitta le territoire ennemi pour la Béotie et ne fit plus rien en Grèce qui mérite d'être mentionné.

XXVII. Le consul Sulpicius, à cette époque, campait entre Apollonie et Dyrrachium au bord de l'Apsos[1] ; il y mande son légat Lucius Apustius[2] et l'envoie ravager le territoire ennemi avec une partie des troupes. Apustius ravage les confins de la Macédoine, s'empare au premier assaut des forts de Corrhagum, Gerrunium et Orgessum[3], puis arrive devant Antipatréia, ville située dans un étroit défilé[4]. Tout d'abord, il fit venir ses dirigeants et tenta de les amener à se placer sous la protection de Rome ; ensuite, voyant que, confiants dans l'importance, les fortifications et la situation de leur ville, ils dédaignaient ses propositions, il l'attaque de vive force et l'enlève, puis, après avoir fait massacrer tous les adultes et abandonné tout le butin à ses hommes, il fit démolir les remparts et incendier la ville. La crainte d'un sort semblable eut pour effet d'amener Codrion[5], place très solide et bien

diruendis exercuisset, [10]ne quid inuiolatum relinqueret, templa deum quae pagatim sacrata habebant dirui atque incendi iussit. [11]Et ornata eo genere operum eximie terra Attica et copia domestici marmoris et ingeniis artificum praebuit huic furori materiam; [12]neque enim diruere modo ipsa templa ac simulacra euertere satis habuit, sed lapides quoque, ne integri cumularent ruinas, frangi iussit. [13]Et postquam non tam ira ⟨erat⟩ satiata quam irae exercendae materia deerat, agro hostium in Boeotiam excessit nec aliud quicquam dignum memoria in Graecia egit.

XXVII. [1]Consul Sulpicius eo tempore inter Apolloniam ac Dyrrachium ad Apsum flumen habebat castra, quo arcessitum *L.* Apustium legatum cum parte copiarum ad depopulandos hostium fines mittit. [2]Apustius extrema Macedoniae populatus, Corrhago et Gerrunio et Orgesso castellis primo impetu captis ad Ant*i*patream, in faucibus angustis sitam urbem, uenit. [3]Ac primo euocatos principes ad conloquium, ut fidei Romanorum se committerent, perlicere est conatus; deinde, ubi magnitudine ac moenibus situque urbis freti dicta aspernabantur, [4]ui atque armis adortus expugnauit puberibusque interfectis, praeda omni militibus concessa, diruit muros atque urbem incendit. [5]Hic metus Codrionem, satis

XXVI, 10 incendi *B AEP V L* : -si *N* || 11 et ornata *B NV L* : exornata *AEP* || domestici marmoris *B*[2] *AEP NV L* : -ticima romanis *B* || 13 erat *suppl. hic H. J Müller, post* satiata *iam Siesbye* || materia deerat *B NV L* : haec deerant *AEP L*[3].

XXVII, 1 consul *B EP NV L* : *om.* c *A spatio relicto ad litteram rubricandam* ; *in marg. uix legi potest* L. XLII *A*[2] || ac dyrrachium *B* : ad dir- *NV L* ad cyr- *AEP* || apsum *B* (hap-) : tharsum *B*[2] *cett.* || L. *Glar.* : t (*uel* titum) *cett.* || 2 orgesso *AEP NV L* : -sesso *B* || antipatream *Bekker* : ante- *codd.* || angustis *B*[2] *AEP* : -iis *B NV L* || 3 situque *B AEP N L* : -umque *V* || 4 omni *B*[2] : -nis *B* -nibus *AEP NV L*.

fortifiée, à se rendre sans combat aux Romains. Il y laisse une garnison et prend de force Cnide[6] — nom plus connu à cause d'une autre ville, située en Asie, qu'à cause de cette place-ci. Alors que le légat retournait auprès du consul avec un butin considérable, un certain Athénagoras[7], lieutenant du roi, sema le désordre dans la queue de sa colonne en attaquant son arrière-garde au cours du passage d'une rivière. Les cris des soldats surpris, leur agitation, firent revenir le légat au galop ; ayant fait entasser les bagages au centre, il fit faire demi-tour à ses troupes et leur fit prendre la formation de combat ; les soldats du roi ne purent soutenir l'attaque des Romains : beaucoup furent tués, un plus grand nombre faits prisonniers. Le légat, ayant ramené au consul son armée intacte, est renvoyé aussitôt à la flotte.

XXVIII. La guerre ainsi engagée par cette fort heureuse expédition, les roitelets et les dirigeants de peuples voisins de la Macédoine se rendent au camp romain : Pleuratos, fils de Scerdilaidas[1], Amynandros roi des Athamans[2] et, parmi les Dardaniens, Bato fils de Longaros[3]. Longaros avait, pour son propre compte, fait la guerre à Démétrios[4], le père de Philippe. Comme ils lui promettaient leur assistance, le consul répondit qu'il utiliserait les services des Dardaniens et de Pleuratos quand il ferait pénétrer son armée en Macédoine ; quant à Amynandros, il lui confie la tâche de pousser les Étoliens à la guerre. Il charge les envoyés d'Attale, arrivés eux aussi au même moment, de dire au roi d'attendre à Égine, où il hivernait, l'arrivée de la flotte romaine : avec son appui, il reprendrait les opérations sur mer pour y exercer sa pression sur Philippe. Il envoie aussi des ambassadeurs aux Rhodiens pour les inviter à prendre

ualidum et munitum oppidum, sine certamine ut dederetur Romanis effecit. [6]Praesidio ibi relicto Cnidus — nomen propter alteram in Asia urbem quam oppidum notius — ui capitur. Reuertentem legatum ad consulem cum satis magna praeda Athenagoras quidam, regius praefectus, in transitu fluminis a nouissimo agmine adortus postremos turbauit. [7]Ad quorum clamorem et trepidationem cum reuectus equo propere legatus signa conuertisset et coniectis in medium sarcinis aciem direxisset, non tulere impetum Romanorum militum regii : multi ex iis occisi, plures capti. [8]Legatus incolumi exercitu reducto ad consulem remittitur inde extemplo ad classem.

XXVIII. [1]Hac satis felici expeditione bello commisso reguli ac principes accolae Macedonum in castra Romana ueniunt, Pleuratus Scerdilaedi filius et Amynander Athamanum rex et ex Dardanis Bato Longari filius : [2]bellum suo nomine Longarus cum Demetrio Philippi patre gesserat. Pollicentibus auxilia respondit consul Dardanorum et Pleurati opera, cum exercitum in Macedoniam induceret, se usurum ; [3]Amynandro Aetolos concitandos ad bellum attribuit. Attali legatis, nam ii quoque per id tempus uenerant, mandat ut Aeginae rex, ubi hibernabat, classem Romanam opperiretur, qua adiuncta bello maritimo, sicut ante, Philippum urgeret. [4]Ad Rhodios quoque missi legati, ut capesserent partem belli.

XXVII, 6 cnidus *B* : nidus *cett.* || 7 propere *AEP NV L* : prope *B* || et coniectis *B* : et *om. NV L* coniectisque *AEP L²* || aciem *B AP NV L* : in *ante aciem add. E* || 8 extemplo *AEP NV L* : exemplo *B*.

XXVIII, 1 hac *B* : hec *N L* nec *AEP L² V* || Scerdilaedi *Edd. recc.* (*iam* -leti *Glar.*) : -leui *codd.* || longari *B A^x E* : lan- *AP* lin- *NV L* || 2 longarus *B NV L* : lan- *AEP* || exercitum *B AEP V L* : -tu *N* || 3 maritimo *B² AEP NV L* : -mos *B*.

leur part de la guerre. De son côté Philippe — déjà arrivé en Macédoine — ne mettait pas moins d'ardeur à préparer la guerre. Choisissant parmi ses amis des hommes susceptibles de guider son jeune âge, il les donne à son fils Persée, encore tout enfant[5], et l'envoie avec une partie des troupes tenir les défilés situés près de Pélagonia[6]. Il détruit Sciathos et Péparéthos[7], villes assez connues, pour éviter que la flotte ennemie n'en fasse sa proie et son butin. Il envoie des ambassadeurs aux Étoliens pour que cette nation remuante ne change pas d'alliance à l'arrivée des Romains[8].

XXIX. L'assemblée des Étoliens, qu'on appelle Panaetolicum, allait se tenir à la date fixée. Pour pouvoir s'y trouver, les délégués du roi hâtèrent leur marche, cependant qu'envoyé par le consul, arrivait le légat Lucius Furius Purpurio[1] ; des délégués athéniens étaient également présents à cette assemblée. On entendit d'abord les Macédoniens, auxquels on était lié par le traité le plus récent[2]. Ils déclarèrent qu'en l'absence de tout fait nouveau, ils n'avaient rien de nouveau à apporter : les motifs qui avaient poussé les Étoliens à faire la paix avec Philippe après avoir éprouvé l'inutilité de l'alliance romaine, devaient les pousser à la conserver une fois cette paix conclue.

« Allez-vous préférer, dit l'un des délégués, imiter le sans-gêne, je dirais même l'inconséquence des Romains? Après avoir fait, à Rome, répondre à vos ambassadeurs[3] : « Pourquoi venez-vous à nous, Étoliens, alors que vous avez fait sans notre accord la paix avec Philippe? » ces mêmes gens aujourd'hui vous demandent de faire avec eux la guerre contre Philippe ; avant, ils feignaient d'avoir pris à cause de vous et pour vous les

Nec Philippus segnius — iam enim in Macedoniam peruenerat — apparabat bellum. [5]Filium Persea, puerum admodum, datis ex amicorum numero qui aetatem eius regerent, cum parte copiarum ad obsidendas angustias quae ad Pelagoniam sunt mittit. [6]Sciathum et Peparethum, haud ignobiles urbes, ne classi hostium praedae ac praemio essent, diruit. Ad Aetolos mittit legatos, ne gens inquieta aduentu Romanorum fidem mutaret.

XXIX. [1]Concilium Aetolorum stata die, quod Panaetolicum uocant, futurum erat. Huic ut occurrerent, et regis legati iter accelerarunt et a consule missus L. Furius Purpurio legatus uenit ; [2]Atheniensium quoque legati ad id concilium occurrerunt. Primi Macedones, cum quibus recentissimum foedus erat, auditi sunt. [3]Qui ⟨in⟩ nulla noua re nihil se noui habere quod adferrent dixerunt : quibus enim de causis experta inutili societate Romana pacem cum Philippo fecissent, compositam semel pacem seruare eos debere. « [4]An imitari, inquit unus ex legatis, Romanorum licentiam, an leuitatem dicam, mauultis ? Qui cum legatis uestris Romae responderi ita iussissent : « Quid ad nos uenitis, Aetoli, sine quorum auctoritate pacem cum Philippo fecistis ? », [5]iidem nunc ut bellum secum aduersus Philippum geratis postulant ; et antea propter uos et pro uobis arma sumpta

XXVIII, 4 in *B AE NV L* : *om. P* || 6 Peparethum *Carb.* : perar- *B* peper- *NV L* pepetr- *AEP* pepera- *L*[2].

XXIX, 1 stata *B* : -tuta *cett.* (fcm̃ *L*, *del. et corr. L*[2], *sed uix legi potest* : statua?) || Panaetolicum *Holleaux* : -lium *codd.* || et regis *B AEP* : *om.* et *NV L* || L. *B L* : laelius *AEP NV* || furius *B* : rufus *cett.* || 3 in (*ante* nulla) *add. Madv.* || nulla *B NV L* : in illa *AEP* || 4 imitari *B AEP N L* : nuntia- *V* || romanorum... legatis *B AEP V L* : *om. N* || uenitis *B AEP N L* : uentus *V* || fecistis *B EP NV L* : *ante* fecistis *add.* iidem *A post* fecistis *add. denuo* iidem *A*[2].

armes contre lui ; aujourd'hui, ils vous interdisent de rester en paix avec Philippe. Le prétexte de leur première expédition en Sicile était de secourir Messine, la seconde fois, c'était pour rendre à la liberté Syracuse opprimée par les Carthaginois. Mais Messine, Syracuse, la Sicile tout entière, ce sont eux, maintenant, qui l'occupent et qui l'ont réduite en province tributaire avec leurs haches et leurs faisceaux[4]. Bien sûr, de même que vous tenez, à Naupacte[5], d'après vos propres lois et avec des magistrats que vous avez élus, une assemblée où vous allez pouvoir choisir librement votre allié et votre ennemi, décider à votre gré la paix ou la guerre, de même, pour les cités de Sicile, on convoque une assemblée à Syracuse, à Messine ou à Lilybée[6]. Mais c'est le préteur romain qui préside ces assises ; c'est en vertu de ses pouvoirs et sur sa convocation que les délégués s'y réunissent ; ils le voient rendre ses jugements insolents du haut d'une estrade élevée, entouré de ses licteurs : les verges menacent leurs dos, les haches leurs nuques et, chaque année, le sort leur donne un autre, puis un autre maître[7]. Ils ne doivent ni ne peuvent s'en étonner, puisqu'ils voient des villes d'Italie, Régium, Tarente, Capoue[8] — pour ne pas nommer les voisines de Rome, par la ruine desquelles elle a nourri sa croissance — soumises à la même domination. Capoue, il est vrai, demeure, mais comme tombeau, comme stèle commémorative du peuple campanien, vide de ce peuple même enseveli, déporté, banni, ville mutilée sans Sénat, sans plèbe et sans magistrats, véritable monstre qu'il eût été moins cruel d'abattre que d'abandonner ainsi à l'état de simple habitat. C'est folie d'espérer que si ces gens d'une autre race, plus séparés de vous par la langue, les mœurs et le droit que par l'étendue de la mer et des terres, occupent ce pays, il y restera rien dans l'état actuel des choses[9]. Le pouvoir de Philippe vous apparaît comme une entrave à votre

aduersus eum simulabant, nunc uos in pace esse cum Philippo prohibent. [6]Messanae ut auxilio essent primo in Siciliam transcenderunt, iterum ut Syracusas oppressas ab Carthaginiensibus in libertatem eximerent : [7]et Messanam et Syracusas et totam Siciliam ipsi habent uectigalemque prouinciam securibus et fascibus subiecerunt. [8]Scilicet sicut uos Naupacti legibus uestris per magistratus a uobis creatos concilium habetis, socium hostemque libere quem uelitis lecturi, pacem ac bellum arbitrio habituri uestro, sic Siculorum ciuitatibus Syracusas aut Messanam aut Lilybaeum indicitur concilium. [9]Praetor Romanus conuentus agit : eo imperio euocati conueniunt, excelso in suggestu superba iura reddentem, stipatum lictoribus uident, uirgae tergo, secures ceruicibus imminent ; et quotannis alium atque alium dominum sortiuntur. [10]Nec id mirari debent aut possunt, cum Italiae urbes, Regium Tarentum Capuam — ne finitimas quarum ruinis creuit urbs Roma nominem —, eidem subiectas uideant imperio. [11]Capua quidem sepulcrum ac monumentum Campani populi, elato et extorri eiecto ipso populo, superest, urbs trunca sine senatu, sine plebe, sine magistratibus, prodigium, relicta crudelius habitanda quam si deiecta foret. [12]Furor est, si alienigenae homines plus lingua et moribus et legibus quam maris terrarumque spatio discreti haec tenuerint, sperare quicquam eodem statu mansurum. [13]Philippi regnum

XXIX, 6 transcenderunt *B Crevier* : consc- *cett.* ‖ 9 praetor *B* : populi romani *cett.* ‖ suggestu *B AEP N L* : -to *V* ‖ reddentem *B AEP* : -te *NV L* ‖ lictoribus *B AEP N L* : uic- *V* ‖ 10 ne finitimas... nominem B^2 (*om.* nominem *B*) : ne finitimas nominem *Sp*... Roma $Frob^2$ ue (ne *N*) finitimas... romana (*om.* nominem) *cett.* ‖ eidem *B Crevier* : eiusdem *cett.* ‖ 11 deiecta *B* : -leta *cett.* ‖ 12 alienigenae *B AEP N L* : alieni gens *V*.

liberté ; pourtant lorsque, par votre propre faute, il était votre ennemi, il ne vous a rien demandé d'autre que la paix et aujourd'hui encore, il n'aspire à rien d'autre qu'au respect de la paix qui a été conclue. Habituez à ces terres des légions étrangères et recevez leur joug : c'est trop tard, c'est en vain, lorsque vous aurez le Romain pour maître, que vous voudrez avoir Philippe pour allié [10]. Étoliens, Acarnaniens, Macédoniens, gens qui parlent la même langue [11], s'unissent ou se désunissent pour des motifs sans importance aux conséquences éphémères ; avec des gens d'une autre race, avec des barbares, tous les Grecs sont et resteront toujours en état de guerre perpétuel : car c'est par leur nature, qui est permanente, et non pour des causes qui changent de jour en jour qu'ils sont nos ennemis. Mais il suffit, et mon discours finira par où il a commencé. En ce même lieu, vous qui êtes les mêmes hommes, vous avez décidé voici trois ans [12] de la paix avec ce même Philippe, malgré la désapprobation de ces mêmes Romains qui, aujourd'hui qu'elle est scellée et conclue, veulent la troubler. A cette situation, la fortune n'a rien changé : je ne vois pas pourquoi vous, vous changeriez. »

XXX. Après les Macédoniens, du consentement et sur l'invitation des Romains eux-mêmes, on fit avancer les Athéniens qui, pour avoir souffert d'atroces exactions, étaient mieux fondés à attaquer la cruauté et les violences du roi. Ils gémirent sur la dévastation et le pillage lamentables de leurs terres : ce dont ils se plaignaient, dirent-ils, n'était pas d'avoir été traités en ennemis par un ennemi : il existait un droit de la guerre [1], qu'on devait légitimement subir aussi bien qu'exercer : voir ses moissons brûlées, sa maison détruite, les gens et les bêtes emmenés comme butin étaient choses plus affligeantes que révol-

officere aliquid uidetur libertati uestrae ; qui, cum merito uestro uobis infensus esset, nihil a uobis ultra quam pacem petiit fidemque hodie pacis pactae desiderat. [14]Adsuefacite his terris legiones externas et iugum accipite : sero ac nequiquam, cum dominum Romanum habebitis, socium Philippum quaeretis. [15]Aetolos Acarnanas Macedonas, eiusdem linguae homines, leues ad tempus ortae causae diiungunt coniunguntque : cum alienigenis, cum barbaris aeternum omnibus Graecis bellum est eritque ; natura enim, quae perpetua est, non mutabilibus in diem causis hostes sunt. [16]Sed unde coepit oratio mea, ibi desinet. Hoc eodem loco iidem homines de eiusdem Philippi pace triennio ante decreuistis iisdem improbantibus eam pacem Romanis, qui nunc pactam et compositam turbare uolunt. In qua consultatione nihil fortuna mutauit, cur uos mutetis non uideo. »

XXX. [1]Secundum Macedonas ipsis Romanis ita concedentibus iubentibusque Athenienses, qui foeda passi iustius in crudelitatem saeuitiamque regis inuehi poterant, introducti sunt. [2]Deplorauerunt uastationem populationemque miserabilem agrorum : neque id se queri, quod hostilia ab hoste passi forent ; esse enim quaedam belli iura, quae ut facere ita pati sit fas : [3]sata exuri, dirui tecta, praedas hominum pecorumque agi misera magis quam indi-

XXIX, 13 uidetur *AEP NV L* : -deretur *B* || infensus *B* : -festus *cett.* || nihil *B* : et *ante* nihil *add. cett.* || petiit *Edd. recc.* : petit *codd.* || 14 nequiquam *B* : ne quicquam *AP NV L* ne *om. E* || habebitis B^2 *AEP NV L* : -betis *B* || quaeretis *B AE V L* : -itis *P* L^2 *N* || 15 diiungunt *B* : dis- B^2 *AEP NV L* || coniunguntque *B AEP V L* : coniungunt *N* || 16 triennio... decreuistis *B AP NV L* ; *om. E* || mutetis *B AEP N L* : mitte- *V*.

XXX, 1 iubentibusque *B* P^x *L* : iuuent- *AEP* L^2 *NV* iuuant- A^x || in crudelitatem *B* : incredulitatem *cett.* || 3 agi *B EP NV L* : *om. P*.

tantes pour celui qui en était la victime. Ce dont en revanche ils se plaignaient, c'est qu'un homme qui appelait les Romains allogènes et barbares eût insulté ensemble les lois divines et humaines à un point tel que, lors de son premier pillage, il avait fait une guerre sacrilège aux dieux infernaux et, lors du second, aux dieux célestes[2]. Tous les tombeaux, toutes les stèles avaient été détruits sur leur territoire, on avait contraint les ombres de tous les morts à sortir de leurs sépultures ; il n'était aucun d'eux dont la terre recouvrît encore les ossements. Les Athéniens avaient eu des sanctuaires que jadis leurs ancêtres, quand ils vivaient en dèmes séparés[3], avaient consacrés dans leurs bourgs et leurs petits villages, et même une fois leurs tribus réunies en une seule ville, ils ne les avaient pas laissés à l'abandon ; tous ces temples, à la ronde, Philippe les avait incendiés, en véritable ennemi ; à-demi brûlées, mutilées, les statues des dieux gisaient en travers des portes renversées de leurs temples. Ce qu'il avait fait de la terre attique, jadis riche en parures d'art et en ressources, il en ferait autant de l'Étolie et de toute la Grèce si on le laissait faire. La ville même d'Athènes aurait été pareillement défigurée si les Romains n'étaient venus à son secours. Car, par le même crime, le roi avait tenté d'attaquer les dieux qui habitent la ville et Minerve, protectrice de la citadelle ; par le même crime, à Éleusis, le temple de Cérès ; par le même crime, au Pirée, Jupiter et Minerve. Repoussé par la force des armes, non seulement de leurs temples, mais même des murailles de ces villes, il avait exercé sa violence contre les sanctuaires que seul défendait le sentiment du respect que l'on doit au sacré. Aussi priaient-ils et conjuraient-ils les Étoliens d'avoir pitié des Athéniens et, sous la conduite des dieux immortels, et ensuite des Romains qui, après les dieux, étaient les plus puissants, d'entreprendre la guerre.

gna patienti esse. [4]Verum enim uero id se queri, quod is qui Romanos alienigenas et barbaros uocet adeo omnia simul diuina humanaque iura polluerit ut priore populatione cum infernis deis, secunda cum superis bellum nefarium gesserit. [5]Omnia sepulcra monumentaque diruta esse in finibus suis, omnium nudatos manes, nullius ossa terra tegi. [6]Delubra sibi fuisse quae quondam pagatim habitantes in paruis illis castellis uicisque consecrata ne in unam urbem quidem contributi maiores sui deserta reliquerint : [7]circa ea omnia templa Philippum infestos circumtulisse ignes ; semusta, truncata simulacra deum inter prostratos iacere postes templorum. [8]Qualem terram Atticam fecerit, exornatam quondam opulentamque, talem eum si liceat Aetoliam Graeciamque omnem facturum. [9]Vrbis quoque suae similem deformitatem futuram fuisse, nisi Romani subuenissent. Eodem enim scelere urbem colentes deos praesidemque arcis Mineruam petitam, eodem Eleusine Cereris templum, eodem Piraei Iouem Mineruamque. [10]Sed ab eorum non templis modo sed etiam moenibus ui atque armis repulsum in ea delubra quae sola religione tuta fuerint saeuisse. [11]Itaque se orare atque obsecrare Aetolos ut miseriti Atheniensium ducibus diis immortalibus, deinde Romanis, qui secundum deos plurimum possent, bellum susciperent.

XXX, **3** patienti *B NV L* : -tia *AEP* || **5** tegi *B AEP V L* : -it *N* || **6** delubra sibi *B* A^2 (*sed* ibi *non del.*) : -bras ibi *NV L* -bra ibi *AEP* || reliquerint *B AEP* L^2 : der- *NV L* || **7** philippum *B AEP N L* : -us *V* || semusta *B N L* : semusta et *A E* semustat *V* semiusta et *P* || deum *B AEP N L* : letus *V* || **8** aetoliam *B NV L* : -icam *AEP* || **9** urbis B^2 *AP* L^2 : -bes *B NV* urb *E* || colentes deos *B NV L* (tis) : -tem hos deos *AEP* L^2 || eleusine *AEP(?) V* : -niae *B* P^x*(?) L* -nis *N* || templum *B* : -pli *cett.* || **10** saeuisse *B* : sedisse *cett.* || **11** ut miseriti *B* : uti miseriti *P V L* uti miserti *AE* L^2 ut immiseriti *N* || possent *B* : -ssint *cett.*

XXXI. L'ambassadeur romain prit alors la parole : « Les Macédoniens d'abord, les Athéniens ensuite m'ont fait changer toute la présentation de mon discours. J'étais venu me plaindre des violations du droit dont Philippe s'est rendu coupable envers tant de villes qui sont nos alliées, mais les Macédoniens, en prenant les devants pour accuser Rome, m'ont fait préférer la défense à l'accusation. Quant aux Athéniens, en relatant ses crimes impies et inhumains à l'égard des dieux infernaux et célestes, qu'ont-ils laissé, à moi ou à tout autre, que l'on pût encore lui reprocher? Ces mêmes griefs, croyez bien que les gens de Cios, d'Abydos, d'Ainos, de Maronée, de Thasos, de Paros, de Samos, de Larisa, de Messène, d'ici même en Achaïe[1], les lui adressent, et plus lourds, plus amers encore, parce que la faculté qu'il a eue de leur nuire était plus grande. Quant aux actes qu'il nous reproche, j'avoue qu'ils sont indéfendables, à moins que précisément ils ne nous soient un titre de gloire. Il nous reproche Régium, Capoue et Syracuse. A Régium, pendant la guerre contre Pyrrhus[2], une légion que nous y avions envoyée[3] à la prière des habitants eux-mêmes s'est emparée criminellement de la ville qu'elle avait pour mission de défendre. Avons-nous approuvé ce forfait? N'avons-nous pas traqué la légion criminelle et, après l'avoir fait rentrer dans l'obéissance et avoir forcé ses soldats à expier sur leurs dos et de leurs têtes leur crime envers nos alliés, n'avons-nous pas rendu aux gens de Régium leur ville, leur territoire et tous leurs biens avec leurs libertés et leurs lois? Les Syracusains, eux, étaient opprimés par des tyrans étrangers, ce qui rendait cette tyrannie plus révoltante. Nous leur avons porté secours et, nous trouvant épuisés d'avoir assiégé pendant

XXXI. [1]Tum Romanus legatus : « Totam orationis meae formam Macedones primum, deinde Athenienses mutarunt. [2]Nam et Macedones, cum ad conquerendas Philippi iniurias in tot socias nobis urbes uenissem, ultro accusando Romanos, defensionem ut accusatione potiorem haberem effecerunt, [3]et Athenienses in deos inferos superosque nefanda atque inhumana scelera eius referendo quid mihi aut cuiquam reliquerunt quod obicere ultra possim? [4]Eadem haec C*ian*os Abydenos Aen*i*os Maronitas Thasios Parios Samios La*ri*senses Messenios hinc ex Achaia existimate queri, grauiora etiam acerbioraque eos quibus nocendi maiorem facultatem habuit.

[5]Nam quod ad ea attinet quae nobis obiecit, nisi gloria digna sunt, fateor ea defendi non posse. [6]Regium et Capuam et Syracusas nobis obiecit. Regium Pyrrhi bello legio, Reginis ipsis ut mitteremus orantibus, in praesidium missa urbem ad quam defendendam missa erat per scelus possedit. [7]Comprobauimus ergo id facinus? An bello persecuti sceleratam legionem, in potestatem nostram redactam, tergo et ceruicibus poenas sociis pendere cum coegissemus, urbem agros suaque omnia cum libertate legibusque Reginis reddidimus? [8]Syracusanis oppressis ab externis tyrannis, quo indignius esset, cum tulissemus opem et fatigati prope per triennium terra marique

XXXI, **2** uenissem *P* : -ssent *cett.* || ultro *B AEP V L* : -tra *N* || accusatione *B AEP N L* : -nem *V* || **3** in deos *B AEP N L* : idoneos *V* || referendo *B AEP N L* : -da *V* || quid *AEP NV L* : quod *B* || **4** haec Cianos *Sigon.* : haec *spat. B* haec chios *B*[2] hechios *AE* echios *P NV L* || Aenios *Drak.* : aeneos *codd.* || Larisenses *Bekker* : lams- *B* lans- *cett.* || etiam *AEP NV L* : *om. B* || facultatem *AEP NV L* : diffic- *B* || **6** legio reginis *B* : a nobis *post* legio *add. cett.* || praesidium *B AEP L* : -dio *NV* || missa *B AEP* : -ssam *NV L* || **7** comprobauimus *B AP NV L* : cum prob- *E* || ceruicibus *B AEP N L* : ceruibus *V* || libertate *B AEP L* : -tem *NV*.

trois ans, par terre et par mer, une ville admirablement fortifiée, alors que les Syracusains en étaient venus à préférer l'esclavage sous les tyrans plutôt que de nous voir prendre la ville, nous la leur avons rendue, prise et libérée par le même fait d'armes [4]. Quant à la Sicile, nous ne nions pas qu'elle soit une province à nous, et que les cités qui ont pris le parti de Carthage et ont combattu d'un seul cœur contre nous à ses côtés nous paient tribut et redevance : bien au contraire, nous voulons que toutes les nations et vous-mêmes sachiez bien ceci, que la condition de chacun dépend de sa conduite à notre égard. Pour ce qui est des Campaniens, est-ce à nous de nous repentir d'un châtiment dont eux-mêmes ne sauraient se plaindre ? Voilà des gens pour qui nous avions combattu pendant près de soixante-dix ans contre les Samnites au prix de graves désastres [5], que nous avions unis à nous d'abord par traité [6], puis par le droit de mariage et les liens du sang [7], par le droit de cité enfin [8] : à l'époque de nos revers, ils ont été les premiers de tous les peuples d'Italie à passer à Hannibal en massacrant ignominieusement notre garnison, pour envoyer ensuite, révoltés que nous les assiégions, Hannibal attaquer Rome [9]. Si leur ville ni aucun d'entre eux ne subsistait, qui pourrait trouver cela injuste et prétendre que le sort que nous leur aurions réservé eût été trop dur pour leur conduite ? Ceux que la conscience de leur crime poussa au suicide furent plus nombreux que ceux que nous avons châtiés nous-mêmes [10]. Nous avons enlevé aux autres leur ville et leurs terres, mais nous leur avons donné une terre et un lieu où habiter, mais nous avons laissé subsister intacte une ville innocente et qui la verrait aujourd'hui n'y trouverait aucune trace indiquant qu'elle ait été assiégée ou prise. Mais pourquoi parler de Capoue quand, à Carthage vaincue, nous avons donné la paix et la liberté [11] ? Le dan-

urbe munitissima oppugnanda essemus, cum iam ipsi Syracusani seruire tyrannis quam capi a nobis mallent, captam iisdem armis et liberatam urbem reddidimus. [9]Neque infitias imus Siciliam prouinciam nostram esse et ciuitates quae in parte Carthaginiensium fuerunt et uno animo cum illis aduersus nos bellum gesserunt, stipendiarias nobis ac uectigales esse : quin contra hoc et uos et omnes gentes scire uolumus pro merito cuique erga nos fortunam esse. [10]An Campanorum poenae, de qua ne ipsi quidem queri possunt, nos paeniteat? Hi homines, cum pro iis bellum aduersus Samnites per annos prope septuaginta cum magnis nostris cladibus gessissemus, [11]ipsos foedere primum, deinde conubio atque cognationibus, postremo ciuitate nobis coniunxissemus, [12]tempore nostro aduerso primi omnium Italiae populorum, praesidio nostro foede interfecto, ad Hannibalem defecerunt, deinde indignati se obsideri a nobis Hannibalem ad oppugnandam Romam miserunt. [13]Horum si neque urbs ipsa neque homo quisquam superesset, quis id durius quam pro merito ipsorum statutum indignari posset? [14]Plures sibimet ipsi conscientia scelerum mortem consciuerunt quam ab nobis supplicio adfecti sunt. Ceteris ita oppidum, ita agros ademimus ut agrum locumque ad habitandum daremus, [15]urbem innoxiam stare incolumem pateremur, ut qui hodie uideat eam nullum oppugnatae captaeue ibi uestigium inueniat. Sed quid ego Capuam dico, cum Carthagini uictae pacem ac libertatem dederimus? [16]Magis illud est periculum

XXXI, **9** infitias *B E NV L* : in *ante* infitias *add. AP L²* || quae *B A L* : quas *EP NV* || nobis *AEP NV L* : *om. B* || **10** ne *B* : neque *cett.* || possunt *Edd. uett.* : -ssent B -ssint *B¹ AEP NV L* || **11** atque *B* : inde *post* atque *add. cett.*

ger est bien plutôt qu'en pardonnant trop facilement aux vaincus nous n'incitions par là-même un plus grand nombre de peuples à éprouver contre nous la fortune de la guerre.

Puissent mes paroles servir notre défense, et puissent-elles atteindre Philippe dont les crimes domestiques, les meurtres de parents et d'amis[12], la débauche à peine moins bestiale que sa cruauté vous sont d'autant mieux connus que vous êtes plus proches de la Macédoine. En ce qui vous concerne, Étoliens, nous avons entrepris pour vous une guerre contre Philippe et vous avez fait sans nous la paix avec lui[13]. Peut-être pourriez-vous dire que, puisque nous étions accaparés par la guerre contre Carthage, la crainte vous a contraints d'accepter les conditions de paix de celui qui était alors le plus fort ; de notre côté, pressés par de plus grands dangers, nous avons renoncé à une guerre que vous aviez vous-mêmes abandonnée. Aujourd'hui, la bienveillance des dieux nous a débarrassés de la guerre contre Carthage et nous pesons de toutes nos forces sur la Macédoine. Quant à vous, l'occasion vous est offerte de rentrer dans notre amitié et notre alliance, à moins que vous n'aimiez mieux vous perdre avec Philippe que de vaincre avec les Romains. »

XXXII. Après ce discours du Romain, tous les esprits inclinaient du côté de Rome quand Damocritos, le préteur des Étoliens[1], qui passe pour avoir reçu de l'argent du roi, sans approuver l'un ou l'autre parti, déclara que rien n'est aussi mauvais pour les décisions de grande importance que la précipitation : c'est précipitamment que suivait le repentir, mais aussi tardif qu'inutile, puisque les décisions prises dans une hâte aveugle ne pouvaient être reprises ni annulées. Pour l'examen de la question, dont il pensait personnellement qu'il fallait lui laisser le temps de mûrir, on pouvait dès maintenant en fixer ainsi la date : puisque, d'après le règlement, on ne pouvait traiter de la paix ou de la guerre que dans

ne nimis facile uictis ignoscendo plures ob id ipsum ad experiundam aduersus nos fortunam belli incitemus.

17Haec pro nobis dicta *sint*, haec aduersus Philippum, cuius domestica parricidia et cognatorum amicorumque caedes et libidinem inhumaniorem prope quam crudelitatem uos, quo propiores Macedoniae estis, melius nostis. 18Quod ad uos attinet, Aetoli, nos pro uobis bellum suscepimus aduersus Philippum, uos sine nobis cum eo pacem fecistis. 19Et forsitan dicatis bello Punico occupatis nobis coactos metu uos leges pacis ab eo qui tum plus poterat accepisse ; et nos, cum alia maiora urgerent, depositum a uobis bellum et ipsi omisimus. 20Nunc et nos deum benignitate Punico perfecto bello totis uiribus nostris in Macedoniam incubuimus, et uobis restituendi uos in amicitiam societatemque nostram fortuna oblata est, nisi perire cum Philippo quam uincere cum Romanis mauultis. »

XXXII. 1Haec dicta ab Romano cum essent, inclinatis omnium animis ad Romanos, Damocritus praetor Aetolorum pecunia, ut fama est, ab rege accepta, nihil aut huic aut illi parti adsensus, 2rem magni discriminis consiliis nullam esse tam inimicam quam celeritatem dixit : celerem enim paenitentiam, sed *e*andem seram atque inutilem sequi, cum praecipitata raptim consilia neque reuocari neque in integrum restitui possint. 3Deliberationis autem eius cuius ipse maturitatem expectandam putaret tempus ita iam nunc statui posse : cum legibus cautum esset

XXXI, 17 sint *Asc.* : sunt *codd.*

XXXII, 2 nullam *B AP NV L* : -la *E* || eandem *Frob*[1]. : tandem *codd.* || 3 autem *AEP NV L* : *om. B.*

les assemblées du Panaetolicum ou des Thermopyles[2], on devait décider dès maintenant que le préteur, lorsqu'il voudrait traiter de la paix et de la guerre, convoquerait sans violer la loi l'assemblée, et que ce que l'on discuterait et déciderait alors serait aussi légal et authentique que si l'on en avait traité à l'assemblée du Panaetolicum ou des Thermopyles. Les délégués ainsi renvoyés sans avoir pris de décision, Damocritos disait que la mesure adoptée était excellente pour la nation : celui des deux partis que la fortune de la guerre favoriserait la verrait pencher en faveur de son alliance[3]. Voilà ce qui fut fait à l'assemblée des Étoliens

Reprise des événements militaires en Grèce : campagne de Sulpicius contre Philippe.

XXXIII. Philippe préparait activement la guerre sur terre et sur mer[1]. Il rassemblait ses forces navales à Démétrias[2] en Thessalie. Pensant qu'Attale et la flotte romaine quitteraient Égine au début du printemps[3], il confia le commandement de la flotte et du secteur côtier à Héraclidès[4], poste qu'il lui avait déjà confié précédemment ; lui-même organisait les forces terrestres et croyait avoir privé les Romains de deux appuis importants : d'un côté les Étoliens, du côté opposé les Dardaniens, puisque le défilé situé près de Pélagonie était barré par son fils Persée[5]. Le consul, lui, ne préparait pas la guerre, il la faisait déjà. Il conduisait son armée à travers le territoire des Dassarètes[6], transportant le blé qu'il avait emporté de ses quartiers d'hiver, mais sans y toucher, car le pays suffisait aux besoins de ses hommes[7]. Les bourgs et les villages se rendaient à lui, les uns de bon gré, les autres par crainte. Certains furent enlevés de force ; on en trouvait d'autres abandonnés, les barbares cherchant refuge dans les montagnes proches.

ne de pace belloque nisi in Panaetolico et Py*lai*co concilio ageretur, decernerent extemplo [4]ut praetor sine fraude, cum de bello et pace agere uelit, aduocet concilium et quod tum referatur decernaturque ut perinde ius ratumque ⟨sit⟩ ac si *in* Panaetolico aut Pylaico concilio actum esset. [5]Dimissis ita suspensa re legatis egregie consultum genti aiebat : nam utrius partis melior fortuna belli esset, ad eius societatem inclinaturos. Haec in concilio Aetolorum acta.

XXXIII. [1]Philippus impigre terra marique parabat bellum. Nauales copias Demetriadem in Thessaliam contrahebat. [2]Attalum Romanamque classem principio ueris ab Aegina ratus moturos, nauibus maritimaeque orae praefecit Heraclidam, quem et ante praefecerat; [3]ipse terrestres copias comparabat, magna se duo auxilia Romanis detraxisse credens, ex una parte Aetolos, ex altera Dardanos, faucibus ad Pelagoniam a filio Perseo interclusis. [4]Ab consule non parabatur sed gerebatur iam bellum. Per Da*ssa*retiorum fines exercitum ducebat, frumentum quod ex hibernis extulerat integrum uehens, quod in usum militi satis esset praebentibus agris. [5]Oppida uicique partim uoluntate, partim metu se tradebant; quaedam ui expugnata, quaedam deserta in montes propinquos refugientibus barbaris inue-

XXXII, **3** belloque *B* : -ue *cett.* || Pylaico *Gel.* : pyraea *B AEP NV L* pyraeaco A^2 L^2 pyraeo B^2 || **4** decernatur que *B AEP N L* : -nantur que *V* || sit *Mediol.* : *om. codd.* || si in *Edd.* : si *B* sine *cett.* || Pylaico *Gel.* : -liaco *B AEP* -riaco *NV L* || esset *B AEP N L* : esse *V* || **5** aiebat *B* A^2 P^x *N L* : agebat *AEP V*.

XXXIII, **2** attalum *B AEP V L* : -us *N* || **3** se duo *B AEP N L* : sedulo *V* || **4** Dassaretiorum *Carb.* : darsert- *B AEP* L^2 *NV* darset- B^1 *L*.

Aux environs de Lyncus[8], le consul établit un camp fixe près du cours du Bévos[9]; de là, il envoyait ses hommes se ravitailler en blé aux alentours, dans les greniers des Dassarètes. Philippe se rendait bien compte de l'épouvante générale qui régnait à la ronde et de l'immense effroi des populations ; mais, ne sachant pas bien quelle direction le consul avait prise, il envoya un détachement de cavalerie reconnaître de quel côté l'ennemi s'était dirigé. Le consul était dans la même incertitude : il savait que le roi avait quitté ses quartiers d'hiver, mais ignorait quel secteur il avait gagné. Lui aussi avait envoyé de la cavalerie en reconnaissance. Les deux détachements, venant de directions opposées, après avoir longtemps erré à l'aveuglette sur les chemins des Dassarètes, finirent par se rencontrer sur la même route. Ni les uns ni les autres ne s'y trompèrent en entendant de loin le bruit sourd que faisaient les hommes et les chevaux : l'ennemi approchait. C'est pourquoi, sans attendre d'être en vue, ils avaient préparé leurs chevaux et leurs armes ; dès que l'ennemi apparut, ils chargèrent sans délai. Ils se trouvèrent égaux en nombre et en valeur, car ils représentaient l'élite des deux armées : aussi combattirent-ils plusieurs heures sans pouvoir se départager. Ce fut l'épuisement des cavaliers et des montures qui interrompit le combat, sans que la victoire se fût déclarée ; les Macédoniens perdirent quarante cavaliers, les Romains trente-cinq. Mais l'affaire ne leur avait pas permis de mieux reconnaître en quel secteur se trouvait le camp ennemi et ils ne purent en rendre compte, les uns au roi, les autres au consul ; on l'apprit par des déserteurs, gens que leur manque de caractère met dans toutes les guerres en position de fournir des renseignements sur l'ennemi.

niebantur. [6]Ad Lyncum statiua posuit prope flumen Beuum; inde frumentatum circa horrea Dassaretiorum mittebat. Philippus consternata quidem omnia circa pauoremque ingentem hominum cernebat, sed parum gnarus quam partem petisset consul, alam equitum ad explorandum quonam hostes iter intendissent misit. [7]Idem error apud consulem erat : mouisse ex hibernis regem sciebat, quam regionem petisset ignorans. Is quoque speculatum miserat equites. Hae duae alae ex diuerso, cum diu incertis itineribus uagatae per Dassaretios essent, tandem in unum iter conuenerunt. [8]Neutros fefellit, ut fremitus procul hominum equorumque exauditus est, hostes adpropinquare. Itaque priusquam in conspectum uenirent, equos armaque expedierant; nec mora, ubi primum hostem uidere, concurrendi facta est. [9]Forte et numero et uirtute, utpote lecti utrimque, haud impares aequis uiribus per aliquot horas pugnarunt. Fatigatio ipsorum equorumque incerta uictoria diremit proelium; [10]Macedonum quadraginta equites, Romanorum quinque et triginta ceciderunt. Neque eo magis explorati quicquam in qua regione castra hostium essent aut illi ad regem aut hi ad consulem rettulerunt; [11]per transfugas cognitum est, quos leuitas ingeniorum ad cognoscendas hostium res in omnibus bellis praebet.

XXXIII, 6 lyncum *B AEP* : lynchum *N L* inchum *V* || Beuum *Carb.* : bactum *B* bactim *NV L* baccum *AEP* || frumentatum circa *B AEP* : *post* frumentatum *add.* circum *NV L* || Dassaretiorum *Carb.* : darset- *AEP NV L* adarset- *B* || pauoremque *B²* *AEP NV L* : *spat. B* || 7 Dassaretios *Carb.* : darsetos *B* -tios *AEP V L* -nos *N* || 8 hostes adpropinquare *AEP NV L* : *om. B* || equos *B AE NV L* : -que *P* || 9 aliquot *B²* *EP L* : -od *B A(?) NV* || pugnarunt *B L* : -rent *N(?) V* -uerunt *AEP* || 10 macedonum *B AEP N L* : -nium *V*.

XXXIV. Philippe, pensant qu'il accroîtrait l'attachement de ses hommes et leur résolution à s'exposer pour lui au danger s'il faisait enterrer les cavaliers tombés dans cette expédition, ordonna de les ramener au camp pour que tout le monde assistât aux honneurs funèbres qu'on leur rendrait. Mais rien n'est aussi fluctuant, aussi imprévisible que les sentiments de la foule. Ce qui semblait propre à renforcer la résolution des soldats pour affronter toutes les batailles les frappa de crainte et d'inertie. C'est qu'habitués à combattre des Grecs et des Illyriens, ils n'avaient vu jusqu'alors que des blessures causées par des javelots et des flèches, rarement par des lances. Après avoir vu ces cadavres mis en pièces par l'épée espagnole [1], ces bras coupés avec leur épaule, ces têtes séparées du corps le cou complètement tranché, ces entrailles à nu, et l'aspect horrible d'autres blessures encore, ils considéraient, dans un sentiment général de panique, contre quelles armes et quels hommes ils allaient devoir combattre. L'épouvante saisit le roi lui-même, qui n'avait pas encore rencontré les Romains en bataille régulière. C'est pourquoi, rappelant son fils et les troupes qui défendaient le défilé de Pélagonie pour en augmenter ses propres forces, il ouvrit à Pleuratos et aux Dardaniens la route de la Macédoine. Lui-même, guidé par des déserteurs, marche vers l'ennemi avec vingt mille fantassins et deux mille cavaliers et, à un peu plus de mille pas [2] du camp romain, fit fortifier une hauteur voisine d'Ataeus [3] au moyen d'un fossé et d'une palissade ; considérant le camp romain à ses pieds, il en admira, dit-on, tant l'aspect général que la division de chacune de ses parties en rangées de tentes bien séparées par des rues et déclara que personne ne pourrait attribuer un tel camp

XXXIV. [1]Philippus aliquid et ad caritatem suorum et ut promptius pro eo periculum adirent ratus profecturum se, [2]si equitum qui ceciderant in expeditione sepeliendorum curam habuisset, adferri eos in castra iussit, ut conspiceretur ab omnibus funeris honos. [3]Nihil tam incertum nec tam inaestimabile est quam animi multitudinis. Quod promptiores ad subeundam omnem dimicationem uidebatur facturum, id metum pigritiamque incussit. [4]Nam qui hastis sagittisque et rara lanceis facta uolnera uidissent, cum Graecis Illyriisque pugnare adsueti, postquam gladio Hispaniensi detruncata corpora bracchiis cum humero abscisis aut tota ceruice desecta diuisa a corpore capita patentiaque uiscera et foeditatem aliam uolnerum uiderunt, [5]aduersus quae tela quosque uiros pugnandum foret pauidi uolgo cernebant. Ipsum quoque regem terror cepit nondum iusto proelio cum Romanis congressum. [6]Itaque reuocato filio praesidioque quod in faucibus Pelagoniae erat, ut iis copiis suas augeret, Pleurato Dardanisque iter in Macedoniam patefecit. [7]Ipse cum uiginti milibus peditum, duobus milibus equitum ducibus transfugis ad hostem profectus paulo plus mille passus a castris Romanis tumulum propinquum Ataeo fossa ac uallo communiuit; [8]ac subiecta cernens Romana castra, admiratus esse dicitur et uniuersam speciem castrorum et discripta suis quaeque partibus cum tendentium ordine tum itinerum interuallis, et

XXXIV, 1 profecturum *B AEP NV L* : per- B^2 ‖ 2 conspiceretur *B AEP N L* : -rent *V* ‖ 4 graecis B^2 *V* L^2 : grasc- *cett.* ‖ cum humero *B* : *om. cett.* ‖ uolnerum *B AEP N L* : -ram *V* ‖ 5 uiros *NV L* : ue- *B AEP* ‖ iusto *AEP NV L* : *om. B* ‖ 7 duobus milibus *B* : octo *P NV L* cccc *A* octo milibus A^2 *E* ‖ mille *B* : cc *cett.* (cc^{tos} *A*) ‖ ataeo *NV L* : athaeo *AEP spat. B* ‖ 8 discripta *B EP NV L* : des- *A*.

à des barbares[4]. Pendant deux jours, le consul et le roi, chacun attendant une tentative de l'autre, maintinrent leurs hommes à l'intérieur de leurs retranchements ; le troisième jour, le général romain fit sortir toutes ses troupes et les déploya en ordre de bataille.

XXXV. Le roi redoutait[1] les risques auxquels l'exposerait une bataille engageant prématurément la totalité des forces. Il envoya donc harceler la cavalerie ennemie quatre cents Tralles (ce sont des Illyriens[2], comme je l'ai dit ailleurs) et trois cents Crétois[3] ; à ces fantassins, il adjoignit un nombre égal de cavaliers qu'il plaça sous le commandement d'un de ses grands dignitaires, Athénagoras[4]. Du côté des Romains, dont les lignes étaient à un peu plus de cinq cents pas, on lança des vélites et environ deux escadrons de cavalerie, afin d'opposer à l'ennemi une force d'infanterie et de cavalerie équivalente à la sienne aussi bien par le nombre que par sa composition. Les gens du roi croyaient qu'ils allaient livrer le genre de combat dont ils avaient l'habitude : que la cavalerie, tour à tour avançant et se repliant, tantôt se servirait de ses armes, tantôt tournerait le dos ; que l'on pourrait utiliser la vitesse des Illyriens pour effectuer des actions de pointe et des charges soudaines, et que les Crétois cribleraient de flèches un ennemi attaquant en ordre dispersé. Mais ce plan fut déjoué par l'opiniâtreté autant que par la vigueur de l'attaque romaine ; en effet, exactement comme si la bataille était générale, les vélites lançaient leurs javelots et continuaient le combat au corps à corps avec l'épée ; quant aux cavaliers, après avoir chargé, ils arrêtaient leurs chevaux et continuaient à se battre, les uns à cheval, les autres sautant à terre et se mêlant aux fantassins. Dans ces conditions, les cavaliers du roi, qui n'avaient pas l'habitude du combat d'infanterie, étaient désavantagés par rapport aux cavaliers romains ; quant aux fantassins, faits pour les charges rapides sans objectif précis et que leur équipement

negasse barbarorum ea castra ulli uideri posse. [9]Biduum consul et rex, alter alterius conatus expectantes, continuere suos intra uallum; tertio die Romanus omnes in aciem copias eduxit.

XXXV. [1]Rex [non] tam celerem aleam uniuersi certaminis timens quadringentos Tralles — Illyriorum id, sicut alio diximus loco, est genus — et Cretenses trecentos, addito his peditibus pari numero equitum, cum duce Athenagora, uno ex purpuratis, ad lacessendos hostium equites misit. [2]Ab Romanis autem — aberat acies eorum paulo plus quingentos passus — uelites et equitum duae ferme alae emissae, ut numero quoque eques pedesque hostem aequarent. [3]Credere regii genus pugnae quo adsueuerant fore, ut equites in uicem insequentes refugientesque nunc telis uterentur, nunc terga darent, Illyriorum uelocitas ad excursiones et impetus subitos usui esset, Cretenses in inuehentem se effuse hostem sagittas conicerent. [4]Turbauit hunc ordinem pugnandi non acrior quam pertinacior impetus Romanorum; [5]nam haud secus quam si tota acie dimicarent, et uelites emissis hastis comminus gladiis rem gerebant et equites, ut semel in hostem euecti sunt, stantibus equis, partim ex ipsis equis, partim desilientes immiscentesque se peditibus pugnabant. [6]Ita nec eques regius equiti par erat, insuetus ad stabilem pugnam, nec pedes concursator et uagus et prope seminudus genere

XXXIV, 9 eduxit *AEP NV L* : duxit *B*.

XXXV, 1 tam *Edd. uett. Madv.* : non tam *B AEP NV L* uero tam *Px Aldus* || 2 quingentos *B AEP* : cc *NV L* || emissae *B AEP* : missae *B*[1] *NV L* || 3 refugientesque *B A* (*marg*) *NV L* : *om. AEP* || illyriorum *B* : illyriorumque *cett.* || subitos *B AE NV L* : -tus *P* || 5 hastis *B NV L* : in hostis *AEP* (sunt *ante* in *add. P*) || 6 regius *B* : regis *cett.* || genere *Edd. uett.* : -ri *codd.*

laissait à demi-nus[5], ils étaient dans la même situation d'infériorité par rapport aux vélites romains qui, équipés du bouclier et de l'épée, étaient aussi bien armés pour la défense que pour l'attaque. Aussi ne purent-ils soutenir la lutte ; cherchant leur salut dans leur seule vitesse, ils allèrent se réfugier dans leur camp.

XXXVI. Le surlendemain, le roi résolut de livrer bataille avec toute sa cavalerie et toute son infanterie légère, selon le plan suivant : pendant la nuit, il dissimula en embuscade des hommes équipés d'un petit bouclier[1], soldats que les Grecs appellent peltastes ; il confia d'autre part à Athénagoras[2] et à sa cavalerie la mission d'exploiter la situation si la bataille en rase campagne évoluait favorablement ou, dans le cas contraire, de se replier graduellement pour attirer l'ennemi vers le lieu de l'embuscade. La cavalerie effectua bien le repli, mais les chefs de la cohorte[3] des peltastes n'eurent pas la patience d'attendre le signal : ils découvrirent prématurément leurs hommes et perdirent ainsi l'occasion de mener l'affaire à bien. Les Romains, vainqueurs en rase campagne et n'ayant plus rien à craindre de l'embuscade, se retirèrent dans leur camp.

Le lendemain, le consul descendit avec toutes ses troupes et les disposa en ordre de bataille, en faisant placer des éléphants[4] en avant des premières lignes ; ce fut la première fois que les Romains, qui en avaient capturé un certain nombre pendant la guerre contre Carthage, utilisèrent leur aide. Lorsqu'il vit que l'ennemi restait caché à l'intérieur de ses retranchements, il s'avança jusque sur les hauteurs et au pied même de ceux-ci, en le blâmant de sa peur. Quand il vit que, même alors, la faculté de combattre lui était refusée, comme la proximité de sa base rendait dangereuses les opérations de ravitaillement (la cavalerie ennemie attaquerait ses hommes dès qu'ils seraient dispersés dans la campagne), il transféra son camp à quelque huit milles de là, distance qui devait rendre plus sûres les opérations en question, en un endroit qui s'appelle Ottolobos[5].

armorum ueliti Romano parmam gladiumque habenti pariterque et ad se tuendum et ad hostem petendum armato. [7]Non tulere itaque dimicationem nec alia re quam uelocitate tutantes se in castra refugerunt.

XXXVI. [1]Uno deinde intermisso die, cum omnibus copiis equitum leuisque armaturae pugnaturus rex esset, nocte caetratos, quos pelta*stas* uocant, loco opportuno inter bina castra in insidiis abdiderat [2]praeceperatque Athenagorae et equitibus ut si aperto proelio procederet res, uterentur fortuna, si minus, cedendo sensim ad insidiarum locum hostem pertraherent. [3]Et equitatus quidem cessit, duces caetratae cohortis non satis expectato signo ante tempus excitatis suis occasionem bene gerendae rei amisere. Romanus et aperto proelio uictor et tutus a fraude insidiarum in castra sese recepit.

[4]Postero die consul omnibus copiis in aciem descendit ante prima signa locatis elephantis, quo auxilio tum primum Romani, quia captos aliquot bello Punico habebant, usi sunt. [5]Vbi latentem intra uallum hostem uidit, in tumulos quoque ac sub ipsum uallum exprobrans metum successit. Postquam ne tum quidem potestas pugnandi dabatur, quia ex tam propinquis statiuis parum tuta frumentatio erat, dispersos milites per agros equitibus extemplo inuasuris, [6]octo fere inde milia, interuallo tutiorem frumentationem habiturus, castra ad *O*tt*o*lobum — id

XXXV, 7 alia re *B AE NV L* : -am rem *P*.

XXXVI, 1 peltastas *Asc.* : peltas *codd.* || 2 athenagorae *B AEP V L* : -ra *N* || 4 aliquot *B²* *AEP L* : -od *B NV* || 5 latentem *hic B AEP* : *post* uallum *NV L* || hostem... uallum *B* : *om. cett.* || ex *B²* *AEP NV L* : eam(?) *B* || 6 milia *B²* *AEP NV L* : milites *B* || Ottolobum *Weissenb.* : atta- *codd.*

Tandis que les Romains se ravitaillaient dans la campagne proche, le roi commença par retenir ses hommes à l'intérieur de leurs retranchements, pour laisser l'ennemi s'enhardir à mesure qu'il serait moins sur ses gardes[6]. Quand il les vit dispersés, il partit avec toute sa cavalerie et des auxiliaires crétois au train accéléré, menant sa cavalerie aussi vivement que le permettait la course de ces fantassins particulièrement rapides, et vint s'arrêter entre le camp romain et les fourrageurs. Divisant alors ses troupes, il en lança une partie à la poursuite des fourrageurs éparpillés avec pour consigne de n'en laisser aucun vivant ; lui-même s'arrête avec l'autre partie pour bloquer les chemins que l'ennemi semblait devoir emprunter pour se replier sur son camp. Déjà, un peu partout, c'était le massacre et la fuite et personne n'avait encore pu parvenir au camp romain pour y annoncer le désastre, parce que les fuyards tombaient sur les détachements royaux et qu'un plus grand nombre d'entre eux étaient tués par les soldats qui bloquaient les accès que par ceux qu'on avait envoyés pour les massacrer. Enfin, certains d'entre eux réussirent à s'infiltrer entre les piquets ennemis et apportèrent au camp, par leur effroi, moins des renseignements précis que l'alarme.

XXXVII. Le consul, donnant l'ordre aux cavaliers de porter secours comme ils le pourraient aux fourrageurs en difficulté, prend personnellement le commandement des légions, les fait sortit du camp et les conduit à l'ennemi en formation carrée[1]. Des cavaliers dispersés dans les champs, certains s'égarèrent, trompés par les cris qui s'élevaient de différents côtés ; d'autres trouvèrent des ennemis en face d'eux. La bataille s'engagea sur plusieurs points à la fois. Mais c'était le détachement du roi qui suscitait le combat le plus acharné ; de fait, par le grand nombre de ses cavaliers et de ses fantassins, il constituait presque, à lui seul, une armée en ordre de bataille régulier et c'est sur lui que se portaient la plupart des Romains parce qu'il verrouillait la route médiane. Les Macédoniens avaient encore cette supériorité que le roi était là en personne pour les encourager et que les auxiliaires crétois blessaient de nombreux Romains par

est loco nomen — mouit. [7]Cum in propinquo agro frumentarentur Romani, primo rex intra uallum suos tenuit, ut cresceret simul et neglegentia cum audacia hosti. [8]Vbi effusos uidit, cum omni equitatu et Cretensium auxiliaribus, quantum equitem uelocissimi pedites cursu aequare poterant, citato profectus agmine inter castra Romana et frumentatores constituit signa. [9]Inde copiis diuisis partem ad consectandos uagos frumentatores emisit dato signo ne quem uiuum relinquerent, cum parte ipse substitit itineraque quibus ad castra recursuri uidebantur hostes obsedit. [10]Iam passim caedes ac fuga erat, necdum quisquam in castra Romana nuntius cladis peruenerat, quia refugientes in regiam stationem incidebant [11]et plures ab obsidentibus uias quam ab emissis ad caedem interficiebantur. Tandem inter medias hostium stationes elapsi quidam trepidi tumultum magis quam certum nuntium intulerunt castris.

XXXVII. [1]Consul equitibus iussis qua quisque posset opem ferre laborantibus ipse legiones e castris educit et agmine quadrato ad hostem ducit. [2]Dispersi equites per agros quidam aberrarunt, decepti clamoribus aliis ex alio existentibus loco; pars obuios habuerunt hostes. [3]Pluribus locis simul pugna coepit. Regia statio atrocissimum proelium edebat; nam et ipsa multitudine equitum peditumque prope iusta acies erat et Romanorum, quia medium obsederat iter, plurimi in eam inferebantur. [4]Eo quoque superiores Macedones erant, quod et rex ipse hortator aderat et Cretensium auxiliares multos ex improuiso

XXXVI, 7 frumentarentur *B AEP N L* : -rent *V*.

XXXVII, 2 hostes *B AEP N L* : -ibus *V* ‖ 3 iusta *B AEP N L* : iux- *V*.

surprise parce qu'ils combattaient groupés sur des positions préparées à l'avance contre des ennemis dispersés et marchant en désordre. S'ils avaient su se modérer dans la poursuite, ils auraient acquis non seulement la gloire de remporter cette rencontre, mais encore un succès important pour l'ensemble de la guerre ; mais, dans leur soif de carnage, ils s'élancèrent dans cette poursuite avec une fougue excessive et tombèrent sur les cohortes romaines qui s'avançaient sous le commandement de leurs tribuns : dès que les cavaliers romains qui fuyaient aperçurent les enseignes des leurs, ils retournèrent leurs chevaux contre l'ennemi qui avait rompu sa formation et le sort de la bataille changea en un instant, les poursuivants devenant subitement les poursuivis. Beaucoup furent tués en corps à corps, beaucoup d'autres dans la fuite ; mais ils ne périrent pas que par le fer : certains, en se jetant dans les marais[2], furent absorbés avec leurs chevaux par la vase épaisse. Le roi lui-même se trouva en danger : son cheval, blessé, s'abattant, il fut précipité au sol et peu s'en fallut qu'il ne fût attaqué pendant qu'il était à terre. Il dut son salut à un cavalier qui sauta vivement au sol et hissa le roi tout effrayé sur son propre cheval ; cet homme, incapable de suivre à pied les cavaliers en fuite, mourut criblé de coups par les ennemis qui s'étaient précipités à la chute du roi. Celui-ci, emporté à travers les marais en une fuite éperdue, parvint enfin à son camp par des chemins plus ou moins praticables, alors que la plupart des siens désespéraient déjà de le voir réchapper sain et sauf. Deux cents cavaliers macédoniens périrent dans cette bataille, une centaine furent faits prisonniers ; quatre-vingts chevaux au moins furent ramenés au camp avec leur harnachement complet, en même temps que les dépouilles constituées par l'armement des cavaliers.

XXXVIII. Certains ont reproché au roi sa précipitation, au consul son manque d'initiative au cours de cette journée[1]. Philippe, selon eux, n'aurait pas dû

uolnerabant, conferti praeparatique in dispersos et effusos pugnantes. [5]Quod si modum in insequendo habuissent, non in praesentis modo certaminis gloriam sed in summam etiam belli profectum foret; [6]nunc auiditate caedis intemperantius secuti in praegressas cum tribunis militum cohortes Romanas incidere, [7]et fugiens eques, ut primo signa suorum uidit, conuertit in effusum hostem equos, uersaque momento temporis fortuna pugnae est terga dantibus qui modo secuti erant. [8]Multi comminus congressi, multi fugientes interfecti ; nec ferro tantum periere, sed in paludes quidam coniecti profundo limo cum ipsis equis hausti sunt. [9]Rex quoque in periculo fuit : nam ruente saucio equo praeceps ad terram datus haud multum afuit quin iacens opprimeretur. [10]Saluti fuit eques, qui raptim ipse desiluit pauidumque regem in equum subiecit ; ipse, cum pedes aequare cursu fugientes non posset equites, ab hostibus ad casum regis concitatis confossus perit. [11]Rex circumuectus paludes per uias inuiaque trepida fuga in castra tandem, iam desperantibus plerisque incolumem euasurum, peruenit. [12]Ducenti Macedonum equites eo proelio periere, centum ferme capti ; octoginta admodum ornati equi spoliis simul armorum relatis abducti.

XXXVIII. [1]Fuere qui hoc die regem temeritatis, consulem segnitiae accusarent. Nam et Philippo

XXXVII, **5** (non) in ***AEP NV L*** : *om.* ***B*** || **8** congressi ***B AEP N L*** : -sso ***V*** || coniecti ***B AEP*** L^{x} : -lecti ***NV L*** || **10** equites ***B AEP N L*** : eques ***V*** || perit ***B EP*** : -iit ***A NV L*** || **11** paludes *codd.* : per *ante* paludes *add.* A^{2} || inuiaque *Dett. Drak.* : -uiasque *codd. Frob.* || **12** equi *Gel.* : equi sunt ***B*** equis *cett.* || relatis ***B NV L*** : -lictis ***AEP*** L^{x}.

XXXVIII, **1** segnitiae ***B AP NV L*** : -tiem ***E***.

bouger puisqu'il n'ignorait pas qu'en quelques jours, par l'épuisement de la campagne environnante, l'ennemi se serait trouvé dans la plus complète pénurie de vivres ; quant au consul, après avoir mis en déroute la cavalerie et l'infanterie légère macédoniennes et failli capturer le roi lui-même, il aurait dû marcher sans désemparer sur le camp de l'ennemi ; celui-ci, bousculé comme il l'était, n'aurait pas tenu, et l'on aurait pu en un instant terminer la guerre. C'était, comme presque toujours, plus facile à dire qu'à faire. Car si le roi avait engagé toutes ses troupes, y compris l'infanterie lourde, peut-être dans la confusion, quand tous, vaincus et frappés de crainte, auraient fui du champ de bataille dans leurs retranchements et de là, sans désemparer, devant l'ennemi vainqueur submergeant les fortifications, peut-être alors pouvait-on priver le roi de son camp ; mais, dès lors que son infanterie lourde était restée intacte dans ce camp, qu'on avait placé des postes devant les portes et des troupes pour sa défense, qu'aurait gagné le consul, sinon d'imiter la précipitation du roi qui, peu de temps auparavant, avait rompu ses formations pour poursuivre les cavaliers romains bousculés ? Pour le roi, du reste, son plan originel d'attaquer les fourrageurs dispersés dans la campagne ne serait pas non plus criticable s'il avait su limiter son avantage. Une autre raison rend moins étonnant qu'il ait tenté la Fortune. Le bruit courait que Pleuratos et les Dardaniens [2], partis de chez eux avec des forces considérables, avaient déjà passé en Macédoine ; s'il s'était laissé encercler par ces forces, on pouvait croire que les Romains n'auraient pas à bouger pour terminer la guerre. Aussi le roi pensa-t-il qu'après deux défaites de sa cavalerie, la prolongation de son séjour dans le même camp diminuerait de beaucoup sa sécurité ; désirant donc partir et tromper l'ennemi sur son départ,

quiescendum fuisse, cum paucis diebus hostes exhausto circa omni agro ad ultimum inopiae uenturos sciret, [2]et consulem, cum equitatum hostium leuemque armaturam fudisset ac prope regem ipsum cepisset, protinus ad castra hostium ducere debuisse; [3]nec enim mansuros ita perculsos hostes fuisse deb*el*larique momento temporis *pot*uisse. [4]Id dictu quam re, ut pleraque, facilius erat. Nam si omnibus peditum quoque copiis congressus rex fuisset, forsitan inter tumultum, cum omnes uicti metuque perculsi ex proelio intra uallum, protinus inde superuadentem munimenta uictorem hostem fugerent, exui castris potuerit rex; [5]cum uero integrae copiae peditum in castris mansissent, stationes ante portas praesidiaque disposita essent, quid nisi ut temeritatem regis effuse paulo ante secuti perculsos equites imitaretur, profecisset? [6]Neque enim ne regis quidem primum consilium, quo impetum in frumentatores palatos per agros fecit, reprehendendum foret, si modum prosperae pugnae imposuisset. [7]Eo quoque minus est mirum temptasse eum fortunam, quod fama erat Pleuratum Dardanosque ingentibus copiis profectos domo iam in Macedoniam transcendisse; [8]quibus si undique circumuentus copiis foret, sedentem Romanum debellaturum credi poterat. [9]Itaque secundum duas aduersas equestres pugnas multo minus tutam moram in iisdem statiuis fore Philippus ratus, cum abire inde et fallere abiens hostem uellet, caduceatore sub

XXXVIII, 2 debuisse *B AEP* : -sset *NV L* || 3 debellarique *Edd. uett.* : debilitarique B^2 (-ri quae *B*) *AEP NV L* || potuisse *Edd.* : deb- *codd.* || 4 dictu *B AEP V L* : duc- *N* || re *B AEP* L^2 : rem *NV L* || erat *B* : *om. cett.* || hostem *B AE* L^2 : hostemque *P NV L* || exui *AEP NV L* : ex sui *B* || 5 regis *AEP NV L* : *om. B* || 8 debellaturum *B EP NV L* : *om. P* || 9 tutam *B AEP L* : tuam *NV*.

il envoya au consul, vers le coucher du soleil, un parlementaire demander une trêve pour ensevelir ses cavaliers morts et, trompant l'ennemi, partit en silence pendant la seconde veille[3], en laissant de nombreux feux allumés dans tout le camp.

XXXIX. Le consul était déjà en train de se restaurer quand on lui annonça l'arrivée du parlementaire et le motif de cette arrivée. On se borna à lui répondre qu'on aurait loisir de se rencontrer le lendemain : c'est ce qu'avait voulu obtenir Philippe, qui disposait ainsi de la nuit et d'une partie du lendemain pour prendre de l'avance. Il gagna la montagne, sachant bien que l'équipement lourd de leur armée interdirait aux Romains d'emprunter ce chemin. Le consul, au point du jour, renvoya le parlementaire en accordant la trêve, et ne tarda pas à s'apercevoir du départ de l'ennemi ; mais, ne sachant de quel côté le poursuivre, il resta dans le même camp quelques jours, qu'il employa à se ravitailler. Puis il gagna Stuberra[1], où il fit venir de Pélagonie le blé qui n'était pas encore engrangé. De là, il avança jusqu'à Pluinna[2], sans avoir encore découvert quelle région l'ennemi avait gagnée. Philippe établit d'abord un camp à Bruanium[3] et, partant de cette base, par des chemins de traverse, vint provoquer par surprise la terreur chez l'ennemi. Les Romains quittèrent alors Pluinna et établirent leur camp sur les bords de l'Osphagos[4]. Le roi prit position non loin de là, se fortifiant lui aussi le long de la rive d'un fleuve que les indigènes appellent l'Érigonos. Puis, ayant acquis la certitude que les Romains se disposaient à gagner l'Éordée[5], il prit les devants et occupa le défilé pour interdire à l'ennemi l'étroit accès qu'enserraient ces gorges. Il en fortifia solidement le site en toute hâte, ici par une palissade, là par un fossé, là par des tas de pierres en guise de mur,

occasum solis misso ad consulem [10]qui indutias ad sepeliendos equites peteret, frustratus hostem secunda uigilia multis ignibus per tota castra relictis silenti agmine abit.

XXXIX. [1]Corpus iam curabat consul cum uenisse caduceatorem et quid uenisset nuntiatum est. [2]Responso tantum dato mane postero die fore copiam conueniendi : id quod quaesitum erat, nox dieique insequentis pars ad praecipiendum iter Philippo data est. Montes quam uiam non ingressurum graui agmine Romanum sciebat petit. [3]Consul prima luce caduceatore datis indutiis dimisso haud ita multo post abisse hostem cum sensisset, ignarus qua sequeretur, iisdem statiuis frumentando dies aliquot consumpsit. [4]Stuberram deinde petit atque ex Pelagonia frumentum quod in agris erat conuexit ; inde ad Pluinnam est progressus, nondum comperto quam regionem hostes petissent. [5]Philippus cum primo ad Bruani*u*m statiua habuisset, profectus inde transuersis limitibus terrorem praebuit subitum hosti. Mouere itaque ex Pluinna Romani et ad Osphagum flumen posuerunt castra. [6]Rex haud procul inde et ipse uallo super ripam amnis ducto — Erigonum incolae uocant — consedit. [7]Inde satis comperto Eordaeam petituros Romanos, ad occupandas angustias, ne superare hostes artis faucibus inclusum aditum possent, praecessit. [8]Ibi alia uallo, alia fossa,

XXXVIII, **10** ignibus *B AEP V L* : *om. N.*

XXXIX, **1** cum uenisse *B*[2] *AEP NV L* : *om. B* || **2** dato *B AP NV L* : -tum *E* || id quod *B AEP N L* : idque *V* || non *B*[2] *AEP NV L* : *om. B* || **3** aliquot *B*[2] *AE NV L* : -quod *B P* || **5** Bruanium *Gron.* (*iam* Brya- *Sigon.*) : bruantiam *B* -annam *cett.* || statiua *B AEP V L* : -am *N* || transuersis *AEP NV L* : -uectis *B* || **7** Eordaeam *Sigon.* (Heor-) : erduaeam *B AEP* erdumaeam *NV L.*

là encore par des arbres qu'il faisait abattre pour barrer le chemin, selon les nécessités de l'emplacement ou les matériaux qu'il fournissait et, comme il le pensait, rendit ainsi inexpugnable un chemin naturellement difficile par les obstacles artificiels qu'il avait placés sur tous les points de passage. Mais les alentours étaient presque entièrement boisés, ce qui gênait particulièrement la phalange macédonienne : celle-ci est en effet complètement inutilisable si elle ne forme pas, de ses lances très longues, une sorte de palissade devant ses boucliers, ce pourquoi elle a besoin d'espace libre [6]. Les Thraces, également, au milieu des branches qui, de tous côtés, gênaient leurs mouvements, étaient embarrassés par leurs romphées [7], qui sont, elles aussi, d'une longueur extrême. Seule la cohorte crétoise était utilisable, mais seulement contre une charge de cavalerie, car elle pouvait alors accabler de flèches des hommes et des bêtes que rien ne protégeait contre les blessures ; en revanche, elle était impuissante contre les boucliers des fantassins romains, car elle manquait de puissance pour les transpercer et de point découvert où viser. Aussi les Crétois, quand ils comprirent la vanité de ce genre de projectiles, ramassèrent-ils les pierres dont toute la vallée était jonchée pour assaillir l'ennemi. Le choc de ces pierres contre les boucliers, qui faisait plus de bruit que de mal, stoppa un moment l'attaque romaine ; puis, dédaignant ces projectiles comme les autres, une partie des Romains se forme en tortue [8] et se fraie un chemin à travers l'ennemi ; l'autre partie, qu'un bref mouvement tournant avait amenée au sommet de la colline, déloge de leurs positions les Macédoniens terrifiés et même en massacre la plus grande partie, car ce terrain rempli d'obstacles rendait la fuite malaisée.

XL. Ainsi, le défilé fut franchi au prix d'une lutte moins dure que l'on ne s'y était attendu, et l'on arriva en Éordée ; le consul y ravagea un peu partout la cam-

alia lapidum congerie ut pro muro essent, alia arboribus obiectis, ut aut locus postulabat aut materia suppeditabat, *pr*opere permuniit [9]atque, ut ipse rebatur, uiam suapte natura difficilem obiectis per omnes transitus operibus inexpugnabilem fecit. [10]Erant pleraque siluestria circa, incommoda phalangi maxime Macedonum, quae nisi ubi praelongis hastis uelut uallum ante clipeos obiecit, quod ut fiat libero campo opus est, nullius admodum usus est. [11]Thracas quoque rumpiae ingentis et ipsae longitudinis inter obiectos undique ramos impediebant. [12]Cretensium una cohors non inutilis erat; sed ea quoque ipsa ut, si quis impetum faceret, in patentem uolneri equum equitemque sagittas conicere poterat, ita aduersus scuta Romana nec ad traiciendum satis magnam uim habebat nec aperti quicquam erat quod peterent. [13]Itaque id ut uanum teli genus senserunt esse, saxis passim tota ualle iacentibus incessebant hostem. Ea maiore cum sonitu quam uolnere ullo pulsatio scutorum parumper succedentes Romanos tenuit; [14]deinde iis quoque spretis partim testudine facta per aduersos uadunt hostes, [15]partim breui circuitu cum in iugum collis euasissent, trepidos ex praesidiis stationibusque Macedonas deturbant et, ut in locis impeditis difficili fuga, plerosque etiam obtruncant.

XL. [1]Ita angustiae minore certamine quam quod animis proposuerant superatae et in E*or*daeam per-

XXXIX, 8 ut aut *B* : ita ut *cett.* || propere *Voss.* : opere *codd.* || 9 fecit *NV L* : facit *B* faciat *AEP* || 11 rumpiae *B* : -phiae *cett.* || ramos *B* A^x *NV L* : romanos *AEP* || 12 uolneri *B AP NV L* : -ra *E* || peterent *B AEP NV L* : ret A^x, *Dett.* || 15 circuitu *A L* : -cumitu *B* A^x *EP NV* || locis *B AEP* L^2 : longis *NV L.*

XL, 1 in Eordaeam *Edd.* : in erdumaeam *B AEP* in ardumaeam L^2 interdum eam *NV L.*

pagne et se retira en Élimée[1]. De là, il entreprend une action contre l'Orestide[2] et attaque la place de Célétrum[3], qui est située sur une presqu'île : un lac entoure ses remparts, seul un isthme étroit permet d'y accéder de la terre. D'abord, confiants dans leur position, les habitants ferment leurs portes et refusent de se soumettre ; puis, voyant l'attaque déclenchée, l'ennemi s'avancer vers une porte en formant la tortue et l'isthme occupé par ses troupes, ils furent pris de peur et se rendirent sans tenter de combattre. De Célétrum, le consul pénétra chez les Dassarètes et prit de vive force la ville de Pélion[4]. Il en emmena les esclaves avec le reste du butin, mais renvoya sans rançon les hommes libres et leur restitua la place en y installant une solide garnison ; c'est qu'entre autres avantages, la ville offrait celui d'être une position favorable pour des actions contre la Macédoine. Ayant ainsi parcouru le territoire ennemi, le consul ramena ses troupes dans la région pacifiée près d'Apollonie, qui avait été la base de départ de sa campagne[5].

Hostilités entre Philippe, les Étoliens, les Athamans et les Dardaniens.

Quant à Philippe[6], il avait été détourné de ce théâtre d'opérations par les Étoliens, les Athamans, les Dardaniens et beaucoup d'autres guerres qui avaient subitement éclaté en différents endroits. Contre les Dardaniens[7], qui étaient déjà en train de se retirer de Macédoine, il envoya Athénagoras[8] à la tête de fantassins sans paquetage et de la majeure partie de la cavalerie, avec l'ordre de serrer de près leurs arrières dans leur retraite et de harceler leur arrière-garde pour les rendre à l'avenir moins prompts à faire sortir leurs armées de chez eux. Quant aux Étoliens, leur même préteur Damocritos qui, à Naupacte, les avait fait différer leur déclaration de guerre[9], les avait poussés aux armes lors de l'assemblée suivante, quand on eut appris le combat de cavalerie d'Ottolobos[10], l'entrée en Macédoine des Dar-

uentum, ubi peruastatis passim agris in Elimiam ⟨consul⟩ se recepit. Inde impetum in Orestidem facit et oppidum Celetrum est adgressus in paene insula situm : [2]lacus moenia cingit, angustis faucibus unum ex continenti iter est. [3]Primo situ ipso freti clausis portis abnuere imperium ; deinde, postquam signa ferri ac testudine succedi ad portam obsessasque fauces agmine hostium uiderunt, priusquam experirentur certamen metu in deditionem uenerunt. [4]Ab Celetro in Dassaretios processit urbemque Pelion ui cepit. Seruitia inde cum cetera praeda abduxit, [et] libera capita sine pretio dimisit oppidumque iis reddidit praesidio ualido imposito ; [5]nam et sita opportune urbs erat ad impetus in Macedoniam faciendos. [6]Ita peragratis hostium agris consul in loca pacata ad Apolloniam, unde orsus bellum erat, copias reduxit.

[7]Philippum auerterant Aetoli et Athamanes et Dardani et tot bella repente alia ex aliis locis exorta. [8]Aduersus Dardanos, iam recipientes ex Macedonia sese, Athenagoran cum expeditis peditibus ac maiore parte equitatus misit, iussum instare ab tergo abeuntibus et carpendo postremum agmen segniores eos ad mouendos domo exercitus efficere. [9]Aetolos Damocritus praetor, qui morae ad decernendum bellum ad Naupactum auctor fuerat, idem proximo concilio ad arma conciuerat post famam equestris ad Ottolobum

XL, **1** consul *suppl. Harant* || orestidem *B AEP* : hor- *NV L* || celetrum *B AP NV L* : -lerum *E* || **3** freti *B AEP L* : -tu *N* -tum *V* || clausis... ferri *B AEP L* : *om. NV* || abnuere imperium : *B AEP L om. NV* || ac *B NV L* : a *AEP* || **4** dassaretios *B AEP* : -rietos *NV L* || Pelion *B* : proelium *cett.* || et *secl. Madv.* || **5** opportune *B AEP N L* : *post add.* te *V* || **6** pacata *B* iam pacata *cett. secl. Gel (Sp?)* || orsus *B V Sp(?)* : ortus *N* ortum *AEP L* || **8** athenagoran *B AEP* : -am *NV L* || **9** damocritus *AEP V* : -etus *B N* democritus *L* || conciuerat *B AEP N L* : -uenerat *V* || ottolobum *B AP N L* : oct- *E V*.

daniens et de Pleuratos avec les Illyriens et, par là-dessus, l'arrivée de la flotte romaine à Oréos[11], ce qui signifiait que la Macédoine, outre le fait d'être enveloppée sur terre par des peuples si nombreux, se voyait aussi menacée d'un blocus maritime.

XLI. Ces motifs avaient ramené aux Romains Damocritos et les Étoliens qui, renforcés d'Amynandros, roi des Athamans[1], partirent assiéger Cercinium[2]. Les habitants avaient fermé leurs portes, de gré ou de force on ne sait, car ils avaient une garnison royale ; de toute façon, Cercinium fut pris en quelques jours et incendié ; les survivants de ce grand désastre, hommes libres aussi bien qu'esclaves, furent inclus dans le butin et emmenés. La crainte d'un traitement analogue força tous ceux qui habitaient autour du marais de Bœbeis à abandonner leurs villes et à gagner la montagne. Les Étoliens, détournés de cette région par le manque de butin, pénètrent en Perrhébie[3]. Là, ils enlèvent de force Cyrétiai[4] et la pillent affreusement ; ils acceptent la reddition volontaire des habitants de Maloée[5] et les reçoivent dans leur alliance. De la Perrhébie, Amynandros était partisan de gagner Gomphoi[6] : l'Athamanie domine cette ville qui paraissait d'autre part pouvoir être prise sans grande lutte. Mais les Étoliens gagnèrent les plaines de Thessalie qui promettaient de riches butins, et Amynandros les suivit, bien qu'il n'approuvât ni les pillages désordonnés des Étoliens, ni leur façon de camper au premier endroit venu sans choisir leur emplacement ni se soucier de le fortifier[7]. Aussi prit-il des mesures pour que leur légè-

pugnae [10]Dardanorumque et Pleurati cum Illyriis transitum in Macedoniam, ad hoc classis Romanae aduentum Oreum et super circumfusas tot Macedoniae gentes maritimam quoque instantem obsidionem.

XLI. [1]Hae causae Damocritum Aetolosque restituerant Romanis; et Amynandro rege Athamanum adiuncto profecti Cercinium obsedere. [2]Clauserant portas, incertum ui an uoluntate, quia regium habebant praesidium; [3]ceterum intra paucos dies captum est Cercinium atque incensum; qui superfuerunt e magna clade liberi seruique inter ceteram praedam abducti. [4]Is timor omnes qui circumcolunt Boeben paludem relictis urbibus montes coegit petere. [5]Aetoli inopia praedae inde auersi in Perrhaebiam ire pergunt. Cyretias ibi ui capiunt foedeque diripiunt; qui Maloeam incolunt uoluntate in deditionem societatemque accepti. [6]Ex Perrhaebia Gomphos petendi Amynander auctor erat : et imminet Athamania huic urbi uidebaturque expugnari sine magno certamine posse. [7]Aetoli campos Thessaliae opimos ad praedam petiere, sequente quamquam non probante Amynandro nec effusas populationes Aetolorum nec castra quo fors tulisset loco sine ullo discrimine aut cura muniendi posita. [8]Itaque ne temeritas eorum

XL, **10** circumfusas *B AEP N L* : -fossas *V* || instantem *B AEP L* : -tes *NV* || obsidionem *B AEP L²* : -nes *NV L*.

XLI, 1 damocritum *B AEP* : -cretum *NV* democritum *L* || amynandro *B AEP V L* : ame- *N* || obsedeie *AEP NV L* : -sidere *B* || **3** cercinium *B L* : -cenium *AEP NV* (*sed* -cinium *codd. omnes in § 1*) || ceteram *B AE NV L* : certam *P* || **5** auersi *B AP NV L* : adu- *E* || cyretias *AEP NV L* : -rerias *B* || **6** uidebaturque *B AEP N L* : -biturque *V* || **7** aetolorum *B AP NV L* : *om. E* || castra *B AEP L* : -tro *N* -trorum *V* || fors *B N L²* : sors *AEP* fonsa *V* foris *L* || **8** ne *B* : *om. cett.*

reté et leur absence de précautions n'entraînât aussi quelque désastre pour les siens et pour lui-même ; les voyant installer leur camp dans la plaine en contre-bas de la ville de Pharcadon [8], il prit lui-même position sur une hauteur distante d'un peu plus d'un mille et que le moindre ouvrage défensif suffisait à rendre sûre. Tandis que les Étoliens, sauf pour piller, semblaient à peine se souvenir qu'ils étaient en territoire ennemi, que les uns erraient chacun de son côté à-demi désarmés, que les autres, dans un camp sans postes de garde, passaient indistinctement nuits et jours à boire, Philippe arriva à l'improviste. Quand sa présence eut été annoncée par certains soldats épouvantés qui se repliaient des champs à la hâte, Damocritos et les autres chefs furent pris d'affolement — on était justement aux environs de midi et la plupart, alourdis par leur repas, faisaient la sieste — : ils se réveillèrent les uns les autres, appelèrent la troupe aux armes, envoyèrent des hommes rappeler ceux qui, chacun de son côté, se livraient au pillage de la campagne ; l'affolement fut tel que certains cavaliers sortirent sans leur épée et que la plupart ne revêtirent pas leur cuirasse. Sortis ainsi précipitamment, alors qu'à eux tous, cavaliers et fantassins, ils atteignaient péniblement le nombre de six cents, les voilà qui tombent sur la cavalerie royale, supérieure en nombre, en armement et par sa combativité. Débandés au premier choc, ils tentent à peine de combattre et regagnent leur camp en une fuite honteuse ; certains, que la cavalerie ennemie coupa de la colonne des fuyards, furent tués ou faits prisonniers.

XLII. Alors que les siens approchaient déjà du retranchement, Philippe fit sonner la retraite ; c'est qu'hommes et chevaux étaient déjà exténués, moins du fait de la bataille que de la longueur et surtout de la rapidité de

neglegentiaque sibi ac suis etiam cladis alicuius causa esset, cum campestribus locis subicientes eos castra Pharcadoni urbi uideret, [9]ipse paulo plus mille passuum inde tumulum suis quamuis leui munimento tutum cepit. [10]Cum Aetoli nisi quod populabantur uix meminisse uiderentur se in agro hostium esse, alii palati semermes uagarentur, alii in castris sine stationibus per somnum uinumque dies noctibus aequarent, Philippus inopinantibus aduenit. [11]Quem cum adesse refugientes ex agris quidam pauidi nuntiassent, trepidare Damocritus ceterique duces — et erat forte meridianum tempus, quo plerique graues cibo sopiti iacebant — : [12]excitare alii alios, iubere arma capere, alios dimittere ad reuocandos qui palati per agros praedabantur; tantaque trepidatio fuit ut sine gladiis quidam equitum exirent, loricas plerique non induerent. [13]Ita raptim educti, cum sescentorum aegre simul equites peditesque numerum explessent, incidunt in regium equitatum numero armis animisque praestantem. [14]Itaque primo impetu fusi uix temptato certamine turpi fuga repetunt castra; caesi captique quidam quos equites ab agmine fugientium interclusere.

XLII. [1]Philippus suis iam uallo adpropinquantibus receptui cani iussit; fatigatos enim equos uirosque non tam proelio quam itineris simul longi-

XLI, 8 sibi *B AEP N L* : suis *V* || Pharcadoni *Ussing Madv.* : phaecado *B² AEP NV L* phaeca [*spat. III litt.*] *B* || 9 ipse *AEP NV L* : ii se *B* || mille *B V L* : quingentorum *AEP om. N* || 10 agro hostium *B L* : hostium agro *AEP NV* || palati *AEP NV L* : *om. B* || 12 excitare *B* : igitur *post* excitare *add. cett.* || equitum *B AEP V L* : *om. N* || 14 quidam *AEP NV L* : *om. B.*

XLII, 1 suis iam *AEP NV L* : iam suis *B* || enim *B AEP V L* : leuim *N.*

la marche qu'ils avaient fournie. Aussi donne-t-il l'ordre aux cavaliers, un peloton après l'autre, et aux manipules [1] d'infanterie légère, d'aller chercher de l'eau et de déjeuner, pendant que leurs camarades sont maintenus en alerte, en attendant l'arrivée de l'infanterie, qui avançait lentement à cause du poids de son équipement. Quand les fantassins arrivèrent, ils reçurent eux aussi l'ordre de manger rapidement, après avoir fait halte et mis les armes à terre, en envoyant au maximum deux ou trois hommes par manipule à la corvée d'eau ; pendant ce temps, la cavalerie et l'infanterie légère demeurèrent en formation de combat, pour le cas où l'ennemi bougerait. Chez les Étoliens, tous ceux qui s'étaient dispersés dans la campagne avaient regagné le camp [2] ; décidés à défendre les fortifications, ils disposent des soldats aux portes et le long des retranchements, considérant impavidement, forts de leur abri, l'ennemi tant qu'il ne bouge pas. Mais quand les Macédoniens s'ébranlèrent et commencèrent à approcher, bien équipés et en formation de combat, de leur retranchement, les Étoliens abandonnent leur poste comme un seul homme et s'enfuient, par le côté opposé du camp, vers la hauteur où se trouvait le camp des Athamans ; beaucoup, lors de cette fuite éperdue, furent faits prisonniers ou tués, comme lors de la fuite précédente. Philippe ne doutait pas qu'il aurait pu chasser également les Athamans de leur camp si le jour avait encore duré suffisamment, mais la nuit tombait et l'on avait employé toute la journée à combattre puis à piller le camp étolien ; il bivouaqua donc au pied de la hauteur, dans un endroit de la plaine tout proche de celle-ci, dans l'intention d'attaquer l'ennemi le lendemain à l'aube. Mais les Étoliens, sous l'effet de la même panique qui les avait fait abandonner leur camp, s'enfuirent de tous côtés pendant la nuit. Amynandros leur fut alors de la plus grande utilité : sous sa direction, les Athamans, qui connaissaient les chemins, les amenèrent en Étolie par les lignes de crêtes, en empruntant des sentiers ignorés de l'ennemi lancé à leur poursuite. Dans ces conditions, peu nombreux furent ceux qu'une méprise fit tomber dans leur débandade sur les

tudine, simul praepropera celeritate habebat. [2]Itaque turmatim equites, in uicem manipulos leuis armaturae aquatum ire et prandere iubet, [3]alios in statione armatos retinet, opperiens agmen peditum tardius ductum propter grauitatem armorum. [4]Quod ubi aduenit, et ipsis imperatum ut statutis signis armisque ante se positis raptim cibum caperent binis ternisue summum ex manipulis aquandi causa missis; interim eques cum leui armatura paratus instructusque stetit, si quid hostis moueret. [5]Aetoli — iam enim et quae per agros sparsa multitudo fuerat receperant se in castra — ut defensuri munimenta circa portas uallumque armatos disponunt, dum quietos hostes ipsi feroces ex tuto spectabant. [6]Postquam mota signa Macedonum sunt et succedere ad uallum parati atque instructi coepere, repente omnes relictis stationibus per auersam partem castrorum ad tumulum ad castra Athamanum perfugiunt; multi in hac quoque tam trepida fuga capti caesique sunt Aetolorum. [7]Philippus, si satis diei superesset, non dubius quin Athamanes quoque exui castris potuissent, die per proelium, deinde per direptionem castrorum absumpto sub tumulo in proxima planitie consedit, prima luce insequentis diei hostem adgressurus. [8]Sed Aetoli eodem pauore quo sua castra reliquerant nocte proxima dispersi fugerunt. Maximo usui fuit Amynander, quo duce Athamanes itinerum periti[s] summis montibus per calles ignotas sequentibus eos hostibus in Aetoliam perduxerunt. [9]Non

XLII, 2 aquatum *B*² *AEP NV L* : aeq- *B* ‖ 4 summum *B NV L* : simul *AEP L*² ‖ 5 receperant *B AEP N L* : -runt *V* -rat *Carb.* ‖ 6 auersam *B NV* : ad- *AEP L* ‖ 7 direptionem *B AEP V L* : direc- *N* ‖ absumpto *B*² *A*ˣ *NV L* : ad- *AEP* ‖ hostem *B AEP L*² : -tes *NV L* ‖ 8 periti *Carb.* : -tis *codd.* ‖ ignotas *B AEP* : -tos *A*ˣ *NV* -to *L*.

cavaliers macédoniens que Philippe avait envoyés à l'aube, dès qu'il avait vu la hauteur abandonnée, avec mission de harceler les troupes ennemies dans leur marche.

XLIII. Vers la même date, le lieutenant du roi, Athénagoras[1], parvint également à établir le contact avec les Dardaniens qui se retiraient sur leur territoire ; il jeta d'abord le désordre dans leur arrière-garde puis, quand les Dardaniens eurent opéré leur conversion et se furent déployés, on livra une bataille en règle sans qu'une décision se produisît. Quand les Dardaniens se furent remis en route, la cavalerie et l'infanterie légère royales les harcelèrent sans répit, alors qu'il ne pouvaient compter sur aucun secours de cette nature et que leur équipement difficilement maniable constituait pour eux une lourde charge ; le terrain même aidait les Macédoniens. Très peu de Dardaniens furent tués ; on en blessa davantage, mais aucun ne fut fait prisonnier parce qu'ils ne quittent pas leurs rangs sans raison et restent en ordre serré pour reculer comme pour combattre.

Ainsi Philippe avait-il réparé les dommages subis dans la guerre contre Rome en contenant deux nations par des campagnes opportunément menées, et cela grâce à l'énergie de ses entreprises et pas seulement parce qu'elles avaient bien tourné. Puis une affaire s'offrit à point nommé pour diminuer le nombre de ses adversaires étoliens. Scopas[2], un de leurs dirigeants, que le roi Ptolémée avait envoyé d'Alexandrie pourvu d'une grande quantité d'or, avait expédié en Égypte six mille fantassins et cinq cents cavaliers qu'il avait recrutés comme mercenaires. Il n'aurait laissé en Étolie personne en âge de porter les armes si Damocritos, agitant tantôt le spectre de la guerre qui était aux portes, tantôt celui de la dépopulation qui se produirait, n'avait par ses représentations retenu au pays une partie de ces hommes, sans que l'on puisse savoir s'il agissait par souci de l'intérêt national

ita multos in dispersa fuga error intulit in Macedonum equites, quos prima luce Philippus, ut desertum tumulum uidet, ad carpendum hostium agmen misit.

XLIII. [1]Per eos dies et Athenagoras regius praefectus Dardanos recipientes se in fines adeptus postremum agmen primo turbauit; [2]dein, postquam Dardani conuersis signis direxere aciem, aequa pugna iusto proelio erat. Vbi rursus procedere Dardani coepissent, equite et leui armatura regii nullum tale auxilii genus habentes Dardanos oneratosque immobilibus armis uexabant; et loca ipsa adiuuabant. [3]Occisi perpauci sunt, plures uolnerati, captus nemo, quia non excedunt temere ordinibus suis sed confertim et pugnant et cedunt.

[4]Ita damna Romano accepta bello duabus per opportunas expeditiones coercitis gentibus restituerat Philippus incepto forti, non prospero solum euentu. Minuit deinde ei forte oblata res hostium Aetolorum numerum. [5]Scopas princeps gentis ab Alexandrea magno cum pondere auri ab rege Ptolomaeo missus sex milia peditum et quingentos equites mercede conductos Aegyptum auexit. [6]Nec ex iuuentute Aetolorum quemquam reliquisset, ni Damocritus nunc belli quod instaret, nunc futurae solitudinis admonens, [7]incertum cura gentis an ut aduersaretur

XLII, 9 prima luce *B* : luce prima *cett.* || uidet *B V L* : -dit *AEP N L²*.

XLIII, 1 athenagoras *B AEP V L* : prius *post* athenagoras *add. N* || recipientes *B AEP V L* : prae- *N* || primo *AEP NV L* : *om. B* || 2 dein *B V L* : deinde *AEP N* || equite *B AEP L²* : -tes *NV L* || nullum *B AEP* : in *ante* nullum *add. NV L* || tale *AEP NV L* : *om. B* || oneratosque *B* : oneratos *NV L* ornatos *AEP* || 4 restituerat *B AEP N L* : -rant *V* || incepto *B AEP V L* : -certo *N* || 5 alexandrea *B NV* : -dria *AEP L* || quingentos *B* : om. *cett.* || auexit *AEP NV L* : uexit *B* || 6 damocritus *B AEP* : -cretus *NV* democritus *L*.

ou pour s'opposer à Scopas, qui ne lui avait pas versé de pots de vin assez substantiels.

Entreprises des flottes alliées.

XLIV. Telles furent les opérations terrestres qu'entreprirent les Romains et Philippe cet été-là. Quant à la flotte, partie de Corcyre au début de ce même été sous le commandement du légat Lucius Apustius[1], elle doubla le cap Malée[2] et fit sa jonction avec celle du roi Attale près du cap Scyllaion en Hermionide[3]. Alors les Athéniens qui, depuis longtemps déjà, contenaient par peur la haine qu'ils portaient à Philippe, la laissent s'épancher tout entière dans la perspective où ils étaient d'un secours immédiat. Cette ville ne manque jamais de langues prêtes à exciter la plèbe ; cette espèce d'hommes, qui existe dans tous les états libres, mais surtout à Athènes, où l'éloquence est souveraine, se nourrit de la faveur de la foule[4]. Ils présentèrent sans attendre un projet de loi qui fut voté par la plèbe[5], aux termes duquel toutes les statues et peintures représentant Philippe devaient être enlevées et détruites avec leurs inscriptions, ainsi que celles de tous ses ancêtres, hommes et femmes ; les fêtes, cérémonies et prêtrises instituées en l'honneur de sa personne ou de ses ancêtres devaient être supprimées ; même les lieux où avaient été placés un monument ou une inscription en son honneur devinrent objets de malédiction, et l'on décida de ne plus y placer ou y dédier par la suite rien de ce que la religion permettait de placer ou de dédier dans un endroit pur ; les prêtres de l'État, chaque fois qu'ils prieraient pour le peuple athénien, ses alliés, leurs armées et leurs flottes, devraient aussi prononcer les formules de malédiction et d'exécration contre Philippe, ses enfants et son royaume, ses forces terrestres

Scopae parum donis cultus, partem iuniorum castigando domi continuisset.

XLIV. [1]Haec ea aestate ab Romanis Philippoque gesta *terra*. Classis a Corcyra eiusdem principio aestatis cum L. Apustio legato profecta Maleo superato circa Scyllaeum agri Hermionici Attalo regi coniuncta est. [2]Tum uero Atheniensium ciuitas, cui odio in Philippum per metum iam diu moderata erat, id omne in auxilii praesentis spem effundit. [3]Nec unquam ibi desunt linguae promptae ad plebem concitandam; quod genus cum in omnibus liberis ciuitatibus tum praecipue Athenis, ubi oratio plurimum pollet, fauore multitudinis alitur. [4]Rogationem extemplo tulerunt plebesque sciuit ut Philippi statuae imagines omnes nominaque earum, item maiorum eius uirile ac muliebre secus omnium tollerentur delerenturque, diesque festi sacra sacerdotes, quae ipsius maiorumque eius honoris causa instituta essent, omnia profanarentur; [5]loca quoque in quibus positum aliquid inscriptumue honoris eius causa fuisset detestabilia esse, neque in iis quicquam postea poni dedicarique placere eorum quae in loco puro poni dedicarique fas esset; [6]sacerdotes publicos quotienscumque pro populo Atheniensi sociisque, exercitibus et classibus eorum precarentur, totiens detestari atque exsecrari Philippum liberos eius re-

XLIV, 1 terra *Madv.* : erant *codd. secl. Duker* || maleo *B AEP L² V* : -lo *N L* || superato *B* : -ta *cett.* || scyllaeum *AEP* : sci- *B NV L* || 2 cui *B AEP* : quae *NV L* || odio... moderata *B AEP NV L* : odium... immoderatum *B²* || philippum *AEP NV L* : -ppo *B* || effundit *B NV L* : -fudit *AEP* || 4 uirile ac muliebre secus *B* : -lis ac -bris sexus *B² AEP L²* -les ac -bres sexus *NV L* || sacerdotes quae *AEP* : -tesque *B NV L* -tesque qui *B²* || maiorumque *B* : -ue *cett.* || instituta *B AEP NV L* : -ti B² || 5 neque *B AEP N L* : que *ante* neque *add. V*.

et navales, et en général contre la race et la nation macédoniennes. Le décret reçut un additif : tout projet de loi ultérieur tendant à flétrir et à déshonorer Philippe serait voté par le peuple athénien tout entier ; mais si quelqu'un, en paroles ou en actes, tentait de laver son honneur ou de le réhabiliter, le meurtrier de cet homme serait couvert par la loi. On y inclut enfin un article aux termes duquel tous les décrets pris autrefois contre les Pisistratides [6] garderaient force de loi à l'égard de Philippe. Ainsi les Athéniens faisaient-ils la guerre à coups d'écrits et de paroles, seules choses en quoi ils soient forts [7].

XLV. D'Hermione, Attale et les Romains mirent d'abord le cap sur le Pirée ; ils y passèrent quelques jours, accablés par les Athéniens de décrets aussi excessifs à honorer les alliés qu'ils l'avaient été pour assouvir leur rancune contre l'ennemi [1]; puis ils quittèrent Le Pirée pour Andros [2]. Après être venus mouiller dans le port, qu'on appelle Gauréion [3], ils envoyèrent des émissaires aux habitants pour sonder leurs dispositions et savoir s'ils préféraient livrer volontairement la ville plutôt que de subir l'épreuve de force ; ayant reçu réponse qu'une garnison royale occupait la citadelle et que les habitants n'étaient pas maîtres d'eux-mêmes, le roi et le légat romain font débarquer les troupes et tout le matériel de siège puis, partant de secteurs opposés, marchent sur la ville. Bien plus que par ces préliminaires, les Grecs furent terrifiés par l'armement et les enseignes des Romains qu'ils voyaient pour la première fois, et par l'allant de leurs soldats, qui montaient si prestement à l'assaut des remparts ; aussi coururent-ils aussitôt se réfugier dans la citadelle, laissant la ville aux mains de l'ennemi. Ils tinrent deux jours dans la citadelle, plus confiants dans

gnumque, terrestres naualesque copias, Macedonum genus omne nomenque. [7]Additum decreto : si quis quid postea quod ad notam ignominiamque Philippi pertineret ferret, id omne populum Atheniensem iussurum ; [8]si quis contra ignominiam proue honore eius dixisset fecissetue, qui occidisset eum iure caesurum. Postremo inclusum, ut omnia quae aduersus Pisistratidas decreta quondam erant eadem in Philippo seruarentur. [9]Athenienses quidem litteris uerbisque, quibus solis ualent, bellum aduersus Philippum gerebant.

XLV. [1]Attalus Romanique cum Piraeum primo ab Hermione petissent, paucos ibi morati dies [2]oneratique aeque immodicis ad honores sociorum atque in iram aduersus hostem fuerant Atheniensium decretis, nauigant a Piraeo Andrum. [3]Et cum in portum quem Gaure*io*n uocant constitissent, missis qui temptarent oppidanorum animos, si uoluntate tradere urbem quam uim experiri mallent, [4]postquam praesidio regio arcem teneri nec se potestatis suae esse respondebant, expositis copiis apparatuque omni urbium oppugnandarum diuersis partibus rex et legatus Romanus ad urbem subeunt. [5]Plus aliquanto Graecos Romana arma signaque non ante uisa animique militum tam prompte succedentium muros terruere ; [6]itaque fuga extemplo in arcem facta est, urbe hostes potiti. Et in arce cum biduum loci se

XLIV, 7 omne *B* : -nem *cett.* || populum *B* : *om. cett.* || 8 caesurum *B A L* : cess- *NV* cens- *EP* || pisistratidas *B NV L* : pisci- *AEP* || eadem *B AEP L*[2] : eo- *NV L* || in *B NV L* : hi *E om. AP* || seruarentur *B AEP N L* : -retur *V*.

XLV, 2 iram *codd.* : ira *Dett. Gron.* || nauigant *B NV L Frob*[2]. : -arunt *AEP* || 3 portum *codd.* : -tu *Asc.* || Gaureion *MacDonald* (*iam* Gaurion *Hertz*) : caurelon *B* gau- *cett.* || uim *B AEP V L* : uis *N*.

leur position que dans leur armement ; mais le troisième, ils livrèrent la ville et la citadelle, sous la condition qu'on les transférerait, eux et la garnison avec un vêtement par personne[4], à Délion de Béotie[5]. Les Romains abandonnèrent la ville avec sa citadelle au roi Attale ; pour leur compte, ils emportèrent le butin, et notamment les œuvres d'art qui embellissaient la ville[6]. Attale, pour ne pas se trouver le maître d'une île déserte, persuada presque tous les Macédoniens et certains des Andriens à y demeurer. Par la suite, ceux qu'on avait transférés à Délion conformément aux conventions en furent aussi rappelés par les promesses du roi auxquelles ils inclinaient d'autant plus à se fier que la nostalgie de leur patrie les y poussait.

D'Andros, les alliés se rendirent à Cythnos[7] ; on y perdit quelques jours à attaquer vainement la ville puis, comme elle n'en valait guère la peine, ils se retirèrent. A Prasiai[8], localité de l'Attique continentale, vingt corvettes[9] isséennes[10] vinrent s'adjoindre à la flotte romaine. On les envoya dévaster les terres des Carystiens[11] ; le reste de la flotte relâcha à Géraistos[12], port connu de l'Eubée, en attendant le retour des Isséens de Carystos. Puis tous ensemble firent voile pour gagner le large et, par la haute mer puis en côtoyant l'île de Scyros[13], arrivèrent à Icos[14]. Ils y furent retenus quelques jours par un Borée[15] déchaîné ; dès que le calme se présenta, ils gagnèrent Sciathos[16], dont Philippe venait de dévaster et de piller la ville. Les soldats, envoyés dans les campagnes, rapportèrent aux bateaux du blé et tout ce qu'ils avaient pu trouver de comestible ; mais de butin, point, et d'ailleurs ces Grecs n'avaient rien fait qui justifiât un pillage. De là ils mirent le cap sur Cassandréia[17], et s'arrêtèrent d'abord

magis quam armorum fiducia tenuissent, tertio die pacti ipsi praesidiumque ut cum singulis uestimentis Delium Boeotiae transueherentur, urbem arcemque tradiderunt. [7]Ea ab Romanis regi Attalo concessa : praedam ornamentaque urbis ipsi auexerunt. Attalus, ne desertam haberet insulam, et Macedonum fere omnibus et quibusdam Andriorum ut manerent persuasit. [8]Postea et ab Delio qui ex pacto trauecti eo fuerant promissis regis, cum desiderium quoque patriae facilius ad credendum inclinaret animos, reuocati.

[9]Ab Andro Cy*th*num traiecerunt ; ibi dies aliquot oppugnanda urbe nequiquam absumpti et, quia uix operae pretium erat, abscessere. [10]Ad Prasias — continentis Atticae is locus est — Issaeorum uiginti lembi classi Romanorum adiuncti sunt. Ii missi ad populandos Carystiorum agros ; cetera classis Geraestum, nobilem Euboeae portum, dum ab Carysto Issaei redirent, tenuit. [11]Inde omnes uelis in altum datis mari medio praeter Scyrum insulam Icum peruenere. [12]Ibi paucos dies saeuiente Borea retenti, ubi prima tranquillitas data est, Sciathum traiecere, uastatam urbem direptamque nuper a Philippo. [13]Per agros palati milites frumentum et si qua alia usui esse ad uescendum poterant ad naues rettulere ; praedae nec erat quicquam nec meruerant Graeci cur diriperentur. [14]Inde Cassandream petentes primo ad

XLV, **6** boeotiae *B²* *NV L* : -ia et *B* -iam *AEP L²* || urbem... tradiderunt *B* : *om. cett. Sp* (*ut uid.*) || **7** ea *B* : et *cett.* || praedam *B* : -da *cett.* || auexerunt *B NV L* : -rənt *AEP* || persuasit *B AP NV L* : percussis *post* persuasit *add. E* || **9** Cythnum *Gel.* (*Sp?*) : cyd- *B* cid- *cett.* || **10** prasias *B EP NV L* : -xias *A* || atticae is *B NV L Sp(?)* : tanticeis *AEP L²* || ii *B* : II (*num.*) *AEP* duo (*litt.*) *NV L* || geraestum *NV L* : coerestum *B* gerestrum *AEP* || **11** mari *B* : -ris *cett.*

à Mendaeum[18], le petit port de cette cité. Puis, comme ils voulaient, après avoir doublé le cap, amener leur flotte devant les remparts mêmes de la ville, une violente tempête s'éleva : presque submergés par les flots, séparés les uns des autres, ayant perdu une grande partie de leurs gréements, ils cherchèrent refuge sur la terre ferme. Cette tempête sur mer eut aussi valeur de présage pour les opérations terrestres. De fait, lorsque, après avoir rassemblé leurs bateaux et débarqué leurs troupes, ils attaquèrent la ville, ils furent repoussés avec beaucoup de blessés, car il y avait là une forte garnison royale. Ils se retirèrent après cette vaine tentative et firent voile vers le cap Canastraion[19] en Pallène. De là, doublant le cap de Toronè[20], ils naviguèrent jusqu'à Acanthos[21]. Ils commencèrent par en dévaster la campagne, puis la ville elle-même fut enlevée de vive force et pillée ; ils n'allèrent pas plus loin — leurs navires désormais bondés de butin les en eussent, à eux seuls, empêchés — et retournèrent d'où ils étaient venus, à Sciathos, et de Sciathos en Eubée.

XLVI. Ils y laissèrent la flotte et pénétrèrent avec dix navires en réduction d'armement[1] dans le golfe Maliaque[2] pour tenir avec les Étoliens une conférence sur la conduite de la guerre. Pyrrhias[3] était le chef de la délégation étolienne qui se rendit à Héraclée[4] pour cet échange de vues avec le roi et le légat romain. On requit Attale, conformément au traité[5], de fournir les mille soldats qu'il s'était engagé à fournir à ceux qui combattraient Philippe. Mais il ne les accorda pas aux Étoliens, sous prétexte qu'eux-mêmes s'étaient auparavant refusé à aller dévaster la Macédoine à une époque où, Philippe incendiant

Mendaeum, maritimum ciuitatis eius uicum, tenuere. Inde cum superato promunturio ad ipsa moenia urbis circumagere classem uellent, saeua coorta tempestate prope obruti fluctibus dispersi magna ex parte amissis armamentis in terram effugerunt. [15]Omen quoque ea maritima tempestas ad rem terra gerendam fuit. Nam conlectis in unum nauibus expositisque copiis adgressi urbem cum multis uolneribus repulsi — et erat ualidum ibi regium praesidium — inrito incepto regressi ad Canastraeum Pallenes traiecere. Inde superato *T*oronae promunturio nauigantes Acanthum petiere. [16]Ibi primo ager uastatus, deinde ipsa urbs ui capta ac direpta; nec ultra progressi — iam enim et graues praeda naues habebant — retro unde uenerant Sciathum et ab Sciatho Euboeam repetunt.

XLVI. [1]Ibi relicta classe decem nauibus expeditis sinum Maliacum intrauere ad conloquendum cum Aetolis de ratione gerendi belli. [2]Pyrrhias Aetolus princeps legationis eius fuit qu*ae* ad communicanda consilia cum rege et cum Romano legato *Heracleam uenit. [3]Petitum ex foedere ab Attalo est ut mille milites ⟨mitteret⟩; tantum enim numerum bellum gerentibus aduersus Philippum debebat. [4]Id negatum Aetolis, quod illi quoque grauati prius essent ad populandam Macedoniam exire, quo tempore Phi-

XLV, **14** mendaeum B^1 *AEP NV L* : memd- *B* || **15** ad (canastr.) *B* : *om. cett.* || Toronae *Frob*[1]. : cor- *codd.*

XLVI, **2** Pyrrhias *Bekker* : pyrrihas *B* sipyrrhichas *cett.* || legationis *B AEP V L* : -nes *N* || quae *Gron.* : qui *codd.* || Heracleam *hic Pluygers, post* consilia *codd.* || **3** mitteret *add. Weissenb.* : praestaret *Dett. Edd. uett.* || tantum *B AEP* : -ti *NV L* || **4** populandam *B AEP N L* : -da *V*.

aux environs de Pergame les monuments sacrés aussi bien que profanes, ils auraient pu l'en arracher en le forçant à s'occuper de ses propres états[6]. Les Étoliens repartirent donc plus riches d'espérances (les Romains promettaient tout ce qu'on voulait[7]) que d'assistance. Apustius rejoignit la flotte avec Attale.

On aborda ensuite la question du siège d'Oréos[8]. La ville était bien défendue : elle possédait de forts remparts et, depuis qu'elle avait été attaquée, une solide garnison ; à la flotte alliée s'étaient joints, après la prise d'Andros[9], vingt bateaux rhodiens, tous pontés, commandés par l'amiral Acésimbrotos[10]. On envoya cette flotte mouiller à Zélasium[11] — c'est un promontoire de Phthiotide qui domine Démétrias et constitue très opportunément un obstacle — pour parer à tout mouvement qu'opéreraient à partir de là les navires macédoniens[12]. Héraclidès[13], le lieutenant du roi, y maintenait la flotte, pour être prêt à exploiter une faute éventuelle de l'ennemi plus que pour tenter à découvert un coup de force. Quant à Oréos, les Romains et le roi Attale l'attaquaient de deux directions opposées, les Romains du côté de la citadelle maritime, les troupes royales en se dirigeant vers le vallon qui sépare les deux citadelles, à l'endroit où les défenses de la ville sont renforcées par un mur. A terrains de configurations contraires, techniques de combat différentes : les Romains s'approchaient des murs en formant la tortue, avec tonnelles et béliers[14] ; les gens du roi lançaient des projectiles et des pierres d'un poids considérable avec des balistes, des catapultes et toute sorte d'autres engins d'artillerie[15] ; on faisait également des sapes et, de façon générale, tout ce qui s'était avéré efficace lors de l'attaque précé-

lippo circa Pergamum urente sacra profanaque abstrahere eum inde respectu rerum suarum potuissent. [5]Ita Aetoli cum spe magis Romanis omnia pollicentibus quam cum auxilio dimissi; Apustius cum Attalo ad classem redit.

[6]Inde agitari de Oreo oppugnando coeptum. Valida ea ciuitas et moenibus et, quia ante fuerat temptata, firmo erat praesidio; coniunxerant se iis post expugnationem Andri cum praefecto Acesimbroto uiginti Rhodiae naues, tectae omnes. [7]Eam classem in stationem ad Zelasium miserunt — Phthi*otidis* super Demetriadem promunturium est peropportune obiectum — ut, si quid inde mouerent Macedonum naues, in praesidio essent. [8]Heraclides praefectus regius classem ibi tenebat magis per occasionem, si quam neglegentia hostium dedisset, quam aperta ui quicquam ausurus. [9]Oreum diuersi Romani et rex Attalus oppugnabant, Romani a maritima arce, regii aduersus uallem inter duas iacentem arces, qua et muro intersaepta urbs est. [10]Et ut loca diuersa, sic dispari modo etiam oppugnabant : Romanus testudinibus et uineis et ariete admouendo muris, regii ballistis catapultisque et alio omni genere tormentorum tela ingerentes et pondere ingenti saxa; *f*aciebant et cuniculos et quidquid aliud priore oppugnatione expertum profuerat. [11]Ceterum non plures

XLVI, 4 profanaque *B AP NV L* : profana *E* || **6** agitari *B* : excitari *cett.* || expugnationem *AP NV L* : -ne *E* eam pugn- *B* op *ante* pugn- *add.* *B*[2] || Andri *B* : mandrii *cett.* || Acesimbroto *Niese* : hage- *B* hagesimbro *N L* age- *AEP V* || **7** zelasium *B AEP V L* : el- *N* || Phthiotidis *Weissenb.* : phthiniae *B* yshinie *cett.* || demetriadem *NV L* : -den *B AEP* || obiectum *B* : -tectum *cett.* || **8** regius *B AEP N L* : -gis *V* || neglegentia *B AEP L*[2] : -am *NV L* || **9** arces *B EP NV L* : -em *A* || **10** romanus *B* : -ni *AEP L* -nis *NV* || ballistis *B AEP L*[2] : -as *NV L* || ingenti *B L* : -tis *A*[x] *N* ingerenti *AEP* -tes *V* || faciebant *Kreyssig* : iac- *codd.* (iace *N L*) *Gron.* || **11** non (plures) *B NV L* : ne *AEP*.

dente. Mais la situation n'était plus la même : les Macédoniens qui défendaient la ville et les citadelles étaient non seulement plus nombreux, mais aussi plus résolus, car ils avaient à l'esprit aussi bien le châtiment que le roi avait infligé pour la faute commise que le mélange de menaces et de promesses qu'il avait agitées pour l'avenir. Aussi, comme on passait là plus de temps que prévu et qu'on attendait plus des travaux d'investissement que d'un assaut rapide, le légat pensa que l'on pourrait tenter dans le même temps une autre opération : laissant sur place les effectifs qui lui paraissaient suffisants [16] pour mener à bien les travaux du siège, il gagne le secteur terrestre le plus proche : là, profitant de l'effet de surprise, il s'empara de Larisa — non la ville bien connue de Thessalie, mais une autre qu'on appelle Crémastè [17] — à l'exception de la citadelle. De son côté Attale prit de surprise Ptéléon [18] par un coup de main qui était la dernière chose à laquelle s'attendaient les habitants, puisque l'attaque d'une autre ville était en cours. Mais déjà les travaux tiraient à leur fin autour d'Oréos et, fait plus important, sa garnison épuisée par des efforts ininterrompus, les gardes à assurer de nuit comme de jour et les blessures. De plus, une partie des remparts, ébranlée à sa base par les coups de bélier, s'était écroulée en de nombreux points ; par la brèche ainsi ouverte, les Romains firent nuitamment irruption dans la citadelle qui domine le port. A l'aube, Attale, au signal donné de la citadelle par les Romains, entre lui aussi dans la ville, dont les remparts étaient en grande partie abattus ; la garnison et les habitants se réfugièrent dans l'autre citadelle, où ils se rendirent deux jours plus tard. La ville revint au roi, les prisonniers aux Romains [19].

tantum Macedones quam ante tuebantur urbem arcesque sed etiam praesentioribus animis, et castigationis regis in admissa culpa et simul minarum, simul promissorum in futurum memores. Itaque cum praeter spem tempus ibi traheretur plusque in obsidione et in operibus quam in oppugnatione celeri spei esset, 12interim et aliud agi posse ratus legatus, relictis quod satis uidebatur ad opera perficienda, traicit in proxima continentis Larisamque — non illam in Thessalia nobilem urbem, sed alteram quam Cremasten uocant — subito aduentu praeter arcem cepit. 13Attalus quoque *Pt*eleon nihil minus quam tale quicquam in alterius oppugnatione urbis timentibus oppressit. 14Et iam cum opera in effectu erant circa Oreum, tum praesidium quod intus erat labore adsiduo, uigiliis diurnis pariter nocturnisque et uolneribus confectum. 15Muri quoque pars ariete incusso subruta multis iam locis prociderat, perque apertum ruina iter nocte Romani *in arcem quae super portum est perruperunt. 16Attalus luce prima signo ex arce dato ab Romanis et ipse urbem inuasit stratis magna ex parte muris : praesidium oppidanique in arcem alteram perfugere, unde biduo post deditio facta. Vrbs regi, captiua corpora Romanis cessere.

XLVI, **11** urbem *B* : -bes *cett.* || arcesque *B*[1] *NV L* : *om.* que *B* regesque *AEP* || castigationis *Gron.* : -ibus *codd. Drak.* (et *ante* simul *delens*) || promissorum *B* : -ssionum *cett.* || **11** itaque... oppug (natione) *B* : *om. cett.* || **12** *lac. ante* relictis *M. Müller* : † militibus *ibid. add. MacDonald sic numerum incertum coniciens* || quod satis uidebatur *B NV L Frob*[2]. *Weissenb.* (militum *post* satis *add.*) : quot satis uidebatur *AEP* (-bantur *Dett.*) || militibus *post* perficienda *add. Edd. uett.* || **13** Pteleon *Ruperti* : egeleon *B AE NV L* : ag- *P* || **15** in arcem *hic Büttner* : *post* portum est *codd.* || quae *B* : quoque *NV L* quodque *AEP* || **16** attalus *B AEP L*[2] : et *ante* attalus *add. NV L* || urbs regi captiua *B AEP V L* : *om. N.*

XLVII. L'équinoxe d'automne était maintenant tout proche, et le golfe d'Eubée, qu'on appelle Coela[1], est redouté des marins ; désireux de prendre le large avant les tempêtes d'hiver, les alliés regagnent le Pirée, base de départ de leurs opérations. Apustius y laisse trente bateaux et gagne par mer Corcyre en doublant le cap Malée[2]. Le roi resta jusqu'à la date fixée pour les mystères de Cérès[3], car il voulait prendre part aux cérémonies ; après la célébration des mystères, il se retira lui aussi — en Asie — après avoir renvoyé chez eux Acésimbrotos[4] et les Rhodiens. Telles furent les opérations terrestres et navales menées cette année-là contre Philippe et ses alliés par le consul et le légat romains, avec l'aide du roi Attale et des Rhodiens.

Événements de Rome et d'Occident.

L'autre consul[5], Caius Aurélius, trouvant la guerre terminée à son arrivée dans sa province, ne cacha pas sa colère contre le préteur pour avoir livré bataille en son absence. Il l'envoya donc en Étrurie et conduisit lui-même ses légions en territoire ennemi, où il fit une guerre de pillage qui lui rapporta plus de butin que de gloire. Lucius Furius[6], à la fois parce qu'il n'y avait rien pour lui à faire en Étrurie et parce qu'il convoitait de célébrer sur les Gaulois un triomphe qu'il pensait obtenir plus aisément en l'absence du consul irrité et jaloux, arriva à Rome à l'improviste, réunit le Sénat dans le temple de Bellone[7], fit un rapport sur ses activités et sollicita la permission d'entrer à Rome en triomphateur[8].

XLVIII. L'importance de ses actions et son influence lui valaient la sympathie d'une grande partie du Sénat.

XLVII. [1]Iam autumnale aequinoctium instabat, et est sinus Euboicus quem Coela uocant suspectus nautis; itaque ante hiemales motus euadere inde cupientes Piraeum, unde profecti ad bellum erant, repetunt. [2]Apustius triginta nauibus ibi relictis super Maleum nauigat Corcyram. Regem statum initiorum Cereris ut sacris interesset tenuit; secundum initia et ipse in Asiam se recepit Acesimbroto et Rhodiis domum remissis. [3]Haec ea aestate terra marique aduersus Philippum sociosque eius ab consule et legato Romanis adiuuantibus rege Attalo et Rhodiis gesta.

[4]Consul alter C. Aurelius ad confectum bellum cum in prouinciam uenisset, haud clam tulit iram aduersus praetorem quod absente se rem gessiset. [5]Misso igitur eo in Etruriam ipse in agrum hostium legiones induxit populandoque cum praeda maiore quam gloria bellum gessit. [6]L. Furius simul quod in Etruria nihil erat rei quod gereret, simul Gallico triumpho imminens quem absente consule irato atque inuidente facilius impetrari posse ratus <est>, Romam inopinato cum uenisset, senatum in aede Bellonae habuit [7]expositisque rebus gestis ut triumphanti sibi in urbem inuehi liceret petit.

XLVIII. [1]Apud magnam partem senatus et magnitudine rerum gestarum ualebat et gratia. [2]Maiores

XLVII, 1 sinus *AEP NV L* : *om. B* || coela *B* : -ra *cett.* || 2 corcyram *B L²* : apud corcydam *NV L* prae corcydam (corci-) *AEP* || statum *B E NV L* : -tium *AP L²* || Acesimbroto *cf.* 46, 6 *Niese* : hage- *B E NV L* age- *AP* || et (rhod.) *L* : *om. cett.* || 3 consule *B AEP* : -libus *NV L* || legato *AEP L²* : -tis *B NV L* || 4 C. *B L* : caesar *AEP NV* || 5 maiore *B AEP N L* : -rem *V* || gloria *AEP NV L* : -iam *B* || 6 quem *codd.* : *secl. Madv.* || (ratus) est *post* ratus *add. M. Müller* : ratus *codd.*

XLVIII, 1 rerum *AEP NV L* : -gum *B.*

Mais les sénateurs les plus âgés lui refusaient le triomphe pour deux raisons : il avait combattu avec l'armée d'autrui[1] et abandonné sa province[2] dans le désir d'arracher son triomphe en profitant de l'occasion, façon d'agir absolument sans précédent. Les personnages consulaires[3] surtout étaient d'avis qu'il aurait dû attendre le consul — il aurait pu en effet, tout en protégeant la colonie sans livrer bataille, établir son camp près de la ville[4] et traîner l'affaire en longueur jusqu'à l'arrivée du consul — et ce que le préteur n'avait pas fait, attendre le consul, le Sénat, lui, devait le faire : quand ils auraient entendu le consul et le préteur s'expliquer face à face, ils pourraient juger plus sainement de l'affaire. Une grande partie des sénateurs pensait que le Sénat ne devait prendre en considération que deux choses : les actions accomplies, et si leur auteur[5] les avait accomplies dans le cadre de sa magistrature et sous ses propres auspices ; des deux colonies établies comme des verrous pour contenir les déferlements gaulois, l'une avait été pillée et incendiée[6], et l'incendie allait s'étendre à l'autre, qui était si proche[7], comme entre deux maisons mitoyennes. Que devait donc faire le préteur ? Si la présence du consul était indispensable pour agir, de deux choses l'une : ou bien il y avait faute du Sénat, qui avait donné l'armée au préteur — il aurait pu en effet, sa volonté étant de faire mener l'affaire par l'armée du consul et non par celle du préteur, spécifier dans son sénatus-consulte qu'elle serait menée par le consul et non par le préteur — ou bien il y avait faute du consul qui, après avoir fait passer son armée d'Étrurie en Gaule, ne s'était pas trouvé en personne à Ariminum pour prendre part à une guerre qu'il était impie de mener

natu negabant triumphum et quod alieno exercitu rem gessisset et quod prouinciam reliquisset cupiditate rapiendi per occasionem triumphi : id uero eum nullo exemplo fecisse. [3]Consulares praecipue expectandum fuisse consulem censebant — [4]potuisse enim castris prope urbem positis tutanda colonia ita ut acie non decerneret in aduentum eius rem extrahere — et quod praetor non fecisset, senatui faciendum esse ut consulem expectaret : [5]ubi coram disceptantes consulem et praetorem audissent uerius de causa existimaturos esse. [6]Magna pars senatus nihil praeter res gestas et an in magistratu suis quis auspiciis gessisset censebant spectare senatum debere ; [7]ex duabus coloniis, quae uelut claustra ad cohibendos Gallicos tumultus oppositae fuissent, cum una direpta et incensa esset traiecturumque id incendium uelut ex continentibus tectis in alteram tam propinquam coloniam esset, quid tandem praetori faciendum fuisse ? [8]Nam si sine consule geri nihil oportuerit, aut senatum peccasse qui exercitum praetori dederit — potuisse enim sicut non praetoris sed consulis exercitu rem geri uoluerit, ita finire senatus consulto ne per praetorem sed per consulem gereretur — [9]aut consulem qui non, cum exercitum ex Etruria transire in Galliam iussisset, ipse Arimini occurrerit ut bello interesset quod sine eo geri fas non esset. [10]Non

XLVIII, **2** cupiditate *B* : utili- *AEP* L^2 -tem *NV L* || **4** aduentum *B AEP L* : -tu *NV* || extrahere et *AEP NV L* : -ret *B* || ut (cons.) *B* : *om. cett.* || expectaret *B NV L* : -rent *AEP* || **5** et (praet.) *B AEP N L* : ex *V* || **6** magistratu *AEP NV* : -tus *B* -ti *L* || suis quis *AEP NV L* : ius quis *B* suis quisque *Asc.* suisque *Frob*[2] || **7** id *B NV L* : ad *AEP* || **8** sicut non *B* : si cum non *AEP* si non cum *V L* sicut non cum *N* || exercitu *AEP NV L* : -tum *B* || consulto *Duker* : -tum *codd.* || ne *AEP NV L* : nec *B* || **9** exercitum *P* : -tu *cett.* || occurrerit *AEP* : -eret *B* -isset *NV L* || bello *AEP NV L* : -la *B*.

sans lui. Les urgences de la guerre n'attendent pas les atermoiements et les tergiversations des généraux, et il faut parfois livrer bataille non parce qu'on le désire, mais parce que l'ennemi vous y contraint. Ce qu'il fallait prendre en considération, c'était la bataille elle-même et le résultat de cette bataille : l'ennemi battu et massacré, son camp pris et saccagé, une colonie délivrée du siège, les prisonniers enlevés à l'autre colonie repris et rendus aux leurs, la guerre terminée en un seul combat. Les humains, d'ailleurs, n'avaient pas été seuls à se réjouir de cette victoire : les dieux immortels avaient été l'objet de trois jours d'action de grâces dont le motif était que le préteur Lucius Furius avait servi les intérêts de l'État avec compétence et bonheur, non avec incompétence et légèreté. En outre, une sorte de fatalité avait réservé à la famille Furia[8] les guerres contre les Gaulois.

XLIX. Grâce aux discours de ce genre tenus par Furius et par ses amis, l'influence du préteur présent l'emporta sur le prestige du consul absent et le Sénat vota massivement le triomphe. Le préteur Lucius Furius triompha donc des Gaulois dans l'exercice de sa magistrature et remit au trésor trois-cent-vingt-mille as de bronze[1] et cent-soixante-et-onze-mille-cinq-cents pièces d'argent[2]. Mais il n'y eut, devant son char, ni théorie de prisonniers ni ostentation de dépouilles, et ses soldats ne défilèrent pas derrière lui : il était clair que le consul avait tout en mains, sauf la victoire.

Les jeux que Publius Scipion avait fait vœu de donner quand il était consul en Afrique[3] furent ensuite célébrés en grande pompe. Pour les terres à distribuer à ses soldats, on décida que chacun d'eux recevrait deux arpents par année de service en Espagne et en Afrique ; des décemvirs seraient chargés d'attribuer ces terres[4]. Une commission de trois membres fut encore formée pour com-

expectare belli tempora moras et dilationes imperatorum, et pugnandum esse interdum non quia uelis sed quia hostis cogat. [11]Pugnam ipsam euentumque pugnae spectari debere : fusos caesosque hostes, castra capta ac direpta, coloniam liberatam obsidione, alterius coloniae captiuos reciperatos restitutosque suis, debellatum uno proelio esse. [12]Non homines tantum ea uictoria laetatos sed diis quoque immortalibus per triduum supplicationes habitas, quod bene ac feliciter, non quod male ac temere res publica a L. Furio praetore gesta esset. Data fato etiam quodam Furiae genti Gallica bella.

XLIX. [1]Huius generis orationibus ipsius amicorumque uicta est praesentis gratia praetoris absentis consulis maiestas triumphumque frequentes L. Furio decreuerunt. [2]Triumphauit de Gallis in magistratu L. Furius praetor et in aerarium tulit trecenta uiginti milia aeris, argenti centum septuaginta milia mille quingentos. [3]Neque captiui ulli ante currum ducti neque spolia praelata neque milites secuti : omnia praeter uictoriam penes consulem esse apparebat.

[4]Ludi deinde a P. Cornelio Scipione quos consul in Africa uouerat magno apparatu facti. [5]Et de agris militum eius decretum ut quot quisque eorum annos in Hispania aut in Africa militasset, in singulos annos bina iugera agri acciperet : eum agrum decemuiri adsignarent. [6]Triumuiri item creati ad supplendum

XLVIII, 11 alterius *B AEP* L^2 : -ris *NV L* || 12 fato *B AEP L* : facto *NV*.

XLIX, 1 consulis *B AEP N L* : -les *V* || 2 aeris... milia *AEP NV L* : *om. B post* argenti *suppl.* bigati *MacDonald* || mille quingentos *B AEP* V^1 : ŏ *L spat. NV* || 3 consulem *B AEP* : -es *NV L* || 5 quot *AEP* : quod *B NV L* || agri *B* : *om. cett.*

pléter le nombre des colons à Venouse[5], colonie dont les forces s'étaient affaiblies durant la guerre contre Hannibal : furent nommés commissaires Caius Térentius Varron[6], Titus Quinctius Flamininus[7] et Publius Cornélius Scipion, fils de Cnaeus[8], qui enrôlèrent de nouveaux colons pour Venouse.

La même année, Caius Cornélius Céthégus[9], qui gouvernait l'Espagne en qualité de proconsul, battit une importante armée ennemie sur le territoire de Sédéta[10]. Quinze mille Espagnols furent tués, dit-on, dans cette bataille, où l'on prit soixante-dix-huit drapeaux.

Le consul Caius Aurélius, revenu de sa province à Rome pour les comices[11], surprit le Sénat en se plaignant, non pas qu'il ne l'eût pas attendu et n'eût pas donné au consul la possibilité de discuter avec le préteur, mais que le Sénat eût décrété le triomphe sur la seule audition du futur triomphateur, et non de ceux qui avaient pris part à la campagne : l'usage établi par les ancêtres voulait que les légats, les tribuns, les centurions et jusqu'aux simples soldats fussent présents au triomphe, pour que le peuple romain pût voir les témoins qui garantissent les exploits accomplis par le bénéficiaire d'un si grand honneur. Or, de l'armée qui avait combattu les Gaulois, le Sénat avait-il vu, à défaut d'un soldat, fût-ce un simple valet d'armée, qu'il eût pu interroger sur la véracité de ce qu'affirmait le préteur[12]? Il fixa ensuite la date des

Venusinis colonorum numerum, quod bello Hannibalis attenuatae uires eius coloniae erant, C. Terentius Varro T. Quinctius Flamininus P. Cornelius Cn. f. Scipio; hi colonos Venusiam adscripserunt.

[7]Eodem anno C. Cornelius Cethegus, qui proconsul Hispaniam obtinebat, magnum hostium exercitum in agro Sedetano fudit. Quindecim milia Hispanorum eo proelio dicuntur caesa, signa militaria capta octo et septuaginta.

[8]C. Aurelius consul cum ex prouincia Romam comitiorum causa uenisset, non id quod animis praeceperant questus est, non expectatum se ab senatu [9]neque disceptandi cum praetore consuli potestatem factam, sed ita triumphum decresse senatum ut nullius nisi eius qui triumphaturus esset et ⟨non⟩ eorum qui bello interfuissent uerba audiret : [10]maiores ideo instituisse ut legati tribuni centuriones milites denique triumpho adessent, ut *testes* rerum gestarum eius cui tantus honos haberetur populus Romanus uideret. [11]Ecquem ex eo exercitu qui cum Gallis pugnauerit, si non militem, lixam saltem fuisse quem percunctari posset senatus quid ueri praetor uaniue adferret? [12]Comitiis deinde diem edixit, quibus creati

XLIX, 6 uenusinis *AP NV L* : be- *E spat. IX litt. B* ‖ quod *B NV L* : qui *AEP* ‖ C. *B* : consul *cett.* ‖ flamininus *B* : -minius *AEP V L* -minus *N* ‖ P. *B L²* : proconsul *AEP NV L* ‖ Cn. f. *B* : consul fuluius *cett.* ‖ 7 C. *B* : consul *cett.* ‖ 8 C. *B L* : caesar *AEP NV* ‖ animis praeceperant *B NV L* : -mis -rat *Sp ut uid.* -mus -rat *AEP* ‖ 9 consuli *B AEP N L* : -sul *V* ‖ non *add. Weissenb.* : et *secl. Stürenberg Madv.* ‖ 10 denique *AEP NV L* deni (*spat. IV litt.*) *B* ‖ testes *Madv.* : *spat. V litt. B* uirtus *AEP NV* ueritas *L* ‖ honos *AEP* : -nor *NV L* -nus *B* ‖ populus romanus uideret *B* : publice uideretur *cett.* ‖ 11 ecquem *B Sp(?)* : neque *cett.* ‖ si non militem lixam *B Sp(?)* : sine milite unum *cett.* ‖ uaniue *B AEP* : inaniue *NV L* ‖ adferret *B N L* : adferre *V* referret *AEP*.

comices où l'on élit consuls Lucius Cornélius Lentulus [13] et Publius Villius Tappulus [14]. Puis furent élus préteurs Lucius Quinctius Flamininus [15], Lucius Valérius Flaccus [16], Lucius Villius Tappulus [17] et Cnaeus Baebius Tamphilus [18].

L. Ajoutons que, cette année-là, les produits alimentaires furent très bon marché. Les édiles curules Marcus Claudius Marcellus [1] et Sextus Aelius Paetus [2] distribuèrent au peuple une grande quantité de blé apportée d'Afrique, à deux as le boisseau [3]. Ils célébrèrent aussi les Jeux Romains [4] en grande pompe ; ils en recommencèrent une journée ; avec le produit des amendes, ils firent élever dans le Trésor cinq statues de bronze [5]. Les Jeux Plébéiens furent recommencés intégralement trois fois par les édiles Lucius Térentius Massiliota [6] et Cnaeus Baebius Tamphilus, qui était préteur désigné. Il y eut aussi, cette année-là, des jeux funèbres qui durèrent quatre jours ; ils furent célébrés sur le Forum pour la mort de Marcus Valérius Laevinus [7] par ses fils Publius et Marcus [8] qui y donnèrent un spectacle de gladiateurs : vingt-cinq paires de combattants s'affrontèrent. Marcus Aurélius Cotta, décemvir aux sacrifices [9], décéda : il fut remplacé par Manius Acilius Glabrio [10].

Les comices élirent édiles curules deux hommes qui, précisément, étaient dans l'impossibilité d'assumer leur charge dans l'immédiat : Caius Cornélius Céthégus [11] avait été élu en son absence, alors qu'il était encore en poste dans la province d'Espagne ; quant à Caius Valérius Flaccus [12], il était bien là lors de son élection, mais sa qualité de flamine de Jupiter lui faisait interdiction

sunt consules L. Cornelius Lentulus P. Villius Tappulus. Praetores inde facti L. Quinctius Flamininus L. Valerius Flaccus L. Villius Tappulus Cn. Baebius Tamphilus.

L. [1]Annona quoque eo anno peruilis fuit ; frumenti uim magnam ex Africa aduectam aediles curules M. Claudius Marcellus et Sex. Aelius Paetus binis aeris in modios populo diuiserunt. [2]Et ludos Romanos magno apparatu fecerunt ; diem unum instaurarunt ; signa aenea quinque ex multaticio argento in aerario posuerunt. [3]Plebeii ludi ab aedilibus L. Terentio Massiliota et Cn. Baebio Tamphilo, qui praetor designatus erat, ter toti instaurati. [4]Et ludi funebres eo anno per quadriduum in foro mortis causa ⟨M.⟩ Valeri Laeuini a P. et M. filiis eius facti et munus gladiatorium datum ab iis : paria quinque et uiginti pugnarunt. [5]M. Aurelius Cotta decemuir sacrorum mortuus : in eius locum M'. Acilius Glabrio suffectus.

[6]Comitiis aediles curules creati sunt forte ambo qui statim occipere magistratum non possent : nam C. Cornelius Cethegus absens creatus erat, cum Hispaniam obtineret prouinciam ; [7]C. Valerius Flaccus, quem praesentem creauerant, quia flamen Dialis erat

XLIX, 12 P. *B* : A. *cett.* || (Vill.) Tappulus *Edd.* : t(itus) appalus *codd.* || quinctius (quint-) *B AP* : quintus *E NV L* || L. (Val.) *B* : libius *cett.* || L. (uill. tapp.) *B* : lelius *cett.* || (L.) uillius *B EP NV L* : illius *A*.

L, 1 peruilis *AEP NV L* : prae- *B* || aduectam *B AEP N L* : -tans *V* || aeris *B AEP N L* : ex is *V* || 2 instaurarunt *B AEP N L* : -rent *V* || multaticio *B AEP* L^2 : -tatio *NV L* || 3 L. *B* : libio *cett.* || Massiliota *Drak.* : masi- *NV L* massio- *B AEP* || Cn. *B* : C. *AP NV L* consul *E* || qui praetor designatus erat *B* : qui praetorem designauerant *AEP* quem praetorem designarunt *NV L* || 4 M. *add. Carb.* || P. et M. B^1 *AEP NV L* : et *post* M. *add. B* || pugnarunt *AEP NV L* : -bunt *B* || 5 decemuir *B AEP L* : -uiri *NV* || M' *Sig.* : m. *codd.* || 6 occipere *B* : acc- *cett.* || C. *B* : consul *cett.* || 7 C. *B* L^2 : consul *AEP NV L*.

de prêter le serment d'obéissance aux lois ; or, personne ne pouvait exercer une magistrature pendant plus de cinq jours sans avoir prêté ce serment. Flaccus demanda une dispense, et le Sénat décida que si l'édile présentait quelqu'un que les consuls jugeraient habilité à prêter serment en son nom, ceux-ci s'entendraient avec les tribuns de la plèbe pour en référer à la plèbe si ceux-ci le jugeaient bon[13]. Lucius Valérius Flaccus, préteur désigné, fut présenté pour prêter serment au nom de son frère ; les tribuns en référèrent à la plèbe, qui décida que ce serait comme si l'édile avait prêté serment lui-même. L'autre édile fit également l'objet d'un plébiscite : les tribuns demandèrent à la plèbe de désigner deux hommes comme généraux en chef des armées d'Espagne, afin de permettre à Caius Cornélius, élu édile curule, de venir exercer sa magistrature, et à Lucius Manlius Acidinus[14] de quitter cette province où il avait passé de longues années ; la plèbe désigna Cnaeus Cornélius Lentulus[15] et Lucius Stertinius[16] pour commander en Espagne en qualité de proconsuls.

iurare in leges non poterat; magistratum autem plus quinque dies, nisi qui iurasset in leges, non licebat gerere. [8]Petente Flacco ut legibus solueretur, senatus decreuit ut si aedilis qui pro se iuraret arbitratu consulum daret, consules si iis uideretur cum tribunis plebis agerent uti ad plebem ferrent. [9]Datus qui iuraret pro fratre L. Valerius Flaccus praetor designatus; tribuni ad plebem tulerunt plebesque sciuit ut perinde esset ac si ipse aedilis iurasset. [10]Et de altero aedile scitum plebi est factum : rogantibus tribunis quos duos in Hispaniam cum imperio ad exercitus ire iuberent, ut C. Cornelius aedilis curulis ad magistratum gerendum ueniret [11]et L. Manlius Acidinus decederet de prouincia multos post annos, plebes Cn. Cornelio Lentulo et L. *St*er*t*inio pro consulibus imperium esse in Hispania iussit.

L, 8 consulum daret *B* (*sed* cos.) : consulis daretur *cett.* || 9 L. *B* L^2 : libius *AEP NV L* || 10 aedile *B V* : -li *AEP N L* || plebi *B NV* : -bis *EP L* pleb *A* || quos *AEP NV L* : quod *B* || gerendum *AEP NV L* : -undum *B* || 11 L. *B* : laelius *cett.* || Cn. *B* : C. *cett.* || L. *B* : libio *cett.* || Stertinio *Frob*[1] : tercinio *codd.* || consulibus *B* : -le *NV L* -li *AEP*.

Subscriptiones Titi Liui ab urbe condita liber XXXI explicit incipit liber XXXII feliciter *B A N* (Liuii *A N*), *in litt. capit. B N, ap. A corr.* XXXI *in* XXXII, *infra* XXXII *in* XXXIII A^2 : Titi liuii de bello macedonico liber secundus incipit *E* : Explicit liber XXXI Titi Liuii Patauini historiarum ab urbe condita liber XXXII de bello uero Macedonico liber II incipit feliciter *L* (*litt. capit.*) : Titi Liuii Patauini historiographi ab urbe condita de bello Macedonico liber primus explicit. incip̄. secundus feliciter lege *V* (*litt. capit.*) : *deest subscriptio in P.*

NOTES COMPLÉMENTAIRES

Cap. I :

1. ***Préface, ou préambule.*** C'est la troisième ou la quatrième de l'œuvre, après la Préface générale, celles de 6, 16 (?) et 21. Elle marque le commencement d'une nouvelle section, consacrée, en gros, aux guerres de Macédoine (voir *Introduction*, p. VII-XVI). L'accablement de Tite-Live n'est pas feint car, à mesure qu'il approche de l'époque moderne, la documentation se fait plus lourde et plus diversifiée. Il se traduira par un sensible raccourcissement de la longueur des livres 31 à 36. L'expression *a condita Vrbe*, en 4 (cf. 6, 1 et *Préface* générale, 1), plaide en faveur du titre d'ensemble de l'œuvre : *ab Vrbe condita libri. Quoque* fait allusion au soulagement provoqué à Rome et en Italie par la fin de la seconde guerre punique (cf. 30, 45, 2).

2. En *Préface* générale, 1, 1 et 12.

3. Sur ces *partes*, voir *Introduction*, p. XIII.

4. De 267 à 204 selon la chronologie livienne, ou 264-201 selon la chronologie moderne. Appius Claudius fut consul en 264. Sur le mode de calcul de Tite-Live : J. Briscoe, *A Commentary on Livy, Books XXXI XXXIII*, Oxford, 1973, p. 49.

5. *B* porte LXXVIII, les autres mss. *septuaginta octo*. La correction LXXXVIII ou LXXXVII s'impose, la première étant préférée par les éditeurs les plus récents, la seconde par Weissenborn et Müller. On ne saurait valablement choisir entre les deux, Tite-Live ayant varié sur la date de la fondation de Rome. Voir le détail dans J. Briscoe, *op. cit.*, p. 50.

6. Sur cette comparaison, voir J. Briscoe, *op. cit.*, p. 50 sq.

7. *Origines de la seconde guerre de Macédoine.* Tite-Live arrange beaucoup les données qu'il trouve dans Polybe (perdu) et dans la source annalistique. Il ne concorde que partiellement avec Justin et Appien (voir *Introduction*, p. XXVI sqq., XLVI sqq., L sqq.). Sur cette question : E. Will, *Histoire politique du monde hellénistique*, II, Nancy, 1967, p. 87-128 et, particulièrement, B. Ferro, *Le origini della II guerra macedonica, Atti della Accademia di Scienze, Lettere e Belle Arti di Palermo*, s. 4, 19, 1960, parte seconda, p. 5-153.

8. Cf. Justin 30, 3, 2. Tite-Live pense surtout à Philippe II et à Alexandre le Grand, qui avait conquis un empire plus vaste que celui de Carthage.

9. Il s'agit de la première guerre de Macédoine, commencée *de facto* en 214 (Liu. 24, 40, 1), officiellement en 211, année où fut conclu un traité entre Rome et les Étoliens (Liu. 26, 24, 8-16). Elle s'était terminée en 206 par un traité de paix séparé entre Philippe et les

Étoliens, suivi en 205 de la paix générale de Phoinikè, en Épire (Liu. 29, 12). L'expression *triennio prius* peut s'expliquer par le fait que le traité n'avait été ratifié qu'en 204, à moins qu'il ne s'agisse d'une négligence. Les tergiversations et le double jeu des Étoliens irriteront les Romains tout au long de la guerre. De toute façon, l'expression *triennio prius* désigne les années 204-202 : détail dans J. Briscoe, *op. cit.*, p. 52.

10. Sur Philippe, les Étoliens et autres alliés, voir le long commentaire de J. Briscoe, *op. cit.*, p. 52-55. Les « autres alliés » ne peuvent être que les Illyriens.

11. Cf. 30, 26, 3 sq. ; 30, 33, 5 ; 30, 42, 1-10 et 45, 22, 6. Polybe n'en fait pas mention. Ces questions sont traitées très en détail par J. Briscoe, *op. cit.*, p. 53-55.

12. Tite-Live est moins catégorique en 5, 6 sur les propos des ambassadeurs d'Athènes. Il anticipe sur les propos tenus par les envoyés athéniens auprès de Sulpicius, en Illyrie, après la déclaration de la guerre (14, 3). Selon Holleaux, cette ambassade n'aurait jamais eu lieu (*Études*, 5, p. 9-10), bien que Pausanias (1, 36, 5-6) la mentionne, ainsi qu'Appien (*Mac.* 4, 2). F. W. Walbank, *Philip V of Macedon*, Cambridge, 1940, p. 311-313, a montré qu'elle s'était produite en réalité à la fin de l'été 200, mais avant le départ de l'armée et même avant la déclaration de guerre. Les Athéniens avaient auparavant, sans grand succès, fait appel à l'Égypte, à la Crète, à Attale et à Rhodes. La défense des Athéniens, qui n'avaient d'ailleurs pas eu jusqu'alors de relations diplomatiques avec le Sénat, ne fut donc pas l'un des motifs réels de l'entrée en guerre des Romains. Voir *Introduction*, p. XLVII sq.

Cap. II :

1. II-IV : *Événements d'Occident* : *Gaule cisalpine et Rome.* Attale Ier, roi de Pergame de 241 à 197, allié de Rome depuis 210. Les Rhodiens étaient liés à celle-ci par l'*amicitia* depuis la fin du IVe siècle.

2. Allusion à la campagne menée en 201 par Philippe en Asie mineure. Sa présence en Ionie (il était entré triomphalement à Milet), en Carie (possession en partie rhodienne) et sur les Détroits, menaçait la sécurité des Rhodiens qui avaient fait alliance avec diverses cités et, tout récemment, avec Attale, dont Philippe avait cependant évacué le territoire. D'autre part, Antiochus III était en train d'annexer la Coelè-Syrie, menaçant gravement l'Égypte, à laquelle les Rhodiens étaient liés d'intérêts. Devant la collusion à peine cachée de Philippe et d'Antiochus, il était naturel qu'Attale et les Rhodiens se tournassent vers Rome pour éviter une rupture dans l'équilibre de l'Est méditerranéen. L'ambassade en question se situe à l'automne de 201. P. Pédech, *La méthode historique de Polybe*, Paris, 1964, p. 114, n. 73, rejette l'ambassade rhodienne qui serait due à une invention annalistique : Attale seul aurait poussé Rome à la guerre et les Rhodiens, au mieux, auraient suivi « mollement ».

3. Il ne faut pas prendre le mot dans son sens territorial : c'est un commandement militaire et le domaine où il s'exerce. L'un des

consuls se trouve encore à la tête de la flotte (30, 43, 1). Les consuls sont ceux de 201.

4. De telles motivations sont bien improbables, comme l'est celle qui est mentionnée par Justin 30, 3, 4 (*Introduction*, p. XXVII sq.). Mais Tite-Live ignore complètement une « seconde » ambassade, mentionnée par Justin 30, 3, 3 et Appien, en *Mac.* 4, 2, envoyée auprès d'Antiochus et de Philippe pour les mettre en garde contre une agression à l'égard de Ptolémée et à laquelle Polybe (16, 27, 5) assigne implicitement la mission de rétablir la paix entre l'Égypte et Antiochus. Elle avait, semble-t-il, pour but véritable, de s'assurer la neutralité d'Antiochus dans la guerre imminente contre Philippe, aux dépens de l'Égypte si nécessaire. Il n'y eut en fait qu'une seule ambassade romaine (F. W. Walbank, *Philip V*, p. 313-316, et *A Historical Commentary on Polybius*, II, Oxford, 1967, p. 553-554), qui dut quitter Rome à la fin de l'hiver, après l'entrée en charge des consuls, et qui se trouvait à Athènes au printemps 200, pour travailler l'opinion publique grecque contre Philippe (*contra* : J. P. V. D. Balsdon, *Rome and Macedonia*, 205-200 B. C. in *J. R. S.*, 44, 1954, p. 30, qui accepte le schéma livien et A. Passerini, *Studi di storia ellenistico-romana*, I, in *Athenaeum*, n. s. 9, 1931, p. 260). Sur tout cela, voir l'*Introduction*, p. XLVI sq. Le Ptolémée ici mentionné est Ptolémée V Épiphane, âgé alors de neuf ans, et qui avait succédé à son père Ptolémée IV Philopator quatre ans auparavant. C'est ce dernier qui avait conclu un traité avec Rome (cf. 27, 4, 10). C. Claudius Néron n'est autre que le vainqueur du Métaure, et P. Sempronius Tuditanus le négociateur de la paix de Phoinikè, qui avait mis fin à la première guerre de Macédoine (29, 12), également consulaire et ancien censeur. Ce sont donc des personnages considérables. M. Aemilius Lépidus, le plus jeune des trois, fait ici son apparition. Il n'est pas encore engagé dans la carrière des honneurs et ne sera édile qu'en 192 (35, 10, 11). Sur ces trois personnages, voir le commentaire détaillé de J. Briscoe, *op. cit.*, p. 56-57.

5. ***2, 5-11 : Expédition malheureuse contre les Gaulois.*** P. Aelius Paetus, nommé consul avec C. Cornélius Lentulus en 202 (cf. 30, 40, 5) après avoir été édile plébéien en 204, préteur en 203 et *magister equitum* en 202.

6. Les Boiens occupaient, entre autres, une grande partie de la région comprise entre le Pô et les Apennins : cf. plus bas 10, 1-3. La Gaule cisalpine avait été constituée en province en 222, mais beaucoup de tribus gauloises s'étaient ralliées à Hannibal et il avait fallu la reconquérir (21, 25, 2-14, etc.). Voir l'*Introduction*, p. LXXIV sq.

7. Les *praefecti socium* étaient nommés par les consuls et mis à la tête des troupes auxiliaires que fournissaient les alliés. Ils étaient romains.

8. Région et population d'Ombrie, ainsi nommées d'après le fleuve *Sapis*, auj. *Savio*, à ne pas confondre avec les *Sappinates* ou *Salpinates* étrusques dont l'habitat est inconnu (peut-être Orvieto ou Faléries?). Détails dans J. Briscoe, *op. cit.*, p. 59. Cf. 33, 37, 1.

9. Au Nord de Modène, à la frontière sud-est des Boiens ; auj. Meldola ou plutôt Modigliana ; cf. 33, 37, 2.

10. Les Ligures étaient répartis en tribus indépendantes et médiocrement importantes. Sur eux, G. Mezzar-Zerbi, *Le fonti di Livio nelle guerre combattute contro i Liguri*, in *Riv. di Studi Classici*, 14, 1966, p. 359-368. Les *Ingauni* vivaient au sud-ouest de Gênes, et leur capitale était la moderne Albenga, ancienne *Albigaunum*.

Cap. III :

1. *Préparatifs de la seconde guerre de Macédoine*. Cn. Octavius avait été prorogé dans le commandement de la flotte d'Afrique en 201 : 30, 41, 6 sq. Il était ensuite retourné en Sicile avec l'ensemble de la flotte. Il avait été préteur en 205.

2. Sur le sens de *Macedonia*, voir plus bas, 14, 2 et la note.

3. Il s'agit du Marcus Valérius Laevinus souvent mentionné dans la IIIe décade. Il avait longtemps combattu en Grèce et était redevenu simple citoyen. Voir plus bas, ch. 50, note 7.

4. *Vibo Valentia*, sur la côte tyrrhénienne du Bruttium, auj. Vibona, à quelque 100 kilomètres au nord de Reggio de Calabre.

5. Il avait été envoyé en Macédoine (en fait, chez les Illyriens) en 203 comme ambassadeur (30, 26, 4), mais s'y était conduit en ennemi et avait parcouru le pays en livrant plusieurs batailles (30, 42, 3). Il connaissait donc bien les forces de Philippe, évaluées par Polybe (16, 2, 9) à 53 navires cataphractes, 150 *lemboi* ou *pristeis* et un nombre indéterminé (lacune) de navires non pontés. Les navires cataphractes (ou pontés) possédaient, en plus des ponts, des bordages surélevés ; les *lemboi* sont de petits bateaux rapides et manœuvriers (voir plus bas, ch. 45, note 9) ; les *pristeis* sont de petits navires de type mal connu. Il est douteux que le M. Aurélius ici mentionné soit le M. Aurélius Cotta de 50, 5.

6. MacDonald adopte ici la leçon de *AEP NV L* ; nous préférons celle de *B*, aucune raison ne s'opposant à l'asyndète.

7. Ces propos sont reproduits de façon plus générale, comme l'une des causes de la guerre, par Justin, 30, 3, 2, et Dion (= Zonaras, 9, 15) ; Tite-Live lui-même les met dans la bouche de Sulpicius en 7, 8-10, de façon plus développée. Pyrrhus, roi d'Épire, venant au secours de Tarente pendant la guerre qui avait opposé celle-ci à Rome, avait envahi l'Italie méridionale (281-272). De 288 à 285, il avait partagé le trône de Macédoine.

Cap. IV :

1. *Dispositions législatives et administratives de fin d'année (201)*.

2. Il s'agit de M. Iunius Pennus, élu édile plébéien en 205 (29, 11, 13) puis préteur urbain en 202 (pour 201 : 30, 40, 5), et non de M. Iunius Brutus, tribun de la plèbe en 195, consul en 178, qui n'apparaît qu'aux livres 34-37 et 40-43. Le préteur urbain possédait la juridiction civile sur Rome et ne pouvait s'en éloigner. Il pouvait présider les élections de commissions analogues à celle-ci : 25, 7, 5 ; 34, 53, 1-2.

3. P. Servilius n'est pas autrement connu. Q. Caecilius Métellus avait été édile plébéien en 208, puis curule en 207, consul en 205 et dictateur pour les élections en 204. Cette même année, il avait fait partie de la commission d'enquête chargée d'examiner la conduite

de Pléminius (voir plus bas). Caius Servilius, tribun en 211, édile plébéien en 209, puis édile curule et *magister equitum* en 208, avait été préteur en 206 et consul en 203, puis dictateur en 202 ; il était pontife depuis 210. Marcus, édile curule en 204, *magister equitum* en 203 et consul en 202, avait vu son commandement prorogé en 201. Lucius Hostilius Caton n'est connu que pour avoir été légat en 190, soit onze ans plus tard. Aulus avait été préteur en 207. P. Villius Tappulus, édile plébéien en 204 (29, 38, 4), préteur en 203 avec la province de Sicile (30, 1, 9), sera consul en 199 (voir plus bas, 49, 12) ; il succédera en Macédoine à P. Sulpicius Galba. M. Fulvius Flaccus n'est pas identifié avec certitude. Pour P. Aelius Paetus, voir 2, 5. Nous avons ici la première mention de T. Quinctius Flamininus, qui reparaîtra en 49, 6 dans des fonctions tout aussi modestes. Il sera, du côté romain, le principal protagoniste de la seconde guerre de Macédoine (livres 32 et 33), jouera encore un rôle important par la suite (livres 34 à 40) et sera élu censeur en 188 (37, 58, 2). Cette mesure est la première du genre rapportée par Tite-Live, mais elle deviendra fréquente par la suite. Seuls les propriétaires terriens servaient dans l'armée, mais ceux qui avaient servi longtemps avaient perdu leur propriété. Il s'agit ici des vétérans d'Afrique et d'Italie ; la mesure sera complétée, en 31, 49, 5, pour ceux d'Espagne.

4. Il s'agit des *comitia consulum*, ou *consularia*, réunis spécialement pour l'élection des consuls.

5. P. Sulpicius Galba (voir l'*Introduction*, p. cxv sqq.), avait été consul en 211 et proconsul en Macédoine de 210 à 206, puis dictateur aux élections en 203. Absent lorsque fut conclue la paix de Phoinikè, il est considéré par E. Badian, *The Treaty between Rome and the Achaean League*, in *Journal of Roman Studies*, 42, 1952, p. 76 sq., comme le chef de l'*eastern lobby*. Sur la date précise de l'élection, voir plus bas, et l'*Introduction*, p. xci sq.. C. Aurélius Cotta avait été préteur en 202. Pour Q. Minucius Rufus, édile plébéien en 201, probablement partisan de Scipion, voir plus loin, ch. 6, n. 2.

6. L. Valérius Flaccus, qui fera une brillante carrière, est ici mentionné pour la première fois. L. Quinctius Flamininus est le frère (aîné ou puîné?) de Titus, le consul de 198 et le vainqueur de Cynoscéphales. Tous les manuscrits portent T, mais il faut évidemment admettre la correction de Sigonius : voir J. Briscoe, *A Commentary on Livy, Books XXXI-XXXIII*, Oxford, 1973, pp. 65-66.

7. L. Apustius Fullo apparaît ici pour la première fois. Sur Q. Minucius Rufus, voir plus bas, ch. 6, n. 2. Sur le passage direct de l'édilité plébéienne à la préture, voir J. Briscoe, *op. cit.*, p. 67.

8. Les *ludi Romani*, ou *Magni* auraient été, selon Tite-Live, 1, 35, 7-8, fondés ou, en tout cas, annualisés par Tarquin l'Ancien. Ils se célébraient à l'origine aux Ides de septembre (le 13), puis furent progressivement étendus du 4 au 19 de ce mois ; leur organisation revenait aux édiles curules. Ils semblent toutefois n'être devenus annuels qu'au milieu du ɪvᵉ siècle. Des jeux scéniques étrusques y furent introduits à la même époque, et des pièces grecques en 240. Tite-Live précise (24, 43, 7) qu'en 214, ils durèrent quatre jours, *eo anno primum*. Les jeux plébéiens avaient lieu, à la fin de la Répu-

blique, du 4 au 17 novembre ; ils étaient organisés par les édiles plébéiens. Ils étaient célébrés l'un et l'autre en l'honneur de Jupiter Optimus Maximus, auquel un banquet était dédié le jour des Ides de septembre et de novembre. L'*instauratio*, recommencement total ou partiel des jeux, était nécessaire chaque fois qu'un incident ou une irrégularité les faisaient considérer comme rituellement nuls. Le caractère religieux de ces festivités était encore vivant au début du IIe siècle. Toutefois, il arrivait que les édiles s'ingéniassent à trouver des irrégularités pour accroître leur prestige en allongeant la durée des jeux.

Cap. V :

1. *Proposition de guerre contre Philippe*. Ici encore, les mss. (*quadrage(n)simo*) doivent être corrigés en *quinquagensimo*, voir plus haut, ch. 1, note 5. Ce calcul est conforme à celui de 1, 4, et Tite-Live reste avec un retard de trois ans sur les Fastes. Noter le ton solennel du préambule.

2. La date d'entrée en charge des consuls varia plusieurs fois sous la République. Primitivement fixée aux Ides de septembre (le 13), elle fut peu à peu avancée aux Ides de mars (le 15) en 216, puis au 1er janvier en 153. Cf. 26, 1, 1, où, pour 212, Tite-Live mentionne les Ides de mars. En dernier lieu, A. Kirsop Michels, *The Calendar of the Roman Republic*, Princeton, 1967, pp. 97 sqq. Voir l'*Introduction*, p. XCI sq.

3. Les victimes étaient classées en *lactentes* et *maiores* selon leur âge.

4. Ces actes religieux étaient nécessaires avant chaque guerre : il s'agissait de savoir si les dieux l'approuvaient, donc si la guerre était *iustum piumque*. Dans certains cas, comme ici ou en 32, 1, 13, le choix des dieux est laissé aux consuls ; dans d'autres, comme en 36, 1, 2 par ex., ils sont nommément désignés. Le *nomen latinum* désigne collectivement les colonies latines. Voir ch. 8, n. 4.

5. Seconde ambassade, après celle de 1, 10, logiquement provoquée par l'invasion de l'Attique par Nicanor, lieutenant de Philippe, racontée par Polybe en 16, 27, 1-3. Mais cette explication ne tient que si l'on est d'accord avec De Sanctis (*Storia dei Romani*, IV, 1, p. 32, n. 65) et E. Bickermann (*Rev. de Philologie*, 61, 1935, pp. 161 sq.) pour admettre l'existence d'une première ambassade athénienne. Il faut plutôt, avec M. Holleaux (*Rev. des Ét. Anciennes*, 22, 1920, pp. 77 sqq.) et F. W. Walbank (*Philip V*, p. 312), rejeter l'hypothèse des deux ambassades, dont une seule arrivera à Rome, en juillet 200 (voir l'*Introduction*, p. XLVIII sqq.).

6. Devins originaires d'Étrurie, ou qui pratiquaient la divination d'après les méthodes étrusques, en interprétant les entrailles des animaux sacrifiés. Ils étaient officiellement consultés — et le demeureront jusqu'à la fin de l'Empire païen — chaque fois que l'État s'estimait insuffisamment renseigné sur la volonté des dieux par les augures nationaux. C'est seulement à la fin du second siècle qu'ils seront organisés en école, puis en collège officiel, dont le siège sera en Étrurie (à Tarquinia), non à Rome.

Cap. VI :

1. ***Tirage au sort des provinces. Les comices repoussent la guerre.*** Pour l'ablatif de *sors*, Tite-Live emploie *sorte* lorsque le mot suit immédiatement le nom du bénéficiaire au datif, *sorti* lorsqu'il en est séparé par le nom de la province : R. M. Ogilvie, *A Commentary of Livy, Books I-V* , Oxford, 1965, p. 682. Cf. Ennius, Vahlen², 329, *Graecia Sulpicio sorti data, Gallia Cottae*, où l'usage est inverse.

2. La préture avait été créée en 366 ; un second préteur avait été adjoint en 242 et deux autres en 227 ; le nombre sera porté à six en 197 (32, 27, 6). Le préteur urbain, qui ne devait pas quitter Rome, s'occupait des procès mettant en cause des citoyens romains ; souvent, un *praetor peregrinus* était nommé pour s'occuper des procès opposant citoyens et étrangers. Lorsqu'il n'y en avait pas (ce qui est ici le cas), le préteur urbain remplissait les charges des deux fonctions. Les autres préteurs se répartissaient les différentes *prouinciae*. C. Sergius Plautus et Q. Fulvius Gillo n'apparaîtront plus guère. Q. Minucius Rufus apparaîtra fréquemment au livre 31, jusqu'au ch. 13. Il avait été édile plébéien en 201. Il sera consul en 197 (32, 27, 5). L. Furius Purpurio jouera un certain rôle dans le livre 31 (il prononcera notamment le discours du ch. 31). Il avait été tribun militaire en 210, sera consul en 196 (33, 24, 1) et reparaîtra aux livres 35 et 38.

3. Il s'agit ici des comices centuriates, théoriquement composés, depuis Servius Tullius, d'unités de cent citoyens, chaque centurie disposant d'une voix. En fait, les plus riches y disposaient aisément de la majorité, car on arrêtait le vote dès que la majorité absolue était atteinte. C'est donc une erreur d'écrire que la guerre fut repoussée *omnibus ferme centuriis*, à moins qu'il ne s'agisse seulement des centuries qui avaient voté.

4. Le tribunat de la plèbe avait été créé pour protéger les plébéiens contre l'arbitraire des patriciens ; dans de nombreux cas, les tribuns avaient fini par devenir des agents de ceux-ci, particulièrement à l'époque qui nous occupe. Toutefois, beaucoup profitaient de leur immunité pour provoquer l'agitation, ou du moins mener une action que la tradition sénatoriale présente systématiquement comme telle, et comme opposée à l'intérêt commun. Baebius fait partie de cette série de tribuns agitateurs — souvent eux-mêmes patriciens, bien qu'il ne le soit pas pour sa part — pratiquant une politique d'obstruction. Il n'apparaît pas ailleurs chez Tite-Live. Son action en cette occasion ne paraît guère douteuse. Toutefois, il est très improbable que le second vote ait immédiatement suivi le premier : voir l'*Introduction*, p. XLIV, LXXXIX, XCIII.

Cap. VII :

1. *Discours du consul C. Sulpicius Galba.* Le Champ de Mars était un terrain qui s'étendait entre la ville et le Tibre. Les comices centuriates s'y réunissaient parce qu'ils se confondaient pratiquement avec l'armée et ne pouvaient donc se tenir dans les limites du *pomoerium*.

2. Alors que les *comitia* votaient sans débat, la *contio*, assemblée informelle, recevait des informations et pouvait discuter. Il était

fréquent qu'une *contio* précédât les comices. Les citoyens y assistaient dans l'ordre même des comices. La différence entre les deux assemblées est donc juridique et fonctionnelle.

3. Les manuscrits ont *Punico proximo certe bello*. D'accord avec J. Briscoe, *op. cit.*, p. 72, nous avons adopté l'émendation de Madvig (*Em.*, p. 463) qui supprime *Punico*. Outre l'argument d'euphonie (qui justifie le déplacement de M. Müller), il apparaît que cet adjectif est inutile et doit être considéré comme une glose ajoutée à un stade ancien de la transmission. Le rapprochement de MacDonald avec 45, 37, 12 a peu de valeur, car il s'agit là d'une référence chronologique, alors qu'ici la seconde guerre punique (*proximo bello*) vient tout juste de s'achever.

4. Sagonte, aujourd'hui Murviedro, au sud de l'Èbre, entretenait avant 220 des relations amicales avec Rome. Hannibal profita de ses divisions pour intervenir et l'assiéger, probablement en juin 219. Ce fut l'origine de la seconde guerre punique. Voir A. Piganiol, *La conquête romaine*, 6e éd., Paris, 1974, pp. 254 sqq. ; F. Cassola, *I gruppi politici romani nel III° secolo a. C*, Trieste, 1962, pp. 245-248 ; J. Briscoe, *op. cit.*, p. 72.

5. Mercenaires italiens qui, en 283, s'étaient emparés de Messine, dont ils avaient chassé les colons grecs. Menacés, en 268, par Hiéron de Syracuse, une partie d'entre eux avaient fait appel à Rome, cependant qu'une autre avait confié la citadelle à un commandant carthaginois. L'intervention romaine marqua le début de la première guerre punique ; elle ne se fit pas — comme le suggère ici Tite-Live — sans hésitations.

6. Cf. Tite-Live 23, 33, 11-12 et 39, 1-3. Le traité fut conclu en 215, et le texte en est conservé par Polybe, 7, 9. Pour la discussion de détail, voir J. Briscoe, *op. cit.*, p. 73.

7. Cf. plus haut, 1, 6-7.

8. Roi d'Épire, qui se voulait continuateur d'Alexandre et que les Tarentins avaient appelé à leur aide contre les Romains. Il en résulta la guerre de 281-272, d'abord à l'avantage de Pyrrhus, vainqueur à Héraclée (280) et Ausculum (279), puis vaincu à Bénévent par Curius Dentatus (275). Il mourut à Argos en 272, au cours d'une rixe. La comparaison entre Philippe et Pyrrhus, et la crainte que Philippe ne devînt un second Pyrrhus, sont mentionnées par Justin (30, 3, 2) et surtout par Dion (= Zonaras, 9, 15) comme un des motifs qui poussèrent les Romains à la guerre. L'Épire, située au nord-ouest de la Grèce, jouxtait la Macédoine, dont elle dépendait pratiquement dans une large mesure. Pour lors, bien qu'alliée nominale de Philippe, elle observait en fait la neutralité.

9. Sulpicius exagère volontairement l'importance des succès de Pyrrhus (il ne dépassa pas Anagni ou Préneste) et ne mentionne pas sa défaite finale.

10. La fidélité de ces populations fut toute relative et nécessita une politique de force. La répression qui suivit le départ d'Hannibal rend la menace vraisemblable : cf. plus loin, 8, 11. Ces peuples étaient passés à Hannibal en 216 (22, 61, 10-12), ce qui explique la phrase ironique : *Manserunt enim Punico postea bello.*

Cap. VIII :

1. *Déclaration de guerre à Philippe.* La *supplicatio* était un acte religieux, généralement décidé par les *Xuiri sacris faciundis* après consultation des livres sibyllins, par lequel on sollicitait la grâce des dieux, ou par lequel on les remerciait. Elle était ordonnée dans des circonstances exceptionnelles, soit malheureuses, soit heureuses, comme dans le cas de victoires importantes, mais qui ne remplissaient pas les conditions requises pour le triomphe. Généralement elle s'adressait à tous les dieux, d'où l'expression *circa omnia puluinaria.* Les *puluinaria* étaient, au sens strict, les lits sur lesquels on disposait les effigies des dieux au cours du *lectisternium* (le premier avait eu lieu en 399). Certains traducteurs comprennent *puluinaria* au sens de *templa* ; cette interprétation est excessive (cf. 22, 1, 15 ; 32, 1, 14) car la *supplicatio* était souvent assimilée au *lectisternium.* Pour le détail et la discussion de ces questions, voir J. Briscoe, *A Commentary of Livy, Books XXXI-XXXIII*, Oxford, 1973, p. 76-77.

2. Les féciaux formaient un collège de vingt prêtres magistrats, dont on prêtait la fondation à Numa. Ils étaient chargés, en cas de conflit avec un autre peuple, d'apprécier la gravité de l'offense et d'offrir ou de demander réparation. Ils décidaient si le *bellum* était *iustum* et, dans ce cas, procédaient à sa déclaration dans les formes et les délais établis. De même, ils mettaient fin à la guerre et concluaient la paix en appliquant le *ius fetiale.*

3. Cf. 30, 45, 1-2. L'interdiction de mobiliser les vétérans contre leur gré montre, ainsi que le premier rejet de la guerre par les comices, que cette guerre n'était pas populaire, mais plutôt le fait d'une faction à laquelle appartenait le consul. Pourtant Sulpicius n'eut aucun mal, sans doute en raison d'une crise économique assez sérieuse, à trouver des vétérans volontaires, et probablement (v. plus haut, p. LXX) beaucoup de soldats préférèrent-ils continuer à mener la vie militaire, créant ainsi une sorte d'armée de métier. Un revirement s'était donc opéré chez les vétérans de Scipion (et Scipion lui-même) entre les premiers comices et les seconds. Entre temps, des concessions avaient dû leur être faites.

4. L'expression *nomen latinum* est difficilement traduisible. Il s'agit de l'ensemble des peuples portant le nom de Latins, presque de la « nation » latine. Les Latins jouissaient d'un droit particulier qui en faisaient presque les égaux des Romains. Ils jouissaient de l'autonomie municipale quant à leurs institutions, aux magistratures, à la monnaie, presque certainement en matière de rapports intercommunautaires. Associés à Rome dans leurs droits de *commercium* et de *connubium*, ils l'étaient aussi dans le peuplement des colonies, bien qu'une restriction importante eût été apportée sur ce point en 265. Ils avaient le droit de vote à Rome lorsqu'ils y étaient présents et pouvaient devenir citoyens romains, lorsqu'ils résidaient à Rome, en s'inscrivant au cens. En matière militaire, ils levaient et payaient, sous l'autorité de Rome, leurs contingents de troupes (dont il est question ici), sauf douze colonies qui, depuis 204, dépendaient directement de Rome pour leur mobilisation. Les *socii* sont des Italiens jouissant de *foedera* variés et dont les droits sont moins étendus.

Tite-Live, néanmoins, qui emploie aussi bien *socii ac nomen Latinum* que *socii nominis Latini*, ne semble pas faire de différence, au moins en matière militaire. Nous respectons cependant dans la traduction cette différence formelle.

5. *P. Aelius consul.* Il s'agit en réalité de P. Aelius Tubero, préteur en Sicile en 201, et non du consul, qui était en Gaule : A. H. MacDonald, in *Proceedings of Cambr. Philol. Society*, n. s. VI, 1960, p. 47. L'ensemble du passage soulève des difficultés de détail, relevées par MacDonald, *op. cit.*, et discutées par J. Briscoe, *op. cit.*, p. 78.

6. Les manuscrits ont *praesidio*, qui fournit une tournure parfaitement correcte. Il n'y a donc pas lieu, comme le fait MacDonald, de retenir l'émendation de Madvig (*Em.*, p. 484, note 1) en *praesidii.*

7. M. Valérius Falto ne reparaîtra pas. Il était apparu en 29, 11, 3 et 8 comme ambassadeur auprès d'Attale, pour le transfert de la pierre noire de Pessinonte ; édile curule en 202, il avait été préteur en 201, mais, selon 30, 40, 5 et 30, 41, 1, avait reçu le Bruttium. Le dernier propréteur connu de Campanie avait été C. Hostilius Tubulus : 29, 13, 6. Il est probable que Tite-Live a omis, comme cela lui arrive parfois, de mentionner certaines mutations de titulaires de provinces, à moins que M. Valérius n'ait été transféré en Campanie dans le courant de l'année.

8. Unités de réserve, constituées depuis le début de la seconde guerre punique.

Cap. IX :

1. *Ambassade de Ptolémée. 6-10 : Accomplissement de rites religieux.* La source de Tite-Live commet ici une erreur chronologique, selon nous tout au moins. Ce n'est qu'en juillet 200 que l'ambassade égyptienne arrive à Rome, peu de temps avant l'ambassade d'Athènes. Voir l'*Introduction*, p. XLVIII. Contre cette opinion, J. Briscoe, *op. cit.*, p. 42-44.

2. Cf. plus haut, en 8, 2.

3. P. Sulpicius Galba.

4. P. Licinius Crassus Dives, pontifex maximus en 212 (25, 5, 3-4), alors qu'il était édile curule, *magister equitum* en 210, puis censeur la même année, fut préteur en 208 et consul en 205 avec Scipion l'Africain, dont il fut sans doute l'un des partisans. Il mourra en 183 (39, 46, 1). Licinius est tout à fait, ici, dans son rôle, qui est de faire respecter scrupuleusement les obligations à l'égard des dieux : si celles-ci sont énoncées vaguement, la réponse des dieux sera également vague. Tout accord avec eux prend la forme d'un contrat ; il importe donc de veiller à l'exactitude des clauses.

5. Le texte pose ici des problèmes, qui ont été résolus au mieux par MacDonald, dont nous conservons le texte. Voir la discussion dans son édition *ad loc.* et dans J. Briscoe, *op. cit.*, p. 80. Les difficultés que connaissait le Trésor expliquent que le consul ait évité de préciser le montant des jeux.

6. Collège de prêtres chargés de la surveillance de la religion nationale. Ils étaient alors au nombre de neuf, élaboraient le droit

pontifical et, dans les cas douteux, consultaient la jurisprudence : c'est ce qui se passe ici.

7. Jeux extraordinaires qui, depuis 217, se célébraient *in quinquennium*. Le vœu prescrivait que ces jeux seraient célébrés si *eodem statu res publica staret* (22, 10, 2 ; 27, 33, 8 ; 30, 2, 8 ; 30, 27, 11).

8. Les jeux seront célébrés en 194 : 34, 44, 6.

9. Ou Jeux romains, voir plus haut, ch. 4, n. 8. On ne trouve chez Tite-Live que cinq mentions sûres de ces jeux : J. Briscoe, *op. cit.*, p. 81-82.

Cap. X :

1. *Lutte contre les Gaulois et les Ligures.* Insubres et Cénomans étaient des populations celtiques qui s'étaient fixées en Italie du nord, avec Milan pour capitale. Pour les Insubres, voir 5, 34, 9 (ils faisaient partie des Éduens). Les Cénomans habitaient la région comprise entre Brescia et Vérone. Pour les Boiens, voir plus haut, 2, 5 et ch. 2, n. 5. Le texte de Tite-Live relatif à cette campagne est loin d'être clair. Pour le détail, voir J. Briscoe, *op. cit.*, p. 82.

2. Les *Celines* ne sont pas autrement connus. Il s'agit peut-être des Céléiates, qui sont nommés en 32, 29, 7, en relation avec les Ilvates, qui habitaient la région située au nord de Gênes. *Ceteris* est peut-être une exagération. Une union temporaire de tous les Ligures est néanmoins plausible, et rendait l'alliance redoutable, car ils possédaient une puissance et une organisation militaire considérables, ainsi qu'une longue habitude de la guerre contre les Romains : G. Mezzar-Zerbi, in *Riv. di Studi classici*, 14, 1966, p. 211 sqq.

3. Il ne s'agit évidemment pas d'Hamilcar Barca (voir plus bas), mais d'un officier carthaginois demeuré en Gaule cisalpine après le passage d'Hamilcar ou de Magon (11, 5). Peut-être y était-il resté depuis 207, date à laquelle Hasdrubal, avec ses troupes grossies de Gaulois transalpins et cisalpins, était passé en Italie septentrionale et avait vainement assiégé Plaisance au lieu de l'attaquer (27, 39, 1-14) avant d'être écrasé au Métaure. Magon, en 205, avait débarqué en Ligurie et marché sur la Gaule (28, 46, 7-13), puis s'était retiré en 203 (30, 21, 1 sq.).

4. Les colonies de Plaisance et de Crémone avaient été fondées en 218 pour tenir la Gaule cisalpine récemment conquise.

5. Cf. plus haut, 8, 7-8.

6. L'expression *in proxima regione prouinciae* n'est pas claire et est susceptible de trois interprétations, adoptées par les divers éditeurs et traducteurs : 1. L. Furius Purpurio se trouvait ici dans la région de sa province la plus proche de l'ennemi ; 2. dans la région de sa province la plus proche de Rome ; 3. dans la région la plus proche de sa province, autour d'Ariminum. Dans les deux premiers cas, *prouinciae* est un génitif dépendant de *regione*, comme le suggère l'ordre des mots ; dans le troisième, c'est un datif dépendant de *proxima*. Ariminum (colonie fondée en 268, auj. Rimini) est, chez Tite-Live, souvent considérée comme faisant partie de la province de Gaule et même parfois identifiée à elle (28, 38, 13 : *Ariminum, ita Galliam appellabant*, cf. 24, 44, 3) ; c'est là que se faisaient tradition-

nellement les rassemblements de troupes destinées à combattre en Gaule, et qu'est fixé le quartier général : 28, 46, 13 ; 29, 5, 9, etc. En 31, 48, 9, on reprochera à Aurélius de ne s'être pas trouvé à Ariminum pour faire la guerre aux Gaulois. En 187, M. Aemilius construira une route de Plaisance à Ariminum après avoir mené son armée en Gaule : *exercitum... in agrum Gallicum duxit uiamque a Placentia ut Flaminiae committeret Ariminum perduxit*, 39, 2, 10. Mais, d'après Weissenborn et Müller, il semble qu'en d'autres passages Tite-Live considère Ariminum comme un chef-lieu distinct de la Gaule, bien qu'il n'y ait guère de doute sur son appartenance à la province. Le seul passage cité (32, 1, 5) est à rapprocher du passage identique de 24, 44, 3, lequel s'éclaire comme lui par 28, 38, 13, qui établit l'équivalence *prouincia Ariminum = provincia Gallia*. D'autre part, il est difficile de savoir par rapport à quoi la *regio* est *proxima* si l'on opte pour l'une des deux premières traductions. On ne peut guère considérer Ariminum comme la région de la province la plus proche de l'ennemi, et Tite-Live n'écrit pas qu'elle était la plus proche possible (*quam proxima*). Un élément, peut-être décisif pour cette question, *à cette place*, est fourni par 31, 21, 1, où Tite-Live écrit, reprenant le fil des événements : *Iam exercitus consularis ab Arretio Ariminum transductus erat et quinque milia socium Latini nominis e Gallia in Etruriam transierant.* Nous optons donc pour une traduction aussi vague que le texte de Tite-Live : « la région de la province la plus proche », sans préciser davantage, contrairement à J. Briscoe, qui opte franchement, quoique sans commentaire, pour « la partie de la province la plus proche de Rome (*op. cit.*, p. 83).

Cap. XI :

1. La leçon des mss., *Q. Minucio*, est une erreur. Q. Minucius se trouvait dans le Bruttium. L'édition (1505) de Milan corrige en *L. Furio*. M. Müller le met entre crochets, suivi par E. T. Sage (éd. Loeb) qui supprime *Q. Minucio*. Le consensus des manuscrits invite à maintenir la leçon *Q. Minucio* si l'on attribue l'erreur à Tite-Live (MacDonald, *ad loc.*) ; mais on doit plutôt la considérer comme une glose (cf. J. Briscoe, *op. cit.*, p. 84).

2. Le Sénat craignait une révolte en Étrurie : A. J. Pfiffig, in *Historia*, 15, 1966, p. 210.

3. *Ambassades en Afrique.* Sur l'affaire d'Hamilcar, voir plus haut, 10, 2 et ch. 10, note 3.

4. A rapprocher du *contra foedus* du par. 5. Hamilcar avait violé le traité, dont une clause stipulait (30, 37, 4 ; Pol. 15, 18, 4) que les Carthaginois ne feraient pas la guerre hors d'Afrique : il appartenait donc à Carthage de le rappeler, puisqu'il était citoyen carthaginois, et de le livrer aux Romains pour être puni de cette violation. D'autre part (30, 7, 3 ; Pol. 15, 18, 3), le traité, ou tout au moins les conditions de paix proposées par Rome et acceptées par Carthage stipulaient *perfugas fugitiuosque et captiuos omnes redderent Romanis...*

5. Massinissa, roi des Massylii en Numidie, avait d'abord combattu au côté des Carthaginois en Espagne, mais avait ensuite servi au côté de Scipion l'Africain, et notamment combattu Syphax. Scipion,

pour le récompenser, *Massinissam ad regnum paternum, Cirta oppido et ceteris urbibus agrisque, quae ex regno Syphacis in populi Romani potestatem uenissent adiectis, donauit* (30, 44, 12) : c'était là la *pars florentissima* du royaume de Syphax. Il est difficile de savoir avec précision l'étendue des territoires annexés, Tite-Live étant ici notre seule source littéraire. Aucune inscription attestant la royauté de Massinissa n'a été retrouvée à l'ouest de la Grande Kabylie. La Numidie décrite par Salluste dans son *Bellum Iugurthinum* (notamment 12, 3 et 37, 3) est concentrée à l'est de Cirta : quatre villes, Bulla, Hippo, Thirmida, Zama, portent le titre royal, et trois, Suthul, Thirmida, Calama, sont la résidence de princes numides. En fait, Massinissa ne s'intéressait qu'aux régions prospères : P. G. Walsh, *Massinissa*, in *J. R. S.*, 55, 1965, p. 151-152 et carte p. 153.

6. C'est l'une des raisons les plus fausses des origines de la guerre, bien qu'elle ait dans le traité de 215 entre Philippe et Hannibal un fondement historique ; mais c'est aussi celle qui pouvait le plus toucher Massinissa, parce qu'elle mettait en cause les Carthaginois : Philippe avait agi en ennemi à l'égard de Massinissa comme à l'égard de Rome. Par reconnaissance comme pour sa sécurité, Massinissa devait donc entrer dans la nouvelle guerre. L'agression contre les alliés du peuple romain fait allusion aux attaques de Philippe contre l'Illyrie à partir de 216.

7. C'étaient, à Rome, les insignes du triomphe et des magistrats curules, héritiers des rois étrusques, donc les insignes de la royauté. Noter le luxe de détails fournis sur le texte du message et sur les cadeaux : Massinissa, très populaire à Rome, est un allié de choix, la cavalerie numide étant particulièrement réputée.

8. Tous les manuscrits portent la leçon *si quid ei*. Madvig (*Em.*, p. 464-465) corrige *ei* en *eis*, et a été suivi par la majorité des éditeurs, dont MacDonald (*eis* se rapportant alors à *legatis*). Gronovius, voyant bien qu'il fallait construire *ei opus esse*, corrige *ei* en *sibi*. Cette correction est inutile, l'emploi du non réfléchi étant ici très plausible : O. Riemann, *Études sur la langue et la grammaire de Tite-Live*, 2e éd., Paris, 1885, p. 142 sq. ; R. Kühner et C. Stegmann, *Ausführliche Grammatik der lateinischen Sprache*, 3e éd. revue par A. Thierfelder, Leverkusen, 1955, p. 607 sqq.

9. Syphax avait d'abord combattu au côté des Romains, mais était passé aux Carthaginois. Le traité de paix l'avait privé d'une bonne partie de son royaume (voir plus haut). Il avait été emmené en captivité à Rome avec Vermina ; d'après Zonaras, 9, 13, ils y auraient été bien traités ; mais Syphax était mort aussitôt avant ou après le triomphe de Scipion (30, 45, 4-5). Vermina, son fils, avait participé activement à la phase finale de la seconde guerre punique et avait été vaincu le 17 décembre 202 (30, 36, 7-8 ; cf. 30, 40, 3). Il serait donc revenu d'exil aussitôt après la mort de son père évidemment avec l'accord des Romains, et régnait *de facto* sur ce qui restait de son royaume. Tite-Live n'est pas prodigue de détails sur la paix qui sera accordée (voir plus loin, 31, 19, 5-6). Selon Zonaras, *ibid.*, τῷ δὲ Οὐερμίνᾳ τὴν βασιλείαν τοῦ πατρὸς ἐπεκύρωσαν καὶ τοὺς ζωγρηθέντας Νομάδας ἐχαρίσαντο : « ils le confirmèrent sur le

trône de son père et lui firent la faveur de lui rendre les Numides prisonniers. »

10. *Rex sociusque et amicus*, formule relativement banale, qu'on trouve employée dans la terminologie diplomatique à propos de plusieurs rois (p. ex. Antiochus en 32, 8, 13) ; Massinissa était de ce nombre. La reconnaissance du titre de *rex* par Rome sera toujours très appréciée. La *societas* suppose un traité en bonne et due forme qui, en échange de la reconnaissance et de certaines garanties, oblige généralement le contractant non romain à fournir troupes et ravitaillement à Rome en cas de guerre. L'*amicitia* ne supposait rien de plus que des relations amicales et franches ; elle est d'ordre moral (ou social) et n'implique pas forcément la conclusion d'un traité selon les formes juridiques.

11. Ce revirement eut lieu en 204 (29, 23, 2-24, 7).

12. On peut hésiter sur la traduction de *lacessentem*. Si l'on retient surtout l'idée de provocation, on donne plus de force à l'accusation, mais on souligne peut-être inutilement la mauvaise foi, puisque Vermina n'a combattu les Romains que sur son propre territoire. Il a paru préférable de mettre en relief la notion de harcèlement, qui correspond à la réalité historique.

13. C. Térentius Varron, le vaincu de Cannes, consul unique en 216 (22, 25, 18), à qui l'on reprochait son origine : *loco non humili solum sed etiam sordido* (son père avait été boucher). Il avait ensuite été proconsul en 215-213, propréteur en 208-207 et chargé d'ambassade auprès de Philippe V en 203. Spurius Lucrétius avait été édile de la plèbe en 206, préteur en 205 (28, 38, 11), propréteur en 204-202, et préposé à la reconstruction de Gênes détruite par Magon (30, 1, 9-10). Cn. Octavius, tribun militaire en 216, préteur en 205 (28, 38, 11), avait tenté vainement de passer en Afrique en 203 (30, 24, 6 sq.). L'ambassade est donc composée de hauts personnages.

Cap. XII :

1. *Affaires religieuses : vol du trésor de Proserpine à Locres ; prodiges ; divers.* Locres Épizéphirienne était une importante ville d'origine grecque, sur la côte ionienne de la Calabre. Q. Minucius y était préteur.

2. Les Locriens avaient abandonné les Romains pour Hannibal. Lorsque Scipion eut repris la ville, en 205, il y laissa le légat Pléminius en 205-204. Mais celui-ci et ses troupes surpassèrent les Carthaginois en cruauté et en cupidité. En particulier, ils pillèrent et violèrent divers temples, notamment celui de Proserpine (29, 8-9). Ce sacrilège avait provoqué de graves dissensions entre Scipion et son lieutenant, qui fut roué de coups et mutilé par des soldats romains. Absous par Scipion, il avait redoublé d'audace. Les Locriens se plaignirent au Sénat : arrêté, Pléminius mourut dans le Tullianum, avant de passer en jugement (29, 6-9 et 29, 16, 4-22, 10). Tite-Live dit clairement, en 29, 16, 5 ainsi qu'en 29, 19, 3 sq. et 10 sq., que l'attitude du Sénat fut dictée moins par ses crimes que par l'hostilité contre Scipion et son genre de vie. Tite-Live rapporte une version différente de Claudius Licinius, selon laquelle Pléminius aurait tenté, pour fuir, d'incendier

certains quartiers de Rome en 194, et qu'il aurait été exécuté alors (29, 22, 10 ; 34, 44, 6-8). Sur la question, E. Burck, *Pleminius und Scipio bei Livius (Livius 29, 6-9 und 29, 16, 4-22, 12)*, in *Gedenkschriften Stark*, 1968, pp. 301-304.

3. Préteur en Sicile en 204-203, M. Pomponius Matho avait mené l'enquête sur la plainte des Locriens relative à Pléminius : 29, 20, 4 sq. Il avait été édile plébéien en 207, ambassadeur à Delphes en 205, et n'apparaîtra plus dans la IVe décade. L'enquête avait été décidée en 204, donc quatre ans auparavant ; mais elle s'était poursuivie après 203. Sur *triennio ante*, voir plus haut, ch. 1, n. 9.

4. Répétition approximative des mesures prises en 204, d'après 29, 19, 7-9. On avait alors décidé de rendre au trésor le double de la somme volée et l'on avait consulté les pontifes pour la cérémonie expiatoire, *quae piacula, quibus deis, quibus hostiis fieri placeret.* Sur le *piaculum* et l'*expiatio* : H. Fugier, *Recherches sur l'expression du sacré dans la langue latine*, Paris, 1963, pp. 331-369. Il s'agit de rétablir, par des rites appropriés, la situation qui existait avant une souillure quelconque. Parmi les souillures religieuses, figurent non seulement les sacrilèges proprement dits, mais aussi les prodiges, ce qui explique la phrase suivante.

5. Ville du territoire volsque, auj. Priverno, à environ 80 km. au sud de Rome.

6. Au sud des monts Albains, dans le Latium, à 24 km. de Rome, auj. Lanuvio. Le même prodige avait eu lieu, dans le même temple, en 204 (29, 14, 3). Lanuvium était le berceau du culte de Juno Sospita (salvatrice), transféré à Rome en 338. Le temple était célèbre (Cic., *De nat. deorum*, 1, 82).

7. Ville du territoire volsque, auj. Frosinone, à 80 km. au sud-est de Rome.

8. A la limite du Latium et de la Campanie, sur la côte, près du mont Massicus, à environ 160 km. de Rome. Aujourd'hui abandonnée, près de Rocca di Mondragone. Elle dépendait administrativement du Latium, bien que Polybe, en 3, 91, 4, la cite parmi les villes de la plaine de Capoue.

9. L'importance du prodige était plus grande lorsqu'il se produisait sur l'*ager publicus*.

10. *Abominati* a ici valeur passive.

11. En 207 : 27, 37, 6. Les prodiges (*prodigium*, *ostentum*, *portentum*, *monstrum*, *miraculum*) sont le signe — terrifiant — de la colère des dieux, qui la manifestent aux hommes par un dérangement dans les lois naturelles ; il est — de la part des dieux — une rupture de la *pax deorum* qu'il convient de rétablir au plus tôt par l'élimination des monstres et l'accomplissement de rites appropriés. Voir R. Bloch, *Les prodiges dans l'Antiquité classique*, Paris, 1963, pp. 75-86, notamment pp. 84-86. Ils suscitaient toujours l'*horror*. Le prodige ne présage donc pas l'avenir, sinon une catastrophe inévitable en cas d'absence ou d'erreur d'expiation. *Abominari* est « refuser religieusement l'avertissement funeste (*omen*) ou le détourner par des paroles adéquates » (R. Bloch, *op. cit.*, p. 80). Ici, l'élimination des hermaphrodites est insuffisante : c'est pourquoi on consulte les « Livres »

pour expier correctement la souillure. Dans des cas analogues à celui-ci, on les jetait à la mer : 27, 37, 6 ; Iul. Obsequens, 27, 27 a, 32, 34, 36, 47, 48, 50. Sur l'attitude des Romains à l'égard des hermaphrodites : M. Delcourt, *Hermaphroditae*, Londres, 1964, pp. 43 sqq. C. Claudius Néron et M. Livius Salinator avaient été consuls en 207.

12. Il s'agit des livres sibyllins, vendus, selon la légende, par la Sibylle de Cumes à Tarquin l'Ancien ou Tarquin le Superbe. M. R. Bloch, (*op. cit.*, pp. 89-111 et in *Mélanges Ernout*, Paris, 1940, pp. 21-28) en a montré l'origine étrusque, et l'enrichissement progressif par des prophéties grecques. Ils ne faisaient pas partie des éléments nationaux de la religion romaine, et c'est pourquoi les pontifes n'en étaient pas les gardiens ni les interprètes. Ce soin avait été confié à une commission composée d'abord de deux membres, puis de dix à partir de 367 : les *decemuiri sacris faciundis* dont il est ici question, et que Sulla portera à quinze. Ils furent chargés peu à peu de régler tout ce qui concernait le *ritus graecus* et, pratiquement, l'introduction et l'assimilation à Rome des cultes étrangers. Les Livres étaient consultés, sur ordre du Sénat, chaque fois qu'il se produisait des prodiges particulièrement affreux (*taetra prodigia*). Quelques fragments en ont été conservés, notamment les oracles, rédigés en vers grecs, qui avaient ordonné les procurations pour un cas d'hermaphroditisme constaté en 125 (R. Bloch, *op. cit.*, p. 111, et H. Diels, *Sibyllinische Blätter*, Berlin, 1890, p. 192).

13. Même décision, prise par les pontifes en 207, à la suite de la naissance d'un bébé de sexe douteux et gros comme un enfant de quatre ans. Pendant que les jeunes filles répétaient le cantique, la foudre avait frappé le temple de Junon Reine, et les haruspices avaient prescrit d'apaiser la déesse par une offrande. Aussitôt après, les décemvirs avaient décrété une autre cérémonie en son honneur, à laquelle participaient les vingt-sept jeunes filles, et qui nous est décrite, avec un commentaire sur la valeur littéraire du cantique, en 27, 37, 7-15. Dans ces différents cas, Junon Reine est concernée notamment parce qu'elle est la déesse de l'enfantement (sous l'épithète de *Lucina*), donc responsable des naissances insolites. Le *carmen* pouvait avoir valeur expiatoire (*Ibid.* ; Iul. Obsequens 27 a, 34, 36, 43, 46, 48, 53).

14. Livius Andronicus, d'origine grecque, avait été capturé à Tarente en 272. Il produisit entre 240 et 201-200, date probable de sa mort à Utique. C'est lui qui avait composé l'hymne précédent, dont Tite-Live écrit (27, 37, 13) qu'il était *illa tempestate* (en 207) *forsitan laudabile rudibus ingeniis, nunc abhorrens et inconditum, si referatur.* Ces données d'histoire littéraire sont rarissimes chez Tite-Live. P. Licinius Tégula était un client du grand pontife P. Licinius Crassus, grâce à la protection duquel il avait succédé à Livius Andronicus comme poète officiel. Il est peu probable qu'il faille l'identifier au Licinius Imbrex défini par Aulu Gelle en 13, 23 (22), 16 *uetus comoediarum scriptor.* Il est par ailleurs inconnu.

Cap. XIII :

1. 13, 1-9 : *Difficultés financières.* En 210, Tite-Live rapporte l'évé-

nement en 26, 36, 3-6 (cf. Florus, 1, 22, 25) : sénateurs, chevaliers et plébéiens avaient, dans un bel élan de patriotisme suscité par M. Valérius Laevinus, apporté à l'État la plus grande partie de leur fortune pour équiper la flotte : il s'agissait plus d'un don que d'un prêt. Mais en 204 (29, 16, 1-3) leur dette fut reconnue et le Sénat décida qu'elle serait remboursée en trois versements biannuels, dont le troisième tombait en 200. Il sera effectué en 196 (33, 42, 3).

2. Le thème du conflit entre l'*aequum* et l'*utile* est ancien dans la philosophie grecque. Tite-Live pense évidemment que la solution est *aequa* pour les créanciers et *utilis* pour l'État. En fait, elle se révèle fort utile pour les créanciers eux-mêmes. D'où notre traduction d'*utile* par « efficacité », puisque la solution concilie les intérêts de l'État et ceux des particuliers.

3. Le *iugerum* représentait un rectangle de 240 × 120 pieds, soit 28.800 pieds carrés ou environ 25 ares. L'*as* était l'unité monétaire de bronze. A l'origine, il pesait théoriquement une livre (327 gr. 45) de 12 onces, mais des dévaluations successives l'avaient amené à une once en 213-211 ; il ne sera plus que d'1 /3 d'once à l'époque du triumvirat où on l'estime à peu près à 0 fr 05 or. Il serait vain de chercher à l'évaluer en nos monnaies actuelles. L'impôt est, de toute façon, très faible et tend seulement à maintenir sur les terres les droits de l'État.

4. Plutôt que « d'un troisième remboursement », cf. *C. I. L.* I², 2.585 (loi agraire) : *queiue in trientabuleis fruentur.* C'est ce qui est inscrit pour un tiers de la dette sur les *tabulae publicae*, dans le livre de la dette publique. L'emprunt fait en 210 avait déjà fait l'objet de deux remboursements — d'un tiers chacun — en 204 et 202.

Cap. XIV :

1. *Les Romains en Grèce. Déclaration de guerre des Athéniens à Philippe.* Au début de chaque campagne, comme à leur entrée en charge, consuls et préteurs (ou proconsuls, etc.) faisaient des vœux aux dieux. Le débarquement de Sulpicius se situe en septembre 200 (voir l'*Introduction*, p. LXXXIII et LXXXIX).

2. *paludatis lictoribus* : Ascensius et Gronovius corrigent en *paludatus cum lictoribus*, d'après 21, 63, 9 ; mais 41, 10, 5 (ainsi que 7 et 13) et 45, 39, 11 portent *(non) paludatis lictoribus.* La correction paraît donc inutile, malgré Varron, *De ling. Lat.*, 7, 37 : *paluda a paludamentis. Haec insignia atque ornamenta militaria ; ideo ad bellum quom exit imperator ac lictores mutarunt uestem... paludatus dicitur proficisci.*

3. Cf. 8, 6. Ils étaient deux mille (32, 3, 3).

4. Cn. Cornélius Lentulus, tribun militaire en 216, questeur en 212, édile curule en 205, avait été consul l'année précédente (30, 40, 5) ; il avait obtenu, contre son gré, le commandement de la flotte (30, 43, 1). D'après 31, 3, 3, une autre flotte est déjà partie pour la Macédoine, avec 38 vaisseaux pris sur la flotte de Cn. Octavius.

5. Le terme *Macedonia* est constamment employé pour désigner toute la Grèce septentrionale. Il s'agit en réalité de l'Illyrie, territoire allié ou, plus exactement, protectorat de Rome, du moins pour la

région d'Apollonie. Sur la politique de Rome en Illyrie au IIIe siècle : K. E. Petzold, *Rom und Illyrien*, in *Historia*, 20, 1971, pp. 199-223 (Rome avait noué des liens d'*amicitia* avec certaines tribus, villes et îles illyriennes pour empêcher la constitution d'un grand royaume en Illyrie).

6. Quoi que l'on pense de la première ambassade devant le Sénat (1, 10 et 5, 6, voir *Introduction*, p. XLVIII sq.), celle-ci est tout à fait vraisemblable. La guerre a effectivement été déclarée, les efforts des Athéniens auprès de leur allié égyptien ont pratiquement échoué, et celui-ci a sans doute plaidé à Rome la cause d'Athènes (voir *Introduction*, p. XLVIII). Celle-ci, toutefois, ne semble pas avoir été l'alliée de Rome ni avoir figuré, en dépit d'opinions contraires, parmi les *adscripti* romains de la paix de Phoinikè (voir *Introduction*, p. XXXV). Les Romains n'ont donc aucune obligation juridique à leur égard. Philippe, de son côté, avait attaqué Athènes pour trois raisons : la haine qu'il nourrissait à son égard, venger ses alliés acarnaniens (voir plus bas) et profiter du pacte conclu avec Antiochus (si l'on admet son existence, voir *Introduction*, p. XXXVIII sq.) pour conquérir l'Attique sous les yeux d'une Égypte impuissante. Ce faisant, il ne violait pas la paix de Phoinikè et ne provoquait pas Rome. L'*obsidio* dont il est question n'est pas un blocus terrestre : elle est décrite plus loin, en 22, 6 sq., comme une action combinée comportant un bouclage de la mer et des incursions terrestres à partir de Corinthe, telles que celles de Nicanor (Pol. 16, 27, 1 sq.) ou de Philoclès (Liu. 31, 16 et 26) ; il n'était intervenu en personne qu'une fois et avait confié à ses lieutenants la suite des opérations pour se consacrer au siège d'Abydos.

7. Apparaît ici pour la première fois et ne reparaîtra qu'en 22, 5-8 et 23, 3-10. La minceur de son rôle chez Tite-Live contraste avec l'importance que lui attribue Dion Cassius, voir plus bas, n. 2, au ch. 22, 4. La modestie de ce secours est expliquée par la phrase suivante où *neque enim* suppose une ellipse : « on n'envoya pas davantage de secours : le roi, en effet... ». Les vingt navires sont pris sur la flotte de Corcyre.

8. Ce siège faisait partie d'une campagne contre la Thrace et les Détroits, lancée pendant l'été 200 par Philippe. Abydos est une ville de Mysie, sur la rive asiatique de l'Hellespont, en face de laquelle s'élevait, sur la rive européenne, Sestos. Les deux villes bouclaient le détroit. Philippe, sans tenir compte du premier ultimatum romain, entreprend la conquête des îles et de l'Asie mineure, où se trouvaient des cités libres, mais aussi, comme Abydos et Maronée, des « possessions » égyptiennes. Attale et les Rhodiens s'alarment évidemment de cette politique.

9. Philippe avait été vaincu sur mer en 201 près de Chios, par Attale et les Rhodiens (Pol. 16, 2-5), et cette défaite avait pour un temps affaibli sa puissance navale. En revanche, il avait auparavant vaincu les Rhodiens seuls, à Ladé (Pol. 16, 14-15), ce qui lui avait permis d'entrer à Milet. Les Rhodiens avaient alors conclu une série d'alliances, notamment avec Attale. Il ne semble pas que l'annalistique puisse faire ici allusion au blocus de la flotte macédonienne et de Philippe lui-même à Bargylia, en Carie, blocus qui contraignit

Philippe à hiverner dans ce pays, mais qui ne donna pas lieu à des rencontres navales (voir *Introduction*, p. XLI).

10. Il s'agit d'Antiochus III le Grand. Ce traité (voir l'*Introduction*, p. XXXVIII sq.) est ici pour la première fois, et comme incidemment, mentionné par Tite-Live alors qu'il en est longuement question dans Polybe (3, 2, 8 ; 15, 20, 2-8) et aussi dans Appien, *Mac.* 4 (avec une erreur sur l'épithète de Ptolémée), Justin (30, 2, 8) et Porphyre (*apud* Hieron, *in Dan.*, XI, 13 = *Fr. Gr. H.* 260 F 45). Il fut conclu au cours de l'hiver 201-200 et prévoyait le partage de l'empire lagide. Philippe se réservait sans doute la Carie, Samos, l'Ionie, les Cyclades; bref, la zone d'influence égyptienne en Égée. Le Sénat n'en eut connaissance que par les ambassades pergaménienne et rhodienne mentionnées en 2, 1-2 ; voir E. Will, *Histoire politique du monde hellénistique*, Nancy, 1967, pp. 98-101, avec la bibliographie. Depuis, R. M. Errington a mis en doute le fait même que ce traité ait existé, et nié par conséquent qu'il ait été une cause de la seconde guerre de Macédoine : voir à l'*Introduction*, p. XXXVIII, n. 1). L'expression *Aegypti opes* mérite d'autre part commentaire. Il ne s'agit sans doute pas, dans l'esprit de Tite-Live, des « possessions » égyptiennes, mais bien des ressources, des richesses de l'Égypte elle-même, contrairement à toute vérité et à toute vraisemblance historiques. En effet, Tite-Live n'était informé sur la question que par Polybe. Or, celui-ci, en 3, 2, 8, écrit clairement qu'en concluant ce traité, Philippe « entreprit de mettre la main sur l'Égypte (κατ' Αἴγυπτον), la Carie et Samos ». Κατ' Αἴγυπτον est la leçon unanime des manuscrits, que l'on a cherché en vain à corriger en Αἰγαῖον ou en Κίον. P. Pédech, *Polybiana*, in *Revue des Études grecques*, 67, 1954, p. 391 sqq., a bien montré qu'il fallait respecter le texte reçu. Polybe a donc bien cru que Philippe eut un moment l'intention de s'emparer de l'Égypte, et Tite-Live l'aura suivi. Sur la question : E. Will, *op. cit.*, p. 100-101, et D. Roussel, trad. de Polybe, Paris, 1970, p. 1247, note 1 à la p. 171.

11. Voir *Introduction*, p. LX. Les événements rapportés ici eurent lieu pendant l'automne 201, et Philippe n'en eut connaissance qu'à son retour de Bargylia, au printemps (autre datation du retour de Philippe : B. Ferro, *Le origini della II guerra macedonica*, in *Atti Accad. Sc. Lett. Arti Palermo*, s. IV, 19, 1960, pp. 72-85, et discussion dans E. Will, *op. cit.*, pp. 111-113 ; J. Briscoe, *op. cit.*, pp. 42-44). Les Acarnaniens — qui habitaient le nord-ouest de la Grèce, entre l'Épire et l'Étolie — avaient figuré parmi les *adscripti* de Philippe à Phoinikè. Les Athéniens, en revanche (voir plus haut, ch. 14 n. 6, et *Introduction*, p. XXXV), ne semblent pas avoir eu jusqu'à l'été 200 de relations formelles avec Rome. Philippe pouvait donc aider ses alliés acarnaniens — par l'envoi d'une escadre au Pirée et d'un corps expéditionnaire en Attique — sans faire acte d'hostilité à l'égard des Romains. Noter l'appréciation de Tite-Live sur les Athéniens, plus ambiguë que le mépris transparent que leur voue Polybe en 16, 25-26. Pourtant, Tite-Live ne cessera, en 14-15, d'être partial en faveur des Athéniens aux dépens d'Attale : A. Hus, *Une version livienne d'un récit polybien*, in *Mélanges Boyancé*, Rome, 1975, p. 419-434.

12. Il s'agit des mystères d'Éleusis, patronnés par Déméter (Cérès) et Perséphone (Proserpine). Les petits mystères se célébraient à Agrai au printemps (du 21 au 23 anthéstérion), les grands mystères en septembre (du 21 au 23 boédromion) après une préparation à Athènes au 13 au 20 boédromion. Il s'agit ici des seconds.

13. Nous possédons, pour Tite-Live 14, 11-18, 9, le texte de Polybe (16, 25-34) dont s'est inspiré l'historien latin. Principales études à ce sujet : A. Hus, *op. cit.* (pour 14, 11-16, 18) ; K. Witte, *Ueber die Form der Darstellung in Livius' Geschichtswerk*, in *Rh. Museum*, n. F., 56, 1910, pp. 293-296 et 304 sqq.) et E. Pianezzola, *Traduzione e ideologia*, Bologne, 1969, pp. 30-36 (pour 17-18) ; cf. également J. Briscoe, *A Commentary on Livy, Books XXXI-XXXIII*, Oxford, 1973, pp. 97-107. Tite-Live, en 14, 11-16, 18, fausse continuellement le récit polybien parce qu'il ne reconnaît pas la présence à Athènes de l'ambassade romaine censée être partie directement auprès de Ptolémée et parce qu'il tente constamment d'atténuer le côté antipathique des Athéniens et d'abaisser Attale. Nous ne pensons pas, avec J. P. V. D. Balsdon, *op. cit.*, pp. 30-42, que Tite-Live n'ait pas accordé d'importance à la présence des ambassadeurs, pas davantage avec P. G. Walsh, *Livy*, Oxford, 1961, pp. 148-149, qu'il s'agit d'une inadvertance, ni, comme le croit J. Briscoe, *op. cit.*, p. 46, que Tite-Live n'a fait que s'arranger au mieux du silence de sa source.

14. Égine, capitale de l'île du même nom, située au milieu du golfe saronique, non loin de l'Attique, était possession pergaménienne depuis 210 (Pol. 9, 42, 5 ; 11, 5, 8 ; 22, 8, 9). Attale et les Rhodiens avaient en vain poursuivi sur mer Philippe après sa fuite de Bargylia, au printemps 200.

15. Le terme est peut-être un peu fort. Il y a évidemment « alliance » d'après 29, 12, 14 et 31, 15, 3, mais elle n'avait rien de formel, les Athéniens n'étant que des « éternels neutres et amis de l'Égypte » (E. Will, *op. cit.*, p. 112). Polybe ne mentionne pas cette motivation d'Attale, que l'annalistique (ou Tite-Live?) met en relief pour accroître l'importance d'Athènes.

16. Ce court paragraphe condense Polybe 16, 25, 4-9, qui décrit le faste et l'enthousiasme de l'accueil réservé à Attale, alors que les ambassadeurs romains (dont la présence n'est pas reconnue par Tite-Live) jouent un rôle effacé. La proposition *di prope ipsi... acceperunt* est une adjonction de Tite-Live visant à dramatiser la situation.

Cap. XV :

1. 15, 1-4 correspondent à Polybe 16, 26, 1-7. Ce dernier attribue à Attale l'initiative de ne pas paraître en personne. Tite-Live inverse les positions par un silence habile, et confère ainsi aux Athéniens tout le mérite de ce geste de courtoisie. Le texte de la lettre, en revanche, est, à quelques détails près, assez fidèlement rendu.

2. Cf. Pol. 16, 26, 5 : τῶν πρότερον... εὐεργετημάτων. Il s'agit du don d'un jardin à l'Académie, à une date incertaine ; peut-être aussi de l'accueil favorable qu'il réserva à un philosophe académicien entre 200 et 197 ; surtout, du don de statues en bronze, soit en 228,

soit précisément à l'occasion de sa visite en 200 : F. W. Walbank, *A Historical Commentary on Polybius*, II, Oxford, 1967, p. 535.

3. Cf. Polybe, *ibid.* : τῶν πεπραγμένων αὐτῷ πρὸς Φίλιππον· Il s'agit surtout des opérations navales menées avec les Rhodiens : victoire de Chios, blocus de Philippe dans Bargylia, poursuite de Philippe après sa fuite, action conduite à partir d'Égine (voir plus haut), qui avait abouti à reprendre aux Macédoniens les vaisseaux capturés au Pirée. Peut-être Attale fait-il aussi allusion à l'invasion de son territoire par Philippe, qui avait été la cause directe de son entrée en guerre ; mais il s'était alors borné à résister dans Pergame, laissant dévaster son royaume.

4. Cf. Pol. 16, 26, 6, plus développé et qui écrit notamment ἅμα Ῥοδίοις καὶ Ῥωμαίοις καὶ αὐτῷ, l'interversion des termes et l'adjonction de *etiam* étant le fait de Tite-Live, dont le but est évident. Tite-Live tait également ce qu'écrit Polybe en 7, à savoir que, à la suite de la lecture de cette lettre, le peuple athénien était prêt à décider la guerre : ἕτοιμον ἦν τὸ πλῆθος ψηφίζεσθαι τὸν πόλεμον.

5. Cf. Pol. 16, 26, 8 et 9 fin, où est mentionnée la remise des équipages — tue par Tite-Live — mais où est omis le nombre des navires. Tite-Live a pu le trouver dans un passage antérieur de Polybe, aujourd'hui perdu. Sur ce point, F. W. Walbank, *op. cit.*, p. 536.

6. Cf. Pol. 26, 8 : ἔδοξε τοῖς Ἀθηναίοις ἐκφέρειν τῷ Φιλίππῳ τὸν πόλεμον. Tite-Live ajoute de son propre chef l'*ingens consensus* des Athéniens.

7. Cf. Pol. 25, 8-9. Ces honneurs ont été votés à Attale durant la seconde journée de son séjour, avant l'invitation de paraître à l'assemblée et la lecture de sa lettre. Polybe écrit en 9 : πρὸς γὰρ τοῖς ἄλλοις καὶ φυλὴν ἐπώνυμον ἐποίησαν Ἀττάλῳ, καὶ κατένειμαν αὐτὸν εἰς τοὺς ἐπωνύμους τῶν ἀρχηγετῶν : « ils créèrent entre autres une nouvelle tribu, à laquelle on donna le nom d'Attale, et ils l'ajoutèrent ainsi à la liste des archégètes. » Le nombre original des tribus était de dix ; en 307-306, il avait été porté à douze par la création de deux tribus « macédoniennes », Antigonide et Démétriade ; une treizième, « égyptienne », Ptolémaïde, avait été créée probablement en 224-223. Les deux tribus macédoniennes avaient sans doute été abolies tout récemment, en automne ou en hiver 201, à la suite de l'attaque acarnanienne appuyée par Philippe. Il restait donc onze tribus, non dix. Selon Stéphane de Byzance et Hésychius, s/v *Apollonieis*, les Athéniens rebaptisèrent en même temps un dème *Apollonieis*, du nom de la femme d'Attale : F. W. Walbank, *op. cit.*, p. 534.

8. Cf. Pol. 26, 9, qui écrit notamment : Ἀπεδέξαντο δὲ καὶ τοῖς Ῥοδίοις μεγαλομερῶς, καὶ τόν τε δῆμον ἐστεφάνωσαν ἀριστείων στεφάνῳ, καὶ πᾶσι Ῥοδίοις ἰσοπολιτείαν ἐψηφίσαντο ... : « Ils réservèrent également aux Rhodiens un accueil magnifique, décernèrent au peuple (rhodien) la couronne de la vaillance et accordèrent à tous les Rhodiens l'isopolitie. » On ne trouve pas mention d'une isopolitie accordée antérieurement par les Rhodiens, mais elle peut avoir été mentionnée par Polybe dans un passage perdu.

L'isopolitie donnait le droit aux citoyens rhodiens qui le désiraient de devenir citoyens athéniens quand ils résidaient à Athènes.

9. Égine (voir plus haut, ch. 4, n. 14) était possession d'Attale. Céa (ou Céos, d'après Polybe, mod. Zéa), Andros, Paros et Cythnos (mod. Thermia) sont des Cyclades. D'après Polyb., 26, 10, début, les Rhodiens gagnèrent Céos pour parcourir l'archipel ; la suite est perdue. Un décret honorifique de Céos se rapporte peut-être à une alliance alors conclue entre Rhodes et l'île : C. Dunant et J. Thomopoulos, *Inscriptions de Ceos*, in *Bulletin de Corr. Hellénique*, 78, 1954, p. 316-348, notamment p. 338-344.

10. Attale était l'allié des Étoliens depuis 208 (27, 29, 10). De plus, Philippe venait d'attaquer, en Thrace et dans les îles, des cités alliées des Étoliens : Lysimachéia, Chalcédoine, Chios en particulier, dont le pillage, opéré par Philippe pour le compte de Prusias, roi de Bythinie et ennemi d'Attale, donnait à celui-ci et aux Rhodiens de graves inquiétudes. Ils pouvaient donc espérer que les Étoliens entreraient en guerre. Mais ceux-ci, quoique mécontents des récentes agressions de Philippe, étaient très irrités contre les Romains. Ceux-ci, qui ne leur avaient pas pardonné la paix séparée conclue avec Philippe en 206, avaient éconduit une ambassade étolienne venue solliciter le Sénat, probablement à l'automne 202 (sur ce point, E. Will, *op. cit.*, II, p. 106, avec la bibliographie). Rome, d'autre part, n'est pas encore en guerre. D'où l'attitude attentiste des Étoliens. Sur la ligue étolienne, voir plus bas, ch. 28, n. 8.

11. Cf. Pol. 16, 28, 3 : διὸ καὶ τότε δικαίως ἄν τις τὴν μὲν Ἀττάλου καὶ Ῥοδίων ὀλιγοπονίαν καταμέμψαιτο, τὸ δὲ Φιλίππου βασιλικὸν καὶ μεγαλόψυχον... ἀποδέξαιτο : « C'est pourquoi on peut à juste titre reprocher à Attale et aux Rhodiens leur passivité, et reconnaître que Philippe se conduisit en roi et en homme de cœur. » Ce qui est une réflexion d'ordre général chez Polybe devient circonstanciel et est utilisé à la gloire de Rome chez Tite-Live.

Cap. XVI :

1. *Campagne de Philippe en Thrace et en Chersonnèse de Thrace, durant l'été 200, avant l'arrivée des Romains.* L'éloge de la persévérance de Philippe est pris à Polybe 16, 28, 3 et 8.

2. Certains considèrent cet épisode de Philoclès comme un doublet de l'épisode analogue rapporté par Polybe mais tu par Tite-Live, au cours duquel Nicanor parvient jusqu'à l'Académie (Pol. 16, 27, 1) : Nicanor serait le subalterne de Philoclès. D'autres pensent que les deux épisodes sont distincts, en se fondant notamment sur ce qui précède : *ne Romano quidem quod imminebat bello territus*, propos qui suppose que Philippe avait reçu l'ultimatum que les Romains lui avaient envoyé par Nicanor. Sur la question : F. W. Walbank, *A Historical Commentary on Polybius*, II, Oxford, 1967, pp. 536-537, avec bibliographie. Philoclès était un conseiller intime de Philippe ; il apparaîtra fréquemment au livre 32.

3. Héraclidès de Tarente, malgré son humble origine (Polyb. 13, 4,4) fut l'instrument parfait de Philippe. Grâce à son intelligence et à l'extrême souplesse de son caractère, il gagna une influence considé-

rable sur le roi (Pol. 13, 4, 8) et fut associé à la plus haute politique de celui-ci, dès 209 et surtout après Phoinikè. Il avait probablement joué un grand rôle lors de la bataille navale de Ladè (Pol. 16, 15, 6). Entré avec son maître à Milet, il y avait reçu la couronne d'or. Maronée, auj. Maronia, est un port de Thrace, possession des Ptolémées. Callimèdès n'est pas autrement connu.

4. Ainos, auj. Énos, autre ville de Thrace à l'est du golfe où se trouve l'embouchure de l'Hèbre, possession de Ptolémée.

5. Cypséla, auj. Ipsala, ville de Thrace, à une quarantaine de kilomètres de l'embouchure de l'Hèbre.

6. Doriscos, auj. Tusla, en Thrace, à l'ouest de l'Hèbre.

7. Serrhéion, auj. Maki, place forte sur le promontoire homonyme de Thrace méridionale. L'ordre dans lequel Tite-Live cite ces places fait difficulté : J. Briscoe, *A Commentary on Livius, Books XXXI-XXXIII*, Oxford, 1973, p. 101.

8. Ce sont deux villes de Chersonnèse de Thrace, la première au sud, la seconde sur la côte ouest.

9. Callipolis, auj. Gallipoli, et Madytos, sur l'Hellespont.

10. Nouveau reproche de passivité ; cf. plus haut, 15, 10 sq.

11. Ile située en face de la Troade, cf. Verg., *Aen.*, 2, 21 : « *Est in conspectu Tenedos* ». Attale restera donc à une soixantaine de kilomètres d'Abydos. Polybe rapporte le fait plus loin, en 16, 34, 1.

Cap. XVII :

1. *Siège d'Abydos par Philippe*, d'après Polybe, 16, 30-35. Sur l'adaptation livienne du texte polybien, voir notamment K. Witte, *Ueber die Form der Darstellung in Livius' Geschichtswerk*, in *Rh. Museum*, n. F., 56, 1910, p. 293-296 et 304 sqq. ; P. G. Walsh, *Livy*, Cambridge, 1961, p. 178-183, 194-196, 211 ; E. Pianezzola, *Traduzione e ideologia*, Bologne, 1969, pp. 30-35. Le récit de ce siège a beaucoup d'affinités avec celui d'Astapa (Tite-Live, 28, 22, 5 à 23, 5).

2. Polybe est plus précis, en 16, 30, 4 : τῶν κατὰ θαλάτταν προσαχθέντων μηχανημάτων τὰ μὲν τοῖς πετροβόλοις τύπτοντες διεσάλευσαν, τὰ δὲ τῷ πυρὶ διέφθειραν, οὕτως ὥστε καὶ τὰς ναῦς μόλις ἀνασπάσαι τοὺς πολεμίους ἐκ τοῦ κινδύνου. : « quand l'ennemi faisait approcher son artillerie par mer, ils la détruisaient à coups de catapultes ou par le feu, de telle sorte que les navires même ne parvenaient qu'à grand'peine à se soustraire au danger. »

3. *cuniculis* : cf. Pol. 16, 30, 6 : μετὰ δὲ ταῦτα, διὰ τῶν μετάλλων ἤγγιζον οἱ Μακεδόνες τῷ... τείχει... : « après cela, par les sapes, les Macédoniens atteignaient le mur... »

4. Tout ceci traduit assez fidèlement Polybe 16, 30, 6-7. Polybe donne les noms des envoyés abydéniens (Iphiadès et Pantagnôtos) et mentionne seulement les « soldats » (τοὺς στρατιώτας) rhodiens et pergaméniens, Tite-Live tirant de 16, 30, 7 son apparente précision. *Cum singulis uestimentis* traduit μετὰ τῆς ἐσθῆτος τῆς περὶ τὸ σῶμα. Cette clause est fréquemment demandée et parfois obtenue à la suite de divers sièges : 21, 12, 5 ; 21, 13, 7 ; 22, 6, 11 ;

22, 52, 3 ; 23, 15, 3 ; 31, 45, 6. Pour les sources grecques, voir J. Briscoe, *op. cit.*, p. 102.

5. La comparaison ne figure pas dans Polybe. Le siège de Sagonte par les Carthaginois, en 219, avait été la cause immédiate de la seconde guerre punique. Longuement raconté par Tite-Live en 21, 7-15, il se termina par le suicide collectif d'une partie des habitants (21, 14). Polybe, en 16, 32, 1, compare les Abydéniens aux Phocidiens et aux Acarnaniens. Les notions rendues par *ab indignatione ac desperatione* ne figurent pas non plus dans Polybe.

6. Tite-Live 4-6 traduit presque fidèlement Polybe 16, 31, 1-3. Il tait seulement la décision d'affranchir les esclaves pour les inciter à combattre et introduit ici les prêtres, qui n'apparaissent que plus tard chez Polybe. Cyzique est un grand port de Mysie, auj. Balkiz, alliée d'Attale. La mention du navire cyziquéen devait figurer dans un passage perdu de Polybe.

7. Sur une formule de ce type, voir 10, 38, 10 et 10, 41, 3.

8. Tite-Live 7-10 condense beaucoup Polybe 16, 31, 4-8 et 33, 1-4. Le récit perd en technicité, mais gagne en dramatisation.

9. Tite-Live passe sous silence la réprobation de Polybe à l'égard de ces dirigeants (Glaucidès et Théognètos) auxquels il prête l'intention de sauver leur vie en livrant à Philippe ce qui restait des habitants. Il retient en revanche la notation *luce prima sacerdotes cum infulis ad urbem dedendam Philippo mittunt*, qui traduit (Pol. 16, 33, 5) ἅμα δὲ τῷ φωτὶ τοὺς ἱερεῖς καὶ τὰς ἱερείας ἐκπέμπειν μετὰ στεμμάτων πρὸς τὸν Φίλιππον, δεησομένους καὶ παραδιδόντας αὐτῷ τὴν πόλιν : « (ils décidèrent) quand viendrait le jour, d'envoyer auprès de Philippe les prêtres et les prêtresses, portant des bandelettes, pour implorer sa clémence et lui livrer la ville. »

Cap. XVIII :

1. MacDonald, contrairement à Weissenborn et Müller, adopte la leçon *Romanis* attestée par *AEP NV L*, car il la juge nécessaire au contexte. Il est pourtant clair que M. Aemilius Lépidus et ses deux collègues sont des ambassadeurs romains (cf. 31, 2, 3). *Romanis* est la glose d'un copiste qui voyait là une obscurité : H. Tränkle, *Gnomon*, 39, 1967, p. 373 et J. Briscoe, *op. cit.*, p. 105.

2. Cf. plus haut, 2, 3 et la note correspondante. Polybe est plus précis en 16, 34, 1-2 : ... τῶν Ῥωμαίων Μάρκος Αἰμίλιος ὁ νεώνατος ἧκε καταπλέων εἰς αὐτὴν τὴν Ἄβυδον. Οἱ γὰρ Ῥωμαῖοι τὸ σαφὲς ἀκούσαντες ἐν τῇ Ῥόδῳ περὶ τῆς τῶν Ἀβυδηνῶν πολιορκίας, καὶ βουλόμενοι πρὸς αὐτὸν τὸν Φίλιππον ποιήσασθαι τοὺς λόγους κατὰ τὰς ἐντολάς, ἐπιστήσαντες τὴν πρὸς τοὺς βασιλέας ὁρμὴν ἐξέπεμψαν τὸν προειρημένον (Αἰμίλιον)... : « ... Marcus Aemilius Lépidus, le plus jeune des (ambassadeurs) romains, débarqua près d'Abydos même. En effet les Romains, ayant appris à Rhodes la nouvelle du siège de cette ville et désirant avoir, conformément à leurs instructions, une entrevue avec Philippe, remirent à plus tard l'accomplissement de leur mission auprès des rois et envoyèrent (auprès de Philippe) le sus-mentionné... » Sur cette ambassade, voir l'*Introduction*, p. XLVI sq., et ch. 2, 3, n. 4. Tite-Live remplace κατὰ τὰς

ἐντολάς par *trium consensu*, donnant ainsi à penser que les trois ambassadeurs n'avaient pas d'instructions détaillées, mais pouvaient agir dans le cadre de recommandations assez larges.

3. Le texte de Tite-Live abrège beaucoup celui de Polybe (16, 34, 3-5) : (τὸν προειρημένον) ὅς καὶ συμμίξας, jusqu'à τὰς χεῖρας. Philippe, qui se prétend provoqué, avait en fait attaqué Chios, qui était sans doute l'alliée des Rhodiens. La prise de Chios décida en tout cas ceux-ci à déclarer la guerre à Philippe (Polyb. 15, 23, 6), et ils réussirent à entraîner Attale effectivement dans la guerre à cause d'elle (Polyb. 16, 9, 4). Tite-Live omet volontairement la référence faite par M. Aemilius aux Athéniens, puisqu'il ne reconnaît pas la présence des ambassadeurs romains à Athènes (voir l'*Introduction*, p. XLVII).

4. Le texte polybien (16, 34, 6-10) est assez bien rendu, quoique abrégé par Tite-Live. Les deux distorsions les plus évidentes visent à déformer le personnage de Philippe : il n'a pas l'habitude d'entendre la vérité ; il invoque, non les dieux et son courage, mais sa puissance et la gloire de son peuple : c'est un orgueilleux. Les traités en question (τὰς συνθήκας) font allusion à la paix de Phoinikè. En 16, 34, 6, le texte de Polybe est cependant lacunaire. Les mots μάλιστα δ' ὅτι Ῥωμαίος sont une restitution de Reiske, précisément d'après Tite-Live 31, 18, 3 (F. W. Walbank, *A Historical Commentary*..., II, p. 544).

5. Les paragraphes 5-8 traduisent assez bien Polybe 16, 34, 7-12 qui, comme à l'ordinaire, est plus prodigue de détails. Le texte de Polybe fait en grande partie défaut à partir d'ici. Après la reprise de la comparaison avec le siège de Sagonte, Tite-Live revient d'ailleurs à sa source annalistique pour les chapitres 19, 1 à 22, 3.

6. Cf. 14, 2, où on lit *Tum P. Sulpicium... in Macedoniam traiecit*. L'Épire désigne ici — comme souvent chez Tite-Live, le nord-ouest de la Grèce ; Apollonie est une ville importante de la région (auj. Pollina ou Pollini) ; Corcyre est l'actuelle Corfou ; l'une et l'autre sont protectorats romains.

Cap. XIX :

1. *Les ambassades romaines en Afrique* (cf. 11, 4-18). Ces événements doivent se situer au cours de l'été et au début de l'automne 200. Sur Hamilcar, voir plus haut 10, 2 et ch. 10, n. 3.

2. Le *modius* avait une capacité de 8 litres 75. Il s'agit d'une contribution volontaire et non d'une livraison stipulée par le traité de paix.

Cap. XX :

1. *L'ovation est accordée à L. Cornélius Lentulus*, successeur à titre privé de Scipion en Espagne (206) (28, 38, 1). Il fut édile curule en 205, magistrature qu'il avait exercée absent de Rome (29, 11, 12). Il sera consul en 199 (31, 49, 12 et 32, 7-9). Son retour d'Espagne avait été décidé en 30, 41, 4-5.

2. L'obtention du triomphe était liée à certaines charges curules. Lentulus, qui avait agi en Espagne *pro consule*, n'avait possédé

l'*imperium* militaire qu'à titre privé. La même chose était arrivée à Scipion en 206, bien qu'il eût débarrassé l'Espagne des Carthaginois (28, 38, 4). Les affaires de triomphe tiennent une grande place chez Tite-Live, voir plus bas, 47, 4-49, 3 et ch. 47, n. 8.

3. Forme mineure du triomphe, accordée au général vainqueur qui ne remplissait pas toutes les conditions nécessaires à l'obtention de celui-ci. Il défilait solennellement, non en char, mais à pied ou à cheval, à travers Rome, et allait offrir un sacrifice au Capitole. L'opposition du tribun paraît justifiée du fait que l'*ouatio* était probablement réservée aux mêmes magistrats.

4. Apparaît ici pour la première fois. Parcourra ensuite toute la carrière des honneurs (il sera notamment consul avec Scipion l'Africain en 194) jusqu'à la censure, qu'il n'obtiendra toutefois pas. Il agit peut-être ici dans l'intérêt de Scipion : J. Briscoe, *A Commentary on Livy, Books XXXI-XXXIII*, Oxford, 1973, pp. 109-110.

5. La livre romaine pesait 327 grammes. Sur l'as, voir plus haut, ch. 13, n. 3.

Cap. XXI :

1. *Lutte contre les Gaulois et victoire de Crémone* (cf. 10-11, 3). Arrétium (Arezzo), alliée de Rome dès le IIIe siècle, est le point de rassemblement habituel des légions en Étrurie.

2. C'est-à-dire à environ 2.200 mètres, le *passus* mesurant 1m48.

3. L'*ala* était une unité normale de l'organisation des troupes alliées ; peut-être était-elle ainsi nommée parce qu'elle combattait aux ailes, les légions romaines étant au centre. Tite-Live en parle souvent. Toutefois, la notion n'en est pas claire, particulièrement dans ce passage. La remarque de Tite-Live (à moins qu'il ne s'agisse d'une glose) donne à penser qu'il ne considère pas ce terme comme habituel. De plus, il ne parle ici (de même que plus loin, à trois reprises) que de la *dextra ala*, sans préciser si l'*ala sinistra* complétait le dispositif ou se trouvait employée ailleurs.

4. M. Caecilius, inconnu (peut-être M. Caecilius Métellus, préteur en 206?). Pour L. Valérius Flaccus, voir 31, 4, 5 et ch. 4, n. 6.

5. Le *legatus*, de façon générale, est toute personne chargée d'une mission pour le gouvernement (ambassadeurs, légats placés auprès des gouverneurs de provinces, etc.). Du point de vue militaire, ce sont des chargés de mission placés près du général.

6. P. Titinius est un inconnu. Peut-être C. Laetorius est-il celui qui reparaît en 34, 45, 5 comme triumvir pour la fondation de la colonie de Crotone. Ce dernier avait été édile curule en 216 (23, 30, 16) et préteur en 205 (26, 23, 1).

7. Sans doute analogue à Veiovis, dieu des Enfers et ancienne divinité de la vengeance : c'est le Jupiter souterrain. En 34, 53, 7 et 35, 41, 8, deux temples sont consacrés à Jupiter (il s'agit peut-être d'un doublet) à la suite du vœu fait par L. Furius pendant la guerre gauloise. Le nom est peut-être ici corrompu. Voir la longue et intéressante discussion dans J. Briscoe, *A Commentary on Livy, Books XXXI-XXXIII*, Oxford, 1973, pp. 112-114.

8. Nous avons ici un bon exemple de la négligence de Tite-Live et de

son absence d'esprit critique devant ses sources. En 32, 30, 12, Hamilcar est de nouveau tué en combattant contre Cornélius Céthégus trois ans plus tard, cependant qu'en 33, 23, 5, il figure au triomphe de Céthégus. Probablement Tite-Live a-t-il complété la bataille de Crémone (en 200) avec des détails de la bataille postérieure, ou a-t-il tout simplement pris deux fois le même événement successivement dans ses deux sources : Hamilcar aurait donc été tué ou fait prisonnier en 197.

Cap. XXII :

1. Sur la *supplicatio*, cf. 8, 2 et ch. 8, n. 1.

2. *Retour aux événements de Grèce, ainsi qu'à la source polybienne, jusqu'à 47, 3. 22, 4-28, 6, opérations de P. Sulpicius Galba jusqu'à la réunion de l'assemblée des Étoliens. Raids de Philippe contre l'Attique (24-26). Alter consul* désigne P. Sulpicius Galba. Dion Cassius (= Zonaras 9, 15) est seul à dire que Sulpicius tomba malade dès son arrivée en Grèce et qu'Apustius et Claudius Cento prirent le commandement de tout le corps expéditionnaire jusqu'au début du printemps 199, à la veille de la bataille de Lyncus. Il attribue à Cento la défense d'Athènes et le pillage de Chalcis, à Apustius l'invasion de la Macédoine et le rôle le plus important. Dion ne suit donc pas ici Tite-Live, mais plus probablement Polybe, perdu, peut-être à travers un intermédiaire. Sur la date de l'arrivée du consul, voir l'*Introduction*, p. LXXXIII, LXXXIX et ch. 14, 1, note correspondante : première quinzaine de septembre.

3. Sur ce sens d'*autumnus*, voir l'*Introduction*, p. XCVII.

4. En 14, 3. Sur Corcyre, base navale de la flotte romaine, voir 18, 9.

5. Corinthe avait été le « verrou » de la ligue achéenne, en même temps que sa base de départ vers l'Attique, surtout lorsque la ligue s'était adjoint la Mégaride en 243. En 224 cependant, la ligue avait cédé l'Acrocorinthe à la Macédoine et n'osait se dresser contre Philippe qui, sous couleur de la soutenir, fortifiait son influence dans le Péloponnèse. Corinthe est située sur l'isthme du même nom. La Mégaride s'étend entre Corinthe et l'Attique.

6. Ville de la côte occidentale de l'Eubée et capitale de l'île, face à la Béotie, à laquelle un pont — construit en 411 — la reliait (Liu. 28, 7, 2 ; Strabon 9, 2). Elle était, comme toute l'Eubée, « alliée », en fait possession de Philippe qui y maintenait une garnison et l'utilisait comme base navale. Corinthe d'une part, Chalcis de l'autre « verrouillaient » les principaux accès à l'Attique (voir plus loin).

7. Le cap Sounion est à l'extrémité méridionale de l'Attique. L'Euripe est le détroit qui sépare l'Eubée du continent. En son point le plus étroit, il n'excédait pas une trentaine de mètres, et sa largeur moyenne atteignait quelque soixante mètres.

8. La *nauis aperta*, ou ναῦς ἄφρακτος, est un bateau non ponté, pourvu de sabords ménagés dans son bordage, par opposition à la *nauis tecta* ou *constrata* (cf. 31, 46, 6), ou ναῦς κατάφρακτος, qui était protégée par un pont disposé au-dessus des volets le long des sabords. Les navires athéniens sont donc des patrouilleurs ou des vedettes. Discussion d'un point de chronologie relatif aux navires

athéniens dans J. Briscoe, *op. cit.*, pp. 116-117. Du point de vue paléographique, la correction d'Ascensius, *nec*, est préférable à l'adjonction de *quidem*. L'usage de *nec* au sens de *ne... quidem* n'est pas rare chez Tite-Live (O. Riemann, *Études*... Paris, 2e éd., 1885, p. 277 sq.; R. Kühner et C. Stegmann, *Ausführliche Grammatik*..., 3e éd. revue par A. Thierfelder, Leverkusen, 1955, II, p. 44 sq.). MacDonald affirme que Tite-Live emploie *nec* dans ce sens surtout avec des pronoms. L'argument n'est pas probant : J. Briscoe, *op. cit.*, p. 116.

Cap. XXIII :

1. Le port et ses fortifications étaient situés sur la côte occidentale du cap Sounion, donc invisibles de l'Eubée.

2. Les quartiers déserts sont probablement ceux du sud de la ville, ceux où les constructions sont denses étaient situés près du pont sur l'Euripe.

3. *Machina* désigne toute « machine », et particulièrement les machines et engins de guerre. *Tormentum* désigne plus spécialement la machine de jet, mais aussi les projectiles lancés par celle-ci (Caes., *B. C.*, 2, 9, 4 et 5 ; 3, 51, 7 ; 3, 56, 1).

4. Inconnu, à ne pas confondre avec le Sopater, ou Sopatros, envoyé en Afrique à la tête de 4.000 hommes, et qui fut fait prisonnier à Zama (30, 26, 3 et 30, 42, 4). Les Acarnaniens étaient les plus fidèles alliés de Philippe.

5. Défilé situé en Locride, entre la mer et le mont Oeta, célèbre par de nombreux faits d'armes, notamment la résistance de Léonidas aux Perses en 480 et la victoire des Romains sur Antiochus III en 191 (36, 15-19).

Cap. XXIV :

1. Auj. Goritza, ville de Thessalie, sur la côte occidentale de la presqu'île de Magnésie, fondée par Démétrius Poliorcète vers 293. Possession macédonienne, c'était une base navale et un point stratégique importants, l'un des trois verrous de la Grèce, avec Corinthe et Chalcis (Pol. 18, 11, 5 ; Liu. 32, 37, 4). Les mots employés par Polybe et Tite-Live signifient littéralement « entraves ».

2. Les troupes nationales de Philippe V comprenaient la phalange (16.000 hommes à Cynoscéphales), les peltastes, ou voltigeurs (qui ne dépassaient pas 3.000) et la cavalerie. Il disposait en outre de troupes alliées et de mercenaires, qui formaient l'infanterie légère : il en est ici question. En 31, 36, 1, Tite-Live emploiera le terme technique de *peltastae* pour désigner les peltastes macédoniens (F. W. Walbank, *Philip V of Macedon*, Cambridge, 1940, pp. 289-294 : *Notes on The Army under Philip V*, avec bibliographie). A Rome, le *miles expeditus* est le soldat débarrassé de son paquetage, en vue d'une action exigeant une rapidité et une mobilité particulières. En Grèce, les peltastes étaient des mercenaires légèrement armés, Thraces à l'origine, qui tiraient leur nom de leur bouclier, plus petit et plus léger que celui de l'hoplite classique. C'est le général athénien Iphicratès qui, au IVe siècle, avait compris l'importance des peltastes comme troupe de harcèlement mobile.

3. Voir plus haut, 22, 7 et la note correspondante.

4. Le mot est en effet formé de ἡμέρα (la journée) et δρομός (la course). Il désigne en grec un messager, non un espion ou un observateur, qui se dit ἡμεροσκόπος. *Speculator*, en revanche, désigne, à l'époque de Tite-Live, un espion ou un observateur posté exprès dans une *specula* pour observer les faits et gestes de l'ennemi. Sur la question, et la traduction de Tite-Live, voir J. Briscoe, *op. cit.*, pp. 118-119.

5. *Praetor*. Tite-Live, comme d'autres auteurs latins, romanise volontiers les titres des officiers étrangers. Le terme grec est στρατηγός. Il en va de même pour *praefectus* et *cohors*, qui n'ont pas de sens bien précis ici, puisque la cohorte était une subdivision de la légion, encore qu'elle désigne parfois une troupe auxiliaire (Sall., *Jug.*, 46, 7). Il y avait à Athènes dix stratèges élus qui, à l'époque, remplissaient chacun des tâches bien définies. Celui-ci est probablement le principal, ou στρατηγὸς ἐπὶ τὰ ὅπλα. Dioxippe est par ailleurs inconnu.

6. Porte célèbre d'Athènes, située sur le côté nord-ouest de la ville ; elle était la principale sortie vers l'ouest. Elle était double en profondeur et Philippe (voir plus bas, paragraphe 15) sera contraint à la retraite pour s'être aventuré *in angustiis*, c'est-à-dire entre les deux systèmes de défense. Tite-Live ne donne aucune indication sur le chemin suivi par Philippe pour parvenir jusqu'à Athènes.

7. Romanisation du terme grec ἀγορά. L'Ἀγορά était aussi au nord-ouest de la ville.

8. Voir plus haut, ch. 21, n. 2.

9. Bois situé à 1 km. environ au nord-ouest d'Athènes (six stades, dans Cic., *Fin.* 5, 1) et dédié au héros Académos. C'était le siège de l'école platonicienne. Le gymnase avait sans doute été construit par les Pisistratides.

10. Elle l'était à un double titre. Par elle-même (il l'avait bien montré par les expéditions de Nicanor et Philoclès), surtout depuis l'injure que constituait l'abolition des deux tribus macédoniennes (voir plus haut, ch. 15, n. 7) comme symbole de la haine qu'il portait à Attale, à Rhodes et aux Romains, unis pour la défense d'Athènes (F. W. Walbank, *op. cit.*, p. 139).

11. Noter la similitude d'expression et la différence d'esprit avec Sall., *Cat.*, 7, 6 : *se quisque hostem ferire, murum ascendere, conspici dum tale facinus faceret, properabat*. Ce qui, chez Salluste, est désir authentique de *gloria*, devient ici, *aussi* cabotinage.

12. Nous avons, faute de mieux, traduit *portam* par « avant-porte », *dans* laquelle (*in* + acc.) Philippe refoule les ennemis. Il s'agit de l'espace délimité par la porte proprement dite (fermée) et les côtés des tours qui en protégeaient l'accès, en avancée. L'espace est effectivement resserré et l'entreprise est téméraire, car Philippe s'exposait alors aux coups des défenseurs des deux tours.

13. Place située hors des murs, au sud de l'Acropole. Le fondateur de l'école cynique, Antisthène (né en 444) y avait donné ses cours. Le temple d'Héraclès est mentionné par Hérodote en 5, 63.

14. Faubourg situé à l'est d'Athènes, où avait enseigné Aristote Un sanctuaire consacré à Apollon Lycien s'y élevait.

15. Cruauté et impiété sont deux traits du caractère de Philippe

souvent mis en relief. Cf. plus loin, 26, 9 sq. Cf. également sa conduite devant Pergame : Pol. 16, 1, 4 sqq.

Cap. XXV :

1. Voir plus haut, ch. 21, n. 2.

2. Siège des fameux mystères, au nord-ouest d'Athènes, sur la route de Mégare, où s'élevait le sanctuaire consacré à Déméter.

3. *Castella* ne peut désigner qu'*un* fort, qui ne saurait « entourer » le sanctuaire. Tite-Live a donc commis un contresens sur le texte de Polybe qui mentionnait, soit l'ensemble des fortifications, soit un seul fort, sans préciser qu'il « entourait » le sanctuaire. Tite-Live n'avait qu'une piètre connaissance de la topographie locale. Pour le choix de la seconde solution — qui s'impose — voir J. Briscoe, *op. cit.*, p. 121.

4. La ligue achéenne avait été constituée en 284, probablement pour faire pièce à la ligue étolienne (voir plus bas, ch. 28, n. 8), autour des cités de Dymè, Patrai, Tritaia et Pharai. Elle avait rapidement étendu son domaine à la côte septentrionale de l'Achaïe, mais aussi à Sicyone, en Arcadie (d'où provient Philopoemen), à Trézène, Épidaure, puis Argos, Phlionte et Cléones, puis à Égine même. En 243, son stratège Aratos avait enlevé Corinthe aux Macédoniens, mais avait du rendre l'Acrocorinthe quelque vingt ans plus tard. Unie à la Mégaride, elle intervint fréquemment dans les affaires d'Athènes et de Béotie. Elle se proposait d'unir tout le Péloponnèse en un seul état républicain conservateur, qui ne pouvait qu'agréer à Rome. Ses moyens militaires n'étaient pas à la hauteur de cette ambition, et elle fut contrainte à mener une politique fluctuante entre la ligue étolienne, la Macédoine et Sparte. Cette dernière surtout avait été son ennemie acharnée : Cléomène III, protecteur du parti populaire, lui avait disputé l'Arcadie ; les tyrans Machanidas et Nabis s'attaquèrent à elle. Pour ne pas déplaire à Philippe V, elle hésitait à accueillir Messène, qui n'adhèrera qu'en 191, à l'instigation de Flamininus. Le gouvernement de la ligue comportait une assemblée (σύνοδος) et un conseil (σύγκλητος). La première, qui réunissait tous les hommes mobilisables sauf les pauvres, s'assemblait irrégulièrement dans différentes cités (à Sicyone, p. ex., en 32, 19, 5). Le conseil, sans doute composé des délégués des cités, se réunissait fréquemment dans un temple d'Aigion. Le chef de la ligue, ou stratège, était élu pour un an, primitivement au mois de mai (Polyb. 4, 37, 2), depuis peu à l'automne (probablement en octobre). Philopoemen avait été stratège en 208-207, 206-205, 201-200, et avait mené une politique ultra-conservatrice dirigée contre le « populaire » Nabis de Sparte. Il venait d'être remplacé, comme Tite-Live nous l'apprend d'après Polybe, par Cycliadas, élu à l'automne 200. Sur la confédération achéenne : A. Aymard, *Les assemblées de la Confédération achéenne*, Paris, 1938 ; id., *Les stratèges de la Confédération achéenne de 202 à 172 avant J.-C.*, in *Rev. des Ét. Anciennes*, 30, 1928, p. 1-62 (réimprimé dans *Études d'Histoire ancienne*, Paris, 1967, p. 1-45 ; J. A. O. Larsen, *Representative Governments*, Berkeley-Los Angeles, 1955, pp. 75-105 et 168-188. Une inscription d'Aigion a prouvé l'existence d'une boulè (sénat)

achéenne : L. Robert, *Bulletin épigraphique*, in *Rev. des Ét. grecques*, 71, 1958, p. 250-252.

5. Nabis, tyran (ou « roi usurpateur ») de Sparte, avait pris le pouvoir à Sparte en 207, à la suite de la mort de Machanidas, tué au combat par Philopoemen (Pol. 11, 18). Révolutionnaire, il n'avait cessé de mener une politique hostile aux Achéens, qu'il avait attaqués en 201. S'étant emparé de Messène, il en avait été chassé par Philopoemen durant la stratégie de celui-ci. Il s'apprête donc à reprendre les hostilités. Par la suite, il se rapprochera de Philippe, puis de Rome. Pour lors, les Achéens sont favorables à Philippe, par crainte plus que par conviction. Bien entendu, il existait dans la ligue une tendance antimacédonienne. Sur Nabis, P.-G. Texier, *Nabis*, Paris, 1975, que nous n'avons pu consulter en temps utile.

6. Possessions macédoniennes. Oréos, précédemment Histiaia et auj. Oreoi, se trouve sur la côte nord-ouest de l'Eubée, à l'extrémité de l'île. Elle sera conquise par Attale et les Romains en 199, et donnée à Attale (31, 46, 6-16).

7. Cf. plus haut, ch. 25, n. 4. *Praetor* traduit ici στπατηγός. En fait (J. Aymard, *Les assemblées*..., p. 347, n. 5) l'assemblée ne pouvait discuter que d'un seul sujet. Le pluriel *propter quas* ne doit donc pas être pris à la lettre.

Cap. : XXVI

1. Probablement en octobre 200. Argos n'est pas situé proprement en Achaïe, mais l'expression est ici toute naturelle. Le raid de Philoclès dut avoir lieu en octobre-novembre.

2. Chaîne de montagnes qui séparait la Béotie de l'Attique, au nord-ouest de celle-ci. *Regio* désigne souvent chez Tite-Live une région voisine. ou proche d'un point donné.

3. Mobilité et *celeritas* sont deux qualités indispensables au grand chef de guerre (cf. César).

4. Il s'agit des Longs Murs, qui protégeaient la route d'Athènes au Pirée. Les murs nord et sud avaient été construits en 458-457, celui du milieu en 444-442. Détruits à la fin de la guerre du Péloponnèse, ils étaient tombés en abandon au IIIe siècle. Paul-Émile, en 168, ne les comptera plus qu'au nombre des curiosités (*multa uisenda*) de la région (45, 27, 11).

5. Depuis la réorganisation administrative de Clisthène en 509, le dème (à l'origine simple bourg) est à la fois une subdivision du territoire attique, une circonscription administrative et une association religieuse. Leur nombre varia suivant les époques. Ils étaient divisés en dèmes urbains et dèmes ruraux. Il s'agit ici de ces derniers.

Cap. XXVII :

1. L'arrivée de P. Sulpicius a été mentionnée en 18, 9. Les événements rapportés maintenant eurent lieu à la fin de l'année. Sur Apollonie, voir plus haut, ch. 18, n. 6. Dyrrachium, en grec Épidamne, auj. Durazzo, était un centre commercial situé sur la côte adriatique au nord d'Apollonie. L'Apsos (moderne Semeni) se jette dans l'Adria.

tique entre les deux villes, mais beaucoup plus près d'Apollonie que de Dyrrachium.

2. Voir plus haut, ch. 4, n. 7. L. Apustius, d'après Zonaras 9, 15, commandait la flotte. Il va ici agir en fantassin. Il commandera effectivement la flotte en 31, 44 sqq.

3. Places fortes de la Macédoine, aux confins de l'Épire, dont l'emplacement exact n'est pas connu, mais que N. G. L. Hammond, *The opening campaigns and the battle of the Boristena in the second Macedonian War*, in *Journal of Roman Studies*, 56, 1966, p. 42, situe sur le Shpiragrit, à l'ouest de Berat. Depuis : N. G. L. Hammond, *A History of Macedonia*, I, Oxford, 1972, p. 94 sq. La frontière épiro-macédonienne est incertaine dans cette zone.

4. Ville plus importante de la même région, sur l'Apsos, probablement la moderne Berat : N. G. L. Hammond, *op. cit.*, p. 99-100.

5. La situation précise de cette ville est inconnue. Il s'agit peut-être de Rmait près de Mirakz, au nord-nord-est d'Antipatréia : N. G. L. Hammond, *op. cit.*, p. 100.

6. Ville située quelque part sur le territoire des Dassarètes (Callimaque, *Hymne à Déméter*, 25 sq.). Tite-Live invite le lecteur à ne pas confondre cette ville avec la Cnide de Doride, près de laquelle s'élevait un sanctuaire fédéral à Apollon.

7. Athénagoras, lieutenant de Philippe, plusieurs fois nommé : Pol. 18, 22, 2 ; Liu. 31, 35, 1 ; 31, 40, 8 ; 31, 43, 1 ; 32, 5, 9 et 11 ; 33, 7, 11. Voir à son sujet F. W. Walbank, *Philip V of Macedon*, Cambridge, 1940, pp. 138, 145, 149, 171, 318.

Cap. XXVIII :

1. Cf. Zonaras 9, 15 : Ἰλλυριοί τέ τινες καὶ Ἀμύνανδρος... σύμμαχοι πρότερον ὄντες αὐτοῦ (Φιλίππου) πρὸς τοὺς Ῥωμαίους μετέστησαν... : « et certains Illyriens avec Amynander... bien qu'ayant été auparavant ses alliés, passèrent aux Romains. » Pleuratos, déjà mentionné en 29, 12, 14, avait succédé à son père comme roi d'une importante tribu illyrienne, au plus tard en 206, après avoir été associé à son trône en 212-211 (26, 24, 9 ; Pol. 10, 41, 4). Les Illyriens — dont les diverses tribus jouissaient d'une large indépendance à l'égard de leur reine Teuta — avaient été alliés de Rome durant la première guerre de Macédoine, et lui étaient restés fidèles malgré l'amputation de leur territoire. Ils avaient très probablement figuré au nombre des *adscripti* romains lors de la paix de Phoinikè. Pleuratos a évidemment l'espoir (qui se réalisera) de récupérer les territoires perdus. Sur les Illyriens en général, voir E. Stipcevic : *Gli Illiri*, Milan, 1966, et F. von Lochner-Hüttenbach, *Illyrier und Illyrisch, Rückschau, Synthese und Ausblick*, in *Altertum*, 16, 1970, pp. 216-228. Sur la politique de Rome à leur égard au IIIe siècle : K. E. Petzold, *Rom und Illyrien*, in *Historia*, 20, 1971, p. 199-223 (la politique de Rome n'est pas expansionniste, mais vise à empêcher la constitution d'un grand royaume d'Illyrie).

2. Les Athamans étaient un peuple indépendant du sud-est de l'Épire, au nord de l'Étolie. Amynandros, beau-frère de Scerdilaidas (Pol. 4, 16, 9), avait été l'allié de Philippe durant la première guerre

de Macédoine, après avoir servi d'intermédiaire entre le roi et les Étoliens en 209 et 207. Allié de Rome durant la seconde guerre de Macédoine après avoir reçu la visite de l'ambassade romaine (Pol. 16, 27, 4, voir plus loin, 41, 1), il sera, contre elle, l'allié d'Antiochus pendant la guerre de Syrie. Son influence sur les Étoliens était grande et Sulpicius désire beaucoup obtenir son appui. Sur les Athamans et Amynandros : N. G. L. Hammond, *Epirus*, Oxford, 1967, au *General Index*, et surtout P. Cabanes, *L'Épire de la mort de Pyrrhos à la conquête romaine (272-167)*, Paris-Besançon, 1976, à l'*Index*.

3. Les Dardaniens habitaient une région montagneuse entre la Mésie et la Macédoine, au nord de celle-ci, dont ils furent toujours les ennemis. Il n'est pas sûr qu'il faille identifier le Bato en question avec le Baton de Strabon 7, 5, 3. Longaros n'est sans doute pas celui qui est désigné par Arrien, *Anab.*, 1, 5, 2-5, comme roi des Agriens : F. W. Walbank, *A Historical Commentary on Polybius*, I, Oxford, 1957, p. 274.

4 Démétrios II (239-229), vaincu par les Dardaniens et les Thessaliens à la fin de son règne (Iustin. 28, 3, 14).

5. D'après M. Holleaux, in *Compte rendus de l'Acad. des Inscr. et Belles Lettres*, 1931, p. 124, Tite-Live confondrait ici Persée, le fils de Philippe, qui avait alors douze ou treize ans, avec un général macédonien homonyme (cf. Liu. 26, 25, 4-5, où il s'agit évidemment d'un général). P. Meloni, *Perseo e la fine della monarchia macedone*, Rome, 1953, p. 16-17, pense le contraire. Le jeune âge de Persée n'est pas un obstacle à sa présence à la tête des troupes. On accordait fréquemment aux jeunes princes un commandement fictif pour les aguerrir.

6. Ville de la région du même nom, située en Macédoine méridionale, aux confins de l'Illyrie. C'est du moins ce que pense Tite-Live. Il s'agit peut-être, en fait, de la région, non de la ville. Diverses hypothèses ont été émises sur l'emplacement de ces défilés : J. Briscoe, *op. cit.*, pp. 128-129. Depuis, N. G. L. Hammond, *A History of Macedonia*, I, Oxford, 1972, p. 60, identifie, à la suite de L. A. Heuzey et L. Daumet, les *fauces Pelagoniae*, avec le cours resserré de la Tcherna, au sud-ouest de Bučin. D'après Heuzey, il existerait près de Tsepiscovo un site antique bien situé pour garder le point de passage presque obligé des Illyriens et des Dardaniens pour atteindre la plaine de Pélagonie. Ce pourrait être la ville de Pélagonia.

7. Iles de l'Égée, au large des côtes de la Magnésie. La seconde avait été attaquée par Attale en 208 (28, 5, 10 ; Pol. 10, 42, 1-2), puis reconstruite. Comme c'est fréquemment le cas, la ville principale de l'île porte le même nom qu'elle.

8. Contrairement aux Illyriens, Dardaniens, etc., les Étoliens étaient des Grecs, mais relativement peu évolués. Ils habitaient, au nord du golfe de Corinthe, la région comprise entre la Doride à l'est et l'Acarnanie à l'ouest, avec laquelle ils entretenaient depuis longtemps des relations d'hostilité. Remarquables guerriers, pépinière de généraux, ils étaient recherchés comme alliés par les grandes puissances du moment. C'est vers 314 qu'avait pris naissance la ligue étolienne qui, après 279, avait imposé sa supériorité à l'am-

phictyonie delphique. Étendant sa domination jusqu'au Sperchios, elle prenait toute la Grèce en écharpe. Elle était en outre maîtresse de la plupart des îles ioniennes et entretenait une forte marine de pirates en Adriatique. Elle était gouvernée par une assemblée de tous les hommes mobilisables qui se réunissait deux fois par an : aux *Panaitolika*, qui se tenaient en mars dans diverses villes, et aux *Thermika*, qui se réunissaient en septembre à Thermos, la capitale fédérale, un sénat (βουλή) composé des délégués des cités confédérées, et un stratège (élu chaque année au cours des Thermika). Ce dernier était assisté d'un hipparque et d'un scribe, et conseillé par un conseil permanent. Elle représentait une force redoutable, d'autant plus redoutée que les Étoliens vivaient pratiquement de la guerre, intervenant sans cesse dans les affaires de leurs voisins et changeant d'alliance au gré de leurs intérêts du moment. D'abord alliés des Romains dans la première guerre de Macédoine (ils avaient été le prétexte de la guerre, cf. plus haut, 1, 8), ils avaient conclu en 206 une paix séparée à la suite d'un relâchement de l'intervention romaine sur le théâtre d'opérations grec et de la défaite de leurs alliés spartiates. L'assemblée dont il va être question est celle de mars 199, réunie à Naupacte (voir plus bas, 29, 8). Sur la ligue étolienne, nombreuse bibliographie, réunie par A. Piganiol, *La conquête romaine*, 6e éd., Paris, 1974, p. 282 (en particulier M. Holleaux, in *Études*, I, p. 219-227). Sur la liste des stratèges étoliens de 221 à Pydna : M. A. Levi, *La cronologia degli strateghi etolici negli anni 221-168*, in *Atti Accad. di Torino*, 57, 1921-1922, p. 179 sqq., et G. De Sanctis, *Storia dei Romani*, IV, 1, Turin, 1923, p. 400 sqq.

Cap. XXIX :

1. *L'assemblée des Étoliens* (mars 199). Sur L. Furius Purpurio, voir plus haut, ch. 6, n. 2. Il était sorti de charge peu de temps auparavant.

2. Le traité de paix conclu entre Philippe et les Étoliens en 206. Un traité antérieur (Liu. 26, 24, 1-16) avait lié Étoliens et Romains en 211 selon Tite-Live (26, 24, 8-16) ou en 212 selon de nombreux auteurs modernes (E. Will, *Histoire politique du monde hellénistique*, II, Nancy, 1967, pp. 74-77).

3. Tite-Live n'a pas parlé précédemment de cette ambassade. Appien nous en informe en *Mac.* 4 : καὶ Αἰτωλοὶ μεταγιγνώσκοντες κατηγόρουν ὡς καὶ περὶ σφᾶς ἀπίστου γεγονότος, ἠξίουν τε αὖθις ἐς τοὺς Ῥωμαίων συμμάχους ἐγγραφῆναι. Ῥωμαῖοι δ' Αἰτωλοῖς ἐμέμψαντο τῆς οὐ πρὸ πολλοῦ μεταβολῆς... : « Les Étoliens aussi, s'étant repentis de leur trahison, se plaignirent de la mauvaiss foi de Philippe à leur égard et demandèrent à être inscrits au nombre des alliés des Romains. Ceux-ci reprochèrent aux Étoliens leur récente défection... » Sur la date précise de cette ambassade : J. Briscoe, *op. cit.*, pp. 13-14, avec une importante bibliographie.

4. Exemples tendant à prouver que le prétendu secours apporté par les Romains n'est en réalité que le début de la conquête. Celui de Messine est clair : ce petit état libre, en butte aux attaques d'Hiéron de Syracuse, avait été occupé en 269 par une garnison carthaginoise.

Ses habitants avaient alors fait appel aux Romains, qui y avaient installé une garnison après l'évacuation des troupes carthaginoises. Ce fut le premier acte d'hostilité entre Rome et les Carthaginois : il conduisit à la première guerre punique, qui se termina en 241 par la réduction de la Sicile en province romaine, avec envoi de magistrats précédés de licteurs portant *haches et faisceaux*, insignes de l'*imperium*. Le cas des Syracusains est moins net à première vue. Il pourrait s'agir de l'expédition faite par les Romains en Sicile en 263, qui contraignit Hiéron à *uenire in fidem*. Hiéron, bien que depuis longtemps opposé aux Carthaginois qui gênaient son expansion, était pour lors leur allié. D'autre part, les propos tenus en 31, 8 font évidemment référence à la situation de 214, où les Romains vinrent assiéger Syracuse, alliée de Rome mais déchirée entre les partisans de Carthage — à la tête desquels se trouvaient les « tyrans » Hippocrate et Épicyde — et ceux de Rome. La conduite odieuse de Marcellus à Léontini déterminera les Syracusains à résister. Sur le fond : F. W. Walbank, *Polybius and Rome's Eastern Policy*, in *Journal of Roman Studies*, 53, 1963, pp. 1-13, a montré que les Grecs croyaient au caractère impérialiste de la politique romaine et que Polybe partageait ces vues, probablement sous l'influence de sa conception de la Τύχη, bien qu'elles soient en contradiction avec le détail de son exposé.

5. Auj. Lépante, à l'entrée du golfe de Corinthe.

6. Auj. Marsala, à l'ouest de l'île.

7. Allusion au tirage au sort des *prouinciae* entre les préteurs élus chaque année.

8. *Régium* (auj. Reggio de Calabre), ancienne colonie chalcidienne, située à la pointe de la Calabre sur le détroit de Messine, conquise par les Romains en 281. La garnison campanienne installée par Rome massacra les habitants, mais fut expulsée par les Romains en 272. *Tarente*, sur la mer Ionienne ; ancienne colonie lacédémonienne, elle avait été conquise en 272. Devenue l'alliée de Rome, elle avait passé à Hannibal et vu, en conséquence, son autonomie fortement diminuée. *Capoue*, capitale de la Campanie étrusque puis samnite, auj. Santa Maria Capua Vetere, bénéficiait depuis 338 de la *ciuitas sine suffragio*, et avait été cruellement punie de sa défection de 216. Par un sénatus-consulte de 210, ses sénateurs avaient été réduits en esclavage, déportés ou dépossédés de leurs biens ; toutes ses terres étaient devenues domaine public romain. La ville, qui ne possédait plus d'organisation municipale, ne fut plus qu'un simple marché agricole, qu'elle était encore à la fin de la République (Cic., *Leg. agr.*, 2, 88 ; Liu. 26, 34, 2-13). Le sort des divers Campaniens avait d'ailleurs été fort inégal : E. Pais et J. Bayet, *Histoire romaine*, Paris, 1940, p. 454 : le propos du délégué macédonien est donc tendancieux.

9. L'argument selon lequel les Romains étaient des βάρβαροι, ἀλλόφυλοι contre lesquels doit se dresser la Grèce entière avait été exploité durant la première guerre de Macédoine : Pol. 5, 103-104 (pour 217) ; 9, 32-39 (pour 211-210) ; 11, 4-6 (pour 207). Mais il était tombé en désuétude depuis la paix de Phoinikè et ne sera presque plus utilisé après 199. Philippe, par sa politique d'expansion, inquiétait trop les Grecs pour que l'argument pût conserver sa valeur : J. Dei-

ninger, *Der politische Widerstand gegen Rom in Griechenland*, Berlin, 1971, p. 23-27. D'ailleurs l'hellénisme des Macédoniens n'était pas admis par les Grecs, en dépit des prétentions de la Macédoine (voir plus bas). Pour un bref historique de la question : J. Briscoe, *op. cit.*, p. 133, avec bibliographie.

10. Cf. en 15, 4, le même mouvement dans le discours d'Attale aux Athéniens. En 193, les Étoliens convieront Philippe à se joindre à Nabis, Antiochus et eux-mêmes pour libérer la Grèce de la domination romaine (35, 12, 10-14). Tite-Live utilise ici le procédé de l'anticipation.

11. Tite-Live reproduit évidemment les arguments qu'il trouve dans Polybe : celui de la communauté de race et de langue face aux barbares. Même argumentation à propos des bienfaits de Dôson en Polybe, 9, 37, 7 : les Grecs sont des ὁμόφυλοι, les Romains des ἀλλόφυλοι. Les Macédoniens ont beaucoup insisté sur cette communauté qui, au ɪvᵉ siècle au moins, était loin d'être admise par tous les Grecs : cf. Isocrate, *Phil.* 108, qui écrit à propos du roi de Macédoine : μόνος γὰρ τῶν Ἑλλήνων οὐχ ὁμοφύλου γένους ἄρχειν ἀξιώσας; il est vrai qu'en 200, les Macédoniens ne pouvaient guère apparaître ἀλλόφυλοι au même degré que les Romains ou les Illyriens (F. W. Walbank, *A Historical Commentary on Polybius*, II, Oxford, 1967, p. 176.

12. Il s'agit d'une erreur, puisque la paix avec Philippe datait de 206. Cf. ch. 1, n. 9. Les causes de cette erreur (mélange de computs différents?) ne sont pas claires.

Cap. XXX :

1. Le passage montre que les *iura belli* comportaient pour les belligérants le droit d'exercer des actes de violence, et qu'ils ne prescrivaient pas d'interdiction formelle. Seuls les excès — laissés à l'appréciation de chacun et de la coutume — étaient blâmables. Voir J. Briscoe, *A Commentary on Livy, Books XXXI-XXXIII*, Oxford, 1973, p. 133-134, avec bibliographie.

2. Cf. 24, 18 et 26, 9 sq.

3. Le synoecisme des dèmes attiques en une ville (ἄστυ) était attribué à Thésée (Thuc. 2, 15, 2) et daté de 1259. Il eut lieu en réalité, et sans doute graduellement, beaucoup plus tard (vɪɪɪᵉ siècle?)

Cap. XXXI :

1. Il s'agit de cités et de peuples victimes des campagnes de Philippe en Thrace et sur les Détroits (202-200), en Asie mineure (201-200), sauf en ce qui concerne la Messénie, où Philippe s'était conduit très brutalement en 214 (Pol. 7, 12). Cios, en Bithynie, avait été prise et détruite en dépit de la promesse que Philippe avait faite aux Rhodiens de l'épargner, puis remise à Prusias, qui eût préféré recevoir la ville intacte. Pour Abydos, voir plus haut, ch. 17-18; sur Ainos et Maronée : 16, 3 ; sur Thasos, île de la côte thrace, ancienne colonie de Paros : Pol. 15, 24 ; sur Paros : 15, 8 ; sur Samos : Pol. 3, 2 et 16, 2 ; sur Larisa Crémastè, ville d'Achaïe Phthiotide, auj. Larisa : 32, 33, 16 et plus bas, 31, 46, 12 (Philippe l'avait enlevée aux

Étoliens). Pour Messène, il s'agit des événements de 215-214, ceux de 214 en particulier, quand Philippe tenta de s'emparer de la ville et de ravager son territoire. Sur l'ensemble de la question : E. Will, *Histoire politique du monde hellénistique*, II, Nancy, 1967, pp. 104-108, avec bibliographie et discussion des différents points de vue. L'expression *hinc ex Achaia* s'explique sans doute par le fait que Naupacte n'est séparée de l'Achaïe que par le détroit de Corinthe. L'expression est néanmoins maladroite, car Messène ne faisait partie de l'Achaïe ni géographiquement ni politiquement. Ces mêmes faits ou d'autres analogues seront reprochés encore à Philippe en 32, 21, 22-23, par le stratège achéen Aristainos (pro-romain), et en 32, 33, 11-16, par un notable étolien, Alexandre.

2. Perioch. 15 ; Pol. 1, 1, 7.

3. Contrairement à Weissenborn-Müller et à MacDonald, nous préférons la leçon de *B*, qui ne comporte pas *a nobis*, inélégant et inutile. Dans les deux cas, la traduction française reste la même.

4. Voir plus haut, ch. 29, n. 3, et Liu. 24, 29, 5. Les « tyrans » sont Hippocrate et Épicyde. Sur les affaires de Syracuse : Liu., 24, 21-40. Ces « tyrans » étaient nés à Carthage d'un exilé syracusain, et chefs du parti pro-carthaginois.

5. Il s'agit des trois guerres samnites : 343-341 ; 328-312 ; 310-290. Mêmes arguments en 23, 5, où Tite-Live parle de cent années de guerre. Le chiffre de 70 ans n'est correct que si l'on y inclut la guerre contre Pyrrhus, ce qui est excessif.

6. Ce traité est mentionné en 23, 5, 9 et, d'après 7, 31, 4-5, dut être conclu aussitôt après la *deditio* des Campaniens aux Romains en 343 (= 339).

7. Sur l'existence ancienne du *ius conubii* : 23, 4, 7. Il était accordé à certaines catégories d'étrangers qui pouvaient, comme les citoyens romains, contracter un mariage légal. Sur les *cognationes*, cf. 26, 33, 3: *ciues Romanos adfinitatibus plerosque et propinquis iamiam cognationibus ex conubio uetusto iunctos*. Contrairement à MacDonald, mais en accord avec J. Briscoe, nous adoptons la leçon de *B*, qui ne comporte pas *inde* (= *atque cognationibus*), inélégant et inutile.

8. Cf. 23, 5, 9. Rome avait accordé le droit de cité aux chevaliers campaniens en 340, et le droit de cité *sine suffragio* au peuple campanien en 338. A date ancienne, le *ius conubii* était indépendant du droit de cité : F. de Visscher, *Jura*, 2, 1951, pp. 140-144.

9. Cf. 23, 7, 3 et 26, 13, 5. Hannibal avait marché sur Rome en 211, puis renoncé à attaquer la ville. *Miserunt* est ironique et faux, Hannibal ayant agi de sa propre initiative.

10. Sur le suicide des vingt-huit sénateurs campaniens minoritaires : 26, 13-14. Avec Vibius Virrius à leur tête, ils s'étaient opposés à la capitulation de Capoue devant les Romains.

11. C'est-à-dire : laissé son indépendance : 30, 37, 2.

12. Voir l'*Introduction*, p. CXXI, n. 2.

13. Cf. 1, 8 et ch. 1, n. 9.

Cap. XXXII :

1. Sur les stratèges étoliens : M. A. Levi, *La cronologia degli*

strateghi etolici negli anni 221-168 a. C., in *Atti dell' Accad. di Torino*, 57, 1921-1922, p. 179 sqq. Sur l'appellation de *praetor*, voir plus haut, ch. XXIV, n. 5. Damocritos reparaîtra en 31, 40, 8 sqq. (pour pousser à la guerre contre Philippe au côté des Romains) ; 35, 12 et 33 ; 36, 24, 12 ; 37, 3, 8. Il deviendra le chef du mouvement anti-romain en Étolie, sera de nouveau stratège en 193-192 et se suicidera en 190 (37, 46, 5).

2. Cf. plus haut, ch. 24, n. 5. Le passage fait difficulté. Les leçons *pyraea* ou *pyraeo* données par les manuscrits sont évidemment fautives. La restitution *Pylaico* est de Gélénius. Selon l'hypothèse de M. Capps, rapportée par Evan T. Sage (éd. Loeb, p. 96, n. 1), il s'agirait bien des Thermopyles (*Pylae*), où se tenait le conseil amphictyonique dominé par les Étoliens. Néanmoins, ils n'y étaient pas les seuls, et ce conseil n'avait pas compétence en la matière. Plus probablement, Tite-Live aura confondu les Thermopyles avec la ville de Thermos où se tenait en septembre, régulièrement, la seconde assemblée annuelle des Étoliens (*Thermika*, voir ch. 28, n. 8) et aura été trompé par le texte de Polybe qui devait être ἐν τῷ Παναιτωλίῳ τῷ ἐν Θέρμοις, ou (H. Nissen, *Krit. Unters.*, p. 127) ἐν τῷ Παναιτωλίῳ καὶ τῇ τῶν Θερμικῶν συνόδῳ. Il commettra la même erreur, tout en montrant qu'il connaissait la nature du *Pilaicum concilium*, en 33, 35, 8 : W. Weissenborn et J. H. Müller, notes à 31, 32, 3 et à 33, 35, 8 ; G. E. W. van Wille, in *Mnemosyne*, 45, 1917, p. 310-318.

3. C'est l'éternelle accusation (d'ailleurs justifiée) d'opportunisme portée contre les Étoliens. Tite-Live l'a-t-il trouvée dans Polybe?

Cap. XXXIII :

1. *Campagne de Sulpicius contre Philippe (35-37, escarmouches de Lyncus) pendant le printemps et l'été 199.*

2. Voir plus haut 24, 1 et note correspondante.

3. Il s'agit du printemps 199. Tite-Live tire cette donnée de Polybe, qui marque ainsi la reprise des opérations militaires interrompues avec le début de l'hiver. Tite-Live ne prend pas garde que les événements qui suivent ne se passent plus sous le consulat de P. Sulpicius Galba, mais sous celui de Villius (voir l'*Introduction*, p. LXXXVIII sqq.). Cette méprise explique la brièveté insolite des pages qu'il consacrera à l'année 199 au début du livre 32. Sur l'expression *principio ueris*, voir l'*Introduction*, p. XCVII.

4. Voir plus haut, 16, 3 et note correspondante.

5. Sur Pélagonia, voir plus haut, ch. 28, n. 6.

6. Les Dassarètes vivaient dans une région d'Illyrie méridionale particulièrement accidentée, comprenant les deux cours supérieurs de l'Apsos (le Dévoli et l'Osum). Son extension au sud et à l'est a varié avec les conditions politiques. Philippe l'avait depuis peu annexée à son royaume. En 200, elle a des frontières communes avec Lyncus et l'Orestide : N. G. L. Hammond, *A History of Macedonia*, I, Oxford, 1972, p. 95-96 et carte p. 99.

7. Comme le suggèrent Weissenborn et Müller, ainsi que le par. 6, il s'agit du blé engrangé dans les *horrea*. La saison ne permettait pas de se ravitailler en blé sur les champs proprement dits.

8. Secteur situé à l'est du territoire des Dassarètes, au nord-ouest de la Macédoine ; cf. 32, 9, 9. Tite-Live, comme pour la Pélagonie (28, 5), pense qu'il s'agit d'une ville (cf. ch. 28, n. 6). Il était relié à la Dassarétide par la passe de Pisodhérion ; une autre passe le faisait communiquer avec l'Éordée : N. G. L. Hammond, *op. cit.*, p. 102-105 et carte p. 58.

9. Rivière de Macédoine, aujourd'hui la Molca, qui se jette dans le lac Ochrid, en Albanie : N. G. L. Hammond, *op. cit.*, p. 64 et cartes pp. 40 et 98.

Cap. XXXIV :

1. La *lancea* est plus longue et plus lourde que l'*hasta*. Le *gladius hispaniensis* est une épée courte qui équipait ordinairement l'infanterie romaine (Pol. 6, 23, 6-7). Leur attribution à la cavalerie est donc occasionnelle. Ce passage de Tite-Live frappera vivement Florus qui dans son raccourci de la seconde guerre de Macédoine (1, 23, 9) le « reproduira » à sa façon : ... *nihil terribilius Macedonibus fuit ipso uolnerum adspectu, quae non spiculis nec sagittis nec ullo Graeculo ferro sed ingentibus pilis nec minoribus adacta gladiis ultra mortem patebant* : « ... rien ne fut plus terrible pour les Macédoniens que l'aspect même de leurs blessures qui, causées non par des javelots ni par des flèches, ni par aucune arme propre à des Grecs mais par d'énormes « pila » et des épées de même taille, s'ouvraient béantes et plus que mortelles. »

2. Voir plus haut, ch. 21, n. 2.

3. Non autrement connu : agglomération du territoire des Dassarètes. Les manuscrits étant en désaccord et *B* présentant un blanc, l'orthographe demeure hypothétique.

4. La même réflexion est attribuée à Pyrrhus par Plutarque *Pyrrhus*, 16, dans des circonstances analogues. Sur la notion de barbare appliquée aux Romains à cette époque, voir plus haut, ch. 29, n. 9.

Cap. XXXV :

1. *Tam celerem alam*. Les manuscrits portent *non tam*, et le *uero* de P^x est issu de *non*, qui existait donc à un stade reculé de la transmission. Pourtant, malgré l'argument de MacDonald qui tente de défendre les manuscrits, il est clair qu'ici Philippe veut éviter une bataille généralisée et que la situation correspond à celle que décrit Dion Cassius, fr. 58, où Philippe pratique l'attentisme dans l'espoir d'épuiser les Romains sans combattre (ἐκτρυχώσειν αὐτοὺς ἀμαχεὶ προσδοκήσας). Il faut donc supprimer *non*, comme l'avaient déjà vu le correcteur anonyme de *P* (P^x), Madvig, H. Müller, etc., et, dans leurs comptes rendus de l'édition MacDonald, H. Tränkle, *Gnomon*, 39, 1967, p. 376, R. M. Ogilvie, *Phoenix*, 20, 1966, p. 346 et P. G. Walsh, *Class. Review*, n. s., 17, 1967, p. 55.

2. Ou des Thraces, selon Strabon et Hésychius. Nous ne savons rien de précis à leur sujet. *Alio loco* se réfère à 27, 32, 4 : *Tralles-Illyriorum id est genus*. Cf. aussi 33, 4, 4 ; 37, 39, 10 ; 38, 21, 2.

3. Lors de la guerre des Alliés (220-217), Philippe V avait imposé

son protectorat à la Crète. Celle-ci s'était ensuite partiellement émancipée, mais les Rhodiens gênaient beaucoup ses pirates. Dès 205-204, Philippe avait de nouveau rétabli son influence sur l'île en soutenant les Crétois contre les Rhodiens. Ils étaient d'excellents archers. Pour le détail, voir J. Briscoe, *A Commentary on Livy, Books XXXI-XXXIII*, Oxford, 1973, p. 141.

4. Sur Athénagoras, voir plus haut, 27, 6 et ch. 27, n. 7.

5. De fait, il semble bien, d'après les frises du monument de Paul Émile à Delphes, que les mercenaires macédoniens combattaient presque nus : A. J. Reinach, *La frise du monument de Paul Émile à Delphes*, in *Bull. de corresp. hell.*, 34, 1910, p. 438-439 et fig. 3 ; P. Lévêque, *La frise de Paul Émile à Delphes*, in *Mélanges Ch. Picard*, II, Paris, 1949, p. 640-641 et fig. 1 ; M. Bieber, *The Sculpture of the Hellenistic Age*, 2e éd., New York, 1961, fig. 723.

Cap. XXXVI :

1. La *caetra* ou *cetra* était un petit bouclier léger en usage dans l'armée romaine (cf. Serv., *Ad Aen.*, 7, 732 : *caetra scutum loreum quo utuntur Afri et Hispani*), équivalent approximatif de la *peltè* macédonienne. Sur les peltastes, voir plus haut, ch. 24, n. 2. En 28, 5, 11 ; 33, 8, 7 ; 42, 51, 4 ; 44, 41, 1, etc., les *caetrati* désignent les πελτασταί grecs.

2. Voir plus haut, 27, 6, et ch. 27, n. 7.

3. Terme romain, qui ne doit être ici qu'un équivalent approximatif d'un terme grec inconnu (σπεῖρα?). La cohorte était alors l'unité de combat des troupes alliées. Tite-Live, au reste, ne se soucie jamais d'employer le mot avec l'exactitude historique souhaitable. Les peltastes étaient sans doute organisés en chiliarchies, ou unités d'environ 1.000 hommes, subdivisées elles-mêmes en quatre σπεῖραι de 256 hommes formant quatre tétrarchies de 64 hommes. Mais rien ne permet ici de savoir le nombre d'unités ou de sous-unités engagées. La cohorte ne fut introduite dans l'armée romaine en tant que subdivision de la légion que par Marius, et se composait de 600 hommes.

4. Ce sont probablement — outre les animaux capturés (23, 46, 4 ; 23, 49, 13 ; 24, 42, 8 ; 25, 41, 7, etc.) — les éléphants dressés que les Carthaginois avaient dû livrer aux Romains : c'était une des conditions de paix édictées en 30, 37, 1-6 (par. 3 pour les éléphants ; cf. Pol. 15, 18, 3). Ils les utiliseront de nouveau par la suite à Cynoscéphales (33, 9, 6) et à Magnésie (37, 39, 13) ainsi qu'à Pydna (44, 41, 4).

5. Ce site n'a pas été identifié. Ce n'est pas le même que celui qui est mentionné en 44, 3, 1, et qui se trouve à la frontière sud-est de la Macédoine. N. G. L. Hammond, *A History of Macedonia*, I, Oxford, 1972, p. 64 et carte p. 98, le situe quelque part à l'ouest du lac Malite, au sud du Bévos (Molca).

6. Le texte *simul et neglegentia cum audacia*, attesté par tous les manuscrits et conservé par Weissenborn et MacDonald, a été l'objet de nombreuses corrections. H. J. Müller place *simul et neglegentia* après *audacia* ; Ussing et Fügner suppriment *et* et placent *simul* après *neglegentia* ; Brackman ajoute *et contemptus* après *neglegentia* ;

Koch supplée *temeritas* avant *simul*, et M. Müller supplée *socordia* à la même place. Le problème ne paraît guère soluble, malgré l'argument de MacDonald selon lequel le texte des manuscrits équivaut « inverso vocum ordine » à *ut cresceret audacia et simul cum ea neglegentia*. Il est prudent, dans cette situation, de conserver le texte des manuscrits.

Cap. XXXVII :

1. C'est-à-dire en formation de combat, prêts à répondre à toute attaque venant de n'importe quel côté.

2. L'emplacement exact de ces marais fait problème. Selon Dion Cassius (frg. 8, 3), Philippe aurait été blessé. Le fait paraît peu vraisemblable (F. W. Walbank, *Philip V of Macedon*, Cambridge, 1940, p. 143, n. 5).

Cap. XXXVIII :

1. Cette réflexion d'ensemble et ces jugements figuraient certainement dans Polybe, qui en offre plusieurs exemples, p. ex. en 9, 8; 10, 17; 15, 15; 16, 28, etc.

2. Cf. 34, 6.

3. La nuit était divisée en quatre veilles dont la première commençait au coucher du soleil. A cette époque de l'année (début de l'été), la seconde veille devait commencer vers 22 h. ou 22 h. 30. Dion Cassius, frg. 58, 3, écrit que Philippe réussit à conclure une trêve de plusieurs jours et partit dès la première nuit : ἀλλ' ἡμέρας τινὰς πρὸς ἀναίρεσιν καὶ ταφὴν δὴ τῶν νεκρῶν σπεισάμενος ἔπειτα ὑπὸ τὴν πρώτην νύκτα ἀπανέστη : « mais (Philippe), après avoir conclu une trêve de quelques jours sous prétexte de relever et d'enterrer les morts, se retira dès la première nuit. »

Cap. XXXIX :

1. Cf. 40, 24, 7 et 43, 18, 4. Strabon écrit en 7, 7, 9 : ἐπὶ τῷ Ἐρίγωνι πᾶσαι αἱ τῶν Δευριόπων πόλεις ᾤκηντο, ὧν τὸ Βρυάνιον καὶ... Στύβαρα. Il est probable que Tite-Live et Strabon parlent de la même ville. La Deuriopos (ἡ Δευρίοπος) était la partie occidentale de la Pélagonie, à moins qu'il ne faille l'identifier avec la Pélagonie entière, qui est la partie sud-ouest de la Péonie, située entre la Dardanie au nord et la Lyncestide au sud. N. G. L. Hammond, *op. cit.*, p. 67-68 et cartes p. 40 et 62, situe avec certitude la Stuberra romaine à Tsépiskovo, et la Stuberra macédonienne à Bučinsko Kalé, sur la rive sud de l'Érigonos antique (= Tcherna), à l'ouest-sud-ouest de Tsépiskovo et au sud-est de Bučin. Elle était proche du débouché des *Pelagoniae fauces* dans la plaine.

2. N'est pas autrement connue ; se trouvait dans la même région que Bruanium et Stuberra, probablement au sud de celle-ci.

3. Voir ch. 28, n. 6 : ville de Pélagonie, sur l'Érigonos, près de la moderne Skočevir.

4. Affluent de l'Érigonos, lui-même affluent de l'Axios (le Vardar). Cf. 39, 53, 14 : *Paeoniae ea regio (Deuriopus) est prope Erigonum*

fluuium, qui ex Illyrico per Pelagoniam fluens in Axium amnem editur. L'Osphagos est aujourd'hui la Semnica.

5. Région de Macédoine, à l'est de l'Orestide, au nord de l'Élimée et au sud-est de la Lyncestide : cf. 42, 53, 5 ; 45, 30, 6 ; Pol. 19, 6 ; Strab. 7, 7, 7 : Λυγκησταί τε καὶ ἡ Δευρίοπος... καὶ Ἐορδοὶ καὶ Ἐλίμεια... N. G. L. Hammond, *op. cit.*, p. 106-110 et carte p. 113.

6. Sur la comparaison entre la phalange macédonienne et la légion romaine : Pol. 18, 28-32, qui concorde — en fournissant beaucoup plus de détails — avec le propos de Tite-Live. La lance longue, ou σάρισα de 14 à 16 pieds, était caractéristique de la phalange macédonienne ainsi que le bouclier relativement petit. La phalange n'était pas faite pour agir seule. Son rôle tactique était de « tenir » le terrain pendant que la cavalerie frappait.

7. Gell. 10, 25, 4 : *rumpia genus teli est Thraciae nationis, positumque hoc uocabulum in Q. Enni Annalium XIII.* En grec ἡ ῥομφαία (Plut. *Paul. Aem.*, 18, 5). Cf. Liu. 42, 59, 3. Longue lance utilisée par les Thraces.

8. Formation d'attaque très fréquente, qui consiste pour l'unité à faire une voûte au-dessus d'elle avec les boucliers : Caes., *Bell. Gall.*, 2, 6, 3 ; 5, 9, 7, etc. Liu. 31, 40, 3 ; 34, 39, 6, etc.

Cap. XL :

1. Au sud de l'Éordée ; elle est traversée par le fleuve Haliacmon. Cf. 39, 7 et ch. 39, n. 5. Cf. 42, 53, 5 : *Eordaeam petens ad Begorritim... lacum positis castris, postero die in Elimeam ad Haliacmona fluuium processit.* N. G. L. Hammond, *A History of Macedonia*, I, Oxford, 1972, p. 116-123 et carte p. 113.

2. A l'ouest de l'Éordée, au nord-ouest de l'Élimée, sur le bassin supérieur de l'Haliacmon : N. G. L. Hammond, *op. cit.*, p. 110-116 et carte p. 112. La passe de Vatokhorion la reliait à la Dassarétide, celle de Pisodhérion à Lyncus. Oreste, fils du meurtrier de Clytemnestre, y aurait régné.

3. Auj. Kastoria, située sur une péninsule escarpée du lac de Kastoria.

4. Sur les Dassarètes, voir plus haut, 33, 4 et ch. 33, n. 6. Tite-Live ne cite pas Pélion par ailleurs. Sa localisation a été longtemps imprécise. Les archéologues albanais pensent l'avoir trouvée dans les mines de la cité de la Basse-Selce, à l'ouest de Pogradec : P. Cabanes, *L'Épire...*, Paris-Besançon, 1976, p. 320, n. 232, avec bibliographie.

5. Voir 22, 4 et 33, 4. Dion Cassius, frg. 58, 4 passe sous silence les événements racontés de 39, 1 à 40, 6 : οὐ μέντοι ὁ Γάλβας ἐπεδίωξεν αὐτόν· τῇ τε γὰρ ἀπορίᾳ τῶν τροφῶν καὶ τῇ ἀπειρίᾳ τῶν χωρίων, τὸ δὲ δὴ πλεῖστον καὶ τῇ ἀγνωσίᾳ τῆς παρασκευῆς αὐτοῦ καὶ δέει μὴ ἀπερισκέπτως ποι προχωρῶν σφαλῇ, οὐκ ἠθέλησε περαιτέρω προχωρῆσαι, ἀλλ' ἐς τὴν Ἀπολλωνίαν ἀνεκομίσθησαν : « Galba, cependant, ne le suivit pas : étant à court de vivres, sans expérience du pays, ignorant, en particulier, les dispositions prises par l'ennemi, craignant un malheur s'il avançait imprudemment où que ce fût, il ne voulut pas s'engager plus loin, mais fit retraite avec ses troupes vers Apollonie. » La région pacifiée ne désigne pas

les environs d'Apollonie conservée par les Romains en 206, mais celle où Apustius avait fait campagne aussitôt après le débarquement (27, 1-8), entre Apollonie et Dyrrachium.

6. *40, 7-43, 7 : Campagnes de Philippe contre les Étoliens, les Dardaniens et les Athamans (septembre 199).*

7. Cf. 34, 6 et 38, 7. Ils avaient envahi la Macédoine en juillet, à peu près au moment des événements d'Ottolobos.

8. Voir plus haut, 27, 6 et ch. 27, n. 7.

9. Voir 32, 1-5. L'assemblée suivante était, non celle des Thermika (cf. ch. 28, n. 8) qui se tenait en septembre, mais l'assemblée extraordinaire que Damocritos avait reçu le droit de convoquer en 32, 4. La rencontre d'Ottolobos datait de juillet. Sur la situation et sa chronologie : J. Briscoe, *op. cit.*, p. 146.

10. Voir plus haut, 36, 4-37, 12.

11. Voir plus bas, 44, 1-47, 3 (opérations navales).

Cap. XLI :

1. Sur Amynandros et les Athamans, voir 28, 3 et ch. 28, n. 2.

2. Le site de la ville n'est pas connu avec précision. Il semble s'être trouvé à la frontière de l'Étolie et de la Thessalie, ou près du marais de Bœbeis ou Boebè (par. 4), auj. lac de Karla, qui s'étend au sud et au nord des hauteurs qui séparent le Pélion de l'Ossa (cf. Lucan. 7, 176 : *Ossaeam Boebeida.*

3. Région nord de la Thessalie, au sud de l'Olympe, au sud de l'Élimée : N. G. L. Hammond, *A History of Macedonia*, I, Oxford, 1972, p. 117 et cartes pp. 113 et 124.

4. En Thessalie, auj. Domeniko, située à quelques kilomètres de la rive gauche de l'Europos, principal affluent septentrional du Pénée. Elle sera de nouveau prise par les alliés d'Antiochus en 191 (36, 10, 5) et par Persée en 171 (42, 53, 9). Le nom correct serait *Chyretiae* (inscr. Χυρετίαι).

5. Maloée (ou Malloée : 36, 10, 5 ; 36, 13, 4 ; 39, 25, 16 ; 42, 67, 7), ville de Perrhébie, sur la rive droite de l'Europos, aujourd'hui Analipsis ou Paljokastro.

6. Position importante à la frontière de la Thessalie et de l'Épire, près de la moderne Épiskopi, près de la rive droite du Pénée. Elle défendait la passe qui conduisait en Athamanie.

7. Ce sont là des pratiques que Grecs et Romains attribuaient aux « barbares ». Cf. par ex. les Gaulois en Liu. 5, 44, 5 et plus haut, en 34, 8, l'étonnement de Philippe devant l'ordonnance du camp romain.

8. Pharcadon, probablement sur la rive gauche du Pénée. Cf. Strabon en 9, 5, 17 : ἔστι δὲ καὶ Φαρκαδὼν ἐν τῇ Ἱστιαιώτιδι... ὁ Πηνειὸς... ἐν ἀριστερᾷ ἀφεὶς Τρίκκην τε καὶ Πελλιναῖον καὶ Φαρκαδόνα φέρεται παρά τε Ἄτρακα... : « Pharcadon est aussi en Histiaiotis... Le Pénée, après avoir laissé Trikkè, Pellinaion et Pharcadon sur la gauche, passe près d'Atrax... » Les leçons des manuscrits, *Phaeca* ou *Phaecado*, ne sauraient être retenues.

Cap. XLII :

1. Termes latins traduisant des mots grecs. A l'époque de Tite-Live, le manipule était une subdivision de la cohorte, composé de deux centuries : il correspond approximativement à la σπεῖρα macédonienne de 256 hommes. La *turma* était une unité de 30 hommes, équivalant approximativement au peloton de cavalerie français.

2. Il n'y a aucune raison d'adopter ici, comme le fait MacDonald, l'émendation de Carbachius, *receperat*, alors que tous les manuscrits donnent un pluriel. L'usage de celui-ci après un collectif est en effet fréquent chez Tite-Live : O. Riemann, *op. cit.*, p. 256 ; R. Kühner et C. Stegmann, *op. cit.*, 3e éd. revue par A. Thierfelder, I, p. 23. Cf., dans des conditions légèrement différentes, 31, 39, 12 (*peterent*).

Cap. XLIII :

1. Voir plus haut 27, 6 et ch. 27, n. 7. *Praefectus* peut traduire στρατηγός (ch. 24, n. 5).

2. Scopas avait été choisi comme *nomographe* à la fin de 206 ou au début de 205, et comptait se faire élire stratège de la confédération étolienne à l'automne 205 pour mettre en vigueur les lois qu'il avait préparées (Pol. 13, 2, 1). Ayant échoué, il était allé en Égypte se mettre au service d'Agathoclès, qui gouvernait au nom de Ptolémée V. Il avait été nommé général en chef de l'armée égyptienne qui se préparait à reprendre la Coèlè-Syrie à Antiochus. C'est pour le renforcement de cette armée et le renouvellement de la garde royale d'Alexandrie que Scopas avait été envoyé par Agathoclès afin de recruter des mercenaires en Grèce. Détails et bibliographie dans J. Briscoe, *A Commentary on Livy, Books XXXI-XXXIII*, Oxford, 1973, p. 149.

Cap. XLIV :

1. *Opérations navales des flottes alliées* (*été 199*). Il s'agit de la flotte principale, non de celle qui était allée au Pirée pour aider les Athéniens (14, 3). Sur L. Apustius, voir ch. 4, n. 7 et ch. 27, n. 2 : après sa campagne terrestre de l'automne 200, il avait regagné la flotte.

2. Promontoire de Laconie, cf. 31, 47, 2 ; 32, 16, 4 ; 34, 32, 18 ; 42, 56, 1. Florus 1, 25 (2, 9), 4 écrit *iugum Maleum* et, en 1, 41 (3, 6), 3 *sinum Maleum*. La forme grecque est Μαλέα (parfois Μαλέαι), les formes latines *Malea* ou *Maleum*.

3. *Scyllaeum* (*Scyllaion*) est un promontoire à l'extrémité de l'Argolide, la région étant l'Hermionide, du nom de son chef-lieu, Hermione.

4. Tite-Live suit ici certainement Polybe, toujours prêt à s'élever contre la démocratie et contre les Athéniens en particulier. Il avait pourtant, en 14-15, atténué largement le ton méprisant de Polybe à l'égard des Athéniens.

5. Noter l'emploi de termes techniques romains pour des réalités grecques, pratique courante chez Tite-Live, voir plus haut, ch. 24, n. 5.

6. Hippias et Hipparque, fils de Pisistrate, tyrans d'Athènes, le premier de 527 à 511-510, le second de 527 à 514-513, date à laquelle

il fut tué par Harmodios et Aristogiton. Hippias, ayant échappé à l'attentat, gouverna quatre ans par la terreur, puis abdiqua et quitta l'Attique. Il fut mis hors la loi avec ses frères et ses fils et leurs noms furent gravés sur une stèle d'atimie qu'on dressa sur l'Acropole (Thuc. 6, 55 ; Aristot., *Constit. Ath.*, 15, 4). Mais on ignore les mesures exactes qui furent prises à son encontre.

7. Tite-Live traduit ici Polybe, qui se souvenait de Démosthène, *Phil.*, 1,30 : ἵνα μὴ μόνον ἐν τοῖς ψηφίσμασι καὶ ταῖς ἐπιστολαῖς πολεμῆτε Φιλίππῳ, ἀλλὰ καὶ τοῖς ἔργοις : « Afin que vous ne fassiez pas la guerre à Philippe seulement dans vos décrets et vos lettres, mais aussi par vos actes. » Caton l'Ancien dira plus tard à Athènes, en 191 : *Antiochus epistulis bellum gerit, calamo et atramento militat* (H. Malcovati, *Orat. Roman. Fragm.*, 3e éd., Pavie, 1967, p. 19, fg. 20.

Cap. XLV :

1. Nous sommes ici d'accord avec J. Briscoe, *op. cit.*, p. 152, pour adopter la leçon des manuscrits (*iram*) contre celle des *deteriores* et de Gronovius (*ira*) adoptée par MacDonald. Même remarque pour *portum* au § 3 : MacDonald accepte la correction de l'édition ascensienne en *portu*. La construction de *consistere* avec l'accusatif, quoique rare, est attestée chez Tite-Live : R. Kühner et C. Stegmann, *op. cit.*, I, p. 591, γ.

2. L'une des Cyclades, encore occupée par Philippe (voir plus bas), mais appartenant à Ptolémée.

3. Sur la côte nord-ouest d'Andros, *Gaureion*, ou mieux *Gaurion*, servait de port à la capitale de l'île. Cf. Xenoph., *Hell.*, 1, 4, 22 ; Diod. 13, 69, 4.

4. Cf. 17, 3, au siège d'Abydos.

5. Bourg du territoire de Tanagra, proche de la frontière entre la Béotie et l'Attique, sur la côte. Il était célèbre par son sanctuaire d'Apollon et par la défaite que les Athéniens y avaient subie en 424.

6. L'île n'est donc pas restituée à l'Égypte. Mêmes clauses de partage en 211, entre Rome et les Étoliens : 26, 24, 11 : *Vrbium Corcyrae tenus ab Aetolia incipienti, solum tectaque et muri cum agris Aetolorum, alia omnis praeda populi Romani esset...*

7. Voir en 15, 8 et ch. 15, n. 9. L'île était restée en possession de Philippe.

8. Ville de la côte orientale de l'Attique, au sud de Brauron.

9. *Lembi*, grec λέμβοι : embarcations légères, souvent de simples chaloupes. Le terme s'applique également, à partir de cette époque, aux bateaux des pirates illyriens. C'étaient des navires petits et bas, allongés, aérodynamiques et très rapides en raison du nombre élevé des rameurs (une quarantaine). Les Grecs les utilisaient pour le transport léger (Pol. 2, 3, 1) ou comme éclaireurs de la flotte (Pol. 1, 53, 9). La corvette a suivi, dans la marine française des XVIIe-XVIIIe siècles, une évolution analogue.

10. *Issa*, île de Dalmatie, auj. Lissa. En 229, avec l'aide de Rome, ils s'étaient libérés des menaces de Teuta, reine d'Illyrie et s'étaient soumis à Rome (Pol. 2, 8, 5 et 11-12). Ses habitants étaient d'habiles

marins, cf. 32, 21, 27 et Pol. 2, 8. Sur Issa, en dernier lieu, C. Clairmont, *Excavations at Salona, Iugoslavia (1969-1972)*, Park Ridge, N. J., 1975, p. 2-3 et notes, avec bibliographie.

11. Habitants de Carystos, auj. Karystos, au sud de l'Eubée. Ils étaient sous contrôle macédonien.

12. Promontoire et port du sud de l'Eubée, non loin de Carystos, auj. Kavo Mandilo.

13. Ile située au nord-est de l'Eubée, la plus orientale des Sporades du nord.

14. La plus orientale des trois îles situées au large de la presqu'île de Magnésie, auj. Halonisos, à l'est de Péparéthos, au nord-ouest de Scyros.

15. Vent du nord.

16. Au large de la presqu'île de Magnésie entre la côte et Péparéthos ; elle avait été dévastée en avril-mai 199 par Philippe (voir plus haut, 28, 6) qui craignait de voir l'ennemi y installer une base navale.

17. Ville située sur la péninsule de Pallène, la plus occidentale de celles qui prolongent la Chalcidique. Ainsi appelée parce que fondée à nouveau par le roi Cassandre, fils d'Antipater, en 316 (44, 11, 2, cf. 28, 8, 14). Précédemment Potidée.

18. Également appelé *Mendis* ou *Mendae* (Plin., *Nat. Hist.*, 4, 36), gr. Μένδη.

19. Promontoire situé à la pointe sud-est de la péninsule de Pallène, cf. 44, 11, 3.

20. La seconde péninsule de Chalcidique, ou Sithonie, cf. 45, 30, 4.

21. Ville de Chalcidique, aux confins du continent et de la péninsule d'Actè, la plus orientale des trois péninsules qui prolongent la Chalcidique.

Cap. XLVI :

1. C'est le terme technique utilisé dans la marine française pour désigner un bâtiment allégé de son armement, que l'on envoyait chez l'adversaire dans des intentions pacifiques, généralement pour négocier.

2. Entre la Locride et l'Achaïe Phthiotide, en face de la pointe nord-ouest de l'Eubée.

3. Il s'agit probablement du Pyrrhias que les Étoliens avaient envoyé commander, en 217, les troupes éléennes à la fin de la guerre des Alliés (Pol. 5, 30, 2 ; 5, 91, 3 ; 5, 94, 2).

4. Héraclée : il existait plusieurs villes de ce nom, mais une seule à l'entrée du golfe Maliaque. Il s'agit d'Héraclée Trachis, près des Thermopyles, où l'assemblée des Étoliens se réunit certainement en 197 (Liu. 33, 3, 7) et presque certainement en 207 (Liu. 28, 5, 13). Sur la place d'*Heracleam* dans la phrase, voir J. Briscoe, *op. cit.*, pp. 154-155.

5. Cf. plus haut, 15, 9-11, où Tite-Live, toutefois, ne mentionne aucun traité. Il faut penser, avec J. Briscoe, *op. cit.*, p. 115, qu'il est fait allusion au traité conclu entre Attale et les Étoliens en 211.

6. Cf. Pol. 16, 1, 1 ; en mai-juin 201.

7. Il était déjà implicite dans l'ultimatum d'Abydos (Pol. 16, 34, 3 ; Liu. 31, 18, 1-4) que la Grèce devait être libre et que les interventions de Philippe devaient cesser. Apustius reprend donc d'anciennes promesses de Sulpicius.

8. Oréos (voir plus haut, 25, 7 et ch. 25, n. 6), cf. 40, 10, ainsi que 22, 61, 13 et 28, 5, 18 : *Oreum... quae a Demetriaco sinu Chalcidem et Euripum petenti, ad laeuam prima urbium Euboae posita est.* L'attaque contre Oréos n'est pas mentionnée par Tite-Live pour cette campagne. Il doit s'agir de celle qui avait eu lieu en 208 (28, 6, 1-7), au cours de laquelle la ville avait été bel et bien prise et pillée par les Romains ; elle fut plus tard, à une date inconnue, reconquise par Philippe. Le nom grec est 'Ωρεός ; Tite-Live use au nominatif des deux formes *Oreus* et *Oreum*.

9. Cf. 45, 2-8.

10. Le terme latin traduit sans doute le grec ναύαρχος (navarque, commandant la flotte dans un état grec). Acésimbrotos jouera de nouveau un rôle important durant la campagne de Flamininus en 198-197 : Pol. 18, 1, 4 ; Liu. 32, 16, 6 et 32, 32, 11.

11. N'est pas mentionné ailleurs : probablement un cap au sud de Démétrias. La Phthiotide est une région méridionale de la Thessalie qui borde le rivage septentrional et occidental du golfe Pégaséen.

12. Philippe avait rassemblé sa flotte à Démétrias ; cf. plus haut, 33, 1.

13. Voir plus haut, 16, 3, note correspondante.

14. Sur la tortue, voir plus haut, ch. 39, n. 8. La tonnelle (*uinea*) visait le même but : approcher à couvert. C'était une sorte de baraque roulante rappelant les tonnelles de vignes, dont le toit protégeait les assaillants au cours des sièges. Le bélier (*aries*) était une poutre terminée par une tête de fer, parfois en forme de tête de bélier, avec laquelle on tentait d'enfoncer les portes et d'ébranler la base des remparts (cf. plus bas, 46, 15).

15. L'artillerie de siège était très développée à l'époque hellénistique. La *ballista*, ou *balista*, et la catapulte lançaient des projectiles. La première, dont le principe est celui de l'arbalète, lançait des traits, ou des poids d'un maximum de 250 livres, à environ 110 mètres ; le projectile était placé dans une rigole inclinée à 45 degrés. La catapulte avait pour principe l'élasticité de torsion des cordes qui, libérées, actionnaient un « style » terminé par une cuiller remplie de projectiles. Le style, mû dans le sens vertical, décrivait très rapidement un arc de cercle et, buttant contre une charpente, envoyait sa charge (jusqu'à 80 kilos) à une distance de 500 à 1.000 mètres. La baliste correspondait donc à l'artillerie légère, la catapulte à l'artillerie lourde. Sur la *ballista* et la catapulte : E. W. Marsden, *Greek and Roman Artillery, Technical Treatises*, Oxford, 1971, p. 234-248. Sur la répartition des tâches entre les Romains et Attale au siège d'Oréos : Id., *Greek and Roman Artillery, Historical Development*, Oxford, 1969, p. 172. Pergame possédait un magnifique arsenal spécialisé dans la fabrication de l'artillerie.

16. En accord avec J. Briscoe, *op. cit.*, p. 156, nous optons pour la leçon de *B NV L*. Aucune lacune n'est observable sur les manuscrits.

17. Cf. plus haut, 31, 4.
18. Ville de Thessalie, sur le golfe Pégaséen, au nord-est de Larisa.
19. Sur ce genre de partage, voir plus haut, ch. 45, 7 et n. 6.

Cap. XLVII :

1. Sur l'équinoxe d'automne, voir l'*Introduction*, p. xcvii. Cf. Strabon, 10, 1, 2 : τῆς Εὐβοίας τὰ Κοῖλα λέγουσι τὰ μεταξὺ Αὐλίδος καὶ τῶν περὶ Γεραιστὸν τόπων · κολποῦται γὰρ ἡ παραλία, πλησιάζουσα δὲ τῇ Χαλκίδι κυρτοῦται πάλιν πρὸς τὴν ἤπειρον : « Les secteurs compris entre Aulis et la région de Géraistos s'appellent les Creux de l'Eubée, car la côte s'infléchit vers l'intérieur des terres, mais, lorsqu'elle approche de Chalcis, elle décrit une courbe convexe en direction du continent. » Val. Max. 1, 8, 10 : *Regionem, quae inter Rhamnunta, nobilem Attici soli partem, Carystumque, Chalchidico freto uicinam, interiacens Coelae Euboae nomen obtinet.* Mais le mot peut ici s'appliquer simplement aux côtes méridionales de l'Eubée en général (bibliographie dans J. Briscoe, *A Commentary on Livy, Books XXXI-XXXIII*, Oxford, 1973, p. 157).

2. Voir plus haut, ch. 44, n. 2.

3. Les mystères d'Éleusis, voir plus haut, ch. 14, n. 12. Il s'agit des grands mystères.

4. Voir plus haut, ch. 46, n. 10. Attale reste donc à Athènes jusqu'au début d'octobre 199.

5. *Tite-Live revient ici, jusqu'à la fin, à sa source annalistique et à l'année 200.* 47, 4-50, 11 : *Situation en Gaule cisalpine et à Rome à la fin de l'année 200* ; 47, 4-49, 3 : *Triomphe du préteur L. Furius Purpurio.* Tite-Live avait quitté C. Aurélius en 22, 3, au cours de l'été 200.

6. Sur L. Furius Purpurio, voir plus haut, ch. 6, n. 2. Sur ses rapports avec Cotta ; J. Briscoe, *op. cit.*, p. 158.

7. Bien que la première curie fixe ait été fondée, selon la tradition, par Tullus Hostilius (*Curia Hostilia*), le Sénat se réunissait souvent dans les temples dans des circonstances analogues. Celui de Bellone était fréquemment choisi (cf. 26, 21, 1). Il se trouvait hors du pomoerium (cf. 28, 38, 2), que ne pouvait franchir L. Furius sous peine de perdre ses droits au triomphe.

8. Seconde affaire de triomphe du livre 31 (pour la première, voir plus haut, 20, 1-7). Elles sont fréquentes dans les IVe et V^{e} décades : en voir la liste dans A. Klotz, *Livius und seine Vorgänger*, Stuttgart, 1940, p. 80 sqq., et dans U. Kahrstedt, *Die Annalistik von Livius*, Berlin, 1913, p. 89 sqq. La question est ici particulièrement délicate. Selon Evan T. Sage (éd. Loeb, note *ad loc.*), elle se posait de la façon suivante. Nous ignorons quel effet le décret du Sénat rapporté en 11, 1 avait eu sur l'*imperium* de L. Furius. Normalement, il devenait le subordonné de C. Aurélius, n'avait donc aucune autorité pour combattre sans ordres de sa part et ne pouvait prétendre au triomphe. Selon L. Furius, l'*imperium* qu'il avait reçu lui permettait d'agir sans ordres du consul. Le point de droit paraît insoluble.

Cap. XLVIII :

1. Le fait semble en effet ne s'être jamais produit. L. Furius n'en agissait pas moins *suis auspiciis.*

2. En fait, l'Étrurie n'était pas sa *prouincia*, qui était la Gaule (6, 2). C'est C. Aurélius qui venait de l'y envoyer (47, 5).

3. Ceux qui avaient déjà exercé la charge de consul.

4. Crémone, cf. 21, 2.

5. Nous adoptons, avec MacDonald, la leçon *suis quis* attestée par tous les mss. à l'exception de *B*, manifestement aberrant, mais qui conserve *quis.* La plupart des éditeurs, appuyés par R. M. Ogilvie, *Phoenix*, 20, 1966, p. 346, H. Tränkle, *Gnomon*, 39, 1967, p. 379, et J. Briscoe, *A Commentary on Livy, Books XXXI-XXXIII*, Oxford, 1973, p. 159, adoptent la leçon *suisque* de *Frob*[2], en faisant remarquer que l'adoption de *quis* rendrait trop brutale la transition avec la phrase suivante. Mais il existe, en tout état de cause, une forte asyndète entre *debere* et *ex duabus* ; en outre, l'adoption de *suisque* laisse l'interrogation sans sujet exprimé ; celui-ci peut être, grammaticalement, aussi bien *consul* que *praetor.* Il nous a donc paru préférable de respecter la leçon des manuscrits, qui confère à l'opinion des sénateurs une portée générale déjà soulignée par Harant et qui convient parfaitement au ton du texte.

6. Cf. 10, 3 : il s'agit de Plaisance.

7. Il s'agit de Crémone. Les deux villes, distantes d'une quarantaine de kilomètres, étaient séparées par le Pô. Aussitôt après la prise de Plaisance, Hamilcar avait marché sur Crémone et l'avait assiégée (10, 3 sqq.).

8. Allusion à Camille (5, 49, 1 sqq.) et à son fils (7, 25, 11 sqq.), membres de la *gens Furia*, qui s'étaient illustrés par les victoires qu'ils avaient remportées sur les Gaulois en 390 et 349. Camille est considéré par Tite-Live (5, 19, 2) comme *dux fatalis*, destiné à conquérir Véies et à libérer Rome. Tite-Live se souvient ici de son livre V et, peut-être, du vers fameux de Naevius : *fato Metelli Romae fiunt consules.*

Cap. XLIX :

1. Voir plus haut, ch. 13, n. 3.

2. Nous adoptons ici le texte des manuscrits, qui est celui de tous les éditeurs à l'exception de MacDonald et de Pecchiura d'après Madvig. Ceux-ci suppléent *bigati* après *argenti* parce que, selon MacDonald, Tite-Live précise toujours si l'argent est frappé ou en lingots. Mais — ainsi que le remarque justement J. Briscoe — les mentions d'argent monnayé dans les listes de butin n'apparaissent que dans les IVe et V[e] décades, et celle-ci se trouve être la première. Tite-Live a fort bien pu, le contexte étant clair, ne pas donner une précision à laquelle il s'attachera à partir de 33, 23, 7. L'adjonction paraît donc ne pas s'imposer. L'*argentum bigatum* était un denier frappé d'un char attelé de deux chevaux. En ce qui concerne *septuaginta*, omis par *B* avec le reste (depuis *aliis* jusqu'à *milia*) il ne figure évidemment pas dans les éditions qui prennent ce seul manuscrit pour base (notam-

ment W. Weissenborn et M. ou H. J. Müller). Il est en revanche attesté par *AEP NV L.*

3. *Jeux, élections et événements divers à Rome à la fin de l'année 200* Il n'a jamais été fait allusion par Tite-Live au vœu de Scipion, qui n'était d'ailleurs pas consul, mais proconsul en Afrique. Polybe, en 16, 23, 7, situe ces jeux après le triomphe de Scipion, que Tite-Live (30, 45, 2-5) date de 201. Mais Polybe reste vague, se contentant d'écrire : τούτων δὲ συντελεσθέντων, οἱ μὲν ἐν τῇ Ῥώμῃ κατὰ τὸ συνεχὲς ἐπὶ πολλὰς ἡμέρας ἀγῶνας ἦγον... : « A la suite de cette cérémonie, les habitants de Rome organisèrent des jeux et autres festivités, qui durèrent plusieurs jours et dont la générosité de Scipion assuma tous les frais. »

4. Cf. 4, 1-3, où des terres avaient été assignées aux vétérans d'Afrique. Ces mesures sont maintenant applicables à ceux d'Espagne. Les décemvirs sont peut-être les mêmes que ceux qui ont été nommés en 4, 3, mais il peut s'agir d'une autre commission, puisque T. Quinctius Flamininus, décemvir de la commission mentionnée en 4, 3, devient triumvir d'une autre commission, chargée de compléter la colonie de Venouse (voir plus bas, 49, 6).

5. Colonie latine fondée en 291 dans le Samnium, aux confins de l'Apulie et de la Lucanie, patrie d'Horace, auj. Venosa. Elle était demeurée fidèle à Rome pendant la seconde guerre punique.

6. Voir plus haut, 11, 18 et ch. 11, n. 13.

7. Voir plus haut, 4, 3 et note correspondante (Flamininus était décemvir *agro Samniti Apuloque metiendo diuidendoque*). D'après Plutarque, *Flamin.* 1, il avait été envoyé comme ἄρχων καὶ οἰκιστής à Narni et Cosa. Il ne figure cependant pas au nombre des triumvirs désignés pour Narni en 32, 2, 7.

8. Fils de Cn. Cornélius Scipion, consul en 222 et cousin de l'Africain. Il ne s'était distingué jusqu'alors que pour avoir été jugé, en 204, alors qu'il était adolescent et n'avait exercé aucune charge, *in tota ciuitate uirum optimum* pour accueillir la pierre noire à Ostie (29, 14, 8 sqq.) ; il fut questeur entre 204 et 199. Il sera consul en 191.

9. Apparaît ici pour la première fois. Tite-Live n'a pas mentionné son envoi en Espagne, où il dut agir *pro consule* au titre de simple citoyen, à la place de Lentulus : cf. 28, 38, 1 (206), 30, 41, 4-5 (201) et 31, 20, 1.

10. Ville d'Espagne septentrionale, située au nord ou au sud de l'Èbre (cf. 28, 24, 4 ; 28, 31, 7 ; 29, 1, 26).

11. Aurélius doit revenir présider les comices, P. Sulpicius Galba étant alors en Grèce.

12. Il fallait que le général candidat au triomphe ait agi *iusto bello* et ait tué *una acie* au moins 5.000 ennemis (Val. Max. 2, 8, 1). Beaucoup de généraux exagéraient les pertes de l'adversaire, et des témoignages étaient donc nécessaires ; c'est ce danger d'exagération contre lequel s'élève Caton dans son discours *Contra Thermum de falsis pugnis* (Jordan, p. 41) et que signale Valère Maxime, *loc. laud.* Une mesure fut prise plus tard, en 63, contre les généraux qui auraient grossi les pertes ennemies et amoindri les leurs.

13. Voir plus haut, 20, 1 et note correspondante.

14. Voir plus haut, 4, 3 et note correspondante.

15. Voir plus haut, 4, 5 et ch. 4, n. 6. Il obtiendra la préture urbaine (32, 1, 2).

16. Voir plus haut, 4, 5 et ch. 4, n. 6. Il obtiendra la Sicile (32, 1, 2).

17. Frère de Publius. Il avait été édile plébéien en 213 ; il obtiendra la Sardaigne (32, 1, 2) et ne reparaîtra plus chez Tite-Live.

18. Tribun de la plèbe en 204 (29, 37, 17), édile plébéien en 200 (plus bas, 50, 3). Il obtiendra Ariminum (32, 1, 2). Il sera consul en 182.

Cap. L :

1. Tribun de la plèbe en 204, il sera préteur en 198 avec la province de Sicile (32, 7, 13), et consul en 196.

2. Il apparaît ici et sera consul en 198 (32, 7, 12), en même temps que T. Quinctius Flamininus. Sur sa personnalité et celle de son frère Publius, voir J. Briscoe, *op. cit.*, p. 33, n. 2.

3. Ce prix est la moitié de celui qui est mentionné en 30, 26, 6 pour 203-202, et en 31, 4, 6 pour 201-200.

4. Voir plus haut, ch. 4, n. 8.

5. Sur des emplois analogues du produit des amendes : 10, 23, 11-13 ; 10, 33, 9 ; 10, 47, 4 ; 27, 6, 19 ; 30, 39, 8, etc...

6. Apparaît ici pour la première fois. Il sera préteur en 187 (38, 42, 2) et tribun militaire en Espagne de 182 à 180 (40, 35, 3).

7. Voir plus haut, 3, 3 et note correspondante. Il avait joué un grand rôle pendant la première guerre de Macédoine, et en Sicile contre les Carthaginois. Il avait été consul en 220, mais déclaré *uitio creatus* (Degrassi, I. I., XIII, 1, 118), puis préteur en 215 (23, 24, 4) et consul en 210 (26, 22, 13), puis propréteur (31, 3, 3) et envoyé contre Philippe avec une flotte.

8. Le premier n'apparaît pas ailleurs. Le second sera préteur en 182 (39, 56, 5). Il existait un troisième fils, C. Valérius (38, 9, 8 ; 40, 44, 7) qui sera consul suffect en 176 (41, 17, 6) en remplacement de Cn. Scipio Hispallus, décédé. Il sera candidat à la censure en 169 et mourra peu après.

9. Il n'est pas du tout sûr que ce soit le même qu'en 3, 4 et 5, 5. Il avait été nommé décemvir en 204 (29, 38, 7). Les *Xuiri sacris faciundis*, d'abord au nombre de deux, étaient devenus dix en 367 et passeront à quinze à l'époque de Sulla. Ils étaient chargés de tout ce qui concernait le rite grec, les pontifes ayant compétence pour tout ce qui se rapportait aux rites nationaux.

10. Tribun de la plèbe en 201 (30, 40, 9), partisan de Scipion. Il sera consul en 191, après une brillante carrière.

11. Voir plus haut, 49, 7 et ch. 49, n. 9.

12. Inauguré *flamen dialis* contre son gré en 209 (27, 8, 4). Il est encore mentionné en 32, 7, 14, avec L. Cornélius Céthégus, comme organisateur des Jeux romains, puis disparaît. Le *flamen dialis* ne pouvait jurer (Gell. 10, 15, 4 sq. : *iurare dialem fas nunquam est*, cf. Festus, éd. Lindsay, p. 921, et Plut., *Quaest. Rom.*, 44).

13. La plèbe avait le pouvoir, dans certains cas, de délier des lois (cf. 10, 13, 9). Elle agissait au sein d'assemblées qui émettaient des

plébiscites, ou décrets de la plèbe, ayant force de loi pour l'état, sans ratification du Sénat.

14. Scipion lui avait laissé l'Espagne en 206 (28, 38, 1 ; toutefois Polybe, en 11, 23, nomme M. Iunius Silanus et L. Marcius Septimius) et son *imperium* avait été prorogé (29, 13, 7). Il avait été préteur en 210 (26, 23, 1).

15. Il s'agit en réalité de *Cn. Cornelius Blasio « qui ante Caium Sempronium Tuditanum citeriorem Hispaniam obtinuerat »* (33, 27, 1). Or, C. Sempronius Tuditanus avait obtenu l'Espagne en 198 (32, 28, 2). C'est également *Blasio* qui figure sur les Fastes pour une ovation en 196.

16. Apparaît ici pour la première fois. Son retour — en 196 — est mentionné en 33, 27, 3-4. Il n'a encore rempli aucune charge et agit donc en qualité de simple citoyen, comme l'avait fait Cornélius Céthégus, voir plus haut, ch. 49, n. 9.

INDEX NOMINVM

TABLE DES MATIÈRES

Ce volume,
de la Collection des Universités de France,
publié aux Éditions Les Belles Lettres,
a été achevé d'imprimer
en janvier 2003
sur presse rotative numérique
de Jouve
11, bd de Sébastopol, 75001 Paris

N° d'édition : 4919
Dépôt légal : janvier 2003

Imprimé en France